LINUX SYSTEM PROGRAMMING

리눅스 시스템프로그래밍

나근식 지음

HS 도서출판 한산

머리말

리눅스 시스템은 윈도우즈 시스템과 함께 가장 많이 사용되는 운영체제의 하나이다. 리눅스 시스템은 대규모 서버 시스템에서부터 소형의 임베디드 시스템에 이르기까지 넓은 범위의 시스템들을 위한 운영체제로 사용되고 있다. 특히 스마트폰의 플랫폼으로 가장 많이 사용되고 있는 안드로이드의 기반 운영체제로 리눅스 시스템이 사용되면서 임베디드 시스템 분야에서 리눅스 시스템은 확고한 위치를 차지하게 되었다. 또한 사물 인터넷과 관련된 분야가 활성화되면서 임베디드 시스템 분야에 강점을 가진 리눅스 시스템의 활용이 더욱 확대될 것으로 예상된다.

이 책은 리눅스 시스템 상에서 커널의 기능을 이해하고 프로그램을 작성할 필요가 있는 시스템 프로그래머들을 위한 내용을 담고 있다. 이제 사용자 인터페이스는 모두 그래픽 인터페이스로 변경되었으므로 기존에 중요시되었던 문서 편집이나 쉘 명령어들에 관한 내용들은 모두 생략하고 POSIX 표준에 따른 시스템 콜들을 중심으로 그 활용 방법을 다루고 있다. 시스템 콜들의 동작 원리를 이해하기 위해 필요한 경우에는 커널 내부 구조에 대한 설명도 함께 하고 있다. 또한 리눅스 시스템에 익숙하지 않은 사용자들을 위해 리눅스 운영체제의 기본 구조와 프로그래머들에게 꼭 필요한 필수 명령어들에 대해서도 설명한다.

전체 내용은 크게 4 부분으로 구성되어 있다. 먼저 1장에서 3장까지는 리눅스 운영체제의 기본 개념과 프로그래머에게 필요한 필수 명령어들, 리눅스 시스템 상에서 C 언어로 프로그램을 작성하는데 필요한 내용들로 구성되었다. 그 다음으로 4장과 5장에서는 파일과 디렉토리에 관련된 시스템 콜들의 동작 원리와 사용 방법을 설명한다. 입출력 장치 파일들에 관련된 내용이나 저장 장치에 파일 시스템을 구축하는 방법도 여기에서 설명된다. 6장에서 8장까지는 프로세스와 메모리에 관련된 내용들을 다룬다. 프로세스의 생성과 종료에 관한 내용, 프로세스가 사용하는 메모리에 관한 내용, 프로세스의 동작에 영향을 미치는 시그널에 관한 내용이 여기에 포함된다. 마지막으로 9장에서 11장까지는 프로세스들 사이의 통신에 관련된 내용들을 설명한다.

한 컴퓨터 내에 있는 프로세스들 사이의 통신을 위한 파이프 기능, 더 효율적인 프로세스들 사이의 통신을 위한 공유 메모리나 세마포어, 메시지 큐에 관련된 내용이 여기에 포함된다. 간단하지만 다른 컴퓨터에 있는 프로세스들과도 통신할 수 있는 소켓 인터페이스와 관련된 내용도 포함하고 있다.

여기에 소개된 모든 시스템 콜들에 대해서는 그 원리를 이해하는데 도움을 줄 예제 프로그램을 첨부하였다. 예제 프로그램은 원리 이해에 도움을 줄 뿐 아니라 시스템 콜의 활용에도 실질적인 도움을 줄 것으로 기대된다. 예제 프로그램의 실행 결과에 대해서는 왜 그런 결과가 나오게 되는지 운영체제의 구조와 관련지어 설명하고 있다.

이 책은 컴퓨터 분야를 전공하면서 리눅스 시스템 프로그램에 입문하는 대학생들이 반드시 이해하고 활용할 수 있어야 하는 내용들을 중심으로 구성하였다. 리눅스라는 특정 운영체제를 대상으로 설명하고 있지만 여기에 설명된 대부분의 내용들은 현재 많이 사용되고 있는 타 운영체제들에서도 적용될 수 있는 컴퓨터 운영체제의 일반적이고 기본적인 원리에 관한 것들이므로 이 책의 내용을 이해함으로서 컴퓨터 운영체제의 원리를 이해할 수 있기를 기대한다.

2016년 1월
저자 씀

차 례

1 장　리눅스 시스템 소개

1. 리눅스 시스템 소개

리눅스는 그 짧은 역사에 비해 괄목할 만한 성장을 한 운영체제이다. 비록 커널 구조는 다르지만 리눅스는 많은 점에서 유닉스와 유사하다. 특히 커널 인터페이스인 시스템 콜 수준에서 유닉스와 리눅스는 호환성이 있어, 유닉스에서 개발된 응용 프로그램들이 리눅스에서도 그대로 사용될 수 있다. 그리고 시스템의 기본 철학인 프로세스(process)와 파일(file) 개념이 유닉스에서와 동일하기 때문에 유닉스를 사용할 수 있는 사람은 리눅스도 그대로 사용할 수 있다. 바로 이 점이 리눅스를 성공시킬 수 있었던 가장 중요한 요인이 되었다.

리눅스는 다중 사용자용(Multi-User), 다중처리(Multi-processing)시스템으로 완벽한 가상 메모리(Virtual Memory)를 제공한다. 이러한 요소들은 리눅스를 프로그램 개발 환경이나 다양한 인터넷 서버로 사용될 수 있게 한다. 또한 리눅스는 개인용 컴퓨터 환경에서도 문제없이 동작할 수 있을 뿐 아니라 워크스테이션이나 중형 컴퓨터에서도 잘 동작하여 다양한 하드웨어 기반을 가지고 있다.

리눅스는 운영체제 커널의 소스 코드가 공개되어 있고 무료로 사용할 수 있어, 많은 전문가들이 시스템의 성능 향상과 안정화에 기여하고 있다. 다른 어떤 운영체제보다도 빨리 최신 운영체제 이론들이 반영되고 있으며, 버그가 발견되면 빨리 해결된다. 이러한 점들은 리눅스가 앞으로 더 많은 분야에 사용될 수 있도록 해서 운영체제에서 리눅스의 입지를 더 강화시켜 줄 것이다.

1.1 리눅스 소개

리눅스는 1991년 핀란드 헬싱키 대학의 학생이던 리누스 토발즈(Linus Torvalds)가 주도한 공개 프로젝트의 산물이다. 그는 처음 접하는 유닉스의 탁월한 능력에 감동되어 개인용 컴퓨터 상에서도 잘 동작하면서 유닉스와 같은 인터페이스와 능력을 가지는 리눅스를 개발하였다. 비록 내부구조에 있어서는 차이가 있지만 유닉스에서 발전되어온 많은 개념들을 리눅스는 그대로 물려받았다.

1969년부터 시작된 유닉스는 운영체제 발전에 큰 역할을 했다. 처음에 Bell Lab의 Ken Thompson과 Dennis Ritchie는 PDP-7 컴퓨터에서 어셈블리 언어로 유닉스 운영체제를 개발했다. 1973년에 이들은 유닉스의 이식성을 높이기 위해 유닉스를 고급언어로 다시 작성하기로 하고, 이를 위해 B언어를 수정하여 C 언어를 개발하였다. 이렇게 해서 유닉스와 C 언어는 뗄 수 없는 관계가 되었다. 유닉스는 그 당시 다른 운영체제들이 가지지 못한 여러 장점들을 가지고 있었는데 대표적으로 시분할 다중처리, 가상 메모리, 프로세스간 통신 등의 기능을 운영체제에 새롭게 도입하고 있었다. 그리고 여러 사용자들 사이에 자료와 프로그램을 공유할 수 있게 하는 동시에 정보 보호 기능도 함께 제공하여 다양한 형태의 프로그램 개발 프로젝트 수행에 널리 사용할 수 있게 되었다.

유닉스가 크게 발전하게 된 원인은 개방성에 있고, 이 점은 리눅스도 마찬가지이다. 1975년부터 유닉스는 대학에 연구용으로 무료 혹은 아주 저렴한 가격으로 소스 코드까지 제공되었다. 따라서 전문 사용자층이 넓어져서 대중적인 운영체제로 발전하기에 이르렀다. Berkeley 대학의 CSRG(Computer System Research Group)에서는 Bell Lab에서 제공된 유닉스에 크게 수정을 가하여 BSD(Berkeley Software Distribution) 유닉스를 만들어 무료로 배포하였다. 한편 AT&T와 Unix System Lab은 초기 유닉스를 계속 발전시켜 상용 제품인 Unix System V를 공급하였다. 이 Unix System V의 시스템 콜 인터페이스인 SVID(Unix System V Interface Definition)는 이후 컴퓨터 업계의 운영체제 인터페이스 표준인 POSIX(Portable Operating System Interface for Computer Environments)로 발전하게 된다.

한편 리누스 토발즈는 PC에서 유닉스와 같은 컴퓨팅 환경을 마련하기 위해 Andrew Tannenbaum이 개발한 실험용 운영체제인 Minix를 PC에 포팅해서 사용했지만 Minix가 제한 사항이 많고 유닉스와 많이 다르다는 것을 알고, "유닉스와 유사한 운영체제로서 유닉스와 소스코드가 호환되어 유닉스의 프로그램들을 컴파일하고 실행할 수 있는 새로운 운영체제" 인 리눅스를 만들게 되었다. 그는 Minix를 수정하고 POSIX를 Minix에서 구현해 유닉스와 같은 인터페이스를 제공하였다. 이 모든 과정은 인터넷의 뉴스 그룹에 공개되어 진행되었고 전 세계의 많은 전문가들의 도움을 받아 진행되어 왔기 때문에 리눅스는 사실 리누스 토발즈 개인의 작품이 아니라 전 세계 전문가들의 공

동작품이라 할 수 있다. 따라서 리눅스의 모든 소스코드, 기술문서 등은 무료로 제공된다.

리눅스 발전에 가장 큰 공헌을 한 단체는 FSF(Free Software Foundation)라 할 수 있는데, 이 단체는 GNU(GNU is Not Unix의 약자) 프로젝트를 수행하고 있다. GNU에 의해 개발된 많은 소프트웨어들은 리눅스에서 무료로 사용될 수 있다. 또한 BSD 유닉스의 많은 응용 프로그램들과 MIT 대학의 X-window 시스템도 리눅스에서 무료로 사용할 수 있다.

1.2 리눅스 시스템 특징

리눅스는 유닉스를 모델로 하여 탄생한 운영체제이지만 현재로는 유닉스보다 더 넓은 분야에서 유닉스보다 더 많이 사용되고 있다. 유닉스와 완벽하게 호환되면서 유닉스에 비해 더 우수한 능력을 나타내고 있다. 리눅스 운영체제의 특징은 다음과 같이 요약할 수 있다.

(1) 다중 처리, 다중 사용자 시스템이다. 다중처리란 메모리에 여러 개의 프로그램을 두고 이들을 동시에 실행할 수 있는 기능을 말하는데, 요즘의 운영체제는 대부분 다중처리 시스템이다. 다중 사용자 시스템이란 여러 사용자가 동시에 시스템을 사용할 수 있는 시스템이다.

(2) 다양한 유형의 시스템에서 사용된다. 리눅스는 소형의 임베디드 시스템에서 대형의 서버 시스템까지 다양한 유형의 시스템을 위한 운영체제로 사용된다. 모듈화가 잘 되어 있어서 불필요한 기능을 제거하거나 부가적인 기능을 추가하는 것이 용이하다.

(3) 여러 파일 시스템을 동시에 지원한다. 리눅스의 파일 시스템은 저장매체의 구조와 무관한 논리적인 부분과 저장매체의 구조에 의존적인 물리적인 부분으로 분리되어 있다. 따라서 하나의 시스템에서 동시에 여러 종류의 파일 시스템을 제공할 수 있다.

(4) 안정적인 네트워크 기능을 제공한다. 리눅스의 통신 기능들은 인터넷 표준에 따라 구현되어 있어 많은 시스템들을 연결해서 사용해도 문제없이 안정적으로 동작한다.

(5) 공개 소프트웨어이다. 리눅스는 대표적인 공개 소프트웨어로 리눅스에 있는 소프트웨어들은 무료로 사용할 수 있고 배포할 수도 있다. 뿐만 아니라 리눅스에서 제공되는 소프트웨어들은 소스코드까지 모두 공개되어 있어서 필요한 경우에 사용자가 수정해서 사용할 수도 있다.

1.3 리눅스의 활용 분야

리눅스는 인터넷의 발전과 함께 비약적인 발전을 하고 있는데, 대표적인 활용분야는 데스크 탑 워크스테이션(Desktop Workstation), 인터넷 서버(Internet Server), 임베디드 시스템(Embedded System) 등이 있다.

먼저, 데스크 탑 워크스테이션 분야에서 리눅스는 유닉스가 제공하는 탁월한 프로그램 개발 환경을 그대로 제공하고 있으며, 사용자 인터페이스로는 X-window에 기반을 둔 GUI(Graphic User Interface) 환경인 GNOME과 KDE를 제공하여 마이크로소프트의 윈도우즈 환경에 못지않은 인터페이스를 제공한다. 그러나 아직은 워드프로세서나 스프레드시트와 같은 업무용 응용 소프트웨어가 부족한 편이다. 그러나 많은 소프트웨어 업체들이 그들 제품을 리눅스에도 수행될 수 있도록 지원하고 있어 이 문제는 곧 해결될 전망이다.

현재 리눅스가 가장 각광을 받고 있는 분야가 인터넷 서버 분야이다. 리눅스는 개발 초기 단계부터 인터넷 사용자들의 많은 도움을 받았고 사실상 인터넷을 통한 협력의 결과물이기 때문에 내부적으로도 네트워크 기능 지원에 많은 노력을 기울였다. 따라서 유닉스 이상으로 안정적으로 다양한 네트워크 기능을 지원한다. 또한 여러 대의 소형 컴퓨터들을 네트워크로 연결하여 대형 컴퓨터의 성능을 낼 수 있는 클러스터링(Clustering)기능을 제공한다. 무엇보다도 이러한 모든 기능을 갖춘 리눅스를 무료로 사용할 수 있다는 점에서 리눅스는 소형 서버에서부터 중대형 서버까지 광범위한 분야에서 인터넷 서버로 사용되고 있고, 그 사용이 증가되는 추세에 있다.

리눅스의 마지막 활용분야는 2000년대부터 주목받기 시작한 임베디드 시스템(Embedded System)을 위한 운영체제이다. 임베디드 운영체제는 기계 장치에 내장되는 제어장치를 위한 운영체제라는 의미로 기계나 장비 제어를 위한 제어기, 가전제품을 위한 제어기, PDA(Personal Data Assistance)나 이동전

화기와 같은 시스템에 들어가는 운영체제를 의미한다. 스마트폰이나 테블릿 장치에 사용되는 안드로이드도 리눅스 운영체제를 기반으로 사용하고 있다. 그 동안 임베디드 시스템들에서는 범용 운영체제를 거의 사용하지 않았지만, 최근에는 임베디드 시스템을 위한 응용 소프트웨어 개발 기간을 단축하기 위해 이들 시스템에도 범용 운영체제를 도입하고 있는데, 무료로 사용할 수 있고 네트워크 기능 지원이 우수한 리눅스가 가장 유력한 후보로 꼽히고 있다. 리눅스는 소스 코드가 공개되어 있어 필요하지 않은 부분을 제거하여 특정 활용분야에 맞게 최적화하기 쉽다.

1.4 리눅스 배포판

리눅스라 하면 컴퓨터에 설치되어 있는 리눅스 커널과 시스템 운영에 필요한 시스템 소프트웨어들, GUI 환경을 지원하기 위한 소프트웨어들, 그리고 여러 가지 유틸리티 프로그램들을 말한다. 그러나 엄격한 의미에서 리눅스는 리눅스 커널만을 의미한다.

리눅스 커널은 비영리 단체인 Linux Foundation이라는 기관에서 운영하는 The Linux Kernel Organization이라는 조직에서 관리한다. 이 조직은 리눅스 커널의 개발과 관리 및 배포에 필요한 모든 일들을 담당한다. 2015년 7월 현재 최신 커널 버전은 4.1.3이다. 리눅스 배포판에 따라 사용자 인터페이스와 시스템 관리 및 사용 방법은 조금씩 다를 수 있지만 어떤 배포판이든 커널은 동일한 것을 사용한다.

현재 사용되고 있는 리눅스는 리눅스 커널에 GNU 소프트웨어들과 라이브러리들, 그리고 다른 여러가지 공개 소프트웨어들을 합쳐서 만든 것이다. 이렇게 리눅스 커널과 여러 가지 소프트웨어들을 합쳐서 하나의 시스템 상에서 사용될 수 있도록 만든 패키지를 리눅스 배포판(Linux Distribution)이라 한다. 현재까지 나와 있는 리눅스 배포판은 300 가지가 넘는데, 대표적인 배포판으로는 우분투, 페도라, 아시아눅스 등이 있다.

연습문제

A. 다음 빈 칸에 적절한 용어를 쓰시오.

1. 사용자 프로그램과 커널 사이의 인터페이스인 (   ) 수준에서 유닉스와 리눅스는 호환성이 있어, 유닉스에서 개발된 응용 프로그램들이 리눅스에서도 그대로 사용될 수 있다.

2. 유닉스 운영체제의 이식성을 높이기 위해 개발한 고급 프로그래밍 언어는 (   ) 이다.

3. 컴퓨터 업계에서 정한 운영체제의 표준 인터페이스는 (   ) 이다.

4. 리눅스에서 사용하는 응용 프로그램들은 대부분 FSF(Free Software Foundation)에서 운영하고 있는 프로젝트인 (   ) 프로젝트에서 개발하여 배포한 것들이다.

5. 여러 대의 소형 컴퓨터들을 네트워크로 연결하여 대형 컴퓨터의 성능을 낼 수 있게 하는 것을 (   ) 이라 한다.

6. 기계 장치에 내장되어 기계를 제어하는데 사용되는 운영체제를 (   ) 운영체제라 한다.

7. 리눅스 커널은 비영리 단체인 (   ) 이라는 기관에서 운영하는 조직에 의해 관리된다.

8. 리눅스 커널과 여러 가지 응용 프로그램들을 합쳐서 하나의 시스템 상에서 운영될 수 있도록 만든 패키지를 리눅스 (   ) 이라 한다.

2 장 리눅스 시스템 개요

2. 리눅스 시스템 개요

운영체제(Operating System)는 시스템의 자원 관리자(Resource Manager)이다. 운영체제는 사용자 프로세스의 요구에 따라 자원을 할당하고, 사용이 끝난 자원을 회수해서 관리한다. 사용자 프로세스는 시스템 콜을 통해 운영체제에게 서비스를 요구한다.

사용자 관점에서 본 운영체제의 목표는 사용의 편의성에 있다. 사용자는 하드웨어나 운영체제 내부의 복잡한 구조에 대한 지식 없이도 컴퓨터를 쉽게 사용할 수 있어야 한다. 이를 위해 운영체제는 하드웨어를 추상화하여 가상기계(Virtual Machine) 개념을 제공한다. 컴퓨터 시스템 관점에서 본 운영체제의 목표는 자원의 효율적인 활용에 있다. 운영체제는 시스템내의 하드웨어 자원이나 소프트웨어 자원을 효율적으로 관리하여 이용률(utilization)을 최대로 높여야 한다.

2.1 리눅스 시스템의 구조

리눅스 시스템은 크게 세 계층으로 구성되어 있다. <그림2-1>에서처럼 하드웨어 위에 운영체제가 있고, 운영체제가 제공해 주는 환경에서 응용 프로세스들이 실행된다.

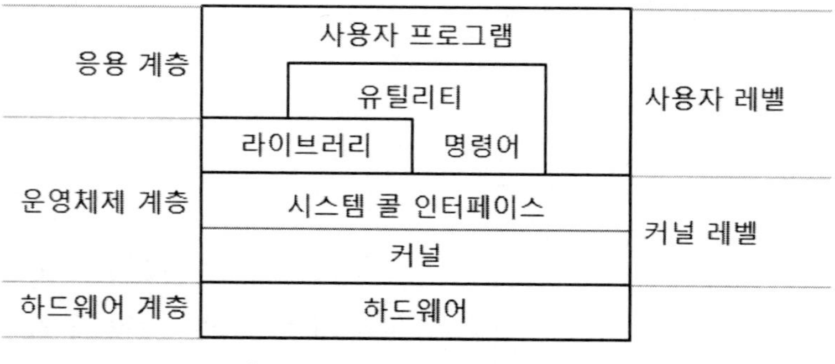

<그림2-1> 리눅스 시스템의 구조

운영체제 중에서 핵심이 되는 부분을 커널(kernel)이라 한다. 커널은 항상 메인 메모리에 존재하면서 하드웨어를 추상화시켜 사용자 레벨 프로세스들에게 서비스를 제공한다. 프로세서(processor)가 커널 레벨의 코드를 실행할 때에는 특권 모드에서 실행하기 때문에 프로세서에 의해 정의된 모든 기계어 명령을 실행할 수 있다. 커널은 시스템 콜(system call)이라는 방법을 통해 상위 계층에 서비스를 제공한다.

사용자 레벨 기능 중에서도 시스템 운영에 필요한 필수적인 기능들은 운영체제 기능으로 취급한다. 시스템의 운영이나 관리에 사용되는 시스템 프로그램(system program)의 개발에 필요한 라이브러리나 init과 같은 시스템 초기화와 관리에 필요한 데몬 프로세스들, 텍스트 모드에서 사용자 인터페이스를 제공해 주는 쉘(shell)이 여기에 속한다. 리눅스는 init 외에도 시스템 운영을 위해 여러 데몬 프로세스들을 필요로 한다. 리눅스의 기본적인 사용자 인터페이스는 쉘인데, 쉘은 사용자 명령을 입력받아 실행시켜 준다. 리눅스에는 본 쉘, C 쉘, TC 쉘, bash 등 여러 쉘이 있는데 그 중 bash가 가장 많이 사용된다.

사용자 프로그램은 특정 응용 목적을 위해 사용되는 프로그램으로 데이터베이스, 워드 프로세서, 에디터, 그래픽이나 동영상 관련 프로그램, 각종 통신 관련 프로그램들이 여기에 속한다. 사용자 프로그램은 쉘 스크립트로 작성할 수도 있고, 라이브러리를 이용해서 고급언어로 작성할 수도 있다. 시스템 전문가라면 시스템 콜 인터페이스를 직접 이용해서 보다 더 효율적인 프로그램을 작성할 수도 있다.

2.2 리눅스 시스템의 중심 개념

리눅스는 유닉스 시스템의 기본 개념을 그대로 모방하여 시스템의 중심 개념을 프로세스(process)와 파일(file)로 하고 있다. 프로세스는 시스템의 동적인 요소로 프로그램을 실행한다. 파일은 시스템의 정적인 요소로 프로세스에게 데이터의 저장을 위한 장소를 제공한다. 리눅스에서 파일은 디스크 내의 저장 공간만을 의미하는 것이 아니라 시스템 내에서 프로세스가 아닌 것은 모두 파일처럼 취급한다.

2.2.1 프로세스

프로세스는 컴퓨터 내에서 프로그램을 실행하는 주체가 되는 것이다. 프로세스와 프로그램이 다르다는 것을 명확히 이해할 필요가 있다. 프로그램은 프로세스가 해야 할 일을 프로그래밍 언어로 명시해 둔 것이고, 프로세스는 그 일을 처리하는 주체가 되는 것이다. 리눅스가 다중 처리 시스템(multi processing system)이라는 것은 시스템 내에 동시에 여러 개의 프로세스가 존재할 수 있으며, 따라서 여러 개의 프로그램을 동시에 실행할 수 있다는 것을 뜻한다.

프로세스는 프로그램을 실행하면서 필요한 자원을 운영체제에게 요구하고, 할당받아 사용하다가, 사용이 끝난 자원을 다시 운영체제에게 반환한다. 여기서 자원은 메모리(memory), 프로세서(processor), 파일(file), 입출력 장치(Input/Output Device) 등을 말한다.

2.2.2 파일

리눅스에서는 시스템 내의 모든 정적인 요소를 파일로 취급한다. 파일은 일반적으로 디스크 내에 있는 자료를 저장할 수 있는 공간을 의미한다. 대부분의 파일 시스템이 그렇듯이 리눅스에서도 사용자가 파일 관리를 용이하게 할 수 있도록 트리 형태(tree structure)의 계층적 파일 시스템(hierarchical file system) 구조를 제공한다. 하위에 다른 노드를 가질 수 있는 중간 노드를 디렉토리(directory)라 하고, 더 이상 하위 노드를 가질 수 없는 최하위 노드를 파일(file)이라 한다. 이렇게 보면 일반 파일은 내부에 임의의 자료를 저장하고 있는 파일이고, 디렉토리는 내부에 다른 디렉토리나 파일의 이름을 저장하고 있는 특수한 형태의 파일이다.

리눅스는 시스템 내의 모든 정적인 자원들을 일관성 있게 취급하기 위해서 디스크 내의 저장 공간뿐 아니라 다른 모든 정적인 자원들도 파일처럼 취급한다. 그래서 파일처럼 열기/닫기, 읽기/쓰기를 할 수 있을 뿐 아니라 파일 시스템 내에서 이름도 가진다. /dev 디렉토리 아래에 있는 모든 이름들은 디스크 내에 자료를 저장하기 위한 파일이 아니라 시스템에 연결되어 있는 다른 장치들을 나타낸다. 예를 들어 /dev/eth0는 이더넷 카드를 나타내고, /dev/mem은 메인 메모리를 나타낸다. /dev/fd는 플로피 디스크를 나타내고, /dev/hd나 /dev/sd는 하드디스크를 나타낸다. 이들은 파일과 동일한 방법으로 취급할 수 있어서 만약 /dev/mem 파일을 일반 파일처럼 열고(open), 자료를 쓰면(write), 이 자료는 메인 메모리의 어느 부분에 써지게 된다.

2.3 프로세스와 명령 실행

프로세스는 프로그램을 실행하는 주체이다. 동작 중인 리눅스는 커널과 여러 프로세스들로 구성된다. 터미널로 프롬프트를 보여주고 사용자가 입력한 명령어를 실행시키는 쉘도 하나의 프로세스이다. 그리고 쉘이 명령을 실행할 때에도 새로운 프로세스를 만들어 실행시킨다.

2.3.1 쉘과 명령 실행

사용자가 시스템에 로그인(login)하면 쉘(shell)이 실행된다. 쉘은 사용자에게 텍스트 형태의 시스템 인터페이스를 제공한다. 리눅스에는 여러 종류의 쉘이 있는데, 어떤 쉘을 사용하느냐는 패스워드 파일 (/etc/passwd) 내용에 의해 결정된다. 가장 많이 사용되는 쉘은 bash(Bourne Again Shell)이다.

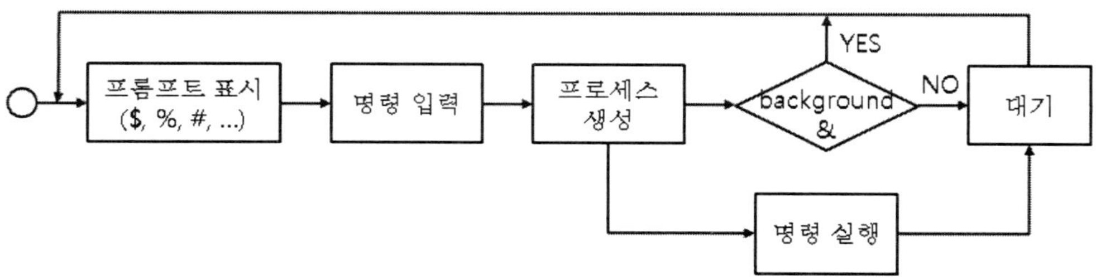

<그림2-2> 쉘의 명령 실행

쉘은 <그림2-2>와 같이 명령을 실행한다. 먼저 명령 입력 가능 상태임을 알리기 위해 터미널에 프롬프트를 표시하고 명령 입력을 기다린다. 프롬프트

표시는 보통 '$'을 사용하는데, 필요한 경우에는 바꿀 수도 있다. 명령이 입력되면 자식 프로세스를 생성해서 자식 프로세스에게 명령을 넘겨주고 자신은 자식 프로세스가 종료할 때까지 대기한다. 자식 프로세스는 명령을 실행하고 종료하는데, 이때 부모 프로세스가 깨어나서 처음 상태로 돌아가서 다음 명령을 기다린다. 만약 명령을 백그라운드로 실행시키기 위해 &를 사용하면 자식 프로세스의 종료 즉, 명령 실행 완료를 기다리지 않고 바로 처음 상태로 돌아간다.

2.3.2 프로세스 식별자와 계층구조

프로세스들은 서로 다른 프로세스 식별자 PID(Process Identifier)를 가진다. PID는 32비트의 숫자로 표현되는데, 프로세스가 생성될 때 커널이 부여한다. 프로세스의 PID는 그 프로세스가 종료할 때까지 바뀌지 않고, 다른 프로세스에게 중복 할당되지도 않기 때문에 시스템 내에서 유일한 값을 가진다.

프로세스는 새로운 프로세스를 생성할 수 있다. 이때 프로세스를 생성한 프로세스를 부모 프로세스(parent process), 새로 생성된 프로세스를 자식 프로세스(child process)라 한다. 모든 프로세스는 자신의 부모 프로세스 식별자인 PPID(parent process identifier)를 알고 있다.

시스템 부팅 시에 최초로 생성된 프로세스인 init 프로세스는 PID가 1번이다. 나머지 모든 프로세스는 이 init에서 시작해서 생성되므로 init의 자손들이다. 따라서 리눅스 내의 모든 프로세스는 init 프로세스를 루트로 하는 단일 트리 형태의 계층 구조를 가진다.

2.3.3 프로세스의 생성과 제거 명령

프로세스는 다른 프로세스를 생성할 수 있다. 앞에서 설명했듯이 쉘은 명령 라인을 입력 받으면 새로운 프로세스를 생성해서 그 명령을 실행시킨다. 새로 생성된 프로세스는 자신에게 주어진 프로그램을 실행하고, 실행을 완료하면 종료되어 시스템에서 제거된다.

현재 시스템에 존재하는 프로세스들의 리스트를 보여주는 명령은 ps(process status)이다. 옵션이 없으면 현재 터미널에서 실행되고 있는 프로세스들만 보여주고 -e 옵션을 사용하면 시스템에 있는 전체 프로세스들을 볼 수 있다.

형식	ps
기능	프로세스 상태 보기
옵션	-l : 프로세스의 상세한 정보를 나열함 -e : 시스템 내의 모든 프로세스들의 정보를 나열함 u : 동일한 사용자가 실행시킨 모든 프로세스

[예2-1] ps 명령은 현재 터미널에서 실행시킨 프로세스들의 리스트를 보여주는데 -l 옵션을 사용하면 프로세스에 대한 상세한 정보를 보여준다.

```
ngs@ubuntu:~/lsp/ch2$ ps -l
F S UID  PID  PPID C PRI NI ADDR SZ   WCHAN TTY   TIME     CMD
0 S 1000 2564 2536 0 80  0  -    1782 wait  pts/0 00:00:00 bash
0 R 1000 3146 2564 0 80  0  -    1177 -     pts/0 00:00:00 ps
ngs@ubuntu:~$
```

ps 명령의 결과에 나타난 내용들의 의미는 다음과 같다

- F : 프로세스 플래그 (4 : 슈퍼 유저가 생성한 프로세스)
- S : 프로세스 상태
- UID : 프로세스를 실행시킨 사용자의 번호
- PID : 프로세스 번호
- PPID : 프로세스의 부모 프로세스 번호
- C : 프로세스의 CPU 점유율
- PRI : 프로세스의 우선순위
- NI : 프로세스의 nice 값 (동적 우선순위 계산에 사용됨)
- ADDR : 프로세스의 메모리 주소
- SZ : 프로세스가 점유한 물리적 페이지 수
- WCHAN : 프로세스가 기다리는 사건 (커널내의 함수 이름)

- TTY : 프로세스의 제어 터미널
- TIME : CPU 사용 시간
- CMD : 프로세스가 실행하고 있는 프로그램의 실행파일 이름

프로세스 상태(S) 필드의 값은 다음과 같다.

- R : 실행중이거나 실행 가능한 상태
- D : 인터럽트 불가능한 sleep 상태(보통의 I/O 대기 상태)
- S : 인터럽트 가능한 sleep 상태(이벤트의 완료를 기다림)
- T : ^Z 나 시그널에 의해 멈춤
- W : 페이지 폴트
- Z : 좀비

[예2-1]에서는 프로세스 번호가 2564, 3146인 두 개의 프로세스를 보여 주고 있다. 두 프로세스의 부모 프로세스 번호를 보면 각각 2536, 2564인데, 이는 프로세스 3146의 부모 프로세스가 프로세스 2564라는 것을 뜻한다. 즉, 쉘인 bash가 그 자식 프로세스로 하여금 ps라는 프로그램을 실행하게 했다는 것을 알 수 있다.

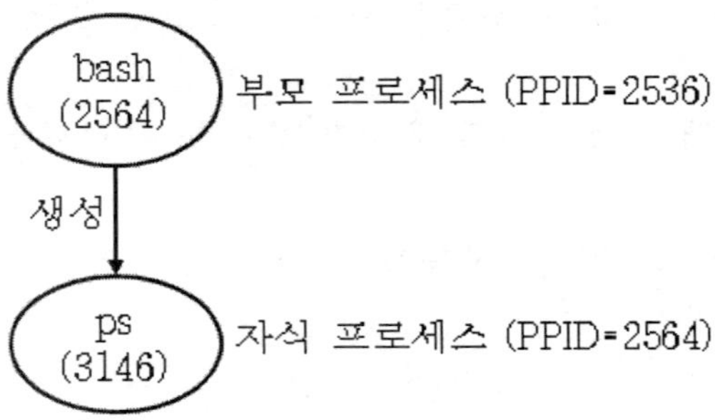

<그림2-3> 프로세스 계층구조

프로세스는 실행을 완료하면 자동으로 종료하지만, 실행 중인 프로세스를 강제로 종료시킬 수도 있다. 프로세스를 강제로 종료시키는 명령은 kill 이다.

형식	kill pid
기능	프로세스 강제 종료
옵션	-s sname : 전송할 시그널 이름 -s no : 전송할 시그널 번호

kill 명령은 정확하게 말하면 프로세스를 종료하는 것이 아니라, 지정된 프로세스에게 신호(signal)를 보내는 것이다. 신호를 받은 프로세스는 두 가지로 반응한다. 첫째, 신호를 처리하도록 핸들러가 설정되어 있으면 이 핸들러 함수를 실행하고, 핸들러 함수의 실행이 완료되면 이전에 하던 일을 계속한다. 둘째, 핸들러가 설정되어 있지 않았으면 각 신호마다 정해진 디폴트 동작을 하는데, 대부분의 신호에 대해서 디폴트 동작은 프로세스를 종료하는 것이다. 이 두 번째 기능을 활용하여 kill 명령은 프로세스를 종료하는데 사용된다. 핸들러 설정과 무관하게 무조건 종료시키려면 9번 시그널을 이용한다.

[예2-2] kill 명령을 사용해서 프로세스를 강제 종료하는 것을 실습하기 위해서는 먼저 여러 개의 프로세스를 생성해 두어야 한다. 이를 위해 두 개의 터미널 창을 열어 둔다. 그 다음에 한 터미널 창에서 다른 터미널 창의 프로세스 번호를 알아내어 kill 명령으로 터미널 창을 담당하는 쉘 프로세스를 강제로 종료시킨다.

```
ngs@ubuntu:~/lsp/ch2$ ps u
USER PID   %CPU %MEM  VSZ   RSS   TTY   STAT  START  TIME  CMD
ngs  2564  0.0  0.0   7128  3512  pts/0 Ss    19:04  0:00  bash
ngs  3818  1.4  0.0   7128  3436  pts/1 Ss+   21:28  0:00  bash
ngs  3876  0.0  0.0   4948  1160  pts/0 R+    21:29  0:00  ps u
ngs@ubuntu:~/lsp/ch2$
ngs@ubuntu:~/lsp/ch2$ kill -9 3818
ngs@ubuntu:~/lsp/ch2$
ngs@ubuntu:~/lsp/ch2$ ps u
USER PID   %CPU %MEM  VSZ   RSS   TTY   STAT  START  TIME  CMD
ngs  2564  0.0  0.0   7128  3512  pts/0 Ss    19:04  0:00  bash
ngs  3879  0.0  0.0   4948  1160  pts/0 R+    21:29  0:00  ps u
```

```
ngs@ubuntu:~/lsp/ch2$
```

[예2-2]에서 "ps u" 명령을 이용해서 보여준 이 사용자가 실행시킨 프로세스는 3개이다. TTY 필드를 보면 ps 명령이 실행되는 터미널은 pts/0이라는 것을 알 수 있다. 새로운 터미널 창인 pts/1에서 bash가 실행되는 것을 볼 수 있는데, 이 프로세스의 번호는 3818이다. 그 다음에 kill 명령을 사용해서 이 프로세스를 제거했다.

2.4 파일 시스템

파일은 디스크에 정보를 저장하고 나중에 읽어 올 수 있는 방법을 제공한다. 정보가 어디에 어떻게 저장되고, 어떻게 읽혀오는가 하는 문제는 운영체제가 처리할 문제이고 사용자는 단지 파일을 이용만 하면 된다. 저장된 정보들을 구분하기 위해 각 파일마다 이름이 부여될 수 있어야 한다. 다중 사용자 시스템인 리눅스 시스템은 각 사용자들이 자신의 파일을 보호할 수 있도록 파일에 대한 접근 제어(access control) 기능도 제공한다.

2.4.1 계층 구조와 경로명

한 컴퓨터 내에는 수많은 파일들이 있다. 개인용 컴퓨터라 할지라도 수천 개 이상의 파일들이 있다. 리눅스는 많은 파일들을 효율적으로 관리할 수 있도록 계층적 이름 구조(hierarchical name structure)를 제공한다.

계층구조는 <그림2-4>와 같이 트리(tree) 형태로 표현된다. 하위에 자식 노드(child node)를 가질 수 있는 노드를 디렉토리(directory)라 하고, 자식 노드를 가질 수 없는 최하위 노드를 파일(file)이라 한다. 디렉토리 중 최상위 디렉토리를 루트 디렉토리(root directory)라 하고 "/"로 표시한다.

디렉토리나 파일의 이름은 임의의 문자 집합으로 할 수 있는데, 가능하면 영문자나 숫자와 같은 인쇄 가능한 문자들로 구성하는 것이 좋다. 리눅스는 동시에 여러 가지 타입의 파일 시스템(minix, ext4, ntfs, sys V, nfs, …)을 지원한다. 파일 이름의 길이는 그 파일이 저장될 파일 시스템 타입에 따라 다른데, System V 유닉스의 경우 14 바이트까지 가능하고, ext4는 255 바이트까지 가능하다. 디렉토리 이름 중에서 "." 은 자기 자신을 나타내고, ".." 은 자신의 상위 디렉토리를 나타낸다. 루트 디렉토리의 경우에는 "." 과 ".." 이 모두 자기 자신을 나타낸다.

리눅스의 사용자 혹은 사용자 프로세스는 항상 어떤 디렉토리와 연관되어 있다. 사용자가 현재 작업하고 있는 디렉토리를 작업 디렉토리(working directory) 혹은 현재 디렉토리(current directory)라 한다. 그리고 사용자가 시스템에 처음 로그인했을 때 들어가게 되는 디렉토리를 홈 디렉토리(home directory)라 한다. 사용자들은 보통 자신의 홈 디렉토리 아래에 파일이나 하위 디렉토리를 만들어 사용한다.

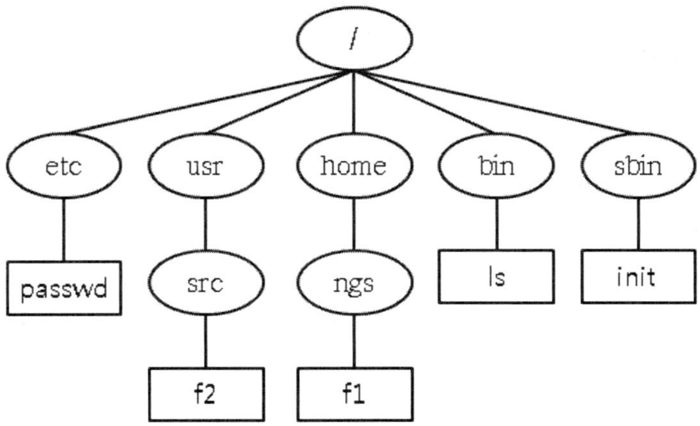

<그림2-4> 계층적 이름 구조

파일이나 디렉토리 이름은 파일 시스템 트리 내에서 그 파일이나 디렉토리에 이르는 경로명으로 나타낸다. 경로명(pathname)은 경로상의 디렉토리를 "/" 로 구분하여 나열한 것이다. 이때 루트 디렉토리를 기준으로 경로명을 표시한 것을 절대 경로명(absolute pathname)이라 하고, 작업 디렉토리를 기준으로 경로명을 표시한 것을 상대 경로명(relative pathname)이라 한다. <그림2-4>에서 작업 디렉토리가 /usr/src일 때에 파일 f2의 상대 경로명은 f2이다. 그러나 절대 경로명은 작업 디렉토리에 관계없이 /usr/src/f2이다. 사용자

의 홈 디렉토리를 기준으로 나타내는 홈 상대 경로명도 있다. 로그인 이름이 ngs인 사용자의 홈 디렉토리에 있는 파일 f1은 작업 디렉토리와 무관하게 ~ngs/f1으로 나타낼 수 있다.

2.4.2 파일과 디렉토리 관련 명령

파일과 디렉토리에 관련된 명령은 수없이 많지만 여기서는 프로그램 개발 과정에서 많이 사용되는 몇 가지 명령들만 설명한다. 요즘의 컴퓨터는 대부분 GUI 환경에서 사용되기 때문에 쉘 상태에서 사용되는 이러한 명령들은 거의 사용되지 않는다. 그러나 프로그램 개발 과정에서 필요한 makefile을 만들거나 쉘 프로그램을 작성할 때에 사용되고 있으므로 시스템 관리자나 프로그램 개발자는 알아 둘 필요가 있다.

(1) 파일/디렉토리 리스트 보기

리눅스의 쉘 명령 중에서 가장 많이 사용하는 것이 바로 ls 명령이다. ls는 list의 약자로 어떤 디렉토리 아래에 있는 파일이나 디렉토리의 이름과 속성 정보를 리스트 형식으로 보여준다.

형식	ls [option] [files]
기능	파일이나 디렉토리 이름 나열
옵션	-C : 이름을 여러 개의 컬럼으로 정열해서 출력 -F : 파일의 종류에 따라 파일명 뒤에 기호로 표시를 함 -L : 심볼릭 링크의 연결된 파일 정보 출력 -R : 하위 디렉토리까지 재귀적으로 모두 출력 -a : "." 으로 시작하는 숨겨진 파일이나 디렉토리 이름까지 출력 -i : inode 번호까지 출력 -l : 접근권한, 소유자, 크기 등 상세한 속성 정보까지 출력

ls는 그 외에도 많은 옵션들이 있지만 위에 제시된 옵션들이 주로 사용된다. 파일이나 디렉토리의 종류를 쉽게 구분하기 위해 사용하는 -F 옵션을 사용하면 출력 결과에 다음과 같은 기호를 붙여 보여 준다.

표시기호	파일 종류
/	디렉토리
*	실행파일
=	소켓파일
@	심볼릭 링크
¦	파이프

[예2-3] ls 명령은 어떤 디렉토리 아래에 있는 파일이나 디렉토리의 리스트를 보여준다. 인수없이 사용하면 현재 디렉토리 아래의 내용을 보여준다. 인수로 파일 이름을 주면 그 파일에 대한 정보를 보여주고, 디렉토리 이름을 주면 그 디렉토리 아래에 있는 내용들을 보여준다.

```
ngs@ubuntu:~/lsp/ch2$ ls
file1
ngs@ubuntu:~/lsp/ch2$
ngs@ubuntu:~/lsp/ch2$ ls /home
ngs
ngs@ubuntu:~/lsp/ch2$
ngs@ubuntu:~/lsp/ch2$ ls -F /
bin/     dev/    initrd.img@      lost+found/  opt/    run/   sys/   var/
boot/    etc/    initrd.img.old@  media/       proc/   sbin/  tmp/   vmlinuz@
cdrom/   home/   lib/             mnt/         root/   srv/   usr/
ngs@ubuntu:~/lsp/ch2$
```

(2) 디렉토리 이동

현재 작업 디렉토리의 경로명을 알아 내려면 pwd(print working directory) 명령을 사용한다.

형식	pwd
기능	현재 작업 디렉토리 확인
옵션	없음

작업 디렉토리를 이동할 때에는 cd(change directory)를 사용한다. cd은 쉘의 내장 명령이므로 실행파일이 별도로 존재하지 않고 쉘이 직접 처리한다.

형식	cd [dir]
기능	작업 디렉토리 이동
옵션	옵션이 있지만 거의 모든 경우에 옵션없이 사용함.

인수로 디렉토리 이름을 주면 그 디렉토리로 이동하고, 인수없이 사용하면 사용자의 홈 디렉토리도 이동한다.

[예2-4] pwd를 사용하면 현재의 작업 디렉토리 위치를 알 수 있고, cd를 사용하면 작업 디렉토리를 변경할 수 있다. cd를 인수없이 실행시키면 자신의 홈 디렉토리로 돌아온다.

```
ngs@ubuntu:~/lsp/ch2$ pwd
/home/ngs/lsp/ch2
ngs@ubuntu:~/lsp/ch2$ cd /
ngs@ubuntu:/$ pwd
/
ngs@ubuntu:/$ cd
ngs@ubuntu:~$ pwd
/home/ngs
ngs@ubuntu:~$ cd slp/ch2
bash: cd: slp/ch2: No such file or directory
ngs@ubuntu:~$ cd lsp/ch2
```

```
ngs@ubuntu:~/lsp/ch2$
ngs@ubuntu:~/lsp/ch2$ pwd
/home/ngs/lsp/ch2
ngs@ubuntu:~/lsp/ch2$
ngs@ubuntu:~/lsp/ch2$
```

(3) 디렉토리 생성/제거 명령

디렉토리를 생성할 때에는 mkdir(make directory)를 사용하고, 디렉토리를 제거할 때에는 rmdir(remove directory)를 사용한다.

형식	mkdir pathname
기능	디렉토리 생성
옵션	옵션이 있지만 거의 모든 경우에 옵션없이 사용함.

[예2-5] 다음은 디렉토리를 생성하고 그 디렉토리로 이동하는 방법을 보여준다.

```
ngs@ubuntu:~/lsp/ch2$ ls
file1
ngs@ubuntu:~/lsp/ch2$ mkdir dir1
ngs@ubuntu:~/lsp/ch2$ ls
dir1  file1
ngs@ubuntu:~/lsp/ch2$ pwd
/home/ngs/lsp/ch2
ngs@ubuntu:~/lsp/ch2$ cd dir1
ngs@ubuntu:~/lsp/ch2/dir1$ pwd
/home/ngs/lsp/ch2/dir1
ngs@ubuntu:~/lsp/ch2/dir1$ ls
ngs@ubuntu:~/lsp/ch2/dir1$ cd ..
ngs@ubuntu:~/lsp/ch2$ pwd
```

```
/home/ngs/lsp/ch2
ngs@ubuntu:~/lsp/ch2$ ls
dir1   file1
ngs@ubuntu:~/lsp/ch2$
```

디렉토리는 그 아래에 다른 파일이나 디렉토리가 없을 때에만 삭제될 수 있기 때문에 디렉토리를 제거하려면 먼저 그 아래에 있는 파일이나 디렉토리들을 제거해야 한다.

형식	rmdir pathname
기능	디렉토리 제거
옵션	옵션이 있지만 거의 모든 경우에 옵션없이 사용함.

[예2-6] 다음은 디렉토리를 제거하는 명령인 rmdir의 사용법을 보여준다. 디렉토리는 그 아래에 파일이나 디렉토리가 없는 빈 디렉토리일 때에만 제거할 수 있다.

```
ngs@ubuntu:~/lsp/ch2$ ls
dir1   file1
ngs@ubuntu:~/lsp/ch2$ rmdir dir1
rmdir: failed to remove  'dir1' : Directory not empty
ngs@ubuntu:~/lsp/ch2$
ngs@ubuntu:~/lsp/ch2$ ls dir1
file11
ngs@ubuntu:~/lsp/ch2$ rm dir1/file11
ngs@ubuntu:~/lsp/ch2$ ls dir1
ngs@ubuntu:~/lsp/ch2$ rmdir dir1
ngs@ubuntu:~/lsp/ch2$ ls
file1
ngs@ubuntu:~/lsp/ch2$
```

[예2-6]에서 디렉토리 dir1을 제거하려 하는데, 그 아래에 file11이라는 파

일이 있어서 rmdir 명령이 실패했다. 먼저 file11을 제거한 후에 실행한 rmdir 명령은 성공했다.

(4) 파일 복사/이동 명령

파일을 복사하는 명령은 cp(copy)이다. 복사는 존재하는 파일과 동일한 내용을 가진 새로운 파일을 만드는 것이다. 두 파일은 이름만 다르고 내용은 같다. 그러나 파일 속성의 일부는 달라진다.

형식	cp [option] files destination
기능	파일이나 디렉토리 복사
옵션	-i : 대상 파일이 이미 존재할 때에는 처리 방식을 물어 봄 -p : 원본 파일의 소유자, 그룹, 권한, 시간 정보를 그대로 복사 -r : 모든 하위 디렉토리의 내용까지 복사

files는 복사할 원본 파일의 이름을 말하고, destination은 새로 생성될 파일을 말한다. destination이 파일 이름이면 그 이름의 파일이 현재 디렉토리에 생성되고, 디렉토리 이름이면 그 디렉토리 아래에 원본 파일과 같은 이름의 파일이 생성된다.

[예2-7] 다음은 file1을 복사해서 file2를 만드는 예를 보여준다. cp 명령을 실행하기 전에 먼저 복사할 파일 file1이 존재하고 있어야 한다. cat 명령은 파일의 내용을 화면에 보여준다.

```
ngs@ubuntu:~/lsp/ch2$ ls
file1
ngs@ubuntu:~/lsp/ch2$ cp file1 file2
ngs@ubuntu:~/lsp/ch2$ ls
file1   file2
ngs@ubuntu:~/lsp/ch2$
```

```
ngs@ubuntu:~/lsp/ch2$ cat file1
abcdefg
ngs@ubuntu:~/lsp/ch2$ cat file2
abcdefg
ngs@ubuntu:~/lsp/ch2$
```

파일의 이동 명령은 mv(move)인데, 이것은 파일의 경로명을 바꾸는 것이다. 원본 파일과 이동된 파일이 같은 디렉토리 아래에 있을 때에는 이름만 바뀐 것과 같고, 다른 디렉토리 아래에 있을 때에는 이동된 것과 같다.

형식	mv [option] oldfile newfile
기능	파일이나 디렉토리 이동 (이름변경)
옵션	-i : 대상 파일이 있는 경우에 어떻게 처리할 것인지 사용자에게 문의. -f : 대상 파일이 있어도 문의하지 않고 덮어 씀

oldfile이라는 파일의 이름이 newfile이라는 이름으로 변경된다. newfile이 이미 존재하는 디렉토리 이름이라면 oldfile이 디렉토리 newfile 아래로 이동한다. cp는 원본과 복사본이 동시에 존재하게 되며 결국 내용이 같은 두 개의 파일이 존재하게 되지만, mv는 존재하는 파일의 이름이 변경되거나 위치가 이동되어 최종적으로 하나의 파일만 존재한다.

[예2-8] 다음은 mv를 사용해서 파일의 이름을 바꾸는 방법을 보여준다. file2를 같은 디렉토리 아래에 file3으로 이름을 바꾼 것이다.

```
ngs@ubuntu:~/lsp/ch2$ ls
file1  file2
ngs@ubuntu:~/lsp/ch2$ mv file2 file3
ngs@ubuntu:~/lsp/ch2$ ls
file1  file3
ngs@ubuntu:~/lsp/ch2$
```

[예2-8]에서 file2의 이름이 file3로 변경되어 ls의 결과로는 file2가 보이지 않고 file3만 보인다. 만약 mv 명령의 두 번째 인수로 디렉토리 이름을 주면 파일이 그 디렉토리 아래로 이동한다.

[예2-9] 다음은 파일을 다른 디렉토리로 이동하는 예를 보여준다. file3을 디렉토리 dir1 아래로 이동한다.

```
ngs@ubuntu:~/lsp/ch2$ ls
file1  file3
ngs@ubuntu:~/lsp/ch2$ mkdir dir1
ngs@ubuntu:~/lsp/ch2$ ls
dir1  file1  file3
ngs@ubuntu:~/lsp/ch2$ mv file3 dir1
ngs@ubuntu:~/lsp/ch2$ ls
dir1  file1
ngs@ubuntu:~/lsp/ch2$ ls dir1
file3
ngs@ubuntu:~/lsp/ch2$
```

(5) 파일 제거 명령

파일을 제거하는 명령은 rm(remove)이다. 이 명령으로 파일을 제거하면 복구할 수 없으므로 주의해야 한다.

형식	rm [option] file
기능	파일이나 디렉토리 제거
옵션	-i : 지우는 각 파일에 대해 제거할 것인가 물어봄. -r : 파일이나 디렉토리 제거

-r 옵션은 디렉토리까지 제거하는데, 그 아래에 있던 모든 파일과 디렉토

리가 모두 제거되므로 신중하게 사용해야 한다.

[예2-10] rm 명령을 이용해서 파일을 제거하는 예를 보여준다. 파일은 한 번 제거되면 복구할 수 없으므로 주의해야 한다.

```
ngs@ubuntu:~/lsp/ch2$ ls
dir1   file1
ngs@ubuntu:~/lsp/ch2$ cp file1 file2
ngs@ubuntu:~/lsp/ch2$ ls
dir1   file1   file2
ngs@ubuntu:~/lsp/ch2$ rm file2
ngs@ubuntu:~/lsp/ch2$ ls
dir1   file1
ngs@ubuntu:~/lsp/ch2$
```

[예2-11] rm 명령에 -r 옵션을 사용하면 디렉토리까지 제거할 수 있다. 이 때에는 디렉토리가 비어 있지 않아도 무조건 제거되므로 주의해야 한다.

```
ngs@ubuntu:~/lsp/ch2$ ls
dir1   file1
ngs@ubuntu:~/lsp/ch2$ ls dir1
file3
ngs@ubuntu:~/lsp/ch2$ rm dir1
rm: cannot remove  'dir1' : Is a directory
ngs@ubuntu:~/lsp/ch2$ rm -r dir1
ngs@ubuntu:~/lsp/ch2$ ls
file1
ngs@ubuntu:~/lsp/ch2$
```

현재 dir1 아래에는 file3이라는 파일이 하나 있다. 따라서 첫 번째 rm 명령으로 디렉토리 dir1을 제거하려 할 때에는 실패했다. 두 번째로 -r 옵션을 주고 실행했을 때에는 디렉토리와 그 아래에 있던 file3까지 모두 제거되었다.

2.4.3 파일의 종류

리눅스에서 파일은 시스템 내의 모든 정적인 요소들을 말한다. 데이터를 저장하는 공간뿐만 아니라 키보드나 모니터 화면까지도 파일로 정의한다. 리눅스에는 전체 7가지 종류의 파일이 있는데, <표2-1>에서 이들을 설명하고 있다.

<표2-1> 파일 타입

파일 타입	구분문자	정 의
일반 파일	-	자료나 프로그램을 저장하는 파일이다. 일반적으로 파일이라고 하면 보통 이 타입의 파일을 말한다.
디렉토리 파일	d	디렉토리를 말한다. 디렉토리는 파일 이름의 계층구조 형성을 위해 존재한다.
블록 장치파일	b	일정 크기의 블록 단위로 입출력을 하는 장치로 커널 내에 이들을 위한 입출력 버퍼 캐쉬 기능이 있다. 하드 디스크나 플로피 디스크가 여기에 속한다.
문자 장치파일	c	블록 장치가 아닌 모든 입출력 장치를 문자 장치로 정의한다. RS232C 포트 등이 여기에 속한다.
FIFO 파일	p	보통 파이프라 불리는 프로세스들 사이의 통신을 위한 특수 파일이다. 이 파일은 사용 중이 아닐 때에는 크기가 0으로 되어 있고, 자료를 쓰면 크기가 늘어난다. 자료를 읽으면 그 만큼 크기가 줄어든다. 읽기/쓰기는 fifo 규칙에 따라 수행된다.
소켓	s	보통 유닉스 도메인 소켓이라고 하는데, 한 컴

특수파일		퓨터 내에 있는 프로세스들 사이의 통신을 위한 특수 파일이다. 참고로 인터넷 도메인 소켓은 다른 컴퓨터에 있는 프로세스들 사이의 통신을 위한 기능으로 이것은 파일 시스템을 사용하지 않는다.
심볼릭 링크	l	다른 파일에 대해 부여한 새로운 이름으로, 마이크로소프트 윈도우즈의 "바로가기" 파일 개념은 유닉스에 있던 심볼릭 링크를 모방한 것이다.

디렉토리는 파일의 계층구조를 형성하기 위한 특수한 형태의 파일이다. 디렉토리 파일의 데이터 블록에는 그 디렉토리 아래에 있는 파일이나 디렉토리들의 정보가 저장되어 있다.

2.4.4 파일 속성

파일은 데이터와 속성(attribute)이라는 두 요소로 구성된다. 파일의 데이터는 파일 내에 저장되어 있는 데이터를 말한다. 파일의 속성이란 파일과 관련된 부가적인 정보인데, 파일에 저장된 데이터의 크기나 파일의 주인, 접근권한 등의 정보를 말한다. 파일의 속성 정보를 알아내려면 ls 명령을 -l 옵션과 함께 사용하면 된다.

[예2-12] ls -l 명령은 파일에 관한 상세한 정보를 보여준다.

```
ngs@ubuntu:~/lsp/ch2$ ls
file1
ngs@ubuntu:~/lsp/ch2$ mkdir dir1
ngs@ubuntu:~/lsp/ch2$ ls -l
total 8
```

```
drwxr-xr-x 2 ngs ngs 4096 Jan 23 18:27 dir1
-rw-r--r-- 1 ngs ngs    8 Jan 19 00:22 file1
ngs@ubuntu:~/lsp/ch2$
```

ls -l의 결과는 다음과 같이 8 부분으로 구성되어 있고, 각 부분의 의미는 다음과 같다.

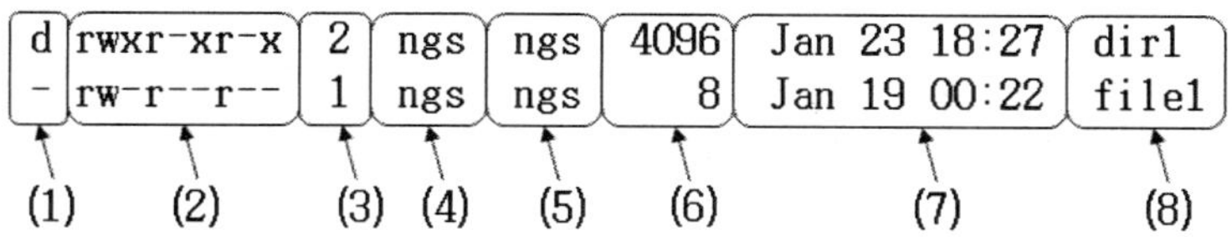

(1) 파일 타입 : 파일의 종류를 나타내는 것으로 <표2-1>에 있는 구분문자들 중의 하나로 표시된다.
(2) 접근권한 : 이 파일에 대한 각 사용자들의 접근권한을 나타내는 것으로 2.4.6절에서 상세히 설명한다.
(3) 링크 수 : 이 파일에 붙여진 이름의 수이다.
(4) 소유자 : 이 파일을 소유한 소유자의 아이디이다. 이 내용은 2.4.5절에서 상세히 설명한다.
(5) 그룹 : 이 파일이 소속된 그룹의 아이디이다. 이 내용은 2.4.5절에서 상세히 설명한다.
(6) 파일의 크기 : 이 파일에 저장된 데이터의 바이트 수이다.
(7) 갱신일자 : 이 파일의 정보가 최종적으로 갱신된 일자이다.
(8) 이름 : 이 파일의 이름이다.

2.4.5 파일의 소유권

파일(디렉토리 포함)은 어떤 사용자가 소유하는데, 파일을 소유한 사용자를 소유자라 한다. 파일은 또한 어떤 그룹에 소속된다. 이렇게 해서 리눅스에서는 어떤 파일을 기준으로 볼 때에 시스템 전체에 등록된 사용자를 다음과 같은 세 종류로 구분한다.

- 소유자(user) - 파일의 주인으로 그 파일에 대한 소유권을 가짐
- 그룹 사용자(group) - 파일이 소속된 그룹과 같은 그룹에 속하는 사용자들
- 기타 사용자(other) - 소유자도 아니고 그룹 사용자도 아닌 기타 사용자들

파일의 소유권이나 소속 그룹은 chown(change owner) 명령으로 변경할 수 있다. 그룹을 변경하는 명령으로 chgrp(change group) 명령도 있다.

형식	chown [owner] [:group] filename
기능	파일 소유자 및 그룹 변경 (슈퍼 유저만 사용)
옵션	-R : 디렉토리의 경우 그 하위 파일이나 디렉토리 모두에 대해 적용

filename은 소유자나 그룹을 변경할 파일이나 디렉토리의 이름이다. 소유자와 그룹을 동시에 변경할 때에는 owner:group 형식으로 값을 주고, 소유자만 변경할 때에는 owner 값만 준다. 그룹만 변경할 때에는 :group 와 같은 형식으로 값을 준다.

[예2-13] chown 명령은 소유자나 그룹을 변경하거나 소유자와 그룹을 동시에 변경할 수 있다.

```
ngs@ubuntu:~/lsp/ch2$ ls -l
total 8
drwxr-xr-x 2 ngs ngs 4096 Jan 23 18:27 dir1
-rw-r--r-- 1 ngs ngs    8 Jan 19 00:22 file1
ngs@ubuntu:~/lsp/ch2$
```

```
ngs@ubuntu:~/lsp/ch2$ chown root:root file1
chown: changing ownership of 'file1' : Operation not permitted
ngs@ubuntu:~/lsp/ch2$
ngs@ubuntu:~/lsp/ch2$ su root
Password:
root@ubuntu:/home/ngs/lsp/ch2# ls -l
total 8
drwxr-xr-x 2 ngs ngs 4096 Jan 23 18:27 dir1
-rw-r--r-- 1 ngs ngs    8 Jan 19 00:22 file1
root@ubuntu:/home/ngs/lsp/ch2# chown root:root file1
root@ubuntu:/home/ngs/lsp/ch2# ls -l
total 8
drwxr-xr-x 2 ngs  ngs  4096 Jan 23 18:27 dir1
-rw-r--r-- 1 root root    8 Jan 19 00:22 file1
root@ubuntu:/home/ngs/lsp/ch2#
root@ubuntu:/home/ngs/lsp/ch2# chown ngs file1
root@ubuntu:/home/ngs/lsp/ch2# ls -l
total 8
drwxr-xr-x 2 ngs ngs  4096 Jan 23 18:27 dir1
-rw-r--r-- 1 ngs root    8 Jan 19 00:22 file1
root@ubuntu:/home/ngs/lsp/ch2# chown :ngs file1
root@ubuntu:/home/ngs/lsp/ch2# ls -l
total 8
drwxr-xr-x 2 ngs ngs 4096 Jan 23 18:27 dir1
-rw-r--r-- 1 ngs ngs    8 Jan 19 00:22 file1
root@ubuntu:/home/ngs/lsp/ch2# exit
exit
ngs@ubuntu:~/lsp/ch2$
```

chown은 관리자만 사용할 수 있는 명령이다. [예2-13]에서 보듯이 사용자 ngs로 로그인한 상태에서는 chown 명령 실행에 실패했다. 관리자 권한을 얻기 위해 su 명령을 사용해서 임시로 root로 사용자를 대체한 다음에 실행한 chown 명령은 성공했다.

2.4.6 파일 접근권한

파일의 접근권한(permission)이란 사용자가 어떤 파일에 대해 어떤 동작을 가할 수 있는 권한을 말한다. 리눅스에서 사용자는 파일에 대해 세 가지의 동작 즉, 읽기(read), 쓰기(write), 실행(execute)을 가할 수 있다고 정의한다. 이 세 가지 동작의 의미는 동작의 대상이 되는 파일의 타입(파일, 디렉토리)에 따라 다른데, 그 의미는 〈표2-2〉와 같다.

접근권한의 표현은 문자나 2진수 혹은 8진수로 나타낸다. 혼란을 피하기 위해 접근권한에 관련된 명령에서 10진수는 사용되지 않는다. 파일의 접근권한은 그 파일과 관련된 세 종류의 사용자와 관련된 읽기, 쓰기, 실행 접근권한을 별도로 표시한다. 〈표2-3〉은 접근권한 표시방법을 나타낸다.

〈표2-2〉 접근권한의 종류

접근권한	파일	디렉토리
읽기 (read)	파일의 내용을 읽어 올 수 있음	ls 명령으로 디렉토리 아래에 있는 파일이나 디렉토리 이름을 나열할 수 있음
쓰기 (write)	파일에 내용을 추가하거나 파일 내용을 수정할 수 있음	디렉토리 아래에 새 파일을 생성하거나, 디렉토리 아래에 있는 파일을 제거할 수 있음
실행 (execute)	저장된 프로그램을 실행할 수 있음	cd 명령으로 디렉토리 안으로 들어갈 수 있음.

〈표2-3〉 접근권한의 표시

사용자	소유자				그룹사용자				기타사용자			
접근권한	읽기	쓰기	실행	없음	읽기	쓰기	실행	없음	읽기	쓰기	실행	없음
문자표시	r	w	x	-	r	w	x	-	r	w	x	-
2진수표시	100	010	001	000	100	010	001	000	100	010	001	000
8진수표시	4	2	1	0	4	2	1	0	4	2	1	0

파일의 접근권한을 나타내는 정보는 읽기(r), 쓰기(w), 실행(x)의 순서대로 표시하는데, 소유자 정보가 3비트, 그룹 사용자 정보가 3비트, 기타 사용자 정보가 3비트여서 모두 9비트로 표시된다. 8진수로 나타낼 때에는 각 사용자 집단의 읽기/쓰기/실행 권한 값을 더해서 나타낸다. 예를 들면 소유자에게 읽기 권한(4)과 쓰기 권한(2)이 있고 실행 권한이 없다면 소유자의 권한은 4+2 = 6이 된다. ls -l 명령에 나타나는 접근권한 정보는 다음과 같은 의미를 가진다.

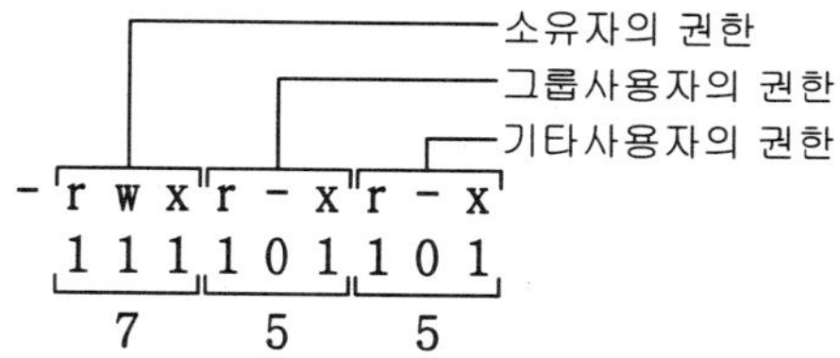

문자로 표시된 접근권한에서 읽기, 쓰기, 실행의 위치에 권한이 있으면 r, w, x로 나타내고, 권한이 없으면 '-' 로 나타낸다. 이진수로 나타낼 때에는 해당 위치의 권한이 있을 때에는 '1' 로 나타내고, 권한이 없을 때에는 '0' 으로 나타낸다. 각 사용자 집단의 접근권한 세 비트를 묶어서 8진수로 나타내기도 한다.

[예2-14] 다음은 파일의 접근권한을 보여 주는 예이다. prog1.c는 C 언어로 작성한 소스 파일이고, prog1은 그 프로그램을 컴파일해서 만든 실행 파일이다. 또한 dir1은 디렉토리이다.

```
ngs@ubuntu:~/lsp/ch2$ ls -l
total 20
drwxr-xr-x 2 ngs ngs 4096 Jan 23 18:27 dir1
-rw-r--r-- 1 ngs ngs    8 Jan 19 00:22 file1
-rwxr-xr-x 1 ngs ngs 7340 Jan 24 00:31 prog1
-rw-r--r-- 1 ngs ngs   68 Jan 24 00:31 prog1.c
```

```
ngs@ubuntu:~/lsp/ch2$
```

[예2-14]의 결과는 다음과 같이 해석할 수 있다.

파일	접근권한	2진수	8진수	의미
prog1.c	-rw-r--r--	110100100	644	소유자 : 읽기, 쓰기 그룹사용자 : 읽기 기타사용자 : 읽기
prog1	-rwxr-xr-x	111101101	755	소유자 : 읽기, 쓰기, 실행 그룹사용자 : 읽기, 실행 기타사용자 : 읽기, 실행
file1	-rw-r--r--	110100100	644	소유자 : 읽기, 쓰기 그룹사용자 : 읽기 기타사용자 : 읽기
dir1	drwxr-xr-x	111101101	755	소유자 : ls와 cd 가능, 파일 생성/제거 가능 그룹사용자 : ls와 cd 가능 기타사용자 : ls와 cd 가능

접근권한은 chmod 명령으로 설정하거나 변경할 수 있는데, 이 명령은 해당 파일의 소유자와 슈퍼 유저(super user)만 사용할 수 있다.

형식	chmod mode filename
기능	접근권한 변경
옵션	-R : 디렉토리의 경우 그 하위 파일이나 디렉토리 모두에 대해 적용

mode 필드에 숫자 값을 주면 접근 권한을 새롭게 설정하는 것이다. 이때

숫자는 8진수로 해석되고, 기존에 파일이나 디렉토리가 가진 접근 권한에 관계없어 주어진 접근 권한이 설정된다.

[예2-15] 다음은 chmod 명령을 사용해서 파일의 접근 권한을 설정하는 예를 나타낸다.

```
ngs@ubuntu:~/lsp/ch2$ ls -l
total 8
drwxr-xr-x 2 ngs ngs 4096 Jan 23 18:27 dir1
-rw-r--r-- 1 ngs ngs    8 Jan 19 00:22 file1
ngs@ubuntu:~/lsp/ch2$ chmod 666 file1
ngs@ubuntu:~/lsp/ch2$ ls -l
total 8
drwxr-xr-x 2 ngs ngs 4096 Jan 23 18:27 dir1
-rw-rw-rw- 1 ngs ngs    8 Jan 19 00:22 file1
ngs@ubuntu:~/lsp/ch2$
```

mode 필드를 문자로 나타내면 접근 권한을 수정하는 것이다. 이 방식으로는 기존의 접근권한에 새로운 접근 권한을 추가하거나, 존재하는 접근 권한의 일부를 제거할 수 있다.

chmod {u, g, o, a} {+, -} {r, w, x} filename
filename : 권한을 변경할 파일이나 디렉토리의 이름
u, g, o : 소유자(user), 그룹 사용자(group), 기타 사용자(other)
a (all) : 모든 사용자 (u, g, o 전체)
+ : 권한 추가
- : 권한 제거
r, w, x : 읽기(read), 쓰기(write), 실행(execute) 권한

예를 들면, "chmod u+x file1"은 file1의 현재 접근 권한에 소유자(u)의 실행권한(x)을 추가하는 것이다. 또한 "chmod a-w file2"는 file2의 현재 접근권한에 모든 사용자들(a)에 대한 쓰기(w) 권한을 제거하는 것이다.

[예2-16] 다음은 chmod 명령을 사용해서 파일이 가지고 있는 접근 권한을 변경하는 예를 나타낸다.

```
ngs@ubuntu:~/lsp/ch2$ ls -l
total 8
drwxr-xr-x 2 ngs ngs 4096 Jan 23 18:27 dir1
-rw-rw-rw- 1 ngs ngs    8 Jan 19 00:22 file1
ngs@ubuntu:~/lsp/ch2$ chmod g-w file1
ngs@ubuntu:~/lsp/ch2$ ls -l
total 8
drwxr-xr-x 2 ngs ngs 4096 Jan 23 18:27 dir1
-rw-r--rw- 1 ngs ngs    8 Jan 19 00:22 file1
ngs@ubuntu:~/lsp/ch2$ chmod o-w file1
ngs@ubuntu:~/lsp/ch2$ ls -l
total 8
drwxr-xr-x 2 ngs ngs 4096 Jan 23 18:27 dir1
-rw-r--r-- 1 ngs ngs    8 Jan 19 00:22 file1
ngs@ubuntu:~/lsp/ch2$
```

2.4.7 장치 파일

리눅스는 시스템 내의 모든 장치들에 대한 관리나 입출력 동작을 일관성 있게 하기 위해 장치들도 일반 파일과 동일한 인터페이스를 제공한다. 즉, 장치들도 파일 시스템 내에서 이름을 가지며, 일반 파일과 동일한 방법으로 열기/닫기, 읽기/쓰기가 가능하다. 이러한 장치를 지칭하는 파일을 특수 파일(special file) 혹은 장치 파일(device file)이라 한다. 장치 파일 이름들은 모두 /dev 디렉토리 아래에 있다.

[예2-17] 장치 파일들은 모두 /dev 디렉토리 아래에 있다. 다음은 /dev 디렉토리 아래에 있는 장치 파일의 일부를 나타낸 것이다.

```
ngs@ubuntu:~/lsp/ch2$ ls -l /dev
```

```
total 0

brw-rw----  1 root disk     8,   0 Jan 24 00:18 sda
brw-rw----  1 root disk     8,   1 Jan 24 00:18 sda1
brw-rw----  1 root disk     8,   2 Jan 24 00:18 sda2
brw-rw----  1 root disk     8,   5 Jan 24 00:18 sda5

crw--w----  1 root tty      4,   0 Jan 24 00:18 tty0
crw-rw----  1 root tty      4,   1 Jan 24 00:18 tty1
crw-rw----  1 root tty      4,   2 Jan 24 00:18 tty2
```

리눅스에서는 장치 파일을 블록 장치파일과 문자 장치파일 두 종류로 구분하고 있다. 블록장치(block device)란 하드 디스크처럼 자료의 읽기/쓰기가 블록 단위로 이루어지는 장치를 말하고, 문자장치(character device)란 COM 포트나 키보드처럼 자료의 읽기/쓰기가 한 바이트의 문자 단위로 이루어지는 장치를 말한다. [예2-17]에서 파일타입이 b로 되어 있는 것은 블록 장치파일이고, 파일타입이 c로 되어 있는 것은 문자 장치파일이다. [예2-17]에서 하드디스크를 나타내는 장치파일은 /dev/sda, /dev/sda1, /dev/sda2, /dev/sda5이고, COM 포트를 나타내는 장치파일은 /dev/tty0, /dev/tty1, /dev/tty2이다.

모든 장치들은 다른 장치와 구분되는 유일한 장치번호(device number)를 가진다. 장치번호는 주번호(major number)와 부번호(minor number)로 구성된다. 주번호는 장치의 종류를 구분하는데 사용되고, 부번호는 같은 종류의 장치 중에서 몇 번째 장치인가를 나타낸다. [예2-17]에서 장치번호는 파일의 길이 필드에 나타나 있다. 장치 파일들은 장치를 지칭하기 위한 수단이기 때문에 실재 이 파일에 자료를 저장하고 있는 것은 아니다. 따라서 파일 길이 필드에 파일 길이 대신에 장치번호를 나타내었다. 장치번호 필드의 두 숫자 중에서 앞의 숫자가 주번호이고 뒤의 숫자가 부번호이다. [예2-17]에서 하드디스크를 나타내는 /dev/sda2의 주번호는 8이고, 부번호는 2이다.

형식	mknod name type major minor
기능	장치 파일 생성

옵션	name : 생성할 장치 파일 이름 type : 장치 종류 (b : 블록장치, c : 문자장치, p : fifo 파일) major : 주 장치 번호 minor : 부 장치 번호

장치 파일을 생성할 때에는 mknod 명령을 사용한다. 문자장치나 블록장치의 경우에는 장치 파일을 생성하더라도 커널 내에 그 장치에 대한 장치 드라이버 소프트웨어가 없으면 사용할 수 없다.

[예2-18] 다음은 mknod 명령을 사용해서 장치 파일을 생성하는 예이다. 블록 장치파일을 생성하는데, 주 장치 번호는 5로 하고 부 장치 번호는 1로 한다.

```
root@ubuntu:~/lsp/ch2$ mknod mydevfile b 5 1
root@ubuntu:~/lsp/ch2$
root@ubuntu:~/lsp/ch2$ ls -l
합계 0
brw-r--r-- 1 root root 5, 1  5월 29 22:50 mydevfile
root@ubuntu:~/lsp/ch2$
```

블록장치 파일이나 문자장치 파일을 생성하기 위해서는 슈퍼유저 권한이 있어야 하지만, fifo 파일을 생성할 때에는 일반 사용자 권한으로도 할 수 있다.

2.4.8 디스크 추가

리눅스 시스템에서 여러 개의 저장장치(하드 디스크, 플로피 디스크, CDROM, USB 메모리 등)를 사용할 때에는 마운트(mount) 개념을 이용하여 각 저장장치에 있는 파일 시스템을 계층적으로 연결하여 사용한다. MS 윈도우즈에서 각 저장장치는 별도의 드라이브 개념으로 독립적인 파일 시스템 형태로 존재하고, 각 드라이브마다 루트 디렉토리가 존재하고 있다. 그러나 리눅스 시스템에서는 각 저장장치에 있는 파일 시스템들이 트리 구조로 연결되어 하나의 통합된 디렉토리 체계를 형성한다.

(1) 마운트 개념

마운트는 독립적인 저장장치 혹은 디스크 파티션들에 있는 파일 시스템들을 연결하여 하나의 단일한 트리구조를 형성하는 것이다. 즉, 한 파일 시스템의 루트 디렉토리가 다른 파일 시스템에 있는 어떤 디렉토리에 연결되어 하나의 트리를 형성하게 되는 것이다. 이렇게 되면 마운트된 파일 시스템은 독립적인 파일 시스템처럼 보이지 않고 단지 전체 디렉토리 체계 아래에 존재하는 디렉토리들처럼 보이게 된다.

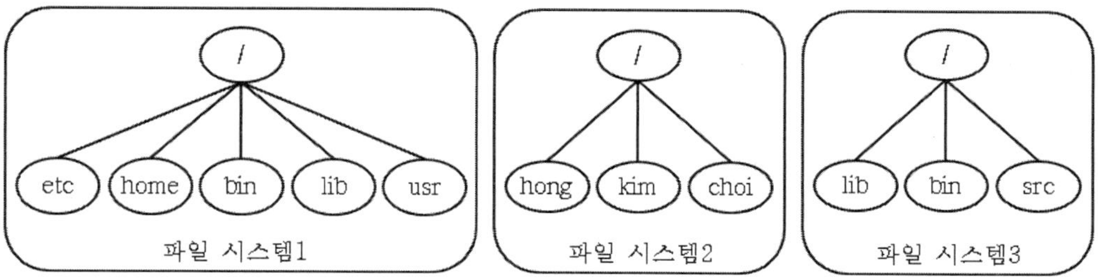

<그림2-5> 마운트 전

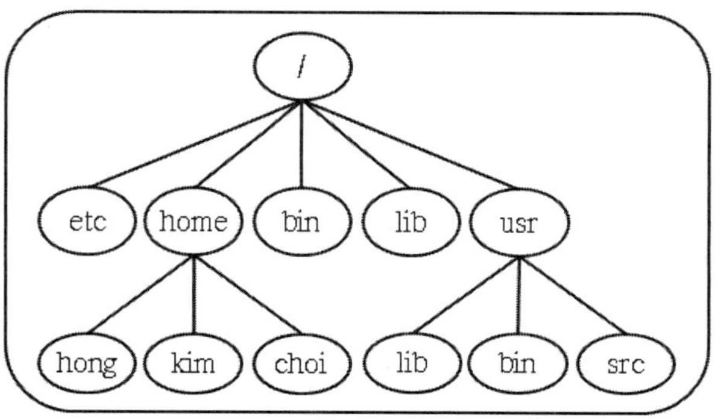

<그림2-6> 마운트 후

<그림2-5>는 마운트되기 전의 각 파일 시스템 내에 있는 디렉토리들을 보

여준다. 여기에는 세 개의 파일 시스템이 있고 각 파일 시스템에는 여러 개의 디렉토리들이 있다. <그림2-6>은 마운트된 이후의 디렉토리 체계를 보여준다. 파일 시스템1에 있는 home 디렉토리에 파일 시스템2가 마운트되었고, usr 디렉토리 아래에는 파일 시스템3이 마운트되었다. 이렇게 마운트되면 시스템 내에는 하나의 트리 구조만 존재하게 된다.

(2) 디스크 파티션과 장치 이름

리눅스 시스템은 여러 개의 물리적 하드 디스크를 설치해서 사용할 수도 있고, 하나의 하드 디스크를 파티션하여 사용할 수도 있다. 파티션(partition)은 하나의 물리적 하드 디스크를 여러 개의 논리적 디스크로 나누어 사용하는 것이다. 각 파티션마다 별도의 파일 시스템을 두는데, 이 파일 시스템들을 마운트하여 사용할 수 있다. 파티션을 나누어 사용하면 각 파티션을 별도로 관리할 수 있어서 파일 시스템 관리와 보호에 유리하다.

하나의 물리적 디스크는 최대 4개의 파티션을 가질 수 있는데, 이들을 primary 파티션이라 한다. 4개의 primary 파티션 중에서 하나는 extended 파티션이 될 수 있다. extended 파티션은 여러 개의 logical 파티션으로 분리될 수 있다. 이렇게 분리되었을 때 extended 파티션은 데이터는 저장할 수 없고, logical 파티션들에 대한 정보만 가지고 있다. 각 logical 파티션들은 사용자의 정보를 저장할 수 있다. 그리고 한 logical 파티션은 다음 logical 파티션에 대한 주소 정보도 가지고 있다. SCSI 디스크는 최대 15개, IDE 디스크는 최대 63개, EIDE 디스크는 최대 15개의 logical 파티션을 가질 수 있다.

리눅스에서 각 파티션들은 별도의 장치파일로 보이는데, 리눅스 시스템에서 본 각 파티션의 장치파일 이름은 hdxn(IDE 디스크) 혹은 sdxn(SCSI 디스크)으로 주어진다. 여기서 x는 물리적 디스크의 번호인데, 차례로 a, b, c, d, ... 와 같이 번호가 부여된다. n은 파티션 번호인데 1, 2, 3, 4 는 primary 혹은 extended 파티션의 번호이고, 5, 6, 7, ... 은 logical 파티션의 번호이다. 예를 들어 hda1은 시스템에 있는 첫 번째 IDE형 하드 디스크의 첫 번째 파티션을 나타낸다. sda2는 첫 번째 SCSI형 하드 디스크의 두 번째 파티션을 나타낸다. 이 장치 파일들의 이름은 /dev 디렉토리 아래에서 볼 수 있는데, [예2-17]에서 그 일부를 보여주고 있다.

(3) mount/umount 명령

새로운 저장 장치를 마운트 할 때에는 mount 명령을 사용하고, 마운트를 해제할 때에는 umount 명령을 사용한다. 이 명령들은 시스템 관리자만 사용할 수 있다.

형식	mount [-t type] [-o options] device dir umount device
기능	mount : 장치를 디렉토리에 마운트 umount : 장치의 마운트를 해제
옵션	type : 장치에 있는 파일 시스템의 타입 device : 장치파일 이름 dir : 마운트할 위치

[예2-19] usb 저장장치에 있는 파일 시스템을 usb 디렉토리에 마운트해 보자. 이 시스템에서는 usb 저장 장치가 /dev/sdb1이라는 이름을 가진다. mount 명령은 관리자만 사용할 수 있으므로 sudo 명령과 함께 사용한다.

```
ngs@ubuntu:~/lsp/ch2$ ls
ngs@ubuntu:~/lsp/ch2$ mkdir usb
ngs@ubuntu:~/lsp/ch2$ ls usb
ngs@ubuntu:~/lsp/ch2$
ngs@ubuntu:~/lsp/ch2$ sudo mount /dev/sdb1 usb
ngs@ubuntu:~/lsp/ch2$ ls usb
01  02  03  04  JPG  System Volume Information
ngs@ubuntu:~/lsp/ch2$
```

먼저 현재 디렉토리 아래에 usb라는 이름의 디렉토리를 만든다. 그리고 mount 명령을 실행하여 /dev/sdb1에 있는 휴대용 저장 장치를 usb라는 디렉토리에 마운트한다. 그 다음에 usb 디렉토리 아래의 내용을 보면 여러 개의 디렉토리들이 있는 것을 볼 수 있는데, 이들은 모두 새로 마운트된 휴대용 저장장치에 있는 디렉토리들이다. 여기에 있는 파일 혹은 디렉토리들은 모두 하드 디스크에 있는 것들과 동일한 방법으로 사용할 수 있다.

[예2-20] 마운트를 해제할 때에는 umount 명령을 사용한다. 마운트된 저장장치가 사용 중이 아닐 때에만 마운트를 해제할 수 있다.

```
ngs@ubuntu:~/lsp/ch2$ ls usb
01  02  03  04  JPG  System Volume Information
ngs@ubuntu:~/lsp/ch2$
ngs@ubuntu:~/lsp/ch2$ sudo umount /dev/sdb1
ngs@ubuntu:~/lsp/ch2$ ls usb
ngs@ubuntu:~/lsp/ch2$
```

마운트를 해제하면 그 장치는 더 이상 사용할 수 없다. [예2-20]에서 umount 명령을 사용하기 전에는 usb 디렉토리 아래에 내용이 보였는데, umount를 사용해서 마운트를 해제한 다음에는 usb 디렉토리가 비어 있는 것을 볼 수 있다. 장치가 사용중일 때에는 마운트를 해제할 수 없다. 장치가 사용 중이라는 것은 장치 내에 있는 어떤 파일을 열어서 사용하고 있는 상태이거나, 장치 내의 어떤 디렉토리를 작업 디렉토리로 사용하고 있는 상태라는 것을 뜻한다.

2.4.9 중요한 디렉토리들

리눅스의 시스템 파일들은 몇 개의 디렉토리에 나누어져 있다. 반드시 그렇게 할 필요는 없지만 시스템 관리를 용이하게 하기 위해 중요한 몇 개의 디렉토리들은 그 역할이 정해져 있다.

<표2-4> 리눅스의 주요 디렉토리들

디렉토리	역할
/var	/var/log나 /var/adm과 같이 자주 변경되는 시스템 파일들을 가지고 있다.
/etc	시스템이나 사용자 관리를 위한 자료 파일이나 관리자용 명령파일들을 가지고 있다.
/bin	기본적인 명령파일들이 있다.
/sbin	시스템 운영 및 관리를 위한 명령 파일들이 있다. 부팅과정에 필요한 명령들은 여기에 있고 정상 동작 상태에서 필요한 크기가 큰 명령파일들은 /usr/sbin에 있다.
/boot	리눅스 커널의 메모리 이미지와 부팅 과정에서 필요한 정보 파일들이 있다.
/home	각 사용자들의 홈 디렉토리는 이 아래에 존재한다
/lib	시스템 라이브러리나 각종 언어를 위한 라이브러리들을 가진다.
/proc	커널과 프로세스 정보를 얻을 수 있는 가상 파일 시스템이 마운트되어 있는데, 실재로는 커널내의 테이블과 연결되어 있다.
/root	시스템 관리자인 root의 홈 디렉토리이다.
/tmp	잠시 사용되는 임시 파일들을 위한 디렉토리이다.
/usr	두 번째 파일 시스템으로 루트 파일 시스템과 구조가 유사한데, 용량이 크고 자주 사용되지 않는 파일들이 있다.

초기의 리눅스 시스템에서는 중요한 시스템 파일들이 존재하는 디렉토리들의 위치가 일정하지 않았고 배포판마다 달랐다. 이것은 리눅스의 문서화와 유지보수를 어렵게 했고, 다른 리눅스 시스템에서 컴파일된 패키지를 포팅하기 어렵게 했다. 이러한 문제점을 해결하기 위해 리눅스 개발자 회의에서 리

눅스 디렉토리들의 트리구조에 표준(FSSTDN : Linux File System Standard)을 정해서 모든 리눅스 시스템들의 디렉토리 구조가 동일하게 보이도록 하고 있다. 강제 사항은 아니지만 모든 리눅스 시스템들이 FSSTDN에 따라 각 파일들의 위치를 일관성 있게 유지하면 리눅스 응용 프로그램의 작성과 포팅이 쉬워지고 시스템의 관리도 쉬워진다.

연습 문제

A. 다음 빈 칸에 적절한 용어를 쓰시오.

1. 운영체제 중에서 핵심이 되는 부분으로 항상 메인 메모리에 존재하면서 하드웨어를 추상화시켜 사용자 레벨 프로세스들에게 서비스를 제공하는 부분을 (　　　　　)이라 한다.

2. (　　　　　　　)는 프로그램을 실행하는 주체가 되는 것으로 시스템 내의 동적인 요소이다.

3. (　　　　　)은 사용자에게 텍스트 형태의 명령 인터페이스를 제공하는 것으로 키보드에서 명령을 입력 받아 실행시켜 주는 기능을 한다.

4. 사용자가 리눅스 시스템에 로그인 했을 때에 처음 위치하게 되는 디렉토리를 (　　　　　　　)라 한다.

5. 계층적 디렉토리 구조에서 트리구조의 최상위 디렉토리를 (　　　　　) 디렉토리라 한다.

6. (　　　　　　　)는 디렉토리나 파일에 대해 부여한 또 다른 이름으로 마이크로소프트 윈도우즈의 바로가기는 리눅스의 이 기능을 모방한 것이다.

7. 파일의 (　　　　　　)이란 사용자가 어떤 파일에 대해 어떤 동작을 가할 수 있는 권한을 말하는 것으로 chmod 명령으로 이를 변경할 수 있다.

8. 리눅스에서는 키보드나 모니터와 같은 장치들도 일반 파일과 동일한 방식으로 다룰 수 있도록 장치파일을 만들어 두고 있는데, 장치파일들은 일반적으로 (　　　　　) 디렉토리 아래에 있다.

9. 한 파일 시스템 아래에 다른 파일 시스템들을 연결하여 전체 디렉토리 구

조가 하나의 트리가 되게 하는 것을 (   )라 한다.

10. 하나의 물리적 하드 디스크를 여러 개의 논리적 디스크로 나누어 사용하는 것을 (   )이라 한다.

B. 다음 물음에 답하시오.

1. 쉘의 동작 원리를 그림으로 설명하시오.

2. 터미널 창을 2개 만들어 작업하고 있다. 터미널1에서 실행시킨 프로그램 prog1에 문제가 발행하였는데 ^C로 종료되지 않는다. 터미널1을 닫지 않고 문제를 해결하는 방법을 설명하시오.

3. 다음은 "ps -l" 을 실행시킨 결과이다. 이 결과에 나타난 프로세스 계층 구조를 그리시오

F	S	UID	PID	PPID	C	PRI	NI	ADDR	SZ	WCHAN	TTY	TIME	CMD
0	S	1000	2243	2202	0	80	0	-	1782	wait	pts/0	00:00:00	bash
0	R	1000	2854	2243	0	80	0	-	1177	-	pts/0	00:00:00	prog1
0	R	1000	3268	2243	0	80	0	-	1177	-	pts/0	00:00:00	prog2
0	R	1000	3359	2854	0	80	0	-	1177	-	pts/0	00:00:00	prog3
0	R	1000	3388	3268	0	80	0	-	1177	-	pts/0	00:00:00	prog4

4. 다음은 "ls -l" 의 결과이다. 각 부분의 의미를 상세히 설명하시오.
   -rwxr-xr-- 1 ngs prof 32734 Jan 19 00:22 prog1

5. "ls -F" 명령은 출력되는 이름 뒤에 기호를 붙여서 파일타입을 표시해 준다. 이 때 나타나는 기호와 "ls -l" 의 결과로 나오는 첫 글자인 파일타입 기호를 대응시켜 설명하시오.

6. 현재 디렉토리에 있는 디렉토리 dir1 아래에 여러 개의 디렉토리와 파일들

이 있다. 그 디렉토리나 파일들을 포함해서 dir1을 단 하나의 명령으로 제거하는 명령 라인을 쓰시오.

7. 리눅스 시스템의 사용자는 어떤 파일이나 디렉토리에 대해서 세 종류의 사용자로 구분된다. 어떤 사용자들이 있는지 설명하시오.

8. 디렉토리 dir1 아래에 기타 사용자는 파일을 생성하거나 제거할 수 없도록 하는 명령 라인을 쓰시오.

9. 현재 시스템에는 단 하나의 SCSI 형태의 하드 디스크가 있는데, 이 디스크는 여러 개의 파티션을 가지고 있다. 두 번째 파티션을 디렉토리 /user에 마운트하는 명령 라인을 쓰시오. 사용자는 현재 일반 사용자로 로그인한 상태이다.

10. 장치 파일에서 주 장치 번호와 부 장치 번호는 각각 어떤 역할을 하는지 설명하시오.

3 장 프로그램 작성

3.1 프로그램 작성과 실행
3.2 make 유틸리티
3.3 명령라인 인수
3.4 헤더파일
3.5 C 언어 라이브러리

3. 프로그램 작성

리눅스 시스템 프로그래밍은 리눅스에서 제공하는 시스템 콜들을 사용하여 시스템 관리나 운영을 위한 프로그램 혹은 시스템의 특성을 잘 활용한 효율적인 응용 프로그램을 작성하는 것을 말한다. 이 장에서는 C 언어를 사용하여 리눅스 시스템 프로그램을 작성하고 실행하는 방법을 설명한다.

3.1 프로그램 작성과 실행

리눅스 시스템에는 프로그램의 작성과 테스트를 위한 여러 가지 도구들이 제공되는데, 여기에서는 리눅스에서 C 언어로 프로그램을 작성하고, 컴파일하고, 실행하는 방법을 설명한다.

컴파일러에 따라 다를 수 있지만 리눅스에서 사용하는 대표적인 C 언어 컴파일러는 GNU에서 제공하는 gcc이다. gcc는 공개 소프트웨어이므로 누구나 무료로 사용할 수 있고, 모든 데스크탑 리눅스에는 기본적으로 설치되어 있다. gcc에서는 C 언어로 작성한 프로그램에 대해서 다음과 같은 파일 이름 규칙을 요구한다.

.c	C 언어로 작성된 프로그램의 소스 파일
.h	C 프로그램의 헤더 파일
.cpp	C++ 프로그램의 소스 파일
.asm	어셈블리 언어로 작성된 프로그램의 소스 파일
.obj	컴파일러가 컴파일 과정에서 생성한 기계어 프로그램 파일

리눅스에서 C 언어로 프로그램을 작성할 때에는 위의 규칙에 따라 파일 이름을 붙여 주어야 한다. 그러나 gcc의 컴파일 결과로 나오는 실행 파일에는 특별한 확장자를 요구하지 않으므로 편의에 따라 부여하면 된다.

prog1.c라는 이름의 C 언어로 작성한 프로그램이 있다면 다음과 같은 방법으로 이 파일을 컴파일할 수 있다.

```
$ gcc  prog1.c
```

소스 파일에 오류가 없다면 컴파일되어 실행 파일이 생성되는데, 이 때에 생성되는 실행 파일의 이름은 a.out이다. a.out은 디폴트로 생성되는 실행 파일의 이름이고, 원하는 이름의 실행 파일을 생성하려면 -o 옵션을 사용한다. prog1.c 라는 이름의 소스 파일을 컴파일해서 prog1이라는 이름의 실행 파일을 생성하려면 다음과 같이 -o 옵션을 사용한다.

```
$ gcc -o prog1  prog1.c
```

실행 파일이 정상적으로 생성되었으면 이를 다음과 같이 실행할 수 있다.

```
$ ./prog1
```

여기서 실행 파일은 현재 디렉토리 아래에 생성되었으므로 "./" 을 사용해서 현재 디렉토리 아래에 있는 prog1을 실행하도록 해야 한다.

[프로그램3-1] 다음은 리눅스에서 C 언어로 프로그램을 작성하고, 컴파일하고, 실행해 보기 위한 프로그램이다. 이 프로그램을 vi 편집기나 gedit 편집기를 사용해서 작성한다.

```c
// File : prog3_1.c

#include <stdio.h>

int main(void)
{
	printf( “Hello, Linux System Programming!\n” );

	return 0;
}
```

[프로그램3-1]은 리눅스에서 프로그램을 작성하고 실행하는 방법을 보여주기 위해 작성한 프로그램이다. [예3-1]은 이 프로그램을 컴파일하고 실행하는

방법을 보여준다.

[예3-1] [프로그램3-1]에서 작성한 프로그램을 다음과 같이 컴파일하고 실행해 보자.

```
ngs@ubuntu:~/lsp/ch3$ ls
prog3_1.c
ngs@ubuntu:~/lsp/ch3$ gcc -o prog3_1 prog3_1.c
ngs@ubuntu:~/lsp/ch3$ ls
prog3_1   prog3_1.c
ngs@ubuntu:~/lsp/ch3$ ./prog3_1
Hello, Linux System Programming!
ngs@ubuntu:~/lsp/ch3$
```

gcc 컴파일러는 옵션없이 사용해서 실행 파일 a.out을 생성하게 해도 된다. 그러나 한 디렉토리 아래에서 여러 프로그램을 작성하고 컴파일할 때에는 이전에 생성된 a.out이 삭제된다. 따라서 -o 옵션을 사용해서 각 소스 파일마다 별도의 실행 파일을 생성하도록 하는 것이 좋다.

실행 파일 prog3_1을 실행시킬 때에는 실행 파일 이름만 입력해도 된다. 즉, 쉘에 prog3_1만 입력해도 이 프로그램이 실행된다. 그러나 대부분의 쉘에는 쉘이 실행 파일을 찾는 경로인 PATH 환경변수에 현재 디렉토리가 포함되어 있지 않기 때문에 현재 디렉토리 아래에서 실행 파일을 찾으라는 의미로 실행 파일 경로명에 "./"을 붙여 주어야 한다. 즉, "./prog3_1"과 같이 입력해야 prog3_1을 실행할 수 있다.

3.2 make 유틸리티

make는 여러 개의 소스 파일로 구성된 프로그램의 작성과 관리를 편리하게 해 주는 도구이다. 프로그램을 구성하는 소스 파일 중의 일부가 변경되면 변경된 파일들만 다시 컴파일해서 새로운 실행 파일을 만들어 낸다. 따라서 많은 소스 파일과 헤더 파일로 구성된 프로그램을 개발할 때에 프로그램 개발과 컴파일 시간을 단축시켜 준다.

make 유틸리티를 활용하기 위해서는 소스 파일과 헤더 파일들 사이의 의존성 관계를 명시해 주는 의존성 규칙 파일을 작성해야 한다. 의존성 규칙 파일은 디폴트로 makefile 혹은 Makefile이라는 이름을 사용하는데 필요에 따라 다른 이름을 사용할 수도 있다.

3.2.1 복잡한 프로그램의 예

make 유틸리티의 사용법을 설명하기 위해 여러 개의 소스 파일로 구성된 프로그램을 작성하고 컴파일하는 과정을 살펴보자. 여기서는 간단한 입출력 프로그램이지만 소스를 여러 개의 파일로 나누어 작성한다.

[프로그램3-2] 이 파일은 다른 소스 파일들에서 공통으로 사용하는 상수나 함수의 프로토타입을 정의한 헤더 파일이다.

```
// File : common.h

#define IOBUFLEN   80

int get_input(char *bp, int len);
int put_output(char *bp, int len);
```

[프로그램3-3] 이 파일은 프로그램의 메인 부분이다. get_input() 함수를 호출하여 입력을 받아 버퍼에 저장하고, put_output() 함수를 호출하여 화면에 출력한다.

```
// File : main.c

#include <stdio.h>
#include  “common.h”

int main(void)
{
      char buf[IOBUFLEN];
```

```
    int len;

    while ((len = get_input(buf, IOBUFLEN)) > 0) {
        put_output(buf, len);
    }

    return 0;
}
```

[프로그램3-4] 이 파일은 키보드에서 입력을 받아 버퍼에 저장하고 입력받은 문자수를 반환하는 함수이다.

```
// File : input.c

#include <stdio.h>
#include <string.h>
#include  "common.h"

int get_input(char *bp, int len)
{
    printf( "input : " );

    if (fgets(bp, len, stdin) == NULL) return 0;
    else return strlen(bp);
}
```

[프로그램3-5] 이 파일은 인수로 넘어 온 버퍼의 내용을 화면에 출력하는 함수이다. 출력에 성공하면 1을 반환하고, 실패하면 0을 반환한다.

```
// File : output.c

#include <stdio.h>

int put_output(char *bp, int len)
{
    printf( "output : " );
```

```

    if (fputs(bp, stdout) == EOF) return 0;
    else return 1;
}
```

[예3-2] 다음은 위의 4개의 소스 파일로 구성된 프로그램을 컴파일하고 실행하는 과정을 보여준다.

```
ngs@ubuntu:~/lsp/ch3$ ls
common.h  input.c  ioprog  main.c  output.c
ngs@ubuntu:~/lsp/ch3$ gcc -o ioprog main.c input.c output.c
ngs@ubuntu:~/lsp/ch3$ ls
common.h  input.c  ioprog  main.c  output.c
ngs@ubuntu:~/lsp/ch3$ ./ioprog
input : hello makefile
output : hello makefile
input : ngs@ubuntu:~/lsp/ch3$
ngs@ubuntu:~/lsp/ch3$
```

소스 파일의 수가 위와 같이 비교적 적을 때에는 한번의 gcc 명령으로 컴파일하기가 어렵지는 않다. 그러나 소스 파일 수가 수십 개가 넘는 대형 프로그램을 작성할 때에는 컴파일할 때마다 매번 소스 파일의 이름들을 모두 입력하는 것이 매우 번거로운 일이 되고 오류가 발생할 가능성도 크다. 또한 전체 소스 파일 중에서 하나의 소스 파일만 수정한 경우에도 매번 전체 소스 파일을 다시 컴파일하면 컴파일 시간도 많이 소요된다. 이러한 문제점을 해결하기 위해 사용하는 것이 make 유틸리티이다. make 유틸리티는 전체 소스 파일 중에서 수정된 파일과 수정된 파일의 영향을 받는 파일들을 자동으로 찾아 다시 컴파일하여 줌으로서 프로그램 개발 과정을 단축시켜 준다.

3.2.2 Makefile의 구성

Makefile은 make가 처리할 작업들에 대한 의존성 규칙을 규정한 파일이다. 의존성 규칙은 타겟(target), 의존관계(dependency), 명령(command)으로 구성되는데, 이 중에서 타겟은 반드시 있어야 하지만 의존관계 부분과 명령 부분은 필요한 경우에만 사용한다. 의존성 규칙은 다음과 같이 표현된다.

```
target : dependency
    command
```

target은 make가 해야 할 작업의 이름을 나타내고, dependency는 이 작업에 관계되는 파일들의 이름이며, command는 이 작업을 처리하기 위해 실행해야 할 명령 라인이다. make는 dependency에 표시된 파일 중의 하나라도 변경되어 있으면 자동으로 command를 실행하여 target을 새로 만들어 낸다. command는 반드시 target 다음 라인에 TAB 글자로 시작되어야 한다. 이렇게 makefile이 구성되면 다음과 같이 make 명령을 실행해서 컴파일할 수 있다.

```
$make
```

3.2.3 활용 예

make는 많은 기능을 수행할 수 있는 유틸리티이기 때문에 그 기능을 충분히 활용할 수 있으려면 많은 지식이 필요하다. 여기서는 단순히 여러 개의 소스 파일과 헤더 파일로 구성된 프로그램의 컴파일을 자동으로 해 주는 가장 간단한 기능만 설명한다. 앞에서 예로 든 프로그램은 전체가 3개의 C 프로그램 소스 파일과 1개의 헤더 파일로 구성되어 있다. 이 소스 파일들을 컴파일하여 ioprog라는 이름의 실행 파일을 생성하는 Makefile은 [프로그램3-6]과 같이 만들 수 있다.

[프로그램3-6] 이 파일은 앞에서 예를 든 4 개의 소스 파일로 구성된 프로그램을 컴파일하기 위한 Makefile이다.

```
# file : Makefile

```

```
3   .SUFFIXES = .c .o
4
5   CC=   gcc
6   CFLAGS=   -c
7
8   OBJS = main.o input.o output.o
9
10  ioprog : $(OBJS)
11          $(CC) -o ioprog  $(OBJS)
12
13  main.o : main.c common.h
14  input.o : input.c common.h
15  output.o : output.c
16
17  clean :
18          rm  ioprog $(OBJS)
```

위의 makefile은 main.c input.c output.c 소스 파일 중에서 하나라도 변경된 파일이 있으면 그 파일을 다시 컴파일하여 실행 파일 ioprog를 새로 생성하게 한다. 라인 3의 .SUFFIXES 규칙은 필요한 경우에 .c 파일을 컴파일하여 .o 파일을 새로 생성하라는 의미이다. 라인 5의 CC는 컴파일러로는 gcc를 사용하라는 의미이다.

라인 10과 11은 타겟 ioprog에 대한 의존성을 정의하고 있다. 만약 OBJS로 정의된 라인 8의 파일들 즉, main.o input.o output.o 중의 하나에 변화가 생기면 ioprog를 다시 생성해야 하는데, 이를 위해서는 라인 11의 명령을 실행하라는 뜻이다. make를 인수없이 사용하면 makefile에 정의된 첫 번째 작업을 실행하는데, 여기서는 ioprog를 의미한다.

[예3-3] 다음은 make 기능을 이용해서 앞의 소스 파일들을 컴파일해서 실행 파일을 생성하는 것을 보여준다.

```
ngs@ubuntu:~/lsp/ch3$ ls
common.h  input.c  main.c  Makefile  output.c
ngs@ubuntu:~/lsp/ch3$ make
```

```
gcc -c    -c -o main.o main.c
gcc -c    -c -o input.o input.c
gcc -c    -c -o output.o output.c
gcc -o ioprog  main.o input.o output.o
ngs@ubuntu:~/lsp/ch3$
ngs@ubuntu:~/lsp/ch3$ ls
common.h  input.o  main.c  Makefile  output.o
input.c   ioprog   main.o  output.c
ngs@ubuntu:~/lsp/ch3$
```

[프로그램3-6]의 Makefile의 13, 14번 라인을 보면 main.o와 input.o가 common.h 파일에 의존적이다. 만약 common.h를 수정한 다음에 make를 다시 실행하면 comman.h에 의존적인 main.o와 input.o가 다시 생성된다. 물론 이를 위해 main.c와 input.c가 다시 컴파일된다. 그리고 main.o와 input.o에 의존적인 실행 파일 ioprog도 다시 생성된다. 이와 같이 make 유틸리티 프로그램은 소스 파일 중의 일부가 수정되면 그에 의존적인 파일들만 다시 컴파일하여 최종적으로 실행 파일을 다시 생성한다.

[예3-4] 다음은 common.h 파일을 수정한 다음에 make를 다시 실행시킨 결과를 보여준다.

```
ngs@ubuntu:~/lsp/ch3$ ls
common.h  input.o  main.c  Makefile  output.o
input.c   ioprog   main.o  output.c
ngs@ubuntu:~/lsp/ch3$
ngs@ubuntu:~/lsp/ch3$ make
gcc -c    -c -o main.o main.c
gcc -c    -c -o input.o input.c
gcc -o ioprog  main.o input.o output.o
ngs@ubuntu:~/lsp/ch3$
ngs@ubuntu:~/lsp/ch3$ ls
common.h  input.o  main.c  Makefile  output.o
input.c  ioprog  main.o  output.c
ngs@ubuntu:~/lsp/ch3$
```

3.3 명령 라인 인수

이 책에 제시된 프로그램들은 모두 터미널 창에서 실행하도록 되어 있다. 따라서 프로그램은 쉘 명령으로 실행되고 명령 라인 인수(command line arguments)도 사용한다. 명령 라인 인수는 쉘의 명령 라인에 주어지는 인수인데, 실행되는 프로그램의 main() 함수에 인수로 전달된다. main() 함수는 C 언어로 작성한 프로그램이 실행될 때에 처음으로 호출되는 함수로 형식은 다음과 같다.

```
int main(int argc, char *argv[]);
```

첫번째 인수인 argc는 명령 자체를 포함한 명령 라인 인수의 갯수를 가지고 있고, 두 번째 인수인 argv는 명령 라인 인수들의 포인터를 가진 배열의 주소이다.

```
$ mycmd  aaa  bbb  ccc
```

예를 들어 위와 같은 방식으로 mycmd라는 실행 파일을 실행시키면 argc는 4이고 argv[0]은 "mycmd", argv[1]은 "aaa", argv[2]는 "bbb", argv[3]은 "ccc" 이다. 그리고 argv[4]는 NULL 값을 가진다.

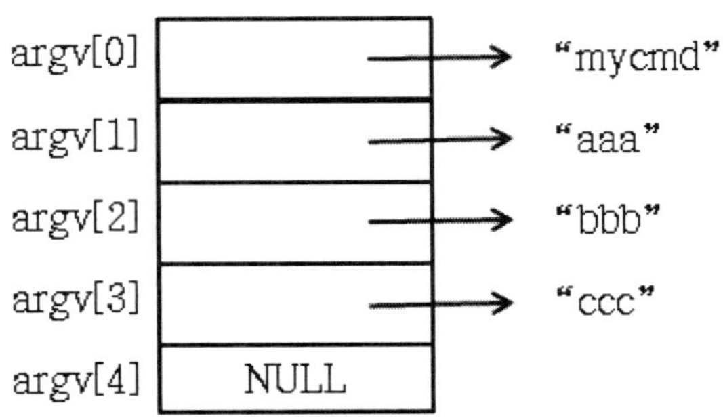

<그림3-1> main() 함수의 인수

명령 라인 인수를 필요로 하는 프로그램은 인수의 개수가 필요한 만큼 주어졌는가를 검사해야 하는데, 이는 argc 인수를 통해서 할 수 있다. <그림 3-1>은 이 명령에 대한 argc와 argv의 관계를 나타낸다.

main() 함수의 반환값은 정수형인데, 반환값은 이 프로그램을 실행시킨 프로그램에게 전달된다. 어떤 반환값을 주어도 main() 함수의 실행에는 영향이 없고 이 프로그램을 실행시킨 프로그램에서 사용하기 나름이다.

[프로그램 3-7] 이 프로그램은 main() 함수의 인수인 argc와 argv의 의미를 설명하는 프로그램이다.

```
// File : prog3_7.c

#include <stdio.h>

int main(int argc, char *argv[])
{
    int i;

    printf( "argc = %d\n" , argc);
    for (i = 0; i < argc; i++) {
        printf( "argv[%d] = %s\n" , i, argv[i]);
    }

    return 0;
}
```

[실행 결과]

```
ubuntu:~/lsp/ch3$ ./prog3_7 aaa bbb ccc
argc = 4
argv[0] = ./prog3_7
argv[1] = aaa
argv[2] = bbb
argv[3] = ccc
ubuntu:~/lsp/ch3$
ubuntu:~/lsp/ch3$ ./prog3_7 abc def
```

```
argc = 3
argv[0] = ./prog3_7
argv[1] = abc
argv[2] = def
```

[설명]

첫 번째 실행에서 명령라인 인수는 명령 이름을 포함해서 4개가 주어져 있으므로 argc는 4이다. 그리고 argv[] 배열에는 명령라인 인수들이 차례로 들어 있다. 두 번째 실행에서는 명령 라인 인수가 3개가 주어져 있으므로 argc가 3이고, argv[] 배열에도 그 인수들이 들어 있다.

3.4 헤더파일

리눅스에서 C 언어의 기본 헤더 파일들은 /usr/include 디렉토리 아래에 있다.

[예3-5] 다음은 리눅스의 헤더 파일들의 일부를 보여준다.

```
ngs@ubuntu:/usr/include$ ls
aio.h          fcntl.h        math.h          pty.h         syscall.h
aliases.h      features.h     mcheck.h        pwd.h         sysexits.h
alloca.h       fenv.h         memory.h        python2.7     syslog.h
argp.h         fmtmsg.h       mm              rdma          tar.h
argz.h         fnmatch.h      mntent.h        re_comp.h     termio.h
ar.h           fstab.h        monetary.h      regex.h       termios.h
arpa           fts.h          mqueue.h        regexp.h      tgmath.h
asm-generic    ftw.h          mtd             resolv.h      thread_db.h
assert.h       _G_config.h    nautilus-sendto rpc           time.h
autosprintf.h  gconv.h        net             rpcsvc        ttyent.h
byteswap.h     getopt.h       netash          sched.h       uapi
complex.h      gettext-po.h   netatalk        scsi          uchar.h
cpio.h         glob.h         netax25         search.h      ucontext.h
```

```
crypt.h       gnu-versions.h netdb.h        semaphore.h   ulimit.h
ctype.h       grp.h          neteconet      setjmp.h      unistd.h
dbus-1.0      gshadow.h      netinet        sgtty.h       ustat.h
dialog.h      i386-linux-gnu netipx         shadow.h      utime.h
dirent.h      iconv.h        netiucv        signal.h      utmp.h
......................................................................
....
endian.h      libio.h        obstack.h      stdio.h       wordexp.h
envz.h        limits.h       paths.h        stdlib.h      X11
err.h         link.h         poll.h         string.h      xen
errno.h       linux          printf.h       strings.h     xlocale.h
error.h       locale.h       protocols      stropts.h     xorg
execinfo.h    malloc.h       pthread.h      sudo_plugin.h
ngs@ubuntu:/usr/include$
```

표준 디렉토리에 있는 헤더 파일들은 헤더 파일 이름만 주어서 포함시킬 수 있다. 예를 들어 헤더 파일 stdio.h는 <stdio.h>와 같은 방식으로 포함시킬 수 있다. 그러나 어떤 헤더 파일들은 다른 디렉토리에 있을 수도 있는데, 예를 들어 시스템에서 사용하는 타입들을 정의하고 있는 types.h 헤더 파일은 /usr/include/sys 디렉토리 아래에 있다. 이러한 파일들을 포함시키려면 디렉토리 이름까지 주어져야 한다. 예를 들면 헤더파일 types.h는 <sys/types.h>와 같은 방식으로 포함시켜야 한다.

3.5 C 언어 라이브러리

gcc 컴파일러가 사용하는 C 언어의 라이브러리들은 /lib/i386-linux-gnu 디렉토리 아래에 있다.

[예3-6] 다음은 리눅스의 라이브러리 파일들의 일부를 보여준다.

```
ngs@ubuntu:/lib/i386-linux-gnu$ ls
ld-2.17.so                    libnsl-2.17.so
```

```
ld-linux.so.2                  libnsl.so.1
libacl.so.1                    libnss_compat-2.17.so
libacl.so.1.1.0                libnss_compat.so.2
libanl-2.17.so                 libnss_dns-2.17.so
libanl.so.1                    libnss_dns.so.2
libatasmart.so.4               libnss_files-2.17.so
libatasmart.so.4.0.5           libnss_files.so.2
libattr.so.1                   libnss_hesiod-2.17.so
libattr.so.1.1.0               libnss_hesiod.so.2
libaudit.so.1                  libnss_nis-2.17.so
libaudit.so.1.0.0              libnss_nisplus-2.17.so
libblkid.so.1                  libnss_nisplus.so.2
libblkid.so.1.1.0              libnss_nis.so.2
libbrlapi.so.0.6               libntfs-3g.so.841
libbrlapi.so.0.6.0             libntfs-3g.so.841.0.0
libBrokenLocale-2.17.so        libpamc.so.0
libBrokenLocale.so.1           libpamc.so.0.82.1
libbsd.so.0                    libpam_misc.so.0
libbsd.so.0.6.0                libpam_misc.so.0.82.0
libbz2.so.1                    libpam.so.0
libbz2.so.1.0                  libpam.so.0.83.0
libbz2.so.1.0.4                libparted.so.0
libc-2.17.so                   libparted.so.0.0.1
libcap.so.2                    libpci.so.3
..............................................................
libnl-3.so.200.12.1            plymouth
libnl-genl-3.so.200            security
libnl-genl-3.so.200.12.1
ngs@ubuntu:/lib/i386-linux-gnu$
```

C언어의 표준 라이브러리는 libc-2.17.so이다. 표준 라이브러리에 속하는 함수들을 사용할 때에는 별도의 옵션없이 사용할 수 있다. 그러나 표준 라이브러리에 속하지 않는 함수를 사용할 때에는 컴파일할 때에 옵션으로 그 라이브러리의 이름을 지정해 주어야 한다. 예를 들어 수학적 연산에 관계되는 라이브러리 함수들은 모두 libm-2.17.so에 포함되어 있는데, 이 함수들을 사용하려면 gcc 컴파일러에게 libm을 나타내는 "-lm" 옵션을 주어야 한다.

[프로그램 3-8] 이 프로그램은 C 언어의 표준 라이브러리에 속하지 않는 라이브러리 함수를 사용하는 프로그램을 컴파일 하는 방법을 보여 준다. 여기서 사용하는 라이브러리 함수는 수학에 관련된 라이브러리 함수인 sqrt() 함수이다.

```
// File prog3_8.c

#include <stdio.h>
#include <math.h>

int main(int argc, char *argv[])
{
     double w, h, r;

     printf( “밑변과 높이를 입력하시오: ” );
     scanf( “%lf %lf” , &w, &h);

     r = sqrt(w*w + h*h);

     printf( “빗변 = %f\n” , r);
}
```

[실행 결과]

```
ubuntu:~/lsp/ch3$ gcc -o prog3_8 prog3_8.c
/tmp/cc7YzLZa.o: In function ‘main’:
prog3_8.c:(.text+0x5f): undefined reference to ‘sqrt’
collect2: ld returned 1 exit status
ubuntu:~/lsp/ch3$
ubuntu:~/lsp/ch3$ gcc -o prog3_8 prog3_8.c -lm
ubuntu:~/lsp/ch3$ ./prog3_8
밑변과 높이를 입력하시오: 3 4
빗변 = 5.000000
ubuntu:~/lsp/ch3$
```

[설명]

어떤 옵션도 주지 않고 컴파일을 하면 위의 첫 번째와 같이 링크 오류가 발생한다. 프로그램에서 sqrt() 함수를 사용했는데, 이 함수는 C 언어의 표준 라이브러리 함수가 아니기 때문에 컴파일러가 이 함수를 링크시키지 못했기 때문이다. 두 번째 컴파일할 때에는 -lm 옵션을 주었기 때문에 링크 오류가 발생하지 않았다. -lm은 링커에게 sqrt() 라이브러리 함수가 "libm" 이라는 파일에 포함되어 있는데 이 파일에서 sqrt()를 찾아서 연결시키라는 뜻이다.

3.5.1 문자열 처리 함수

프로그램에서는 문자열을 많이 사용하는데, C 언어의 표준 라이브러리에서는 이를 위해 다양한 문자열 처리 함수들을 제공한다. 여기서는 C 언어의 표준 라이브러리가 제공하는 문자열 처리 함수들을 설명한다. 이 함수들을 사용할 때에는 <string.h> 헤더 파일을 포함시켜야 한다.

함수	설명
strlen(s)	문자열 s의 길이를 구한다.
strcpy(s1, s2)	s2를 s1에 복사한다.
strcat(s1, s2)	s2를 s1의 끝에 붙인다.
strcmp(s1, s2)	s1과 s2를 비교한다.
strchr(s, c)	문자열 s안에서 문자 c를 찾는다.
strstr(s1, s2)	문자열 s1에서 문자열 s2를 찾는다.
char *strtok(s, delim)	문자열 s를 delim를 이용하여 토큰으로 분리한다.
sscanf(s, ...)	문자열 s로부터 지정된 형식으로 값을 읽어서 변수에 저장한다.
sprintf(s, ...)	변수의 값을 지정된 지정자에 따라 문자열 형태로 문자 배열 s에 저장한다.
strtol(ptr, eptr, base)	ptr의 문자열을 정수로 변환한다.

문자열 처리 함수 중에서 다소 복잡한 함수는 strtok() 함수이다. 이 함수는 문자열 내에 포함되어 있는 토큰(token)들을 토큰 구분 문자들을 구분자로 하여 나누어 준다. 한 문자열 내에는 여러 개의 토큰들이 포함되어 있을 수 있는데, strtok() 함수를 최초로 호출할 때에는 문자열의 시작 주소를 인수로 주고, 그 다음부터는 첫 번째 인수로 NULL을 주어서 이전에 처리된 이후의 토큰을 분리할 수 있도록 한다.

[프로그램 3-9] 이 프로그램은 strtok() 함수의 사용 예를 보여준다. 문자열은 5 개의 토큰으로 구성되어 있다.

```
// File : prog3_9.c

#include <stdio.h>
#include <string.h>

int main(void)
{
    char str[] = "test string to extract token" ;
    char delim[] = " \t\n" ;
    char *token;
    int i = 0;

    token = strtok(str, delim);
    while (token != NULL) {
        printf( "token #%d ==> %s\n" , i, token);
        i++;
        token = strtok(NULL, delim);
    }

    return 0;
}
```

[실행 결과]

```
ngs@ubuntu:~/lsp/ch3$ ./prog3_9
token #0 ==> test
```

```
token #1 ==> string
token #2 ==> to
token #3 ==> extract
token #4 ==> token
ngs@ubuntu:~/lsp/ch3$
```

[설명]

라인 8은 토큰으로 분리할 문자열이고, 라인 9는 구분자로 사용할 문자들을 나열한 문자열이다. 여기서는 공백문자(' ')와 탭 문자('\t'), 줄바꿈 문자('\n')를 구분자로 사용한다. strtok()를 처음 호출하는 라인 13에서는 문자열의 주소를 첫 번째 인수로 주었고, 그 다음에 호출하는 라인 17에서는 첫 번째 인수로 NULL을 주어서 처음에 준 문자열 중에서 그 다음 토큰을 찾아내도록 했다. strtok()는 더 이상 분리할 문자열이 없으면 NULL을 반환한다.

3.5.2 파일 입출력 함수

파일은 자료를 저장하는 공간이다. 파일의 자료는 보통 하드 디스크나 외장 메모리에 저장되는데, 어디에 저장되든 파일을 사용하는 방법은 동일하다. 파일을 사용할 때에는 먼저 파일을 새로 생성하거나 이미 존재하는 파일을 열어야 하고, 그 다음에 읽기 혹은 쓰기 동작을 하고, 사용을 완료하면 닫아야 한다.

형식	#include <stdio.h> FILE *fopen(const char *pathname, const char *mode); int fclose(FILE *fp);
인수	• pathname : 열거나 생성하고자 하는 파일 이름 • mode : 파일 열기 모드 • fp : 파일을 열 때 반환되는 파일 포인터

기능	fopen()은 파일을 열거나 생성하고, fclose()는 파일을 닫는다.
반환값	fopen()은 성공하면 파일 포인터를 반환하고, 실패하면 NULL을 반환 fclose()는 성공하면 0을 반환하고, 실패하면 EOF를 반환

파일 열기 동작은 저장 공간에 자료를 읽거나 쓸 준비를 하는 과정이다. 대상 파일이 존재하지 않으면 새로 생성해야 하고, 파일이 존재하면 그 파일을 그대로 사용한다. 또한 파일을 열 때에는 읽기 목적으로 여는지, 쓰기 목적으로 여는지, 아니면 읽기와 쓰기를 동시에 할 목적으로 여는지는 인수 mode를 사용해서 지정해야 한다.

모드	설명
"r"	읽기 모드로 연다.
"w"	쓰기 모드로 연다. 파일이 존재하면 내용이 모두 지워지고, 존재하지 않으면 새로 생성된다.
"a"	추가 모드로 연다. 파일이 존재하면 데이터가 끝에 추가되고, 존재하지 않으면 새로 생성된다.
"r+"	읽기 모드로 연다. 파일은 반드시 존재해야 하고, 쓰기도 가능하다.
"w+"	쓰기 모드로 연다. 파일이 존재하면 내용이 지워지고, 읽기도 가능하다.
"a+"	추가 모드로 연다. 파일의 끝에 데이터가 추가되고, 파일이 없으면 새로 생성되며, 읽기도 가능하다.
"t"	텍스트 파일 모드로 연다.
"b"	이진 파일 모드로 연다.

파일은 저장되는 자료의 형식에 따라 이진 파일과 텍스트 파일로 구분된다. 이진 파일(binary file)은 자료가 이진수 형태 그대로 저장되는데, 일반적

으로 자료는 레코드 구조를 가진다. 따라서 이진 파일의 경우에는 보통 레코드 단위로 입출력을 할 수 있는 fread()나 fwrite() 함수를 사용해서 입출력을 한다.

형식	#include <stdio.h> size_t fread(void *ptr, size_t size, size_t nmemb, FILE *fp); size_t fwrite(const void *ptr, size_t size, size_t nmemb, FILE *fp);
인수	• ptr : 메모리 주소 • size : 읽거나 쓸 데이터 항목의 크기 • nmemb : 데이터 항목의 수 • fp : 파일 포인터
기능	fread()는 파일에서 데이터를 읽고, fwrite()는 파일에 데이터를 쓴다.
반환값	fread() : 실재 읽은 레코드 수 fwrite() : 실재 쓴 레코드 수

텍스트 파일(text file)은 저장된 자료가 텍스트 형태의 문자로 구성된다. 이러한 파일은 보통 한 문자 혹은 여러 개의 문자로 구성되는 문자열 단위로 입출력을 한다. 텍스트 파일을 입출력하는데 사용하는 함수들은 표준 입출력 함수와 동일하다. 원래 표준 입출력 함수는 키보드 파일과 화면 파일에 대한 텍스트 입출력 함수들을 표준 입출력 장치를 나타내는 stdin과 stdout에 사용할 수 있도록 다시 정의한 것이다.

함수	설명
fgetc(fp)	파일 fp에서 문자를 읽는다.
fputc(c, fp)	문자 c를 파일 fp에 저장한다.
fgets(buf, n, fp)	파일 fp에서 n 바이트의 문자열을 읽어 buf에 저

	장한다.
fputs(buf, fp)	buf에 있는 문자열을 파일 fp에 저장한다.
fscanf(fp, ...)	파일 fp에서 자료를 변환하여 읽는다.
fprintf(fp, ...)	자료를 변환하여 파일 fp에 저장한다.
feof(fp)	파일 fp의 끝인지를 검사한다.

[프로그램 3-10] 이 프로그램은 파일과 관련된 표준 라이브러리 함수를 사용해서 파일을 복사하는 프로그램이다.

```
// File : prog3_10.c

#include <stdio.h>
#include <stdlib.h>

int main(void)
{
    FILE *fp1, *fp2;
    int ch;

    // file1을 읽기 모드로 연다.
    fp1 = fopen( “file1” , “r” );
    if (fp1 == NULL) {
        printf( “file1을 열 수 없습니다.\n” );
        exit(1);
    }

    // file2를 쓰기 모드로 연다.
    fp2 = fopen( “file2” , “w” );
    if (fp2 == NULL) {
        printf( “file2를 생성할 수 없습니다.\n” );
        exit(2);
    }

    // file1에서 읽어 file2에 저장한다.
```

```
26      while ((ch = fgetc(fp1)) != EOF) {
27          fputc(ch, fp2);
28      }
29
30      // file1과 file2를 닫는다.
31      fclose(fp1);
32      fclose(fp2);
33
34      return 0;
35  }
```

[실행 결과]

```
ngs@ubuntu:~/lsp/ch3$ ls file?
file1
ngs@ubuntu:~/lsp/ch3$ cat file1
test string
for file copy
ngs@ubuntu:~/lsp/ch3$ ./prog3_10
ngs@ubuntu:~/lsp/ch3$ ls file?
file1   file2
ngs@ubuntu:~/lsp/ch3$ cat file2
test string
for file copy
ngs@ubuntu:~/lsp/ch3$
```

[설명]

라인 12~16에서는 파일 file1을 읽기 모드로 열고, 라인 19~23에서는 파일 file2를 쓰기 모드로 연다. 이 때 file2가 존재하지 않으면 새로 생성되고, file2가 이미 존재하면 내용이 모두 지워진다. 라인 26~28에서는 file1에서 자료를 한 문자씩 읽어서 file2에 저장한다. 파일 복사가 완료되었는지는 feof()로 검사한다. 복사가 완료되면 라인 31~32에서 두 파일을 모두 닫는다.

3.5.3 메모리 할당/해제 함수

프로그램에서 필요한 메모리는 보통 배열로 선언해서 사용하지만, 프로그램 실행 도중에 필요한 동적 메모리는 별도로 시스템에 요청해서 할당 받고, 사용이 완료되면 다시 시스템에 반환한다.

형식	#include <stdlib.h>
	
	void *malloc(size_t size);
	void free(void *ptr);
	void *calloc(size_t nmemb, size_t size);
	void *realloc(void *ptr, size_t size);

인수	• size : malloc()과 realloc()의 경우에는 할당할 메모리의 크기, calloc()의 경우에는 할당할 레코드 하나의 크기. • nmemb : 할당할 레코드의 수 • ptr : free()의 경우에는 해제할 메모리의 주소, realloc()의 경우에는 이전에 할당한 메모리의 주소
기능	malloc() : 메모리를 할당한다. calloc() : 메모리를 할당하고 전체를 0으로 초기화 한다. realloc() : 메모리를 새로 할당하고 이전 메모리의 내용을 복사한다. free() : 메모리를 해제한다.
반환값	malloc(), calloc(), realloc() : 성공하면 할당된 메모리의 주소, 실패하면 NULL free() : 반환값이 없음.

malloc()은 메모리를 바이트 단위로 할당하는데, 할당된 메모리는 초기화되어 있지 않고 임의의 자료가 들어 있다. 레코드 단위의 메모리를 할당할 때에는 calloc() 함수를 사용한다. 이 함수는 할당된 메모리를 모두 0으로 초기화 한다. 할당된 메모리를 사용하다가 메모리 공간이 부족하면 realloc() 함수를 사용해서 다시 할당한다. 이때는 이미 사용 중이던 메모리에 있던 자료가

새로 할당된 메모리에 복사되어 있기 때문에 사실상 메모리를 확장할 때에 사용한다.

[프로그램 3-11] 이 프로그램은 메모리를 동적으로 할당하고 해제하는 예를 보여준다. 문자열을 저장할 메모리를 할당해서 문자열을 복사하고, 그 내용을 출력한 다음에 사용이 완료된 메모리를 해제한다.

```
// File : prog3_11.c

#include <stdio.h>
#include <stdlib.h>
#include <string.h>

int main(void)
{
    char *mp;
    char *str = “Dynamic memory allocation.” ;

    //메모리 할당
    mp = (char *)malloc(strlen(str) + 1);
    if (mp == NULL) {
        perror( “malloc()” );
        exit(0);
    }
    // 문자열을 할당된 메모리에 복사
    strcpy(mp, str);

    printf( “메모리의 내용 : %s\n” , mp);
    // 메모리 해제
    free(mp);

    return 0;
}
```

[실행 결과]

```
ngs@ubuntu:~/lsp/ch3$ ./prog3_11
메모리의 내용 : Dynamic memory allocation.
ngs@ubuntu:~/lsp/ch3$
```

[설명]

라인 13에서 문자열을 저장할 메모리를 할당했다. 할당할 메모리 크기는 전체 문자열과 문자열 마지막을 나타내는 '\0' 문자까지 저장할 수 있도록 했다. malloc()은 메모리 할당에 실패하면 NULL을 반환하므로 라인 14에서 이를 검사했다. 라인 23에서 사용이 완료된 메모리를 해제했다. free()는 반환값이 없으므로 결과를 검사할 필요가 없다.

실습 과제

[예제] 명령 라인 인수를 이용해서 파일을 복사하는 프로그램 singlecopy를 작성해 보자. 파일은 텍스트 정보를 저장하고 있다고 가정한다.

```
// File : singlecopy.c

#include <stdio.h>
#include <stdlib.h>

void main(int argc, char *argv[])
{
    FILE *fp_src, *fp_dest;
    int ch;

    // check number of arguments
    if (argc != 3) {
        printf( “Usage : %s src_file  dest_file\n” , argv[0]);
        exit(1);
    }
    // open destination file (argv[2])
    if ((fp_dest = fopen(argv[2],  “w” )) == NULL) {
        printf( “Can not create destination file : %s\n” , argv[2]);
        exit(2);
    }
    // open source file (argv[1])
    if ((fp_src = fopen(argv[1],  “r” )) == NULL) {
        printf( “Can not open source file : %s\n” , argv[1]);
        exit(3);
    }
    // copy file
    while ((ch = fgetc(fp_src)) != EOF) {
        fputc(ch, fp_dest);
    }
    // close file
    fclose(fp_src);
    fclose(fp_dest);
}
```

[실행 결과]

```
ngs@ubuntu:~/lsp/ch3$ cat file1
singlecopy test file
ngs@ubuntu:~/lsp/ch3$ ./singlecopy file1 file2
ngs@ubuntu:~/lsp/ch3$ cat file2
singlecopy test file
ngs@ubuntu:~/lsp/ch3$
```

[설명]

라인 12에서 먼저 명령 라인 인수의 갯수가 맞는지 검사한다.

라인 17에서는 새로 생성될 파일을 쓰기 모드로 열고, 라인 22에서는 원본 파일을 읽기 모드로 연다.

라인 27~30에서는 파일 내용을 한 글자씩 읽어서 복사한다. 읽은 내용이 EOF가 될 때까지 계속한다.

라인 31, 32에서 두 파일을 닫는다.

[과제] 앞에서 실습한 예제를 참고해서 여러 개의 텍스트 파일의 내용을 하나로 모으는 프로그램 multicopy를 작성하시오. 예를 들어,

```
$ ./multicopy  f1  f2  f3  .... fn
```

위와 같이 실행시키면 파일 f1, f2, f3, ..., 의 내용이 차례로 파일 fn에 저장되어 하나로 만들어 진다. 즉, 파일 fn은 f1, f2, f3, ..., 의 내용을 하나로 합친 파일이 된다.

연습 문제

A. 다음 빈 칸에 적절한 용어를 쓰시오.

1. 리눅스에서 가장 많이 사용하는 C 언어 컴파일러는 GNU에서 제공하는 컴파일러인데 이름은 (　　　　　)이다. 이 컴파일러는 공개 소프트웨어이므로 누구나 무료로 사용할 수 있다.

2. C 언어로 작성한 프로그램의 파일 이름 확장자는 보통 (　　　　　)이고, 헤더 파일 이름의 확장자는 보통 (　　　　　)를 사용한다.

3. GNU의 C 컴파일러로 컴파일을 했을 때에 생성되는 디폴트 실행 파일의 이름은 (　　　　　)이다.

4. make 유틸리티가 사용하는 규칙 파일 이름은 디폴트로 (　　　　　)이다.

5. C 언어의 표준 라이브러리 함수 중에서 주어진 분리 문자에 따라 문자열을 토큰으로 분리하는 함수는 (　　　　　)이다.

6. C 언어의 표준 라이브러리에 속하지 않는 라이브러리 함수를 사용한 프로그램을 컴파일 할 때에는 링커 옵션을 사용해서 이를 알려 주어야 한다. 만약 라이브러리 파일 libm에 포함되어 있는 함수를 사용했다면 링커 옵션 (　　　　　)을 주어야 한다.

7. 파일 중에서 그 내용이 화면에 출력 가능한 ASCII 문자들로만 구성된 파일을 (　　　　　)이라 한다.

8. 모든 형태의 자료를 저장할 수 있는 형식의 파일을 (　　　　　)이라 하는데, 이 형식의 파일은 보통 레코드 형식의 자료를 저장하거나 기계어 코드 등을 저장하는데 사용된다.

9. 파일에 대한 읽기/쓰기 동작을 하려면 먼저 파일을 열거나 만들어야 하는데 이때에는 ( ) 함수를 사용한다.

10. 메모리를 동적으로 할당할 때에는 라이브러리 함수 ( )을 사용한다.

B. 다음 물음에 답하시오.

1. C 언어로 작성한 프로그램을 prog.c 라는 이름의 파일에 저장하였다. gcc 컴파일러를 사용해서 이 파일을 컴파일하여 myprog라는 이름의 실행 파일을 생성해서 실행시키려고 한다. 명령라인을 쓰시오.

2. C 언어로 작성한 프로그램 prog1.c에는 제곱근을 구하는 함수 sqrt()가 사용되고 있다. 이 프로그램을 컴파일해서 실행파일 prog1을 생성하는 컴파일 명령라인을 작성하시오.

3. 쉘의 명령라인 인수와 main() 함수의 인수 사이의 관계를 설명하시오.

4. 텍스트 파일에서 어떤 단어가 있는 라인의 라인 번호와 그 라인의 내용을 출력하는 프로그램을 작성하시오. 명령라인의 첫 번째 인수는 파일 이름이고, 두 번째 인수는 찾고자 하는 단어이다.

```
$ ./findword  file1  create
라인 23 : can not create the destination file
```

5. 키보드로부터 10개 이하의 정수를 입력 받아서 저장한 다음에 그 합을 구해서 출력하는 프로그램을 작성하시오. 정수는 메모리 할당 함수 calloc()을 이용해서 할당 받은 메모리에 저장한다.

4 장 파일 입출력

4. 파일 입출력

어느 운영체제에서나 파일에 자료를 입출력하기 위해서는 먼저 파일을 열어야 하고, 입출력이 완료되면 파일을 닫아야 한다. 파일을 여는 과정에서는 파일의 존재 여부를 확인하고, 읽기/쓰기 권한을 검사한다.

리눅스는 리눅스 시스템 고유의 EXT4 파일 시스템, UNIX 파일 시스템, 마이크로소프트의 FAT32나 NTFS 파일 시스템 등과 같은 여러 가지 파일 시스템 형식을 동시에 지원한다. 디스크 상에 파일을 저장하고 관리하는 방식은 파일 시스템 형식에 따라 달라진다. 디스크 상의 파일 시스템 형식이 다르더라도 시스템 콜 인터페이스에서 동일하게 보이게 하기 위해 리눅스는 가상 파일 시스템 VFS(Virtual File System) 개념을 사용한다.

4.1 커널 자료 구조

사용자 프로세스는 커널 내에 있는 파일 시스템 계층을 통하여 디스크에 저장되어 있는 파일에 접근한다.

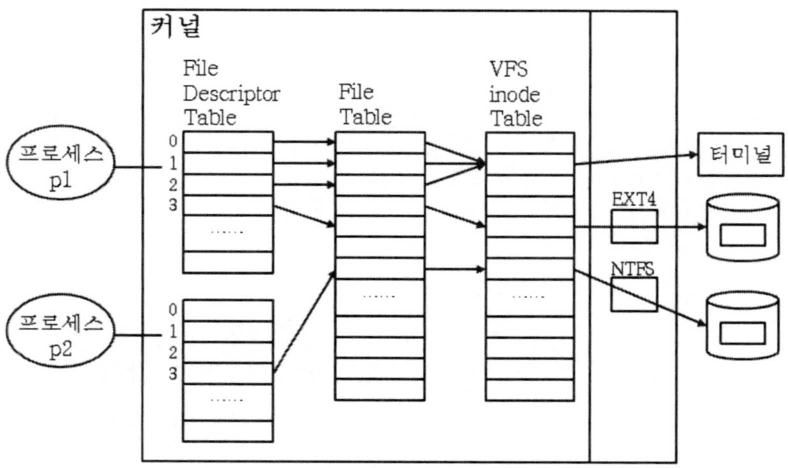

<그림 4-1> 파일 시스템 자료구조

시스템은 현재 사용 중인 파일들에 대한 상태 정보를 유지하기 위해 커널 내에 몇 가지 자료 구조를 두고 있는데, <그림4-1>은 이들 사이의 관계를 그린 것이다.

(1) VFS inode 테이블(inode table)

리눅스에서는 하나의 파일은 파일 데이터(data)와 그 데이터에 관련된 속성(attribute) 정보로 구성되어 있는 것으로 가정한다. 파일 데이터는 데이터 블록에 저장되고, 속성 정보는 inode라는 이름의 자료 구조에 저장된다. 커널 내에 있는 inode 테이블은 현재 시스템 상에 존재하는 프로세스들이 열어서 사용하고 있는 파일들의 inode 정보를 유지하고 있는 테이블이다. 프로세스가 파일을 열면 커널은 inode 테이블에 빈 엔트리를 하나 할당하고 디스크로부터 그 파일의 속성 정보 즉, inode 정보를 가져와서 할당된 엔트리에 저장한다. 하나의 파일에 대해서 하나의 inode 테이블 엔트리만 존재할 수 있기 때문에 하나의 파일을 두 번 이상 동시에 열 때에는 이미 할당된 inode 테이블 엔트리를 공유한다. inode 테이블에는 다음과 같은 정보가 들어간다.

- 디스크에 있는 inode 정보
- inode 번호(i_no) : 디스크 내에서 inode의 위치를 나타내는 번호
- 참조 카운트(i_count) : 이 inode 를 가리키는 파일 테이블의 엔트리 수

(2) 파일 테이블(file table)

현재 열려 있는 파일의 읽기/쓰기 동작을 지원하기 위한 자료구조이다. 이 테이블의 엔트리는 파일을 여는 open()이나 creat() 시스템 콜에 의해 파일이 열릴 때마다 하나씩 할당되고, close() 시스템 콜에 의해 파일을 닫을 때 해제된다. 따라서 하나의 파일에 대해 동시에 여러 개의 파일 테이블 엔트리가 할당되어 있을 수도 있다. 이 테이블 엔트리에는 다음과 같은 정보가 들어간다.

- 열기 모드(f_mode) - 읽기 전용(O_RDONLY), 읽기/쓰기(O_RDWR), 쓰기 전용(O_WRONLY) 등의 모드

- 플래그 - 부가적 특성(O_ASYNC, O_NONBLOCK, ...)
- 읽기/쓰기 위치(f_pos) - 현재의 읽기/쓰기 위치
- 참조 카운터(f_count) - 이 엔트리를 가리키는 파일 디스크립터 테이블 엔트리의 수

(3) 파일 디스크립터 테이블(file descriptor table)

이 테이블은 프로세스마다 하나씩 가지는 것으로 프로세스가 현재 사용 중인 파일을 관리하기 위한 테이블이다. 파일 테이블에 대한 포인터를 저장하는 배열로 구성되어 있다. 프로세스가 open(), creat(), dup() 등의 시스템 호출을 할 때마다 하나의 빈 엔트리가 할당되고 해당하는 파일 테이블 엔트리에 대한 포인터가 들어간다. open(), creat(), dup()에 의해 반환되는 파일 디스크립터(file descriptor)는 이 배열의 인덱스이다. close() 시스템 콜에 의해 엔트리가 제거된다.

이 자료 구조들은 파일을 열거나 닫을 때마다 변경된다. 예를 들어 파일을 열 때 사용하는 시스템 콜은 open() 인데, "file1" 이라는 이름의 파일을 읽기 전용 모드(O_RDONLY)로 열 때에는 다음과 같이 사용한다.

```
fd1= open( "file1" , O_RDONLY);
```

이때에 반환되는 값은 정수 값으로 파일 디스크립터라 하고, 이 후에 읽기 혹은 쓰기를 위한 시스템 콜에서 "file1" 을 지칭하는데 사용한다. 위의 시스템 콜이 성공적으로 실행되고 나면 커널 내의 자료구조가 <그림4-2>와 같이 된다. 이렇게 자료구조가 형성되는 과정은 다음과 같다.

(1) 디스크에서 파일("file1")을 찾아 그 inode 정보를 가져와 inode 테이블의 빈 엔트리에 채우고, inode 번호를 기록한 다음에 참조 카운터(i_count) 값을 1로 한다. 그 파일의 inode 정보가 이미 테이블에 있으면 새로운 엔트리를 할당하지 않고 참조 카운터만 하나 증가시킨다.

(2) inode에 있는 접근 권한이 열기 모드(여기서는 O_RDONLY)를 허용하는지 조사한다. 접근 권한이 허용하지 않으면 이 시스템 콜은 실패했기 때문에

할당된 엔트리를 해제하고 -1을 반환한다. 접근 권한이 허용하면 다음 단계로 진행한다.

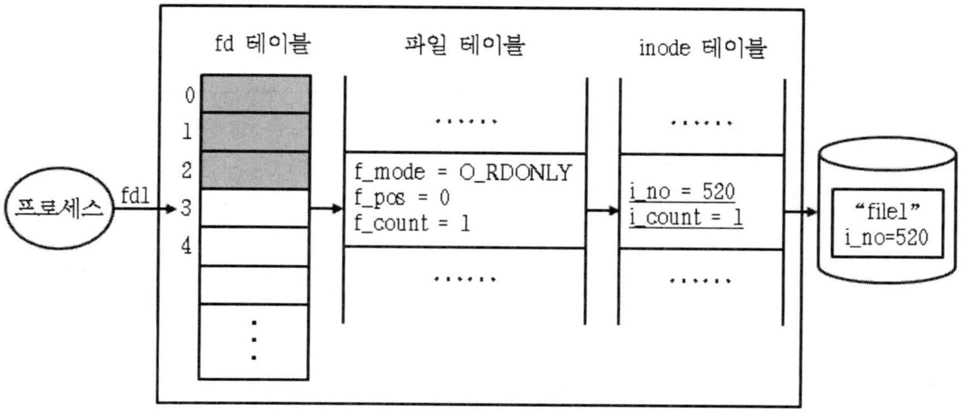

fd1 = open("file1" , O_RDONLY);

<그림 4-2> 파일 열기 동작

(3) 파일 테이블 엔트리를 새로 할당하고 읽기/쓰기 위치를 나타내는 f_pos의 값을 0으로 한다. 만약 열기 모드에 O_APPEND가 있으면 f_pos의 값을 파일의 크기와 같게 한다(즉, 파일의 끝을 가리키게 한다). 그리고 참조 카운터(f_count)를 1로 한다. 파일 테이블 엔트리는 이미 존재하고 있어도 무조건 새로 할당한다.
(4) 파일 디스크립터 테이블을 처음부터 탐색해서 최초로 발견되는 사용되지 않는 부분에 파일 테이블 엔트리의 포인터를 기록하고 그 인덱스 값을 반환한다.

프로세스가 파일을 열거나 생성하게 되면 정수로 된 파일 디스크립터를 얻게 되는데, 이 파일 디스크립터는 이후에 일어나는 모든 파일 동작 즉, 읽기(read()), 쓰기(write()), 파일 동작제어(fcntl()), 파일 닫기(close()) 등의 동작에서 그 파일을 가리키는데 사용된다.

대부분의 리눅스 시스템에서 프로세스가 생성되어 새로운 프로그램의 main() 함수가 시작될 때에 이미 파일 디스크립터 0은 표준입력 장치, 1은 표준출력 장치, 2는 표준오류 장치를 나타내도록 미리 열려 있다. 여기에서 보통 표준입력 장치는 키보드, 표준출력 장치와 표준오류 장치는 모니터를 나타낸다. 그래서 <그림4-2>에서도 디스크립터 0, 1, 2는 사용 중인 것으로 표시했다.

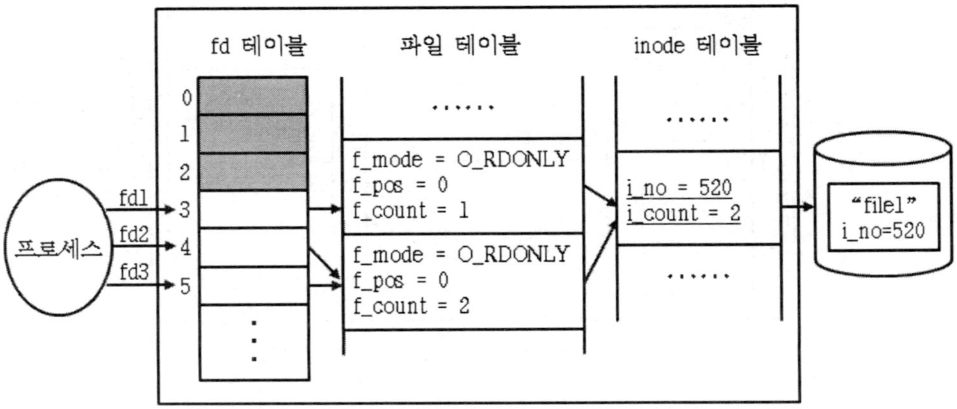


```
fd1 = open( "file1" , O_RDONLY);
fd2 = open( "file1" , O_RDWR);
fd3 = dup(fd2);
```

<그림4-3> 동일한 파일을 여러 번 열기

파일 테이블 엔트리는 파일을 열 때마다 새로 할당되고, 파일 디스크립터 테이블의 엔트리는 파일 디스크립터가 새로 생성될 때마다 새로 할당된다. <그림4-3>은 open()을 두 번 사용해서 하나의 파일을 두 번 열고, dup()를 사용해서 파일 디스크립터를 복사한 경우에 생성되는 커널 내의 자료구조를 보여준다.

한편 파일 닫기 동작 close()는 open()과는 반대 절차로 진행된다. 위의 예에서 파일 디스크립터 fd1이 가리키는 파일을 닫기 위해 close(fd1)을 실행했다면 다음과 같은 과정이 진행된다.

(1) 디스크립터 테이블에서 해당 디스크립터(fd1)가 가리키는 포인터를 지운다.

(2) 파일 테이블에서 f_count를 하나 감소시킨다.
(3) f_count가 0이 아니면 close() 동작은 여기에서 끝나고, 0이면 이 엔트리를 해제하고 다음 과정을 진행한다.
(4) inode 테이블의 i_count를 하나 감소시키고, i_count가 0이 되면 이 엔트리를 해제한다.

4.2 파일 열기와 닫기

파일을 연다는 것은 이후에 일어날 읽기/쓰기 동작을 준비하는 과정을 말한다. 이 과정에서 접근 권한을 검사하며, 커널내의 테이블 엔트리들을 할당하고, 디스크에 저장된 파일에 관련된 정보를 가져와 테이블 엔트리에 값을 기록한다. 이미 존재하는 파일을 열 때에는 open() 시스템 콜을 사용하고, 존재하지 않는 파일을 새로 생성할 때에는 creat() 시스템 콜을 사용하거나, open() 시스템 콜에 O_CREAT 옵션을 주어서 사용한다.

형식	#include <sys/types.h>
	#include <sys/stat.h>
	#include <fcntl.h>
	
	int open(const char *pathname, int flags);
	int open(const char *pathname, int flags, mode_t mode);
	int creat(const char *pathname, mode_t mode);

인수	• pathname : 열거나 생성하고자 하는 파일 이름 • flags : 열기 모드와 옵션 • mode : 생성될 경우에 적용될 접근권한과 특수 비트
기능	open()은 존재하는 파일을 열거나 존재하지 않는 파일을 생성한다. creat()는 존재하지 않는 파일을 생성한다.
반환값	성공하면 파일 디스크립터, 실패하면 -1을 반환

<표 4-1> open()의 flags 인수 값

flags 값	의미
O_RDONLY	읽기 전용 모드로 연다
O_WRONLY	쓰기 전용 모드로 연다
O_RDWR	읽기/쓰기 겸용으로 연다.
O_CREAT	파일이 없으면 새로 생성한다.
O_EXCL	O_CREAT와 함께 사용되는 것으로 파일이 존재하면 open()이 실패하게 한다.
O_NOCTTY	pathname이 터미널 장치를 나타낼 경우에 프로세스가 제어 터미널을 가지고 있지 않더라도 이 터미널을 제어 터미널로 하지 않는다.
O_TRUNC	파일이 존재하면 파일 크기를 0으로 한다. 즉, 파일의 데이터를 모두 지운다.
O_APPEND	추가 모드로 연다. 즉, 파일의 읽기/쓰기 위치를 파일의 끝으로 해서 파일을 연다.
O_NONBLOCK O_NDELAY	이 파일에 대한 읽기/쓰기 동작은 동작 완료를 기다리지 않고 즉시 반환된다. 주로 FIFO 파일에 이용된다.
O_SYNC	이 파일에 대한 쓰기 동작은 동기적이다. 즉, 쓰기 동작 write()는 데이터가 디스크나 다른 출력 장치로 출력이 완료되어야 반환된다.
O_NOFOLLOW	pathname이 심볼릭 링크일 경우에 open()이 실패한다.
O_DIRECTORY	pathname이 디렉토리가 아니면 open()이 실패한다.
O_LARGEFILE	파일 크기가 2GB 이상인 파일을 열 때에 사용한다.

open() 시스템 콜은 두 번째 인수인 플래그에 따라 다양한 용도로 사용된다. 먼저 파일을 연 다음 읽기를 할 것인가, 쓰기를 할 것인가, 아니면 읽기/쓰기를 모두 할 것인가에 따라 O_RDONLY, O_WRONLY, O_RDWR 중에 하

나는 반드시 사용되어야 한다. 나머지 플래그는 필요에 따라 비트-OR 되어서 사용된다. mode는 flags에 O_CREAT가 사용되어 파일이 새로 생성될 때에 생성되는 파일이 가지게 될 접근권한이다. 다음은 자주 사용되는 open() 시스템 콜의 예를 나타낸다.

(1) 새로운 파일 생성

```
fd = open( "file1" , O_WRONLY | O_CREAT | O_TRUNC, 0644);
```

파일 "file1" 이 존재하지 않으면 새로 생성되는데, 이때 생성되는 파일의 접근 권한은 0644로 된다. O_TRUNC 플래그가 있으므로 파일이 존재하면 내용이 지워지고 그 크기가 0으로 된다. 이것은 creat("file1" , 0644)와 완전히 동일하게 동작한다.

```
fd = open( "file1" , O_WRONLY | O_CREAT, 0644);
```

이 경우에는 O_TRUNC 플래그가 없으므로, "file1" 이 존재하고 있었다면 내용이 지워지지 않고 열린다. 물론 "file1" 이 없었다면 새로 생성된다.

```
fd = open( "file1" , O_WRONLY | O_CREAT | O_EXCL, 0644);
```

이것은 "file1" 이 없으면 새로 생성되고, 이미 있다면 실패한다. 이는 O_EXCL 플래그 때문이다. 이 형식은 여러 프로세스가 한 파일을 공유할 경우에 한 프로세스만이 파일을 생성할 수 있게 하기 위해 사용한다.

(2) 기존 파일의 열기

```
fd = open( "file1" , O_RDWR);
```

이것은 이미 존재하는 파일 "file1" 을 읽기/쓰기 모드로 연다. "file1"

이 존재하지 않거나, 존재하더라도 이 사용자에게 읽기/쓰기 권한이 동시에 있지 않으면 실패한다.

파일을 새로 열지 않고 열려 있는 파일의 디스크립터만 복사할 수도 있는데, 이때에는 시스템 콜 dup()나 dup2()를 사용한다. 이들은 주로 입출력 방향 전환을 위해서 사용된다.

형식	#include <unistd.h>
	
	int dup(int oldfd);
	int dup2(int oldfd, int newfd);

인수	• oldfd : 복제할 파일 디스크립터 • newfd : 복제되어 새로 생성될 파일 디스크립터
기능	dup()와 dup2()는 oldfd를 복제해서 새로운 디스크립터를 만들어 낸다. dup()에 의해 생성되는 디스크립터는 사용되지 않는 번호 중에서 가장 작은 값이 사용된다. dup2()에 의해 생성되는 디스크립터는 newfd이다. 이 경우에 newfd가 이미 사용 중이었다면 먼저 newfd가 닫힌 다음에 복제가 이루어진다.
반환값	성공하면 새로 생성된 파일 디스크립터, 실패하면 -1을 반환

파일을 닫는 것은 닫을 파일에 관련된 테이블 엔트리들을 해제하는 것을 의미한다. 파일 닫기에는 close()가 사용된다.

형식	#include <unistd.h> int close(int fd);
인수	• fd : 닫을 파일의 파일 디스크립터

기능	열려 있는 파일을 닫는다. 닫힌 파일의 파일 디스크립터는 더 이상 사용할 수 없다.
반환값	성공하면 0, 실패하면 -1을 반환

[프로그램 4-1] 파일을 열면 파일 디스크립터가 반환되는데, 이 파일 디스크립터는 커널 내의 파일 디스크립터 테이블의 인덱스로 사용된다. 파일을 열 때 커널은 파일 디스크립터 테이블을 처음부터 탐색해서 빈 곳을 찾아 그 곳에 파일 테이블에 대한 포인터를 기록하고 그 엔트리의 인덱스를 파일 디스크립터로 반환한다. 따라서 파일 디스크립터는 비어 있는 파일 디스크립터 테이블 엔트리 중 가장 낮은 인덱스가 사용된다. 다음은 이를 보여 주는 프로그램이다.

```
// File : prog4_1.c

#include <stdio.h>
#include <stdlib.h>
#include <fcntl.h>

int main(int argc, char *argv[])
{
    int fd1, fd2, fd3, fd4;

    if (argc != 3) {
        fprintf(stderr, "Usage : %s file1 file2\n", argv[0]);
        exit(1);
    }

    fd1 = open(argv[1], O_RDONLY);
    printf("fd1 = %d\n", fd1);
    fd2 = open(argv[2], O_RDONLY);
    printf("fd2 = %d\n", fd2);
    fd3 = dup(fd1);
    printf("fd3 = %d\n", fd3);
    close(fd2);
```

```
23      fd4 = dup(fd1);
24      printf( "fd4 = %d\n" , fd4);
25  }
```

[실행 결과]

```
ngs@ubuntu:~/lsp/ch4$ ./prog4_1 file1 file2
fd1 = 3
fd2 = 4
fd3 = 5
fd4 = 4
ngs@ubuntu:~/lsp/ch4$
```

[설명]

이 프로그램은 파일 디스크립터가 할당되는 순서를 보여 준다. open()이나 creat(), dup()에 의해 할당되는 파일 디스크립터는 파일 디스크립터 테이블의 낮은 인덱스부터 찾아서 최초로 발견되는 빈 엔트리의 인덱스 값이 된다. <그림4-4>가 각 단계별 디스크립터 할당 상태를 보여 준다.

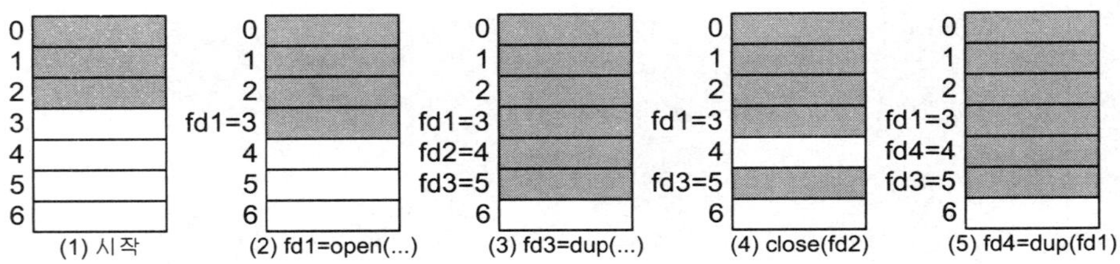

<그림 4-4> 파일 디스크립터 할당 과정

프로그램이 처음 시작할 때는 디스크립터 0, 1, 2가 각각 표준 입력, 표준 출력, 표준 오류 파일을 나타내도록 할당되어 있다. 따라서 라인 16에 있는 첫 번째 open()에 의해 할당된 디스크립터 fd1은 3이고, 라인 18의 fd2는 4이다. dup()도 파일 디스크립터를 할당하므로 라인 20의 fd3는 5가 된다. 다음으로 라인22의 close(fd2)는 파일을 닫으므로 해당 디스크립터가 해제되어 디스크립터 테이블의 인덱스 4 위치가 비게 된다. 따라서 라

인 23에서 새로 할당되는 디스크립터 fd4는 첫 번째 빈 엔트리의 번호인 4가 된다.

[프로그램 4-2] 파일 디스크립터 0, 1, 2는 각각 표준 입력, 표준 출력, 표준 오류장치로 정의되어 있는데, 이들은 디폴트로 모두 터미널 장치 즉, 키보드와 모니터를 나타낸다. 그리고 printf()는 파일 디스크립터 1번 즉, 모니터 화면에 출력을 하고, gets()는 파일 디스크립터 0번 즉, 키보드에서 입력을 받아들인다. 아래 프로그램은 표준출력이 화면이 아닌 파일이 되게 하는 방법을 보여 준다. 쉘의 출력 방향 전환은 이 프로그램과 같은 원리로 구현된다.

```
// File : prog4_2.c

#include <stdio.h>
#include <stdlib.h>
#include <fcntl.h>

#define FMODE 0666

int main(int argc, char *argv[])
{
    if (argc != 2) {
        fprintf(stderr, “Usage : %s filename\n” , argv[0]);
        exit(1);
    }
    printf( “redirection test\n” );
    close(1);
    open(argv[1], O_WRONLY ¦ O_CREAT ¦ O_TRUNC, FMODE);
    printf( “This statement will be in the %s file\n” , argv[1]);
    printf( “That is, standard output is redirected\n” );
    close(1);
}
```

[실행 결과]

```
ngs@ubuntu:~/lsp/ch4$ ./prog4_2 file3
```

```
redirection test
ngs@ubuntu:~/lsp/ch4$
ngs@ubuntu:~/lsp/ch4$ cat file3
This statement will be in the file3 file
Thar is, standard output is redirected
ngs@ubuntu:~/lsp/ch4$
```

[설명]

프로그램이 처음 시작될 때에 파일 디스크립터 1은 항상 표준출력 장치인 터미널을 가리킨다. 16번 라인에서 close(1)을 함으로써 표준출력 장치 파일을 닫는다. 17번 라인에서 새로운 파일(argv[1])을 열면, 이 open()에 의해 할당되는 파일 디스크립터는 1이 된다([프로그램4-1] 참조). 이제 표준출력을 나타내는 파일 디스크립터 1은 파일 argv[1]을 가리킨다. 따라서 라인18과 라인19의 printf()에 의해 출력되는 내용은 화면에 표시되지 않고 모두 파일 argv[1]에 들어간다. 그러나 close(1)을 하기 전에는 아직 파일 디스크립터 1이 모니터 화면을 나타내므로 라인 15의 printf()의 결과는 화면에 나타난다.

4.3 파일 자료의 읽기와 쓰기

파일에서 자료를 읽을 때는 read(), 파일에 자료를 쓸 때는 write()를 사용한다. 이들은 모두 파일 디스크립터를 사용하기 때문에 이 두 시스템 콜을 사용하려면 반드시 open()이나 creat() 혹은 dup() 시스템 콜을 이용해 파일 디스크립터를 얻은 다음에 사용해야 한다. read()를 사용하려면 open()에 O_RDONLY 플래그나 O_RDWR 플래그가 주어져 있어야 하고, write()를 사용하려면 open()에 O_WRONLY 플래그나 O_RDWR 플래그가 주어져 있어야 한다.

형식	#include <unistd.h> ssize_t read(int fd, void *buf, size_t count);
인수	• fd : 열려 있는 파일의 파일 디스크립터 • buf : 읽어온 자료를 저장할 메모리의 시작 주소 • count : 읽어올 자료의 크기
기능	fd가 가리키는 파일에서 최대 count 바이트의 자료를 읽어 buf가 가리키는 메모리에 저장한다. 읽을 자료가 count 바이트보다 적을 때에는 가능한 만큼의 자료만 읽어 온다.
반환값	성공하면 실제 읽어 온 자료의 크기를 반환하는데, 0이면 End of File을 나타냄. 실패하면 오류 번호를 반환.

형식	#include <unistd.h> ssize_t write(int fd, const void *buf, size_t count);
인수	• fd : 열려 있는 파일의 파일 디스크립터 • buf : 출력할 자료가 저장되어 있는 메모리의 시작 주소 • count : 출력할 자료의 크기
기능	buf가 가리키는 메모리에 있는 count 바이트의 자료를 fd가 가리키는 파일에 출력한다.
반환값	성공하면 실제 출력한 자료의 크기를 반환하고, 실패하면 오류 번호를 반환.

read()와 write() 시스템 콜은 파일에 저장된 자료를 바이트 배열처럼 취급한다. 그리고 커널 내의 파일 테이블에 있는 f_pos는 이 배열의 인덱스와 같은 역할을 한다. read() 시스템 콜은 파일의 f_pos 위치부터 시작해서 count 바이트의 자료를 읽고, write() 시스템 콜은 파일의 f_pos 위치에서 시작해서 count 바이트의 자료를 쓴다. read()와 write() 시스템 콜이 완료된 후에는 f_pos가 자동으로 증가하여 다음에 읽거나 쓸 위치를 가리킨다.

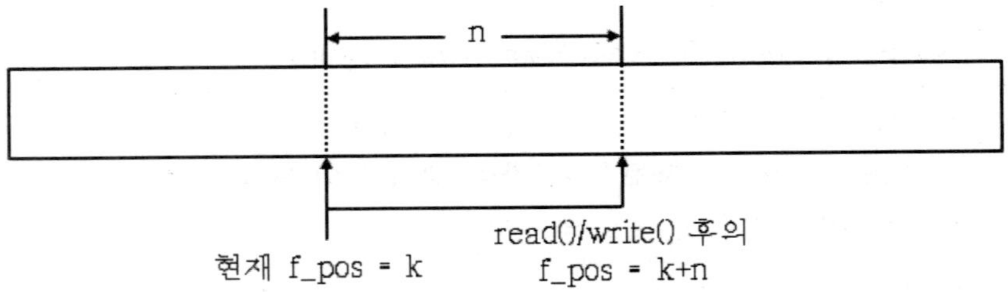

<그림 4-5> f_pos의 위치 이동

<그림4-5>에서 보여주는 것처럼 현재 f_pos가 k일 때 n 바이트를 read()하거나 write()하면 f_pos는 k+n이 된다. 파일을 처음 열었을 때 f_pos 값은 0이다. 만약 open()을 할 때 O_APPEND 플래그를 주었다면 f_pos는 파일의 끝을 가리킨다.

[프로그램 4-3] 다음은 read(), write() 시스템 콜의 기능을 설명하는 간단한 파일 복사 프로그램이다. 명령 라인 인수로 주어진 첫 번째 파일(argv[1])에서 데이터를 64 바이트씩 읽어 두 번째 파일(argv[2])로 쓴다. 두 번째 파일이 존재하지 않으면 새로 생성되고, 이미 존재하고 있었다면 내용이 모두 지워지고 새로운 내용이 들어간다.

```
// File : prog4_3.c

#include <stdio.h>
#include <stdlib.h>
#include <fcntl.h>

#define FMODE 0666
#define RWSIZE 64

int main(int argc, char *argv[])
{
    int fd_src, fd_dest, size;
    char buf[RWSIZE];

```

```
	if (argc != 3) {
		fprintf(stderr, “Usage : %s src dest\n” , argv[0]);
		exit(1);
	}

	if ((fd_src = open(argv[1], O_RDONLY)) < 0) {
		perror(argv[1]);
		exit(2);
	}

	if ((fd_dest = open(argv[2], O_WRONLY | O_CREAT | O_TRUNC,
	  FMODE)) < 0) {
		perror(argv[2]);
		exit(3);
	}

	while ((size = read(fd_src, buf, RWSIZE)) > 0) {
		write(fd_dest, buf, size);
	}

	close(fd_dest);
	close(fd_src);
}
```

[실행 결과]

```
ngs@ubuntu:~/lsp/ch4$ cat file1
The open() system call is used to convert a pathname into a file descriptor(a small, non-negative integer for use in subsequent I/O as with read, write, etc.).
When the call is successful, the file descriptor returned will be the lowest file descriptor not currently open for the process. This call creates a new open file, not shared with any other process. (But shared open files may arise via the fork(2) system call.) The new file descriptor is set to remain open across exec functions (see fcntl(2)). The file offset is set to the beginning of the file.
ngs@ubuntu:~/lsp/ch4$
```

```
ngs@ubuntu:~/lsp/ch4$ ./prog4_3 file1 file2
ngs@ubuntu:~/lsp/ch4$ cat file2
The open() system call is used to convert a pathname into a file
descriptor(a small, non-negative integer for use in subsequent I/O as
with read, write, etc.).
When the call is successful, the file descriptor returned will be the
lowest file descriptor not currently open for the process. This call
creates a new open file, not shared with any other process. (But shared
open files may arise via the fork(2) system call.) The new file
descriptor is set to remain open across exec functions (see fcntl(2)). The
file offset is set to the beginning of the file.
ngs@ubuntu:~/lsp/ch4$
```

[설명]

파일 복사는 명령 라인의 첫 번째 인수(argv[1])로 주어진 파일을 읽어서 두 번째 인수(argv[2])로 주어진 파일에 쓰는 것이다. 따라서 명령 라인 인수가 두 개가 필요하므로 argc는 3이어야 한다. 라인 15에서는 인수가 올바르게 주어졌는가를 검사해서 3이 아니면 프로그램을 종료한다.

라인 20에서는 argv[1] 파일을 읽기(O_RDONLY) 모드로 연다. 파일 열기에 실패하면 파일이 존재하지 않거나 접근 권한이 허용되지 않는다는 의미이므로 오류 메시지를 출력하고 종료한다. 라인 25에서는 argv[2] 파일을 쓰기 (O_WRONLY) 모드로 연다. 파일이 없다면 새로 생성해야 하므로 O_CREAT 플래그가 있어야 하고, 파일이 있다면 내용을 모두 지워야 하므로 O_TRUNC 플래그가 있어야 한다. 파일이 새로 생성될 경우를 위해서 세 번째 인수로 접근 권한도 주어졌다.

라인 31~33에서는 argv[1] 파일의 내용을 64 바이트씩 읽어서 argv[2] 파일에 쓴다. 파일의 마지막 데이터를 읽을 때는 읽은 데이터가 64 바이트보다 적을 수 있으므로 write()에서는 read()의 반환 값인 size 바이트를 쓰도록 해야 한다. read()의 반환값이 0이면 데이터를 모두 읽은 것이므로 복사가 완료된 것이다. 파일 복사가 완료되면 라인 35, 36에서는 두 파일을 닫고 종료한다.

[프로그램 4-4] 다음은 파일내의 문자수와 단어 수, 라인 수를 조사하는 프로그램으로 명령 wc와 유사한 프로그램이다. 단어는 공백 문자인 ‘ ’ ‘\t’ ‘\n’ 등으로 분리되며, 라인은 줄 바꿈 기호인 ‘\n’ 으로 분리된다.

```
// File : prog4_4.c

#include <stdio.h>
#include <stdlib.h>
#include <fcntl.h>

int main(int argc, char *argv[])
{
    int cnt_char = 0, cnt_word = 0, cnt_line = 0;
    int in_word = 0;
    int i, fd;
    char buf[4];

    if (argc != 2) {
        fprintf(stderr, “Usage : %s file\n” , argv[0]);
        exit(1);
    }

    if ((fd = open(argv[1], O_RDONLY)) < 0) {
        printf( “can not open file : %s\n” , argv[1]);
        exit(2);
    }

    while (read(fd, buf, 1) > 0) {
        cnt_char++;
        if (buf[0] == ‘\n’ ) cnt_line++;
        if (in_word) {
            if (isspace(buf[0])) {
                in_word = !in_word;
            }
        } else {
```

```
32                  if (!isspace(buf[0])) {
33                      in_word = !in_word;
34                      cnt_word++;
35                  }
36              }
37          }
38          close(fd);
39  
40          printf( "file name : %s\n" , argv[1]);
41          printf( "character : %d\n" , cnt_char);
42          printf( "word : %d\n" , cnt_word);
43          printf( "line : %d\n" , cnt_line);
44  }
```

[실행 결과]

```
ngs@ubuntu:~/lsp/ch4$ ./prog4_4 prog4_4.c
file name : prog4_4.c
character : 965
word : 119
line : 44
ngs@ubuntu:~/lsp/ch4$
```

[설명]

라인 9의 변수 cnt_char, cnt_word, cnt_line은 각각 문자 수, 단어 수, 라인 수를 가진다. 라인 24부터는 파일에서 한 문자씩 읽어 처리한다. 한 문자를 읽으면 문자 수를 나타내는 변수 cnt_char 값이 증가되고, 읽은 문자가 '\n' 이면 라인 수를 나타내는 변수 cnt_line이 증가된다.

단어 수의 계산은 좀 더 복잡하다. 단어는 여러 문자로 구성되고, 공백 문자로 분리되므로 현재 읽은 문자가 단어 내에 있는 문자인지 새로운 단어의 시작을 나타내는 문자인지를 판단해야 한다. 이를 위해 변수 in_word를 사용한다. in_word는 현재 문자가 단어 내에 있는 문자이면 1이고 그렇지 않으면 0이다. 그래서 새로운 단어가 시작될 때 즉, in_word가 0에서 1로 바뀔 때 문자수를 나타내는 변수 cnt_word 값을 증가시킨다.

4.4 임의 접근

파일 자료에 대한 read()와 write()는 커널 내의 파일 테이블에 있는 읽기/쓰기 위치인 f_pos를 중심으로 이루어진다. 즉, read()는 파일의 f_pos 위치에서부터 데이터를 읽고, write()는 f_pos 위치에서부터 데이터를 쓴다. 처음 파일을 열었을 때 f_pos 값은 0으로 되어 있다가 읽기/쓰기를 하면서 자동으로 다음에 읽기/쓰기를 할 위치로 이동하기 때문에 파일의 데이터는 순서대로 읽거나 쓰게 된다. 즉, 리눅스 파일은 디폴트로 순차 접근(sequential access)을 하도록 되어 있다.

어떤 응용 프로그램에서는 순차접근 보다는 임의접근(random access)을 사용하는 것이 더 편리할 때도 있다. 임의 접근은 파일을 처음부터 끝까지 차례로 처리하는 것이 아니라, 필요한 정보가 있는 임의의 위치에 대해 바로 읽기/쓰기를 하는 것이다. 파일의 읽기/쓰기 위치는 f_pos에 의해 결정되므로 f_pos만 임의로 바꿀 수 있으면 임의 접근이 가능한데, lseek() 시스템 콜을 이용하면 f_pos 값을 임의로 이동할 수 있다.

<table>
<tr><td>형식</td><td>#include <sys/types.h>
#include <unistd.h>

off_t lseek(int fd, off_t offset, int whence);</td></tr>
<tr><td>인수</td><td>• fd : 열려 있는 파일의 파일 디스크립터
• offset : 이동시킬 위치
• whence : 이동시킬 위치를 나타내는 기준점</td></tr>
<tr><td>기능</td><td>파일의 읽기/쓰기 위치를 whence를 기준으로 offset 만큼 이동시킨다.</td></tr>
<tr><td>반환값</td><td>이동한 f_pos 의 위치</td></tr>
</table>

lseek()는 파일의 f_pos 값을 기준점(whence)을 중심으로 offset 바이트만큼 이동시킨다. 이때 기준점인 whence는 파일의 시작(SEEK_SET), 파일의 끝

(SEEK_END), 현재 f_pos의 위치 (SEEK_CUR)로 할 수 있다. lseek()가 성공하면 f_pos는 기준점을 중심으로 offset 만큼 이동하고 새로 설정된 f_pos 값을 반환한다.

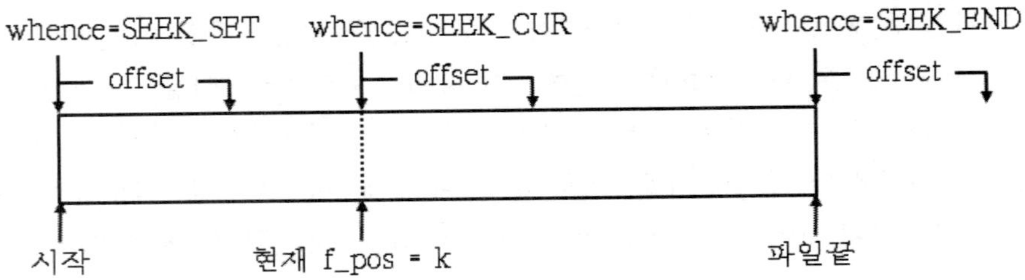

<그림4-6> lseek()의 f_pos 위치 이동

[프로그램 4-5] 다음은 파일 내용을 화면에 보여 주는 프로그램이다. 프로그램은 초기화 과정에서 파일내의 각 라인의 시작 위치를 알아내어 배열에 저장하고 있다가 사용자가 라인 번호를 입력하면 그 라인에서부터 20 라인을 보여 준다. 라인 번호 대신에 'q' 를 입력하면 프로그램이 종료된다.

```
// File : prog4_5.c

#include <stdio.h>
#include <stdlib.h>
#include <fcntl.h>

int main(int argc, char *argv[])
{
    int fd;
    int *line_pos, max_line, lineno;
    char cmd[16];

    if (argc != 2) {
        fprintf(stderr, "Usage : %s filename\n", argv[0]);
        exit(1);
    }

```

```
    if ((fd = open(argv[1], O_RDONLY)) < 0) {
        fprintf(stderr, "can not open file : %s\n", argv[1]);
        exit(2);
    }

    if ((line_pos = (int *)calloc(10000, sizeof(int))) == NULL) {
        fprintf(stderr, "can not allocate memory\n");
        exit(3);
    }

    max_line = read_line_pos(fd, line_pos);
    lineno = 0;

    while (1) {
        printf("lineno : ");
        fgets(cmd, 16, stdin);
        if (cmd[0] == 'q') break;

        sscanf(cmd, "%d", &lineno);
        if (lineno <= 0 || lineno > max_line) {
            printf("no such line\n");
            continue;
        }
        display_file(fd, line_pos, max_line, lineno-1);
    }

    close(fd);
}

int read_line_pos(int fd, int *line_pos)
{
    char buf[2];
    int pos = 0, lineno = 0;

    lseek(fd, 0L, SEEK_SET);
    line_pos[lineno++] = 0;
    while (read(fd, buf, 1) > 0) {
        pos++;
        if (buf[0] == '\n') {
```

```
                line_pos[lineno++] = pos;
            }
        }
        return lineno;
}

int display_file(int fd, int *line_pos, int max, int no)
{
        int i, lineno;
        char buf[2];

        system( “clear” );
        lineno = no;

        for (i = 0; i < 20; i++) {
            if (lineno > max) break;

            printf( “%3d : ” , lineno+1);
            lseek(fd, line_pos[lineno], SEEK_SET);
            while (read(fd, buf, 1) > 0) {
                putchar(buf[0]);
                if (buf[0] == ‘\n’ ) break;
            }
            lineno++;
        }
}
```

[실행 결과]

```
ngs@ubuntu:~/lsp/ch4$ ./prog4_5 prog4_5.c
lineno : 10

 10 :        int *line_pos, max_line, lineno;
 11 :        char cmd[16];
 12 :
 13 :        if (argc != 2) {
 14 :            fprintf(stderr, “Usage : %s filename\n” , argv[0]);
 15 :            exit(1);
 16 :        }
```

```
17 :
18 :     if ((fd = open(argv[1], O_RDONLY)) < 0) {
19 :         fprintf(stderr, "can not open file : %s\n" , argv[1]);
20 :         exit(2);
21 :     }
22 :
23 :     if ((line_pos = (int *)calloc(10000, sizeof(int))) == NULL) {
24 :         fprintf(stderr, "can not allocate memory\n" );
25 :         exit(3);
26 :     }
27 :
28 :     max_line = read_line_pos(fd, line_pos);
29 :     lineno = 0;
lineno : q
ngs@ubuntu:~/lsp/ch4$
```

[설명]

main()에서는 먼저 라인 18~21에서 파일을 연다. 라인 23에서 라인 번호를 저장할 배열을 위한 메모리를 할당 받는다. 배열의 크기는 10000으로 한다. 라인 28에서 read_line_pos() 함수를 이용해 파일에서 각 라인의 시작 위치를 알아낸다. 라인 31~42에서 화면에 "lineno : " 라는 프롬프트를 보여 주고 라인 번호를 입력 받는다. 라인 번호 대신에 문자 'q'가 입력되면 프로그램을 종료한다. 라인 번호가 입력되면 display_file() 함수를 이용해 그 라인에서부터 20 라인을 화면에 보여 준다.

함수 read_line_pos()는 파일 내용을 처음부터 읽어 각 라인의 시작 위치 offset을 배열 line_pos에 저장한다. 라인 54에서 한 문자씩 읽고 한 문자를 읽을 때마다 라인 55에서 그 문자의 위치를 나타내는 변수 pos 값을 1 씩 증가시킨다. 읽은 문자가 줄 바꿈 기호인 '\n' 이면 다음 문자가 새로운 라인의 시작 위치가 되므로 현재의 pos 값을 line_pos에 기억시킨다. line_pos의 인덱스는 라인 번호와 같다.

함수 display_file()은 라인 번호 no에서부터 20 라인을 라인 번호와 함께 화면에 출력한다. 라인의 시작 위치는 배열 line_pos에 있다. 20 라인을 출력하기 전에 파일의 마지막 라인 max가 되면 여기서 출력을 멈춘다.

4.5 파일 잘라내기

파일이 처음 생성되면 크기가 0인데, 파일에 데이터를 쓰면 파일 크기는 자동으로 증가한다. 파일 데이터는 보통 4096 바이트 단위로 할당되는 데이터 블록에 저장된다. 파일 크기가 크다는 것은 그 만큼 많은 데이터 블록을 차지하고 있다는 것을 뜻한다.

파일에 저장된 데이터를 삭제한다는 것은 데이터가 있던 자리에 의미 없는 데이터, 예를 들면 널 문자를 쓰는 것이다. 하지만 데이터가 있던 공간 자체는 제거되지 않는다. 예를 들어 종이에 다섯줄의 글씨를 썼다가 두 번째 줄을 지우개로 지운다고 생각해 보자. 글씨 자체는 지워졌지만 그 줄이 있던 자리는 그대로 공간을 차지하고 있다. 파일의 자료를 지우는 것도 이와 같은 것이다.

하지만 리눅스에서는 파일의 끝 부분에 해당하는 디스크 공간을 잘라내어 시스템에 돌려주는 방법이 있다. 이를 이용해서 파일 데이터를 파일의 앞부분으로 이동 시키고, 뒤에 생기는 사용하지 않는 영역을 잘라내면 된다. 이때 사용하는 시스템 콜이 truncate()와 ftruncate()이다. 이 시스템 콜은 파일의 크기를 주어진 크기로 잘라내고, 잘려나간 데이터 블록들은 해제한다.

<table>
<tr><td>형식</td><td>#include <unistd.h>
#include <sys/types.h>

int truncate(const char *path, off_t length);
int ftruncate(int fd, off_t length);</td></tr>
<tr><td>인수</td><td>• path : 파일의 이름
• fd : 파일 디스크립터
• length : 잘라낼 위치</td></tr>
<tr><td>기능</td><td>이름이 path인 파일, 혹은 디스크립터가 fd인 열려 있는 파일의 크기를 length로 만든다.</td></tr>
<tr><td>반환값</td><td>최종 파일의 크기</td></tr>
</table>

이 시스템 콜은 파일의 크기를 length 바이트가 되도록 한다. 이 시스템 콜을 사용하기 전에 파일의 크기가 length 바이트보다 크면 뒤쪽의 자료는 잘라내어져서 없어진다. 파일의 크기가 length 바이트 미만이었으면 파일의 크기는 length 바이트로 되고, 크기가 늘어난 부분에는 널 문자('\0')들이 들어간다.

실습 과제

[예제] 이 프로그램은 주소록을 관리하는 프로그램이다. 파일은 레코드들로 구성되어 있고, 하나의 레코드는 이름과 주소로 구성된다. 주소 리스트 보여주기, 레코드 등록, 레코드 삭제 기능을 가지고 있다. 특정 레코드를 읽거나, 특정 레코드 위치에 정보를 쓰기 위해 읽기/쓰기 위치를 특정 레코드 위치로 이동시킬 필요가 있는데, 이때는 lseek()를 사용한다.

```
// File : addrbook.c

#include <stdio.h>
#include <stdlib.h>
#include <string.h>
#include <fcntl.h>

#define LEN_NAME        16
#define LEN_ADDRESS     32

struct member {
        char name[LEN_NAME];
        char address[LEN_ADDRESS];
};

#define DB_FILE “MEMBER.DB”

void list_record(int fd);
void add_record(int fd);
void del_record(int fd);
void garb_collect(int fd);

int main(void)
{
        int fd;
        char cmdbuf[16];

        if ((fd = open(DB_FILE, O_RDWR|O_CREAT, 0644)) < 0) {
                printf( “file (%s) creation failed\n” , DB_FILE);
```

```
            exit(0);
        }
        while (1) {
            printf( "==================================\n" );
            printf( "1. list record\n" );
            printf( "2. add record\n" );
            printf( "3. delete record\n" );
            printf( "9. quit\n" );
            printf( "Type Menu Number  : " );

            if (fgets(cmdbuf, 16, stdin) == NULL) continue;

            switch (cmdbuf[0]) {
                case '1' : list_record(fd);    break;
                case '2' : add_record(fd);     break;
                case '3' : del_record(fd);     break;
                case '9' : goto end_menu;      break;
                default:  printf( "No such menu\n" );
            }
        }
end_menu:
        close(fd);
}

void list_record(int fd)
{
        int i = 0;
        struct member mb;

        lseek(fd, 0L, SEEK_SET);
        while (read(fd, &mb, sizeof mb) > 0) {
            i++;
            printf( "%2d   %-16s %-32s\n" , i, mb.name, mb.address);
        }
}

void add_record(int fd)
{
        struct member mb;
```

```
    printf( "          name : " );
    fgets(mb.name, LEN_NAME, stdin);
    mb.name[strlen(mb.name)-1] = '\0' ;
    printf( "       address : " );
    fgets(mb.address, LEN_ADDRESS, stdin);
    mb.address[strlen(mb.address)-1] = '\0' ;

    lseek(fd, 0L, SEEK_END);
    write(fd, &mb, sizeof mb);
}

void del_record(int fd)
{
    // 여기에 레코드 제거 기능이 구현되어야 함
}
```

[실행 결과]

```
ngs@ubuntu:~/lsp/ch4$ ./addrbook
===================================
1. list record
2. add record
3. delete record
9. quit
Type Menu Number  : 2
          name : 홍길동
       address : 경기도 오산시 양산동
===================================
1. list record
2. add record
3. delete record
9. quit
Type Menu Number  : 2
          name : 이순신
       address : 서울시 서초구 방배동
===================================
1. list record
2. add record
```

```
3. delete record
9. quit
Type Menu Number  : 1
 1    홍길동          경기도 오산시 양산동
 2    이순신          서울시 서초구 방배동
===================================
1. list record
2. add record
3. delete record
9. quit
Type Menu Number  : 9
ngs@ubuntu:~/lsp/ch4$
```

[설명]

main()에서 먼저 데이터베이스 파일을 열고, 메뉴를 화면에 보여준다. 사용자가 메뉴를 선택하면 선택된 메뉴에 따라 해당 함수를 호출한다. 데이터베이스 파일이 없는 경우에는 새로 생성해야 하므로 open()에 O_CREAT 플래그를 준다.

list_record()는 데이터베이스 파일에 저장된 레코드를 차례로 보여준다. 파일을 처음부터 읽을 수 있도록 라인 59에서 lseek()를 사용해서 읽기/쓰기 위치를 파일의 시작으로 이동시킨 다음에 라인 60~63에서 모든 레코드를 읽어서 보여준다.

add_record()는 레코드를 추가하는 함수인데, 먼저 fgets()함수를 이용해서 키보드로부터 이름과 주소 정보를 읽어 레코드 mb에 저장한다. 이때 엔터키인 '\n'이 있는 위치의 값은 '\0'으로 바꾼다(라인 72, 75). 그리고 라인 77에서 읽기/쓰기 위치를 파일의 끝으로 이동한 다음에 라인 78에서 레코드 mb를 파일에 저장한다.

[과제] 위의 프로그램에서 아직 구현되어 있지 않은 라인 81~84의 del_record() 기능을 구현하시오. 제거할 레코드 번호는 키보드로부터 입력 받는다. 레코드를 제거하려면 제거할 레코드 다음에 있는 레코드들을 모두 하나씩 앞으로 이동시킨 다음에 마지막 레코드를 제거하면

된다. 레코드를 제거하려고 시도하기 전에 반드시 그 번호의 레코드가 존재하는지 검사해서 존재할 경우에만 제거해야 한다. 이 기능이 구현되면 다음과 같이 동작한다.

[실행 결과]

```
ngs@ubuntu:~/lsp/ch4$ ./addrbook
===================================
1. list record
2. add record
3. delete record
9. quit
Type Menu Number  : 1
 1   홍길동          경기도 오산시 양산동
 2   이순신          서울시 서초구 방배동
===================================
1. list record
2. add record
3. delete record
9. quit
Type Menu Number  : 3
    record no   2
===================================
1. list record
2. add record
3. delete record
9. quit
Type Menu Number  : 1
 1   홍길동          경기도 오산시 양산동
===================================
1. list record
2. add record
3. delete record
9. quit
Type Menu Number  : 9
ngs@ubuntu:~/lsp/ch4$
```

연습 문제

A. 다음 빈 칸에 적절한 용어를 쓰시오.

1. 리눅스는 여러 종류의 파일 시스템을 동시에 지원한다. 이를 위해서 디스크 상의 파일 시스템 형식이 다르더라도 시스템 콜 인터페이스에서 동일하게 보이게 하기 위해 (　　　　　　) 개념을 사용한다.

2. 파일을 생성할 수 있는 시스템 콜에는 creat()와 (　　　　　　)이 있다.

3. 파일 디스크립터를 복사해서 새로운 파일 디스크립터를 생성하는 시스템 콜 중에서 이미 존재하는 파일 디스크립터를 강제로 닫고 새로운 파일을 가리키도록 하는 시스템 콜은 (　　　　　　)이다.

4. (　　　　　　) 시스템 콜은 파일의 읽기/쓰기 위치를 임의의 위치로 이동시킬 수 있게 한다.

5. 파일의 크기를 강제로 바꿀 때에 사용하는 시스템 콜은 (　　　　　　)이다.

6. 파일에 대한 접근 방법 중에서 읽기/쓰기를 처음부터 순서대로 하는 것을 (　　　　　　)이라 하는데 리눅스는 기본적으로 이러한 방법으로 파일에 접근하도록 한다.

7. 리눅스의 VFS에서 현재 열려 있는 파일의 읽기/쓰기를 지원하기 위한 자료구조를 (　　　　　　)이라 한다.

8. 리눅스의 파일은 데이터와 그 데이터에 관련된 속성 정보로 구성되는데 이 속성 정보를 저장하고 있는 자료 구조를 (　　　　　　)라 한다.

9. 파일 디스크립터 0, 1, 2는 프로그램의 main() 함수가 시작되기 전에 이미 열려 있다. 그 중에서 표준 입력을 가리키는 디스크립터 번호는 (　　　　) 이다.

10. 파일의 데이터를 읽는 시스템 콜은 read()이다. read()는 파일의 끝에 이르러 더 이상 읽을 데이터가 없으면 (   )을 반환한다.

B. 다음 물음에 답하시오.

1. 다음과 같이 두 프로세스가 현재 디렉토리 아래에 있는 파일들을 열었을 때 커널내의 파일 디스크립터 테이블, 파일 테이블, inode 테이블의 연결관계를 그리고, 각 테이블에 들어가는 주요 정보를 쓰시오. (단, 두 프로세스의 현재 디렉토리는 같다.)

프로세스 A	프로세스 B

fd1 = open("file1" , O_RDONLY);
fd2 = open("file2" , O_RDONLY);
fd3 = open("file3" , O_RDONLY);
	fd1 = open("file2" , O_RDWR);
	fd2 = open("file2" , O_RDWR);
	fd3 = dup(fd1);

2. open() 시스템 콜을 사용해서 파일을 열려고 한다. 다음 조건을 만족하도록 인수를 적절히 사용해서 한 줄로 표현하시오.
   - 파일 이름 : file1
   - 파일이 연 다음에 읽기/쓰기를 하려고 한다.
   - 파일이 없으면 새로 생성하는데 이 때 접근 권한은 rw-r—r-- 로 한다.

3. 표준 C 라이브러리 함수를 이용해서 fopen("file1" , "a")와 같이 파일을 여는 것을 시스템 콜 open()을 이용해서 다시 표현하시오.

4. 인수로 주어진 텍스트 파일을 열어서 그 파일의 라인 수를 계산해서 출력하는 프로그램을 작성하시오.

5. 레코드 단위로 저장되는 파일이 있다. 레코드 번호는 0부터 부여되어 있을 때, 특정 레코드를 이 파일의 레코드 번호 위치에 저장하는 다음 함수를 작성하시오.

```
void add_record(int fd, int recno, struct member mb) {
    ..............
}
```

6. 파일에서 원하는 위치의 문자들을 출력하는 프로그램 printfile을 작성하시오. 예를 들어 쉘에서 "./printfile file1 30 50" 와 같이 실행하면 파일 file1에서 30~50번째 문자를 화면에 출력하도록 한다.

7. 존재하는 파일의 크기를 원하는 크기로 변경하는 프로그램 filesize를 작성하시오. 예를 들어 "./filesize file1 300" 과 같이 실행하면 파일 file1의 크기를 300으로 만든다. 파일 크기가 300 바이트 이상이면 나머지는 잘라내고, 300 바이트보다 작으면 크기를 300 바이트로 키운다.

5 장 파일과 디렉토리 관리

5. 파일과 디렉토리 관리

이 장에서는 리눅스 파일과 디렉토리의 속성 정보를 얻거나 변경시키는 시스템 콜들을 설명한다. 파일의 대표적인 속성은 접근권한, 소유자와 그룹 등이 있는데, 여기서는 이들 속성 값을 조회하거나 변경하는 시스템 콜들을 설명한다. 또한 디렉토리의 생성과 제거, 디렉토리 내용 읽기 등과 관련된 시스템 콜들도 소개된다. 마지막으로 파일에 여러 개의 이름을 붙이는 개념인 링크에 관련된 시스템 콜들도 소개된다.

5.1 inode 정보 조회

리눅스에서 파일이나 디렉토리와 같은 파일 시스템의 노드들은 inode와 데이터 블록으로 구성된다. inode는 노드의 속성을 저장하고, 데이터 블록은 파일이나 디렉토리의 내용을 저장한다. 디렉토리 노드의 내용은 하위 노드들의 이름과 inode 번호이다. 파일 노드의 내용은 파일의 데이터이다. 내용을 가지지 않는 장치 파일들은 데이터 블록이 없고 inode만 존재한다. 파일의 속성 정보는 물리적 파일시스템(EXT4, NTFS, Sys V, …)에 따라 조금씩 다른 내용을 가지지만 리눅스의 VFS 레벨에서는 모두 동일하게 다음과 같은 정보로 구성된다고 가정한다.

- 장치 번호 - 이 노드가 저장된 장치 번호
- inode 번호 - 장치 내에서 inode를 식별할 수 있는 번호
- 모드 - 노드의 종류(파일, 디렉토리, …)와 읽기/쓰기/실행 등의 접근 권한
- 링크 수 - 이 노드에 부여된 이름의 수
- 소유자 - 소유자의 번호
- 그룹 - 그룹의 번호
- 실재 장치 번호 - 노드 종류가 장치 파일인 경우에 이 노드가 나타내는 장치의 번호
- 파일 크기 - 파일에 저장된 데이터의 바이트 수

- 접근 시간 - 노드가 최종적으로 접근된 시간
- 데이터 갱신 시간 - 내용이 갱신된 시간
- 속성 변경 시간 - 속성 정보가 변경된 시간

inode는 파일과 디렉토리의 모든 속성 정보를 가지고 있는데, stat() 시스템 콜은 inode에 저장된 정보를 얻어 오는데 사용된다. stat()은 파일이나 디렉토리의 내용이 아닌 inode 정보를 읽는 것이기 때문에 대상이 되는 파일이나 디렉토리가 존재하기만 하면 접근 권한과는 무관하게 항상 사용할 수 있다.

형식	#include <sys/types.h>
	#include <sys/stat.h>
	#include <unistd.h>
	
	int stat(const char *path, struct stat *sp);
	int fstat(int fd, struct stat *sp);

인수	• path : 파일 혹은 디렉토리의 경로명 • sp : stat 구조에 대한 포인터
기능	path 혹은 fd가 가리키는 파일이나 디렉토리의 inode 정보를 stat 구조 형식으로 읽어 온다.
반환값	성공시 0, 실패시 -1

```
struct stat {
    dev_t       st_dev;          // 장치 번호
    ino_t       st_ino;          // inode 번호
    mode_t      st_mode;         // 모드
    nlink_t     st_nlink;        // 링크 수
    uid_t       st_uid;          // 소유자
    gid_t       st_gid;          // 그룹
    dev_t       st_rdev;         // 실재 장치 번호
    off_t       st_size;         // 파일 크기
    unsigned long st_blksize;    // 블록 크기
```

```
    unsigned long st_blocks;      // 블록 수
    time_t        st_atime;       // 접근 시간
    time_t        st_mtime;       // 데이터 갱신 시간
    time_t        st_ctime;       // 속성 변경 시간
};
```

stat 구조의 각 필드의 의미는 앞에서 설명한 것과 같다. st_mode 필드는 노드의 타입(4비트), 실행 시 id 변경을 위한 특수 필드(3비트), 접근 권한(9비트)등의 세 필드로 구성된다. 이들 16비트는 〈표5-1〉과 같이 정의된다.

〈표 5-1〉 st_mode 필드

구분	심볼	값(8진수)	의미
파일타입 필드	S_IFSOCK	0140000	UNIX도메인 소켓
	S_IFLNK	0120000	심볼릭 링크
	S_IFREG	0100000	일반 파일
	S_IFBLK	0060000	블록 장치 파일
	S_IFDIR	0040000	디렉토리
	S_IFCHR	0020000	문자 장치 파일
	S_IFIFO	0010000	FIFO 파일
특수 필드	S_ISUID	0004000	Set-UID 비트
	S_ISGID	0002000	Set-GID 비트
	S_ISVTX	0001000	스티키 비트
접근권한 필드	S_IRUSR	0000400	소유자의 읽기 권한
	S_IWUSR	0000200	소유자의 쓰기 권한
	S_IXUSR	0000100	소유자의 실행 권한
	S_IRGRP	0000040	그룹의 읽기 권한
	S_IWGRP	0000020	그룹의 쓰기 권한
	S_IXGRP	0000010	그룹의 실행 권한
	S_IROTH	0000004	기타 사용자의 읽기 권한
	S_IWOTH	0000002	기타 사용자의 쓰기 권한
	S_IXOTH	0000001	기타 사용자의 실행 권한

st_mode의 세 필드 중에서 파일타입 필드는 하나의 값만이 사용되어야 하지만 특수 필드와 접근권한 필드는 필요한 값들이 비트-OR되어 사용될 수 있다. 예를 들어, st_mode값이 0104755이면 다음과 같이 해석된다.

```
0 1 0 4 7 5 5
  |   |   |
  |   |   └──▶ 접근권한이 755(rwxr-xr-x)이다.
  |   └──────▶ Set-UID 비트가 설정되어 있다.
  └──────────▶ 일반 파일이다.
```

Set-UID 비트는 실행 파일에서만 의미가 있다. 이 비트가 설정된 파일을 실행하면 실행 프로세스의 유효 사용자 번호가 파일의 소유자 번호로 바뀌어 실행된다. 이것은 일반 사용자들에게 그들이 소유하지 않은 파일에 대해 일시적인 접근 권한을 주기 위해 사용된다. 대표적인 예가 /etc/passwd 파일을 접근하는 /bin/passwd 명령이다.

Set-GID 비트가 설정된 실행 파일을 실행하면 유효 그룹 번호가 파일의 그룹 번호로 바뀌어 실행된다. 실행 권한이 없는 파일에 이 비트가 설정되어 있으면 강제 파일 록(lock)이 적용되는 파일임을 나타낸다.

스티키(sticky) 비트도 실행 파일에 대해서만 의미가 있다. 이 비트가 설정된 파일을 실행하면 실행이 종료되어도 텍스트 영역이 메모리에서 제거되지 않고 남아 있어 다음에 실행할 때 로딩 시간을 단축시켜 준다.

[프로그램 5-1] stat() 시스템 콜은 파일의 속성 정보를 얻어 오는데 사용된다. "ls -l"과 같은 명령에서 stat()을 사용한다. 다음 프로그램은 명령라인 인수로 주어진 파일이나 디렉토리의 속성 정보를 보여주는 프로그램이다.

```
// File : prog5_1.c

#include <stdio.h>
#include <stdlib.h>
```

```
#include <time.h>
#include <sys/stat.h>

int main(int argc, char *argv[])
{
    struct stat sb;

    if (argc != 2) {
        fprintf(stderr, “Usage : %s file-name\n” , argv[0]);
        exit(1);
    }

    if (stat(argv[1], &sb) < 0) {
        perror( “stat” );
        exit(2);
    }

    printf( “file name : %s\n” , argv[1]);
    printf( “device number : 0x%04x\n” , (unsigned int)sb.st_dev);
    printf( “inode number : %d\n” , (int)sb.st_ino);
    printf( “mode : 0%06o\n” , sb.st_mode);
    printf( “real device number : 0x%04x\n” , (unsigned int)sb.st_rdev);
    printf( “links : %d\n” , sb.st_nlink);
    printf( “uid : %d\n” , sb.st_uid);
    printf( “gid : %d\n” , sb.st_gid);
    printf( “size : %d\n” , (int)sb.st_size);
    printf( “block size : %d\n” , (int)sb.st_blksize);
    printf( “number of block : %d\n” , (int)sb.st_blocks);
    printf( “last access time : %s” , ctime(&sb.st_atime));
    printf( “last data update time : %s” , ctime(&sb.st_mtime));
    printf( “last status change time : %s” , ctime(&sb.st_ctime));
}
```

[실행 결과]

```
ngs@ubuntu:~/lsp/ch5$ ./prog5_1 prog5_1
file name : prog5_1
device number : 0x0801
inode number : 279941
mode : 0100755
```

```
real device number : 0x0000
links : 1
uid : 1000
gid : 1000
size : 7430
block size : 4096
number of block : 16
last access time : Sun Jul 27 18:58:40 2014
last data update time : Sun Jul 27 18:58:16 2014
last status change time : Sun Jul 27 18:58:16 2014
ngs@ubuntu:~/lsp/ch5$
ngs@ubuntu:~/lsp/ch5$ ./prog5_1  /etc
file name : /etc
device number : 0x0801
inode number : 524289
mode : 0040755
real device number : 0x0000
links : 128
uid : 0
gid : 0
size : 12288
block size : 4096
number of block : 24
last access time : Tue Feb 19 20:46:44 2013
last data update time : Sun Jul 27 17:37:18 2014
last status change time : Sun Jul 27 17:37:18 2014
ngs@ubuntu:~/lsp/ch5$
```

[설명]

첫 번째 실행 결과는 파일 prog5_1을 대상으로 했다. mode가 0100755인데, 이는 이 노드가 일반 파일이고, 접근 권한이 0755라는 의미이다. 그리고 uid가 1000인데, /etc/passwd 파일에서 찾아보면 이는 사용자 ngs 임을 나타낸다.

두 번째 실행 결과는 디렉토리 /etc를 대상으로 한 것으로 mode가 0040755이다. 이는 이 노드가 디렉토리이고 접근권한이 0755임을 나타낸다.

5.2 사용자와 접근권한

리눅스는 파일 접근권한 제어를 위해 파일 사용자를 세 집단 즉, 소유자, 그룹, 기타 사용자로 구분한다. 파일의 소유자 아이디와 그룹 아이디는 파일의 속성 정보로 저장되어 있다.

실행 중인 프로세스는 자신을 실행시킨 사용자의 아이디와 그룹 아이디를 가진다. 사용자 아이디는 프로세스를 실행시킨 사용자의 아이디이고, 그룹 아이디는 프로세스를 실행시킨 사용자가 속한 그룹의 아이디이다. 이 아이디들은 적절한 시스템 콜을 통해 바꿀 수 있다.

프로세스의 사용자 아이디에는 실 사용자 아이디(Real User ID)와 유효 사용자 아이디(Effective User ID)가 있다. 거의 모든 프로그램은 실행될 때 이들 두 아이디가 같다. 그러나 Set-UID 비트가 설정된 실행파일을 실행시키면 실 사용자 아이디는 실행시킨 사용자의 아이디와 같지만, 유효 사용자 아이디는 그 파일의 소유자 아이디와 같아진다. 프로세스의 사용자 그룹 아이디에도 실 그룹 아이디와 유효 그룹 아이디가 있고 Set-GID 비트가 설정되지 않는 프로그램을 실행시키면 두 아이디가 같다.

프로세스의 파일 접근권한은 프로세스의 유효 사용자 아이디와 유효 그룹 아이디에 의해 결정된다. UID가 500이고, GID가 20인 사용자가 실행시키는 프로그램 내에서 소유자 아이디가 300이고 그룹 아이디가 20인 파일 X를 접근하는 경우를 생각해 보자. UID와 파일의 소유자 아이디가 같지 않으므로 그룹을 검사한다. GID와 파일의 그룹 아이디가 같으므로 이 파일에 대한 접근 여부는 그룹 접근 권한에 의해 결정된다. 파일 X의 모드가 0644인 경우 이 사용자는 파일 X에 대해 읽기 권한만을 가진다.

5.2.1 프로세스의 사용자/그룹 ID

프로세스의 사용자 아이디나 사용자 그룹 아이디는 적절한 시스템 콜을 통해 조회하거나 바꿀 수 있다. 사용자 아이디 조회 및 설정에 관련된 시스템 콜은 getuid(), geteuid(), setreuid(), seteuid(), setuid()가 있다.

형식	#include <unistd.h>
	#include <sys/types.h>
	
	gid_t getuid(void);
	gid_t geteuid(void);
	gid_t getgid(void);
	gid_t getegid(void);
	int setreuid(uid_t ruid, uid_t euid);
	int seteuid(uid_t euid);
	int setregid(gid_t rgid, gid_t egid);
	int setegid(gid_t egid);

인수	• ruid : 실사용자 ID • euid : 유효 사용자 ID • rgid : 실 그룹 ID • egid : 유효 그룹 ID
기능	getuid() : 실사용자 번호 조회 geteuid() : 유효 사용자 번호 조회 getgid() : 실 그룹 번호 조회 getegid() : 유효 그룹 번호 조회 setuid() : 유효 사용자 번호 설정 setreuid() : 실 사용자 번호와 유효 사용자 번호를 설정 setgid() : 유효 그룹 번호 설정 setreuid() : 실 그룹 번호와 유효 그룹 번호를 설정
반환값	getuid() : 실사용자 번호 geteuid() : 유효 사용자 번호 getgid() : 실 그룹 번호 getegid() : 유효 그룹 번호 모든 getXXX() 함수는 항상 성공. 모든 setXXX() 함수는 성공하면 0, 실패하면 -1을 반환.

일반 사용자는 이들 시스템 콜들을 이용해서 ID를 설정할 때 실 사용자(그룹) 아이디를 유효 사용자(그룹) 아이디와 같게 하거나, 그 반대로 유효 사

용자(그룹) 아이디를 실 사용자(그룹) 아이디와 같게 하는 것만 가능하다. 슈퍼 유저는 아이디들을 임의의 값으로 바꿀 수 있다.

시스템의 로그인에 관련된 getty나 login 프로세스는 슈퍼 유저가 실행시킨 것이다. 그런데 로그인이 성공해서 쉘을 실행시키기 전에 login 프로세스는 setreuid()와 setregid()를 사용해 모든 아이디들을 로그인한 사용자의 아이디들로 바꾸어 준다. 이 아이디들을 /etc/passwd 파일에 정의되어 있다.

[프로그램 5-2] 다음은 프로세스의 사용자 아이디와 그룹 아이디를 알아보는 프로그램이다. 다음 프로그램을 각각 다른 사용자로 로그인해서 실행시키고 차이점을 분석해 보면 아이디 개념 이해에 도움이 될 것이다.

```
// File : prog5_2.c

#include <stdio.h>
#include <sys/types.h>

int main(void)
{
    printf( “real user id : %d\n” , getuid());
    printf( “effective user id : %d\n” , geteuid());
    printf( “real group id : %d\n” , getgid());
    printf( “effective group id : %d\n” , getegid());
}
```

[실행 결과]

```
ngs@ubuntu:~/lsp/ch5$ ./prog5_2
real user id : 1000
effective user id : 1000
real group id : 1000
effective group id : 1000
ngs@ubuntu:~/lsp/ch5$
ngs@ubuntu:~/lsp/ch5$ su root
Password:
root@ubuntu:/home/ngs/lsp/ch5#
root@ubuntu:/home/ngs/lsp/ch5# ./prog5_2
```

```
real user id : 0
effective user id : 0
real group id : 0
effective group id : 0
root@ubuntu:/home/ngs/lsp/ch5#
root@ubuntu:/home/ngs/lsp/ch5# exit
exit
ngs@ubuntu:~/lsp/ch5$
```

[설명]

처음에 실행했을 때에는 현재 로그인된 사용자로 실행했으므로 그 사용자의 아이디가 출력되었다. 이 아이디 값과 /etc/passwd 파일과 /etc/group 파일의 아이디 값을 비교하면 아이디 개념을 이해할 수 있다. 명령어 su를 이용해 다른 사용자로 로그인해서 프로그램을 실행시킨 결과 새로 로그인한 사용자의 아이디가 출력되는 것을 볼 수 있다. 여기서는 setuid()나 setgid() 시스템 콜을 사용하지 않았으므로 실 사용자 아이디와 유효 사용자 아이디가 항상 같다.

5.2.2 파일 사용 권한 검사

프로세스는 파일에 대해 읽기, 쓰기, 실행을 위한 접근을 하는데, 파일 접근 시에 먼저 이들 권한을 검사하고 권한이 허용되는 파일에 대해서만 접근할 수 있다. 권한 검사를 위해서는 파일의 inode에 있는 소유자 아이디(f_uid), 그룹 아이디(f_gid)를 프로세스를 실행시킨 사용자의 사용자 아이디(p_uid), 사용자 그룹 아이디(p_gid)와 비교하여 프로세스와 파일의 관계를 파악한다. f_uid가 p_uid와 같으면 프로세스는 파일의 소유자이다. 따라서 이때는 파일의 소유자 권한을 검사해서 접근 가능 여부를 결정한다. f_uid가 p_uid와 같지 않으면 그 다음으로 f_gid와 p_gid를 비교하는데, 두 값이 같으면 프로세스는 파일의 그룹 사용자가 된다. 이때는 파일의 그룹 권한을 검사해서 접근 가능 여부를 판단한다. 그룹 사용자도 아니면 기타 사용자이고 이때는 기타 사용자 권한을 검사해서 접근 가능 여부를 판단한다.

형식	#include <unistd.h> int access(const char *pathname, int mode);
인수	• pathname : 파일 혹은 디렉토리의 경로명 • mode : F_OK - 파일 존재 여부 R_OK - 읽기 가능 W_OK - 쓰기 가능 X_OK - 실행 가능
기능	파일 pathname의 접근 권한을 검사한다.
반환값	성공시 0, 실패시 -1을 반환.

access()는 위에서 설명한 방법에 따라 프로세스가 파일 pathname에 mode 접근이 가능한지를 판단해 준다. access()는 프로세스의 실 사용자 아이디와 실 그룹 아이디를 기준으로 접근 가능 여부를 판단한다. 주의해야 할 점은 실재로는 프로세스가 파일 접근을 위해 open()을 사용할 때에 open() 내부에서는 프로세스의 유효 사용자 아이디와 유효 그룹 아이디로 접근 가능 여부를 판단한다는 것이다. 따라서 access()로 판단했을 때 접근 가능한 것으로 판단되어도 실재 open()은 실패할 수도 있다.

[프로그램 5-3] 다음은 시스템 콜 access()를 사용해서 명령 인수로 주어진 파일이 접근가능한가를 판단하는 프로그램이다.

```
// File : prog5_3.c

#include <unistd.h>
#include <stdio.h>
#include <stdlib.h>

int main(int argc, char *argv[])
{
    if (argc != 2) {
        fprintf(stderr, "Usage : %s file\n" , argv[0]);
```

```
        exit(1);
    }
    printf( “File : %s,    User : %d\n” , argv[1], getuid());

    if (access(argv[1], F_OK) == 0) {
        printf( “File exist\n” );
        if (access(argv[1], R_OK) == 0) printf( “Read allowed\n” );
        else                    printf( “Read not allowed\n” );
        if (access(argv[1], W_OK) == 0) printf( “Write allowed\n” );
        else                    printf( “Write not allowed\n” );
        if (access(argv[1], X_OK) == 0) printf( “Execution allowed\n” );
        else                    printf( “Execution not allowed\n” );
    } else {
        printf( “File not exist\n” );
    }
}
```

[실행 결과]

```
ngs@ubuntu:~/lsp/ch5$ whoami
ngs
ngs@ubuntu:~/lsp/ch5$ ls -l
합계 92
-rw-r--r-- 1 root root    6  7월 27 19:22 file53
-rwxr-xr-x 1 ngs  ngs  7384  7월 27 19:22 prog5_3
-rw-rw-r-- 1 ngs  ngs   665  2월 25  2013 prog5_3.c
ngs@ubuntu:~/lsp/ch5$
ngs@ubuntu:~/lsp/ch5$ ./prog5_3  prog5_3
File : prog5_3,     User : 1000
File exist
Read allowed
Write allowed
Execution allowed
ngs@ubuntu:~/lsp/ch5$
ngs@ubuntu:~/lsp/ch5$ ./prog5_3  prog5_3.c
File : prog5_3.c,   User : 1000
File exist
Read allowed
Write allowed
```

```
Execution not allowed
ngs@ubuntu:~/lsp/ch5$
ngs@ubuntu:~/lsp/ch5$ ./prog5_3 file53
File : file53, User : 1000
File exist
Read allowed
Write not allowed
Execution not allowed
ngs@ubuntu:~/lsp/ch5$
```

[설명]

prog5_3을 실행시키는 사용자와 그룹은 각각 ngs, ngs이고, prog5_3과 prog5_3.c의 사용자와 그룹도 각각 ngs, ngs로서 현재 이 프로그램을 실행시킨 사용자와 같다. 따라서 access() 시스템 콜 수행시 prog5_3에 대해 소유자 권한이 검사되어 r, w, x 권한이 모두 있는 것으로 나타났다.
그러나 파일 file53의 소유자와 그룹은 각각 root, root이므로 이 프로세스는 file53에 대해 기타 사용자 관계에 있다. 따라서 access() 시스템 콜 수행시 file53에 대해서는 기타 사용자의 권한이 검사되어 r 권한만 있는 것으로 나타났다.

5.2.3 파일 접근 권한 변경

파일 접근 권한은 chmod()와 fchmod()로 변경할 수 있다.

형식	#include <sys/stat.h>
	
	int chmod(const char *path, mode_t mode);
	int fchmod(int fd, mode_t mode);

인수	• path : 파일 혹은 디렉토리의 경로명 • fd : 파일 혹은 디렉토리의 디스크립터 • mode : 접근 권한

기능	파일이나 디렉토리의 접근 권한을 변경한다. 이 시스템 콜들은 슈퍼 유저 혹은 파일의 소유자만 실행할 수 있다.
반환값	성공하면 0, 실패하면 -1

chmod()는 이름이 path인 파일이나 디렉토리의 모드를 mode로 변경하고, fchmod()는 디스크립터가 fd인 열려있는 파일이나 디렉토리의 모드를 mode로 변경한다. 이 시스템 콜은 파일의 소유자나 슈퍼 유저만 사용할 수 있다. 이 시스템 콜은 5.1절에 있는 stat 구조의 st_mode 필드의 하위 12비트를 변경할 수 있다. 즉, 소유자, 그룹, 기타 사용자의 읽기/쓰기/실행 권한과 Set-UID, Set-GID, Sticky 비트를 바꿀 수 있다.

[프로그램 5-4] 다음은 chmod 명령처럼 파일이나 디렉토리의 접근권한을 변경하는 프로그램이다.

```
// File : prog5_4.c

#include <stdio.h>
#include <stdlib.h>

extern errno;

int main(int argc, char *argv[])
{
    long newmode;
    char *endptr;

    if (argc != 3) {
        fprintf(stderr, "Usage : %s newmode file\n", argv[0]);
        exit(1);
    }

    newmode = strtol(argv[1], &endptr, 8);
    if (*endptr != '\0') {
        fprintf(stderr, "%s: format error\n", argv[1]);
        exit(2);
```

```
22          }
23
24          if (chmod(argv[2], newmode) < 0) {
25                perror(argv[2]);
26                exit(3);
27          }
28    }
```

[실행 결과]

```
ngs@ubuntu:~/lsp/ch5$ ls -l file54
-rw-r--r-- 1 ngs ngs 13  7월 27 19:36 file54
ngs@ubuntu:~/lsp/ch5$ ./prog5_4  666  file54
ngs@ubuntu:~/lsp/ch5$ ls -l file54
-rw-rw-rw- 1 ngs ngs 13  7월 27 19:36 file54
ngs@ubuntu:~/lsp/ch5$
```

[설명]

라인 18의 strtol()은 명령라인 인수로 주어진 스트링 형태의 모드 값을 숫자로 변환하는 함수이다. 모드 값은 8 진수로 주어졌다고 가정한다. 라인 19는 주어진 모드 값에 오류가 있어 위의 strtol()에서 처리하지 못한 스트링이 있는가를 판단하는 것이다.

prog5_4 실행 전과 실행 후의 ls -l 명령의 결과를 보면 file54의 모드가 주어진 대로 변경되었음을 알 수 있다.

5.2.4 파일 소유권 변경

파일이나 디렉토리의 소유자와 그룹을 변경할 때는 chown(), fchown(), lchown() 시스템 콜을 사용한다.

형식	#include <unistd.h>

	int chown(const char *path, uid_t owner, gid_t group);
	int fchown(int fd, uid_t owner, gid_t group);
	int lchown(const char *path, uid_t owner, gid_t group);

인수	• path : 파일 혹은 디렉토리의 경로명 • owner : 사용자 ID • group : 그룹 ID
기능	chown()과 fchown()은 파일이나 디렉토리의 소유자와 그룹을 변경하고, lchown()은 심볼릭 링크 파일 자체의 소유자나 그룹을 변경한다. owner나 group 값을 -1로 주면 소유자나 그룹 값은 변경되지 않는다.
반환값	성공하면 0, 실패하면 -1을 반환.

슈퍼 유저만이 파일이나 디렉토리의 소유자나 그룹을 임의의 값으로 변경할 수 있다. 파일이나 디렉토리의 소유자는 그 파일이나 디렉토리의 그룹 값을 자신이 속한 어떤 그룹 값으로 변경할 수 있다.

[프로그램 5-5] 다음은 쉘 명령 chown과 chgrp를 합쳐놓은 것과 같은 역할을 하는 프로그램인데, 파일이나 디렉토리의 소유자 아이디와 그룹 아이디를 변경시킨다.

```
// File : prog5_5.c

#include <pwd.h>
#include <stdio.h>
#include <stdlib.h>
#include <unistd.h>

int main(int argc, char *argv[])
{
    uid_t uid;
    struct passwd *pwd;
    char *endptr;

```

```
    if (argc != 3 || argv[1][0] == ‘\0’ ) {
        fprintf(stderr, “%s <owner> <file>\n” , argv[0]);
        exit(-1);
    }

    uid = strtol(argv[1], &endptr, 10);

    if (*endptr != ‘\0’ ) {
        pwd = getpwnam(argv[1]);
        if (pwd == NULL) {
            perror( “getpwnam()” );
            exit(-2);
        }

        uid = pwd->pw_uid;
    }

    if (chown(argv[2], uid, -1) == -1) {
        perror( “chown” );
        exit(-3);
    }

    exit(0);
}
```

[실행 결과]

```
ngs@ubuntu:~/lsp/ch5$ ls -l file55
-rw-r--r-- 1 ngs ngs 15  7월 27 19:43 file55
ngs@ubuntu:~/lsp/ch5$ ./prog5_5  root  file55
chown: Operation not permitted
ngs@ubuntu:~/lsp/ch5$
ngs@ubuntu:~/lsp/ch5$ su root
암호:
root@ubuntu:/home/ngs/lsp/ch5# ls -l file55
-rw-r--r-- 1 ngs ngs 15 Jul 27 19:43 file55
root@ubuntu:/home/ngs/lsp/ch5#
root@ubuntu:/home/ngs/lsp/ch5# ./prog5_5  root  file55
root@ubuntu:/home/ngs/lsp/ch5# ls -l file55
```

```
-rw-r--r-- 1 root ngs 15 Jul 27 19:43 file55
root@ubuntu:/home/ngs/lsp/ch5#
root@ubuntu:/home/ngs/lsp/ch5# ./prog5_5  ngs  file55
root@ubuntu:/home/ngs/lsp/ch5# ls -l file55
-rw-r--r-- 1 ngs ngs 15 Jul 27 19:43 file55
root@ubuntu:/home/ngs/lsp/ch5#
root@ubuntu:/home/ngs/lsp/ch5# exit
exit
ngs@ubuntu:~/lsp/ch5$
```

[설명]

시스템 콜 chown()은 시스템 관리자인 슈퍼 유저만 사용할 수 있기 때문에 처음에 ngs로 로그인한 상태로 실행했을 때에는 chown() 시스템 콜이 실패했다. su 명령을 사용해서 슈퍼 유저로 다시 로그인한 다음에 실행했을 때에는 성공해서 file55의 소유자가 변경되는 것을 볼 수 있다.

chown()의 인수로는 사용자나 그룹의 이름이 아닌 숫자로 된 아이디 값을 주어야 한다. 먼저 라인 19는 argv[1]에 숫자로 된 값이 주어졌는가를 검사하는 과정이다. strtol() 함수는 문자열을 long 형 숫자로 변경하는 함수인데, 성공하면 endptr이 '\0'을 가리키게 된다. 따라서 라인 22~28은 strtol()이 실패한 경우에 실행된다. 라인 22의 getpwnam()은 인수로 주어진 사용자 이름을 /etc/passwd 파일에서 검색해서 그 사용자에 대한 정보를 얻어내는 함수이다.

결과적으로 소유자의 아이디 값이 얻어지고 라인 31에서는 chown() 시스템 콜을 이용해서 argv[2]로 주어진 파일이나 디렉토리의 소유자를 변경한다. 그룹 값은 -1로 주어졌으므로 변경되지 않는다.

5.3 파일 디스크립터 제어

fcntl()은 열려 있는 파일에 대해 여러 가지 제어를 하는 시스템 콜이다.

형식	#include <unistd.h>

	#include <fcntl.h>
	
	int fcntl(int fd, int cmd);
	int fcntl(int fd, int cmd, long arg);
	int fcntl(int fd, int cmd, struct flock *lock);

인수	• fd : 파일 디스크립터 • cmd : 파일 제어 명령 • arg, lock : cmd에 따른 부가 정보
기능	파일 디스크립터에 관련된 여러 가지 제어 기능을 수행한다.
반환값	성공하면 cmd 값에 따라 다른 어떤 값(-1이 아님)이 반환되고, 실패하면 -1이 반환.

fcntl()은 cmd 값에 따라 다음과 같은 여러 가지 기능을 수행한다.

(1) 파일 디스크립터 복사 - F_DUPFD
(2) close-on exec 플래그의 조회와 설정 - F_GETFD, F_SETFD
(3) 파일 오픈 플래그의 조회와 설정 - F_GETFL, F_SETFL
(4) 파일 락의 조회와 설정 - F_GETLK, F_SETLK, F_SETLKW
(5) I/O에 관련된 시그널 관리 - F_GETOWN, F_SETOWN, F_GETSIG, F_SETSIG

기능 (2), (4), (5)는 이후에 설명하고 여기서는 (1)과 (3)에 대해서만 설명한다. 먼저 fcntl()의 파일 디스크립터 복사 기능은 dup()와 완전히 동일하다. 그래서 dup(fd)는 fcntl(fd, F_DUPFD, 0)과 같다.

열려 있는 파일의 오픈 플래그를 변경하면 파일의 동작 특성을 바꿀 수 있다. 파일 오픈 플래그 중에서 O_ASYNC, O_NONBLOCK, O_APPEND는 fcntl()로 조회하거나 새로 설정할 수 있다. 예를 들어 열려 있는 파일에 대해 O_NONBLOCK 플래그를 추가하려면 다음과 같이 한다.

```
flags = fcntl(0, F_GETFL, 0);
flags = flags | O_NONBLOCK;
```

```
fcntl(0, F_SETFL, flags);
```

[프로그램 5-6] 열려 있는 파일에 설정된 O_NONBLOCK 플래그는 입력 시스템 콜인 read()와 출력 시스템 콜인 write()의 동작이 완료될 때까지 기다리지 않고 즉시 반환되게 한다. 다음은 표준 입력 장치에 대해 O_NONBLOCK이 설정되었을 때와 설정되지 않았을 때의 차이를 설명하기 위한 프로그램이다.

```
// File : prog5_6.c

#include <fcntl.h>
#include <stdio.h>
#include <stdlib.h>
#include <string.h>

int main(void)
{
    char buf[64];
    int n, flags;

    setbuf(stdout, NULL);
    printf( "First : " );
    bzero(buf, 64);
    n = read(0, buf, 64);
    printf( "You type(%d bytes) : " , n);
    write(1, buf, n);

    if ((flags = fcntl(0, F_GETFL, 0)) < 0) {
        perror( "fcntl()" );
        exit(1);
    }

    flags = flags | O_NONBLOCK;
    if (fcntl(0, F_SETFL, flags) < 0) {
        perror( "fcntl()" );
        exit(2);
    }

```

```
31      printf( "Now terminal is in nonblocking mode\n" );
32      printf( "Second : " );
33      n = read(0, buf, 64);
34      if (n > 0) {
35          printf( "You type(%d bytes) : " , n);
36          write(1, buf, n);
37      } else {
38          printf( "read error\n" );
39      }
40
41      flags &= ~O_NONBLOCK;
42      if (fcntl(0, F_SETFL, flags) < 0) {
43          perror( "fcntl()" );
44          exit(3);
45      }
46
47      printf( "this time, terminal is in blocking mode\n" );
48      printf( "Third : " );
49      n = read(0, buf, 64);
50      printf( "You type(%d bytes) : " , n);
51      write(1, buf, n);
52  }
```

[실행 결과]

```
ngs@ubuntu:~/lsp/ch5$ ./prog5_6
First : abc
You type(4 bytes) : abc
Now terminal is in nonblocking mode
Second : read error
this time, terminal is in blocking mode
Third : 12345
You type(6 bytes) : 12345
ngs@ubuntu:~/lsp/ch5$
```

[설명]

라인 16의 첫 번째 read()가 실행될 때에는 표준 입력인 파일 디스크립터 0에 O_NONBLOCK 플래그가 설정되어 있지 않기 때문에 이 read()는 입력이 주어질 때까지 기다렸다가 엔터키가 입력되면 반환된다. 라인 25, 26에서 fcntl()로 표준 입력(파일 디스크립터 0)에 O_NONBLOCK 플래그를 설정했다. 그 후에 실행된 라인 33의 read()는 입력을 기다리지 않고 즉시 반환된다. 그리고 다시 라인 41, 42에서 O_NONBLOCK 플래그를 지운 후에 실행한 라인 49의 read()는 입력이 들어올 때까지 대기하게 된다.
실행 결과에서 첫 번째 입력이 abc 3 바이트인 것처럼 보이는데 4 바이트가 입력된 것은 엔터키가 있기 때문이다.

5.4 디렉토리

디렉토리는 계층적 파일 시스템 구성을 위한 개념으로, 트리 구조의 최상위나 중간 노드가 된다. 프로세스는 디렉토리를 생성하거나 제거할 수 있고, 작업 디렉토리를 이동할 수 있다. 프로세스마다 루트 디렉토리가 정의되어 있어 절대 경로명 해석의 기준으로 사용된다. 디렉토리는 또 일반 파일처럼 열거나 닫을 수 있고, 내용을 읽을 수도 있다.

5.4.1 디렉토리 생성과 제거

디렉토리를 생성하는 시스템 콜은 mkdir()이다. 새로 생성된 디렉토리의 소유자는 생성한 프로세스의 유효 사용자 번호와 같게 된다.

형식	#include <sys/stat.h> #include <sys/types.h> int mkdir(const char *pathname, mode_t mode);
인수	• pathname : 디렉토리의 경로명 • mode : 접근 권한
기능	mkdir()은 디렉토리를 생성한다. 접근 권한은 mode 값과 같게 된다.

반환값	성공하면 0, 실패하면 -1을 반환.

[프로그램 5-7] 다음은 셸 명령 mkdir처럼 새로운 디렉토리를 생성하는 프로그램이다.

```
// File : prog5_7.c

#include <stdio.h>
#include <stdlib.h>

int main(int argc, char *argv[])
{
    if (argc != 2) {
        fprintf(stderr, "Usage : %s dir\n" , argv[0]);
        exit(1);
    }

    if (mkdir(argv[1], 0777) < 0) {
        perror(argv[1]);
        exit(2);
    }
}
```

[실행 결과]

```
ngs@ubuntu:~/lsp/ch5$ ls -l
합계 144
-rwxrwxr-x 1 ngs  ngs  7309  7월 31 18:44 prog5_7
-rw-rw-r-- 1 ngs  ngs   281  7월 31 18:44 prog5_7.c
ngs@ubuntu:~/lsp/ch5$
ngs@ubuntu:~/lsp/ch5$ ./prog5_7  tmpdir
ngs@ubuntu:~/lsp/ch5$ ls -l
합계 148
-rwxrwxr-x 1 ngs  ngs  7309  7월 31 18:44 prog5_7
-rw-rw-r-- 1 ngs  ngs   281  7월 31 18:44 prog5_7.c
drwxr-xr-x 2 ngs  ngs  4096  7월 31 18:46 tmpdir
ngs@ubuntu:~/lsp/ch5$
```

[설명]

mkdir()의 인수로 준 접근권한은 0777인데, 실행 결과를 보면 새로 생성된 tmpdir의 접근권한이 755이다. 이는 현재의 umask 값이 022이기 때문에 그룹 사용자와 기타 사용자의 쓰기 권한이 지워져서 생긴 결과이다.

디렉토리를 제거하는 시스템 콜은 rmdir()이다. 디렉토리를 제거할 때는 제거할 디렉토리의 하위에 어떠한 파일이나 디렉토리도 포함되어 있지 않아야 한다.

형식	#include <unistd.h> int rmdir(const char *pathname);
인수	• pathname : 제거할 디렉토리의 경로명
기능	rmdir()은 디렉토리를 제거한다. 디렉토리는 비어 있을 때에만 제거할 수 있다.
반환값	성공하면 0, 실패하면 -1을 반환.

[프로그램 5-8] 다음은 쉘 명령 rmdir처럼 인수로 주어진 디렉토리를 제거하는 프로그램이다.

```
// File : prog5_8.c

#include <stdio.h>
#include <stdlib.h>

int main(int argc, char *argv[])
{
     if (argc != 2) {
          fprintf(stderr, "Usage : %s dir\n" , argv[0]);
          exit(1);
     }
```

```

    if (rmdir(argv[1]) < 0) {
        perror(argv[1]);
        exit(2);
    }
}
```

[실행 결과]

```
ngs@ubuntu:~/lsp/ch5$ ls -l
합계 160
-rwxrwxr-x 1 ngs  ngs  7309  7월 31 18:51 prog5_8
-rw-rw-r-- 1 ngs  ngs   276  7월 31 18:51 prog5_8.c
drwxr-xr-x 2 ngs  ngs  4096  7월 31 18:46 tmpdir
ngs@ubuntu:~/lsp/ch5$
ngs@ubuntu:~/lsp/ch5$ ./prog5_8  tmpdir
ngs@ubuntu:~/lsp/ch5$ ls -l
합계 156
-rwxrwxr-x 1 ngs  ngs  7309  7월 31 18:51 prog5_8
-rw-rw-r-- 1 ngs  ngs   276  7월 31 18:51 prog5_8.c
ngs@ubuntu:~/lsp/ch5$
```

[설명]

디렉토리는 비어 있을 때에만 즉, 디렉토리 아래에 다른 디렉토리나 파일이 없을 때에만 제거할 수 있다.

5.4.2 작업 디렉토리 변경

모든 프로세스는 작업 디렉토리(working directory)를 가진다. 작업 디렉토리를 현재 디렉토리(current directory)라고도 한다. 작업 디렉토리는 상대 경로명 해석의 기준 디렉토리로 사용된다.

형식	#include <unistd.h>
	
	int chdir(const char *path);
	int fchdir(int fd);

인수	• path : 디렉토리의 경로명 • fd : 디렉토리의 디스크립터
기능	작업 디렉토리를 주어진 경로명으로 변경한다.
반환값	성공하면 0, 실패하면 -1을 반환한다

프로세스는 chdir()이나 fchdir()를 이용해 작업 디렉토리를 변경할 수 있다. 새로운 디렉토리에 대한 디렉토리 탐색(x)권한이 있어야만 그 디렉토리를 작업 디렉토리로 할 수 있다. fchdir()은 인수로 디스크립터를 사용하기 때문에 먼저 open()을 이용해 디렉토리를 연 다음에 사용해야 한다.

[프로그램 5-9] 다음은 작업 디렉토리를 이동시키고 그 결과를 출력하는 프로그램이다.

```
// File : prog5_9.c

#include <stdio.h>
#include <stdlib.h>
#include <string.h>

#define BUFSIZE         64

int main(int argc, char *argv[])
{
    char buf[BUFSIZE];

    if (argc != 2) {
        fprintf(stderr, "Usage : %s dir\n", argv[0]);
        exit(1);
    }

    bzero(buf, BUFSIZE);
```

```
    getcwd(buf, BUFSIZE);
    printf( "Before : %s\n" , buf);
    if (chdir(argv[1]) < 0) {
        perror(argv[1]);
    }
    bzero(buf, BUFSIZE);
    getcwd(buf, BUFSIZE);
    printf( "After : %s\n" , buf);
}
```

[실행 결과]

```
ngs@ubuntu:~/lsp/ch5$ pwd
/home/ngs/lsp/ch5
ngs@ubuntu:~/lsp/ch5$ mkdir back
ngs@ubuntu:~/lsp/ch5$ ls -l
합계 172
drwxrwxr-x 2 ngs  ngs  4096  7월 31 18:57 back
-rwxrwxr-x 1 ngs  ngs  7433  7월 31 18:56 prog5_9
-rw-rw-r-- 1 ngs  ngs   492  7월 31 18:56 prog5_9.c
ngs@ubuntu:~/lsp/ch5$ ./prog5_9  baak
Before : /home/ngs/lsp/ch5
baak: No such file or directory
After : /home/ngs/lsp/ch5
ngs@ubuntu:~/lsp/ch5$
ngs@ubuntu:~/lsp/ch5$ pwd
/home/ngs/lsp/ch5
ngs@ubuntu:~/lsp/ch5$ ./prog5_9  back
Before : /home/ngs/lsp/ch5
After : /home/ngs/lsp/ch5/back
ngs@ubuntu:~/lsp/ch5$
ngs@ubuntu:~/lsp/ch5$ pwd
/home/ngs/lsp/ch5
ngs@ubuntu:~/lsp/ch5$
```

[설명]

라이브러리 함수인 getcwd()는 현재 작업 디렉토리의 경로명을 인수 buf로 반환한다.

첫 번째 실행에서는 없는 디렉토리 이름인 baak를 인수로 주어서 chdir()이 실패하는 것을 보여 주고 있다.

두 번째 실행에서는 디렉토리 이름을 back로 주어 chdir()이 성공하도록 하였다. 그 결과 prog5_9 내에서 작업 디렉토리가 back로 이동한 것을 볼 수 있다. 그러나 prog5_9를 실행하기 전과 실행한 후의 pwd 명령의 결과는 동일하다. 즉, 작업디렉토리가 변경되지 않았다. 그 이유는 쉘이 prog5_9를 자식 프로세스로 실행시키기 때문이다. 자식 프로세스인 prog5_9의 작업 디렉토리는 변경되었지만 쉘의 작업 디렉토리는 그대로이다. 그래서 쉘 명령인 chdir은 별도의 명령 파일이 아닌 쉘의 내부 명령으로 되어 있고, 자식 프로세스가 아닌 쉘이 직접 실행한다.

5.4.3 프로세스의 루트 디렉토리

절대 경로명은 루트 디렉토리부터 어떤 파일이나 디렉토리에 이르는 경로상의 모든 디렉토리들을 나열한 것이다. 이때 절대 경로명의 시작점이 되는 루트 디렉토리는 프로세스마다 정해져 있다. 보통의 경우 프로세스의 루트 디렉토리는 시스템의 루트 디렉토리와 동일하다. 프로세스의 루트 디렉토리는 부모 프로세스에게서 물려받고, chroot()로 바꿀 수 있다.

형식	#include <unistd.h> int chroot(const char *path);
인수	• path : 디렉토리의 경로명
기능	현재 프로세스의 루트 디렉토리를 주어진 디렉토리로 변경한다. 이 시스템 콜은 관리자만 사용할 수 있다.
반환값	성공하면 0, 실패하면 -1을 반환한다.

루트 디렉토리를 변경하고 나면 "/" 로 시작하는 절대 경로명은 시스템의 루트 디렉토리가 아닌 변경된 루트 디렉토리에서부터 탐색된다. 이 기능은 프로세스의 디렉토리 접근권한을 축소하기 위해 사용된다.

[프로그램 5-10] 다음은 프로세스의 루트 디렉토리가 경로명 해석에 미치는 영향을 테스트하는 프로그램이다. 먼저 현재 디렉토리 아래에 파일 "tt" 를 만든 후에 이 프로그램을 실행시킨다.

```
// File : prog5_10.c

#include <stdio.h>
#include <unistd.h>

int main(int argc, char *argv[])
{
    if (chroot( “/home/ngs/lsp/ch5” ) < 0) {
        perror( “chroot()” );
    }
    if (open( “/tt” , 0) < 0) {
        perror( “open()” );
    } else {
        printf( “success\n” );
    }
}
```

[실행 결과]

```
ngs@ubuntu:~/lsp/ch5$ su root
암호:
root@ubuntu:/home/ngs/lsp/ch5# ls -l  tt
-rw-rw-r-- 1 ngs ngs 13 Jul 31 19:09 tt
root@ubuntu:/home/ngs/lsp/ch5#
root@ubuntu:/home/ngs/lsp/ch5# pwd
/home/ngs/lsp/ch5
root@ubuntu:/home/ngs/lsp/ch5# ./prog5_10
success
root@ubuntu:/home/ngs/lsp/ch5# exit
ngs@ubuntu:~/lsp/ch5$
```

[설명]

8번 라인에서 이 프로세스의 루트 디렉토리를 /home/ngs/lsp/ch5로 바꾸었다. 그 다음에 /tt 파일을 열려는 시도는 성공했다. 이것은 tt라는 이름의 파일이 프로세스의 루트 디렉토리 즉 '/' 아래에 있다는 것을 뜻하는데, 반대로 말하면 이 프로세스의 루트 디렉토리가 /home/ngs/lsp/ch5 디렉토리라는 것을 뜻한다.

프로세스의 루트 디렉토리가 시스템의 루트 디렉토리와 같다면 프로세스는 시스템 내의 모든 파일들을 접근할 수 있다(물론 접근 권한이 있을 경우). 그러나 이 프로그램에서와 같이 프로세스의 루트 디렉토리를 "/home/ngs/lsp/ch5"로 해두면 이 프로세스는 "/home/ngs/lsp/ch5" 아래에 있는 파일이나 디렉토리만 접근할 수 있다. 이 기능은 시스템 보호를 위해 유용하게 사용될 수 있다.

5.4.4 디렉토리 내용 읽기

리눅스에서는 디렉토리도 일반 파일처럼 열거나 닫을 수 있다. 그리고 디렉토리의 내용을 읽을 수도 있다. 디렉토리는 하위에 있는 파일이나 디렉토리들의 이름과 inode 번호를 담고 있으므로 디렉토리의 내용을 읽는다는 것은 그 디렉토리 아래에 존재하는 파일이나 디렉토리의 이름과 inode 번호를 읽는 것이다.

프로세스는 디렉토리에 임의의 내용을 쓸 수 없다. 즉, 디렉토리에 대한 write() 동작은 허용되지 않는다. 사실 디렉토리 아래에 새로운 파일이나 디렉토리를 만드는 것이 디렉토리에 대한 write() 동작과 같은 것이다.

리눅스의 가상 파일 시스템(Virtual File System)에서 디렉토리는 하위 파일이나 디렉토리 이름과 inode번호에 대한 정보를 가진 것으로 정의되어 있다. 그래서 실재 물리적 파일 시스템의 구조와 무관하게 디렉토리에 대한 읽기 시스템 콜인 getdents()는 다음과 같은 구조를 통해 디렉토리 내용을 읽는다.

```
struct dirent {
    ino_t           d_ino;          // inode number
    off_t           d_off;          // offset to the next dirent
    unsigned short  d_reclen;       // length of this record
    unsigned char   d_type;         // type of file; not supported
                                    // by all file system types
    char            d_name[256];    // filename
};
```

d_name은 스트링 형태의 파일이나 디렉토리 이름이고, d_ino는 그 파일이나 디렉토리의 inode 번호이다. d_name 필드의 실재 길이는 가변 크기이며, 따라서 dirent의 크기도 가변이다. 이때 dirent의 실재 크기는 d_reclen이 나타낸다. d_off는 다음 dirent구조의 offset이다.

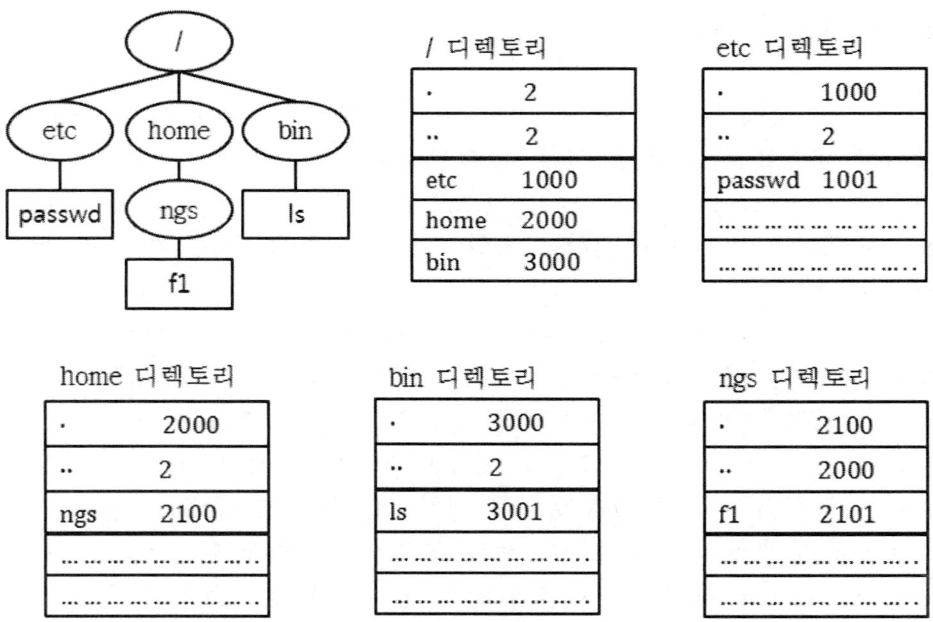

<그림5-1> 디렉토리 구조

<그림5-1>은 디렉토리의 내부 구조를 그린 것이다. 실재 struct dirent 구

조의 모든 필드를 표시 하지는 않고, 이해를 돕기 위해 d_name 필드와 d_ino 필드만 표시했다. 먼저 모든 디렉토리에는 '.' 디렉토리와 '..' 디렉토리가 있다. 그리고 자신의 하위에 있는 디렉토리나 파일의 정보가 들어 있다. '.' 과 '..' 의 inode 번호와 다른 이름들의 inode 번호를 대조해 보면 <그림5-1>에서와 같은 전체 디렉토리 구조를 그릴 수 있다.

디렉토리의 내용을 읽을 때에 getdents() 시스템 콜을 사용하려면 옵셋 값의 계산이 복잡하기 때문에 잘 사용하지 않고 대신에 다음 라이브러리 함수들을 사용한다.

형식	#include <sys/types.h> #include <dirent.h> DIR *opendir(const char *pathname); closedir(DIR *dp);
인수	• pathname : 디렉토리의 경로명
기능	opendir()은 디렉토리를 오픈한다 closedir()은 디렉토리를 닫는다.
반환값	opendir()은 성공하면 DIR 구조의 포인터를 반환하고, 실패하면 NULL을 반환한다. closedir()은 성공하면 0을 반환하고, 실패하면 -1을 반환한다.

형식	#include <sys/types.h> #include <dirent.h> struct dirent *readdir(DIR *dirp);
인수	dir : 열려있는 디렉토리의 포인터
기능	디렉토리에서 하나의 엔트리를 읽어온다.
반환값	성공하면 디렉토리 구조체의 포인터를 반환하고, 실패하면 NULL 을 반환한다.

[프로그램 5-11] 다음은 디렉토리의 내부 정보를 읽어 와서 그 아래에 있는 파일이나 디렉토리의 이름과 inode번호를 나열하는 프로그램이다.

```
// File : prog5_11.c

#include <stdio.h>
#include <stdlib.h>
#include <dirent.h>

int main(int argc, char *argv[])
{
     DIR *dirp;
     struct dirent *dp;

     if (argc < 2) {
          argv[1] = “.” ;
     }

     if ((dirp = opendir(argv[1])) == NULL) {
          perror( “opendir()” );
          exit(0);
     }

     while ((dp = readdir(dirp)) != NULL) {
          printf( “ino=%8d  name=%s\n” , (int)dp->d_ino, dp->d_name);
     }
     closedir(dirp);
}
```

[실행 결과]

```
ngs@ubuntu:~/lsp/ch5$ ./prog5_11
ino =  279717  name = .
ino =  268949  name = ..
ino =  278954  name = prog5_6.c
ino =  279966  name = prog5_7.c
..................................................................
ino =  406303  name = back
```

```
ino =  279776  name = tt
ino =  277832  name = prog5_10.c
ino =  272486  name = prog5_11.c
ngs@ubuntu:~/lsp/ch5$
```

[설명]

이 프로그램은 명령라인 인수를 줄 수도 있고 주지 않을 수도 있게 프로그램되어 있다. 만약 명령라인 인수를 주지 않으면 라인 13에서 현재 디렉토리를 argv[1]로 설정하기 때문에 현재 디렉트리의 정보를 읽어서 표시 한다.

라인 16에서 opendir()을 이용해서 인수로 주어진 디렉토리를 열고, 라인 21에서 함수 readdir()를 이용해서 디렉토리의 내용을 읽어온 다음에 라인 22에서 inode 번호와 이름을 출력한다. readdir()은 한 번에 하나씩 디렉토리 내용을 dirent 구조로 읽는데, 더 이상 읽을 내용이 없으면 NULL을 반환한다.

5.5 링크

링크(link)는 파일이나 디렉토리의 이름과 그 실체와의 연결이다. 이름은 파일이나 디렉토리를 지칭하기 위한 수단이고, 그 실체는 파일의 속성과 데이터이다. 파일이나 디렉토리는 속성을 담고 있는 inode와 내용을 담고 있는 데이터 블록으로 표현된다. 데이터 블록의 주소는 inode에 저장되어 있으므로 inode만 있으면 파일이나 디렉토리의 모든 정보를 알 수 있다.

리눅스에는 하드 링크(hard link)와 심볼릭 링크(symbolic link)라는 두 종류의 링크가 있다. 하드 링크는 디렉토리 파일에 의해 이름과 inode가 연결되는 것을 말한다. 5.4절에서 보았듯이 디렉토리 파일의 내용은 이름과 inode 번호의 매핑 정보이다. 모든 파일은 최소한 하나의 이름이 있으므로 최소한 하나의 링크를 가진다.

파일이나 디렉토리에 대한 링크는 파일이나 디렉토리가 생성될 때 생겨난다. 처음에 파일은 하나의 이름을 가지므로 하나의 링크를 가진다. 디렉토리는 그 상위 디렉토리에서 볼 때의 디렉토리 이름과 자신의 디렉토리에서 볼 때에 '..' 이라는 이름을 가진다. 따라서 디렉토리는 최소 2개의 링크를 가진다. 새로운 하드 링크는 link() 시스템 콜로 만들 수 있고, 링크를 제거할 때는 unlink()를 사용한다. unlink()는 하나의 링크를 제거하는데, 링크가 모두 없어지면 파일이 제거된다. ln 명령은 이 unlink() 시스템 콜을 이용해서 만든 것이다.

형식	#include <unistd.h>
	
	int link(const char *oldpath, const char *newpath);
	int unlink(const char *pathname);

인수	• oldpath : 존재하는 파일의 경로명 • newpath : 링크될 파일의 경로명 • pathname : 제거할 파일의 경로명
기능	link()는 하드링크를 생성하고, unlink()는 하드 링크나 심볼릭 링크를 제거한다.
반환값	성공하면 0, 실패하면 -1을 반환한다

[프로그램 5-12] 이 프로그램은 link()와 unlink()의 기능을 설명하는 프로그램이다. 먼저 unlink()로 "file1"과 "file2"를 제거하고, open()으로 "file1"을 만든 다음에 link()로 새로운 이름 "file2"를 생성해서 두 이름이 같은 inode를 가지는 것을 확인한다.

```
// File : prog5_12.c

#include <stdio.h>
#include <sys/stat.h>
#include <fcntl.h>

int main(int argc, char *argv[])
{
    struct stat statbuf1, statbuf2;

```

```
    unlink( “file1” );
    unlink( “file2” );
    open( “file1” , O_RDWR|O_CREAT|O_TRUNC, 0666);
    stat( “file1” , &statbuf1);
    printf( “Name = file1, ino = %d\n” , (int)statbuf1.st_ino);

    link( “file1” ,  “file2” );
    stat( “file2” , &statbuf2);
    printf( “Name = file2, ino = %d\n” , (int)statbuf2.st_ino);
}
```

[실행 결과]

```
ngs@ubuntu:~/lsp/ch5$ ./prog5_12
Name = file1, ino = 660892
Name = file2, ino = 660892
ngs@ubuntu:~/lsp/ch5$
ngs@ubuntu:~/lsp/ch5$ ls -l file*
-rw-rw-r-- 2 ngs   ngs    0  8월  1 00:04 file1
-rw-rw-r-- 2 ngs   ngs    0  8월  1 00:04 file2
ngs@ubuntu:~/lsp/ch5$
```

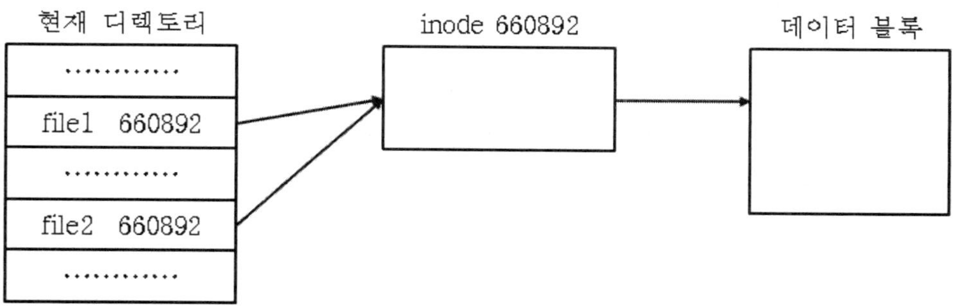

<그림5-2> 하드 링크

[설명]

실행 결과에서 inode 번호를 보면 file1과 file2가 같은 inode를 가진다는 것을 알 수 있다. 이 관계는 <그림5-2>와 같이 표현될 수 있다. 즉, “file1” 과 “file2” 라는 서로 다른 두 개의 이름이 같은 inode에 매핑되어 있다. 이러한 것을 하드 링크라 하는데 이것은 라인 17의 link() 시스템 콜에 의해 생성된 것이다. 프로그램을 실행한 후에는 660892 번 inode의 링크 수는 2로 되어 있다.

심볼릭 링크란 어떤 파일이 그 데이터 블록의 내용으로 다른 파일이나 디렉토리의 경로명을 가지는 것을 말한다. 하드 링크는 같은 장치 내에서만 존재할 수 있지만, 심볼릭 링크는 다른 장치 사이에도 가능하고 심지어 네트워크로 연결된 다른 컴퓨터에 있는 파일이나 디렉토리에 대해서도 가능하다. 심볼릭 링크의 생성은 symlink()를 사용하고, 심볼릭 링크를 제거할 때는 unlink()를 사용한다. symlink()는 링크 파일을 생성하고 그 링크 파일 안에 링크할 파일이나 디렉토리의 경로명을 쓴다. ls -l로 확인해 보면 심볼릭 링크 파일의 파일 타입은 심복릭 링크(‘l’)로 되어 있다.

<table>
<tr><td>형식</td><td>#include <unistd.h>

int symlink(const char *oldpath, const char *newpath);
int readlink(const char *path, char *buf, size_t bufsize);
int lstat(const char *path, struct stat *sbuf);</td></tr>
<tr><td>인수</td><td>• oldpath : 존재하는 파일의 경로명
• newpath : 링크될 파일의 경로명
• path : 정보를 읽을 파일의 경로명
• buf : 링크 정보를 읽어서 저장할 버퍼
• bufsize : buf의 메모리 크기
• sbuf : stat 정보를 읽어서 저장할 버퍼</td></tr>
<tr><td>기능</td><td>symlink()는 실볼릭 링크를 생성하고, unlink()는 심볼릭 링크를 제거한다. readlink()는 링크 파일의 데이터 블록 내용을 읽는다. lstat()은 링크 파일의 inode 정보를 읽는다.</td></tr>
<tr><td>반환값</td><td>성공하면 0, 실패하면 -1을 반환한다</td></tr>
</table>

심볼릭 링크 파일에서 파일에 대한 모든 동작은 링크된 파일 즉, 원본 파

일에 대해 이루어진다. 그래서 open()을 통해 심볼릭 링크 파일을 열면 실재로는 링크된 파일이 열린다. 링크 파일 자체에 저장된 경로명 정보는 readlink()를 이용해 읽을 수 있다. 링크된 파일의 inode 정보는 stat()으로 읽지만 링크 파일 자체의 inode 정보는 lstat()으로 읽는다.

[프로그램 5-13] 다음은 심볼릭 링크와 관련된 시스템 콜인 symlink()와 readlink(), 그리고 lstat()의 기능을 설명하는 프로그램이다.

```
// File : prog5_13.c

#include <stdio.h>
#include <sys/stat.h>
#include <fcntl.h>

int main(int argc, char *argv[])
{
    struct stat statbuf1, statbuf2;
    char buf[64];
    int n;

    unlink( “file3” );
    unlink( “file4” );
    open( “file3” , O_RDWR|O_CREAT|O_TRUNC, 0666);
    stat( “file3” , &statbuf1);
    printf( “Name=file3, ino=%d\n” , (int)statbuf1.st_ino);

    symlink( “file3” ,  “file4” );
    lstat( “file4” , &statbuf2);
    n = readlink( “file4” , buf, 64);
    buf[n] =  ‘\0’ ;
    printf( “Name=file4, ino=%d, ===>%s\n” , (int)statbuf2.st_ino, buf);
}
```

[실행 결과]

```
ngs@ubuntu:~/lsp/ch5$ ./prog5_13
Name=file3, ino=660884
Name=file4, ino=660907, ===>file3
```

```
ngs@ubuntu:~/lsp/ch5$ ls -l file*
-rw-rw-r-- 2 ngs  ngs   0  8월  1 00:04 file1
-rw-rw-r-- 2 ngs  ngs   0  8월  1 00:04 file2
-rw-rw-r-- 1 ngs  ngs   0  8월  1 00:12 file3
lrwxrwxrwx 1 ngs  ngs   5  8월  1 00:12 file4 -> file3
ngs@ubuntu:~/lsp/ch5$
```

[설명]

<그림5-3>과 같이 심볼릭 링크는 링크 파일의 데이터 블록 내용으로 링크된 파일의 경로명을 가지고 있다. 만약 "file4"를 open()으로 열고 read()를 이용해 내용을 읽으면 file3의 데이터 블록 내용이 읽힌다. 이것은 "file4"가 링크 타입의 파일이기 때문이다. 그래서 file4의 데이터 블록 내용을 읽으려면 프로그램의 라인 21에서와 같이 readlink()를 사용해야 한다.

라인 20번에서 stat() 대신에 lstat()을 사용했다. 만약 여기서 lstat()이 아닌 stat()을 사용했다면 inode 660907이 아닌 inode 660884의 정보를 읽어 왔을 것이다. 따라서 링크 자체의 정보를 얻으려면 위 프로그램에서와 같이 lstat()을 사용해야 한다.

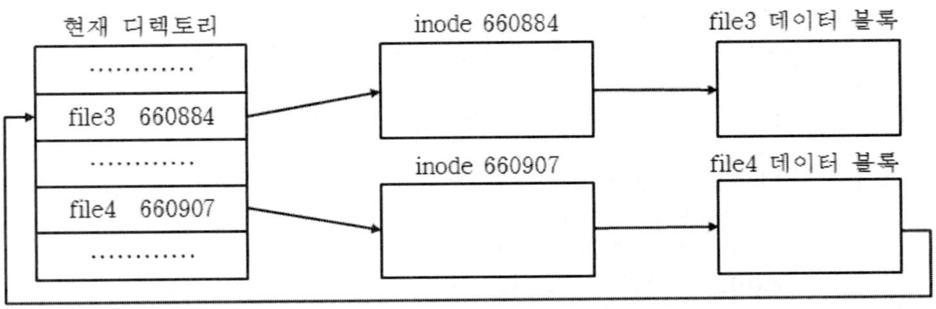

<그림5-3> 심볼릭 링크

5.6 파일 생성 마스크

파일은 open()이나 creat()로 생성할 수 있고, 디렉토리는 mkdir(), mknod()

로 생성할 수 있다. 이 시스템 콜들은 생성될 파일이나 디렉토리의 모드(mode)를 인수로 준다. 그러나 실재 생성되는 파일이나 디렉토리의 모드는 파일 생성 마스크(mask)에 의해 (mode & ~mask)로 변경되어 적용된다. 예를 들어 mask가 022이고 mode가 0666이면 실재 생성되는 파일의 모드는 0666 & ~022 = 0644가 된다. 파일 생성 마스크는 시스템 콜 umask(mask)로 바꿀 수 있다.

형식	#include <sys/types.h> #include <sys/stat.h> mode_t umask(mode_t mask);
인수	• mask : 새로 설정할 마스크 값
기능	프로세스의 현재 파일 생성 마스크를 설정한다.
반환값	이 시스템 콜은 항상 성공하고 이전의 마스크 값을 반환한다.

[프로그램 5-14] 다음은 파일 생성 마스크를 설정하는 umask()의 사용법과 효과를 보여주는 프로그램이다.

```
// File : prog5_14.c

#include <stdio.h>
#include <fcntl.h>

#define MASK   0037      // rwxr_____

int main(int argc, char *argv[])
{
    int old;

    unlink( “file5” );
    unlink( “file6” );
    old = umask(MASK);
    printf( “old_mask = %04o, new_mask = %04o\n” , old, MASK);
    open( “file5” , O_RDWR|O_CREAT, 0777);
```

```
17         open( "file6" , O_RDWR|O_CREAT, 0666);
18         system( "cp /etc/passwd mypasswd" );
19     }
```

[실행 결과]

```
ngs@ubuntu:~/lsp/ch5$ ./prog5_14
old_mask = 0002, new_mask = 0037
ngs@ubuntu:~/lsp/ch5$ ls -l file*
-rw-rw-r-- 2 ngs  ngs   0  8월  1 00:04 file1
-rw-rw-r-- 2 ngs  ngs   0  8월  1 00:04 file2
-rw-rw-r-- 1 ngs  ngs   0  8월  1 00:12 file3
lrwxrwxrwx 1 ngs  ngs   5  8월  1 00:12 file4 -> file3
-rwxr----- 1 ngs  ngs   0  8월  1 00:17 file5
-rw-r----- 1 ngs  ngs   0  8월  1 00:17 file6
ngs@ubuntu:~/lsp/ch5$
```

[설명]

파일을 새로 생성하기 위해 먼저 라인 12, 13에서 파일을 제거했다. 그리고 파일 생성 마스크를 0037(000011111)로 한 다음에 세 개의 파일을 생성했다. file5는 모드가 0777로 주어졌지만 마스크에 의해 지워져서 111111111 & ~000011111 = 111100000(740)으로 되었다. 쉘 명령 cp는 원래 파일과 같은 모드로 새로운 파일을 생성하는데, 마스크에 의해 지워져서 위와 같이 되었다.

실습 과제

[예제1] 다음은 숫자로 주어진 파일의 접근권한을 쉘 명령 “ls -l” 에서 보는 것과 동일한 형식으로 보여주는 프로그램이다.

```
// File : printmode.c

#include <stdio.h>
#include <string.h>
#include <sys/stat.h>

void printmode(mode_t mode)
{
    int i;
    char buf[16];
    mode_t tmpmode;

    switch (mode & S_IFMT) {
        case S_IFDIR:   strcpy(buf, “d” );   break;
        case S_IFCHR:   strcpy(buf, “c” );   break;
        case S_IFBLK:   strcpy(buf, “b” );   break;
        case S_IFREG:   strcpy(buf, “-” );   break;
        case S_IFIFO:   strcpy(buf, “p” );   break;
        case S_IFSOCK:  strcpy(buf, “s” );   break;
        case S_IFLNK:   strcpy(buf, “l” );   break;
    }

    tmpmode = mode;
    for (i = 0; i < 3; i++) {
        if (tmpmode & 0400)   strcat(buf, “r” );
        else                  strcat(buf, “-” );
        if (tmpmode & 0200)   strcat(buf, “w” );
        else                  strcat(buf, “-” );
        if (tmpmode & 0100)   strcat(buf, “x” );
        else                  strcat(buf, “-” );
        //
        tmpmode = tmpmode << 3;
```

```
    }

    if (mode & 04000) {   // setuid bit
        if ((mode & 0100) || (mode & 0010) || (mode & 0001)) {
            buf[3] = ‘s’ ;    // setuid
        } else {
            buf[3] = ‘l’ ;    // mandatory lock
        }
    }
    if (mode & 02000) {
        if ((mode & 0100) || (mode & 0010) || (mode & 0001)) {
            buf[6] = ‘s’ ;    // setgid
        } else {
            buf[6] = ‘l’ ;    // mandatory lock
        }
    }
    if (mode & 01000) {
        if ((mode & 0100) || (mode & 0010) || (mode & 0001)) {
            buf[9] = ‘t’ ;    // sticky bit
        }
    }
    printf( “Mode : %s\n” , buf);
}
//
void main(void)
{
    int mode;

    printf( “Enter file mode (octal) : ” );
    scanf( “%o” , &mode);
    printmode(mode);
}
```

[실행 결과]

```
ngs@ubuntu:~/lsp/ch5$ ./printmode
Enter file mode (octal) : 0100755
Mode : -rwxr-xr-x
ngs@ubuntu:~/lsp/ch5$ ./printmode
Enter file mode (octal) : 0100644
```

```
Mode : -rw-r--r--
ngs@ubuntu:~/lsp/ch5$ ./printmode
Enter file mode (octal) : 0104755
Mode : -rwsr-xr-x
ngs@ubuntu:~/lsp/ch5$ ./printmode
Enter file mode (octal) : 0104644
Mode : -rwlr--r--
ngs@ubuntu:~/lsp/ch5$ ./printmode
Enter file mode (octal) : 0102755
Mode : -rwxr-sr-x
ngs@ubuntu:~/lsp/ch5$ ./printmode
Enter file mode (octal) : 0102644
Mode : -rw-r-lr--
ngs@ubuntu:~/lsp/ch5$ ./printmode
Enter file mode (octal) : 0101755
Mode : -rwxr-xr-t
ngs@ubuntu:~/lsp/ch5$ ./printmode
Enter file mode (octal) : 0101644
Mode : -rw-r--r--
ngs@ubuntu:~/lsp/ch5$
```

[설명]

라인 13~21은 파일의 모드 중에서 상위 4비트인 파일의 타입 필드를 검사하는 부분이다. 이 4 비트에 의해 파일의 종류가 결정되고 표시되는 첫 번째 글자가 결정된다.

라인 23~33은 하위 9비트의 값에 따른 사용자, 그룹, 기타 사용자의 접근권한을 알아내는 부분이다. 접근권한은 3 비트가 한 묶음이므로 3 비트에 대한 분석을 3회 동안 한다.

라인 35~53은 가운데에 있는 특수 비트 3비트 값에 따라 x 위치에 표시될 표시 문자를 변경하는 부분이다.

[예제2] 사용자나 그룹의 아이디는 파일의 속성 정보에 숫자로 저장되어 있다. 그러나 로그인 과정에서나 ls와 같은 명령들에서는 문자열 형태로 사용된다. 사용자의 아이디는 /etc/passwd 파일을 이용해서 매핑되고, 그룹

아이디는 /etc/group 파일에서 매핑된다. 이 프로그램은 사용자와 그룹의 아이디를 입력 받아 문자열 형태의 이름으로 변환시켜 주는 프로그램이다.

```
// File : printid.c

#include <stdio.h>
#include <pwd.h>
#include <grp.h>
#include <sys/types.h>

void printid(uid_t uid, gid_t gid)
{
    struct passwd *pw;
    struct group *grp;

    pw = getpwuid(uid);
    grp = getgrgid(gid);
    printf( "%d ==> %s\n" , uid, pw->pw_name);
    printf( "%d ==> %s\n" , gid, grp->gr_name);
}
//
void main(void)
{
    int uid, gid;

    printf( "Enter uid  gid : " );
    scanf( "%d %d" , &uid, &gid);
    printid(uid, gid);
}
```

[실행 결과]

```
ngs@ubuntu:~/lsp/ch5$ ./printid
Enter uid  gid : 1000 1000
1000 ==> ngs
1000 ==> ngs
ngs@ubuntu:~/lsp/ch5$
```

[설명]

라인 13에서 사용된 getpwuid() 함수는 사용자 아이디를 이용해서 /etc/passwd 파일에서 해당 사용자 정보를 찾아서 그 사용자에 대한 정보를 구조체로 넘겨준다. 라인 14에서 사용된 getgrgid() 함수는 그룹 아이디를 이용해서 /etc/group 파일에서 그룹 사용자 정보를 찾아서 알려 준다.

[과제] 위의 예제를 참고하여 ls -l과 같은 결과를 보여 주는 myls 프로그램을 작성하시오. 명령라인 인수로 디렉토리 이름을 주면 그 디렉토리 아래에 있는 파일이나 디렉토리들에 대한 정보를 보여 준다. 명령라인 인수를 주지 않으면 현재 디렉토리 아래에 있는 정보를 보여 준다. 이 프로그램을 실행시키면 다음과 같은 결과나 나오도록 한다.

[실행 결과]

```
ngs@ubuntu:~/lsp/ch5$ ls -l
합계 212
drwxrwxr-x 2 ngs  ngs  4096  7월 31 18:57 back
-rw-rw-r-- 1 ngs  ngs    13  7월 31 19:09 tt
-rwxrwxr-x 1 ngs  ngs  7274  7월 31 19:11 prog5_10
-rw-rw-r-- 1 ngs  ngs   276  7월 31 19:10 prog5_10.c
-rwxrwxr-x 1 ngs  ngs  7356  7월 31 23:11 prog5_11
-rw-rw-r-- 1 ngs  ngs   442  7월 31 23:11 prog5_11.c
-rwxrwxr-x 1 ngs  ngs  7656  7월 31 23:23 prog5_12
-rw-rw-r-- 1 ngs  ngs  2353  7월 31 23:23 prog5_12.c
.........................................................................................
ngs@ubuntu:~/lsp/ch5$
ngs@ubuntu:~/lsp/ch5$ ./myls
drwxrwxr-x 2 ngs  ngs  4096  7월 31 18:57 back
-rw-rw-r-- 1 ngs  ngs    13  7월 31 19:09 tt
-rwxrwxr-x 1 ngs  ngs  7274  7월 31 19:11 prog5_10
-rw-rw-r-- 1 ngs  ngs   276  7월 31 19:10 prog5_10.c
-rwxrwxr-x 1 ngs  ngs  7356  7월 31 23:11 prog5_11
-rw-rw-r-- 1 ngs  ngs   442  7월 31 23:11 prog5_11.c
```

```
-rwxrwxr-x 1 ngs   ngs   7656  7월 31 23:23 prog5_12
-rw-rw-r-- 1 ngs   ngs   2353  7월 31 23:23 prog5_12.c
.........................................................................................
ngs@ubuntu:~/lsp/ch5$
```

연습 문제

A. 다음 빈 칸에 적절한 용어를 쓰시오.

1. 파일이나 디렉토리의 속성 정보를 저장하는 자료구조를 inode라 한다. 파일이나 디렉토리의 inode 정보를 읽어 오는 시스템 콜은 (   )이다.

2. 파일이나 디렉토리의 소유자나 그룹을 변경할 때에 사용하는 시스템 콜은 (   )이다.

3. 시스템 콜 (   )은 프로세스의 작업 디렉토리를 변경할 때에 사용할 수 있다.

4. 디렉토리를 제거하는 시스템 콜은 rmdir()이고, 파일을 제거하는 시스템 콜은 (   )이다.

5. 심볼릭 링크 파일의 원본 파일 이름을 알아낼 때에 사용하는 시스템 콜은 (   )이다.

6. 리눅스의 파일이나 디렉토리의 접근 권한은 모두 (   ) 비트로 구성되어 inode에 저장된다.

7. 프로세스가 작업 디렉토리를 어떤 디렉토리로 이동하려고 하면 그 디렉토리에 대해 (   ) 권한이 있어야 한다.

8. open() 시스템 콜은 파일을 열려고 할 때에 프로세스의 (   ) 사용자 혹은 그룹 아이디와 파일의 사용자 혹은 그룹 아이디를 비교해서 접근 권한을 결정한다.

9. 파일이나 디렉토리의 링크는 inode와 이름의 연결을 나타내는 것인데, 링크 수는 그 연결의 수를 나타낸다. 디렉토리가 처음 생성되었을 때에 링크 수는 (   )이다.

10. (   ) 비트는 실행 파일에만 의미가 있는 것으로 이 비트가 설정된 파일을 실행시키면 프로세스의 유효 사용자 아이디가 파일의 소유자 아이디로 되어 실행된다.

B. 다음 물음에 답하시오.

1. /bin/passwd 명령은 Set-UID 비트가 설정된 실행파일이다. 이 명령이 어떻게 /etc/passwd 파일의 패스워드를 변경하는지 설명하시오.

2. 실 사용자 아이디와 유효 사용자 아이디는 어떻게 다른지 설명하시오.

3. access() 시스템 콜로 조사했을 때에는 접근이 가능한 파일도 실재 open()에서는 실패하는 경우가 있는데, 왜 그런지 설명하시오. 또한 접근이 불가능하다고 판정되었는데 실재 접근이 되는 경우도 있는데 어떤 경우에 그렇게 되는지 설명하시오.

4. 어떤 프로그램 내에서 /ftp/home 이라는 디렉토리 아래에 있는 파일이나 디렉토리들만 접근할 수 있도록 제한하려고 한다. 어떤 시스템 콜을 어떻게 사용해야 하는가?

5. 파일이나 디렉토리를 새로 생성할 때에 생성되는 파일이나 디렉토리가 기타 사용자에게는 읽기/쓰기/실행이 모두 되지 않도록 하려고 한다. 쉘에서 어떤 명령을 어떻게 사용해야 하는가?

6. 어떤 디렉토리들의 데이터 블록을 조사하니 다음과 같은 내용이 들어 있었다. 이에 해당하는 디렉토리 혹은 파일의 트리 구조를 그리시오. 최하위 노드는 모두 파일이라고 가정한다.

2	•
2	• •
7	X1
39	X2
9	X3

9	•
2	• •
17	Y1
18	Y2
19	Y3

17	•
9	• •
27	A1
28	A2
29	A3

7	•
2	• •
37	B1
38	B2
39	B3

28	•
17	• •
47	C1
27	C2
37	C3

7. 명령라인 인수로 주어진 디렉토리 아래에 있는 모든 파일 혹은 디렉토리의 inode 번호와 이름을 출력하는 프로그램을 작성하시오. 인수가 주어지지 않으면 현재 디렉토리에 대해서 앞의 기능을 한다

출력 예)

```
$ ./myls  dir1
1234  .
4567  ..
4321  file1
7654  dir2
............
```

8. 다음 프로그램의 실행 결과를 디렉토리와 파일의 데이터 블록 내용과 inode를 연결시키는 그림을 그려서 설명하시오.

```
{
    open( "file1" , O_RDWR¦O_CREAT¦O_TRUNC, 0666);
    stat( "file1" , &statbuf);
    printf( "Name = file1, ino = %d\n" , statbuf.st_ino);
    link( "file1" ,  "file2" );
    stat( "file2" , &statbuf);
    printf( "Name = file2, ino = %d\n" , statbuf.st_ino);
    symlink( "file2" ,  "file3" );
    lstat( "file3" , &statbuf);
    n = readlink( "file3" , buf, 64);
    buf[n] =  '\0' ;
    printf( "Name = file3, ino = %d, ===> %s\n" , statbuf.st_ino, buf);
}
```

[결과]
```
Name = file1, ino = 64784
Name = file2, ino = 64784
Name = file3, ino = 65711, ===> file2
```

9. 다음은 작업 디렉토리를 변경하는 프로그램 mycd의 소스와 그 실행결과를 나타낸 것이다. mycd의 실행 결과를 보면 디렉토리 변경에 성공한 것으로 나타났는데, 쉘에서 확인한 결과 작업 디렉토리는 변경되지 않았다. 그 이유를 설명하시오.

```
int main(int argc, char *argv[])
{
    if (chdir( "dir1" ) >= 0) {
        printf( "디렉토리 변경 성공\n" );
    } else {
        printf( "디렉토리 변경 실패\n" );
    }
}
```

[결과]
```
ubuntu:/home$ pwd
/home
ubuntu:~$ ./mycd
디렉토리 변경 성공
ubuntu:/home$ pwd
/home
```

6 장 프로세스 생성과 실행

6. 프로세스 생성과 실행

프로세스는 프로그램을 실행하는 주체이다. 프로그램은 디스크에 저장되어 있는 기계어 코드와 자료의 집합인데, 프로세스는 프로그램을 메인 메모리로 옮겨와서 실행한다.

프로세스는 살아 있는 동안 여러 가지 시스템 자원을 사용한다. 먼저 프로그램 실행을 위해 CPU를 사용한다. 그리고 자료의 입출력을 위해 키보드나 모니터와 같은 입출력 장치를 사용하고, 자료를 저장하거나 저장된 자료를 가져오기 위해 파일을 사용한다.

리눅스는 멀티태스킹 시스템이기 때문에 리눅스 시스템 내에는 동시에 여러 프로세스가 존재한다. 그러나 보통 CPU는 하나이기 때문에 한 순간에는 하나의 프로세스만이 실행될 수 있다. 시스템 내에는 많은 실행 가능한 상태(Running)의 프로세스들과 대기 상태(Waiting)의 프로세스들이 있다. 프로세스는 일정 시간이 경과하기를 기다리거나, 입출력이 완료되기를 기다리는 동안에는 대기 상태로 된다. 대기 상태에서 입출력이 완료되면 다시 실행 가능한 상태로 된다.

리눅스 커널 내의 스케줄러는 실행 가능한 상태에 있는 프로세스들 중에서 우선순위가 가장 높은 프로세스를 선택해서 CPU를 할당해서 실행시킨다. 프로세스는 프로그램 실행을 완료하거나, 시그널을 받으면 좀비(Zombie)상태로 되었다가 종료된다.

6.1 프로세스 이미지

프로세스는 실행할 프로그램을 메인 메모리(main memory)에 가져와서 실행한다. 리눅스는 가상 메모리(virtual memory) 기능을 사용하기 때문에 한 프로그램이 물리적 메모리상의 연속적인 주소 공간을 차지하지는 않지만, 프로그램의 논리적 주소 공간은 연속적이다. 프로그램은 프로세스의 몸체에 해당하는 것으로 프로그램이 가상 메모리에 존재하는 형태를 프로세스 이미지(process image)라 한다.

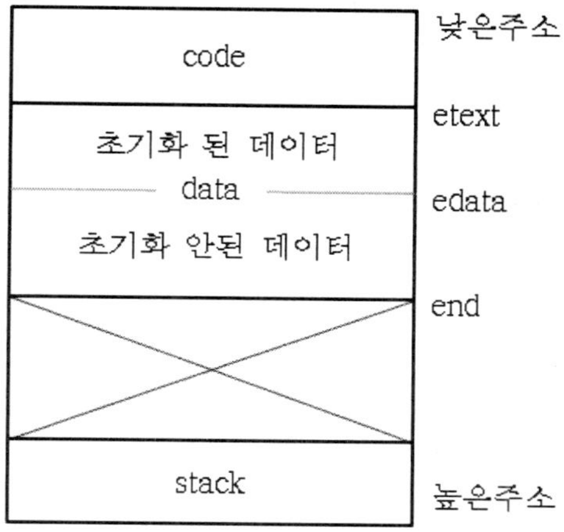

<그림6-1> 프로세스 이미지

리눅스에서 실행 프로그램은 크게 나누어 볼 때 코드 영역(code segment), 데이터 영역(data segment), 스택 영역(stack segment)으로 구성된다. 코드 영역에는 실행 가능한 기계어 코드가 들어간다. 데이터 영역에는 프로세스가 종료하기 전까지 보존되어야 할 자료 즉, C언어로 작성한 프로그램의 경우에는 전역 변수나 정적 변수들이 들어간다. 데이터 영역은 다시 초기화된 데이터 부분과 초기화되지 않은 데이터 부분으로 나눌 수 있다. 초기화된 데이터란 선언하면서 초기값을 부여한 변수를 말한다. 스택 영역은 프로그램을 실행할 때에 일시적으로 필요한 자료 즉, C언어의 자동변수나 함수의 인수들이 들어간다. 리눅스의 컴파일러들은 모든 프로그램의 데이터 영역의 시작 위치에 etext 변수, 초기화되지 않은 데이터의 시작 위치에 edata 변수, 데이터 영역이 끝난 다음 번지 즉, 없는 메모리의 시작 위치에 end 변수를 배정해 각 영역의 경계를 알 수 있게 한다. 이들은 모두 외부 변수이므로 사용하려면 extern으로 선언하고 사용해야 한다.

[프로그램 6-1] 이 프로그램은 리눅스의 프로세스 이미지와 각 영역의 위치를 설명하는 프로그램이다. etext, edata, end 변수는 컴파일러가 붙이는 변수이므로 extern으로 선언해서 사용해야 한다.

```
// File : prog6_1.c

#include <stdio.h>

extern etext, edata, end;
int ext_var1;
int ext_var2 = 1;

int main(int argc, char *argv[])
{
    static int static_var;
    int int_var1;
    void f1(void);

    printf( “etext       ===> 0x%08x\n” , (unsigned int)&etext);
    printf( “edata       ===> 0x%08x\n” , (unsigned int)&edata);
    printf( “end         ===> 0x%08x\n” , (unsigned int)&end);
    printf( “ext_var1    ===> 0x%08x\n” , (unsigned int)&ext_var1);
    printf( “ext_var2    ===> 0x%08x\n” , (unsigned int)&ext_var2);
    printf( “static_var  ===> 0x%08x\n” , (unsigned int)&static_var);
    printf( “int_var1    ===> 0x%08x\n” , (unsigned int)&int_var1);
    f1();
    printf( “main()      ===> 0x%08x\n” , (unsigned int)main);
    printf( “f1()        ===> 0x%08x\n” , (unsigned int)f1);
}

void f1(void)
{
    int int_var2;

    printf( “int_var2    ===> 0x%08x\n” , (unsigned int)&int_var2);
}
```

[실행 결과]

```
ngs@ubuntu:~/lsp/ch6$ ./prog6_1
etext        ===> 0x080485a6
edata        ===> 0x0804a018
end          ===> 0x0804a028
ext_var1     ===> 0x0804a024
```

```
ext_var2     ===> 0x0804a014
static_var   ===> 0x0804a020
int_var1     ===> 0xbfe204cc
int_var2     ===> 0xbfe2049c
main()       ===> 0x080483e4
f1()         ===> 0x080484b9
ngs@ubuntu:~/lsp/ch6$
```

[설명]

프로그램 실행 결과에서 나온 각 변수나 함수의 주소 값을 <그림6-1>에 매핑해 보면 각 영역의 기능을 이해하는데 도움이 될 것이다. 그 결과는 <그림6-2>와 같다. 그림에서 보면 함수는 코드 영역에 배정되어 있고, 전역 변수와 정적 변수는 데이터 영역에 있다. 한편, 함수 내에 선언되어 있는 자동 변수들은 스택 영역에 배정되어 있다.

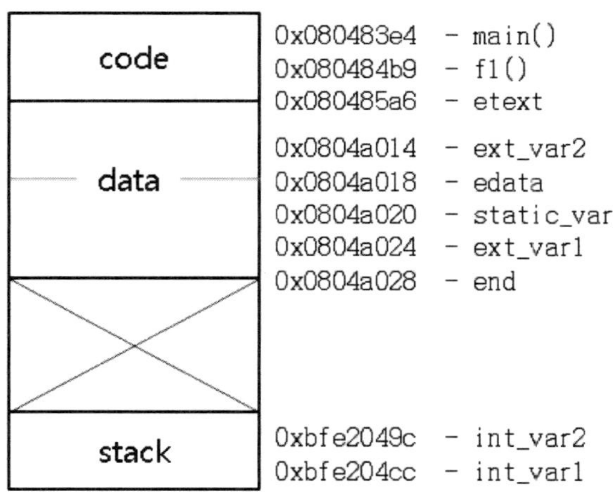

<그림6-2> 프로세스 이미지 매핑

6.2 프로세스 식별자

리눅스 시스템 내의 프로세스들은 모두 자신을 다른 프로세스와 구분할 수 있는 아이디(identifier)를 가진다. 커널은 새로운 프로세스를 생성할 때 현재 시스템 내에 있는 프로세스들이 사용하지 않는 새로운 아이디를 할당한다. 프로세스 아이디를 알려면 시스템 콜 getpid()를 사용한다. 프로세스는 또한 getppid()를 이용해 자신을 생성한 부모 프로세스의 아이디도 알아낼 수 있다.

형식	#include <sys/types.h>
	#include <unistd.h>
	
	pid_t getpid(void);
	pid_t getppid(void);

인수	없음
기능	getpid()는 자신의 프로세스 아이디를 반환하고, getppid()는 부모 프로세스의 아이디를 반환한다.
반환값	getpid() : 프로세스 아이디를 반환한다. getppid() : 부모 프로세스의 아이디를 반환한다.

[프로그램 6-2] 이 프로그램은 현재 프로세스의 아이디와 부모 프로세스의 아이디를 알아보는 프로그램이다.

```
// File : prog6_2.c

#include <stdio.h>

int main(int argc, char *argv[])
{
    int pid, ppid;

    pid = getpid();
    ppid = getppid();
    printf( "process id = %d\n" , pid);
    printf( "parent process id = %d\n" , ppid);
}
```

[실행 결과]

```
ngs@ubuntu:~/lsp/ch6$ ./prog6_2
process id = 7419
parent process id = 2729
ngs@ubuntu:~/lsp/ch6$
```

6.3 프로세스 생성

프로세스는 자신을 복사해서 새로운 프로세스를 생성할 수 있다. 이때 새로 생성된 프로세스를 자식 프로세스(child process), 기존에 있던 프로세스를 부모 프로세스(parent process)라 한다. 자식 프로세스는 부모 프로세스의 파일 디스크립터 테이블까지 복사해 오기 때문에 부모 프로세스가 연 파일을 공유한다.

자식 프로세스의 메모리 이미지는 부모 프로세스의 메모리 이미지를 복사해서 만들어진다. 사실 코드 영역은 복사되지 않고 공유되며, 데이터 영역과 스택 영역은 복사되어 별도의 메모리에 존재한다.

형식	#include <sys/types.h>
	#include <unistd.h>
	
	pid_t fork(void);
	pid_t vfork(void);

인수	없음
기능	fork()는 부모 프로세스를 복사해서 새로운 프로세스를 생성한다. vfork()는 fork()와 동일하게 동작하지만 페이지 테이블을 복사하지 않는다.
반환값	성공하면 부모 프로세스에게는 자식 프로세스의 아이디가 반환되고, 자식 프로세스에게는 0이 반환된다. 실패하면 -1이 반환된다.

프로세스를 생성할 때에는 fork()를 이용한다. 프로세스가 fork() 시스템 콜을 호출하면 fork() 내부에서 자신과 동일한 새로운 프로세스가 생성된다. 이때 fork()를 호출한 프로세스를 부모 프로세스라 하고, 새로 생성된 프로세스를 자식 프로세스라 한다. 부모 프로세스는 자신의 프로세스 테이블과 페이지 테이블을 복사해서 자신과 동일한 자식 프로세스를 생성한다. 그러나 프로세스 테이블의 일부 항목들은 복사되지 않기 때문에 두 프로세스는 다른 값을 가진다. vfork()는 페이지 테이블을 복사하지 않기 때문에 프로세스 이미지를 가지지 않는다. 따라서 자식 프로세스가 생성되어 바로 exec() 시스템 콜을 호출하여 다른 프로그램을 실행하는 경우에 오버헤드가 없어서 프로그램 실행 속도를 높일 수 있다.

부모 프로세스가 받는 반환 값은 자식 프로세스의 프로세스 아이디이고, 자식 프로세스가 받는 반환 값은 0이다. 부모 프로세스와 자식 프로세스는 같은 코드를 실행하는데, fork()의 반환 값으로 자신이 부모 프로세스인지 자식 프로세스인지 알 수 있다.

[프로그램 6-3] 이 프로그램은 fork()의 기능과 자식 프로세스와 부모 프로세스의 구분 방법을 설명하는 프로그램이다.

```
// File : prog6_3.c

#include <stdio.h>
#include <stdlib.h>

int main(int argc, char *argv[])
{
    int retval;

    setbuf(stdout, NULL);
    printf( “[%d] Before fork\n” , getpid());
    retval = fork();
    printf( “[%d] After fork\n” , getpid());
    printf( “[%d] retval = %d\n” , getpid(), retval);
    if (retval == 0) {
        printf( “[%d] I am child: parent id= %d\n” , getpid(), getppid());
        exit(0);
```

```
18         }
19         printf( "[%d] I am parent: parent id= %d\n" , getpid(), getppid());
20         wait(NULL);
21 }
```

[실행 결과]

```
ngs@ubuntu:~/lsp/ch6$ ./prog6_3
[7812] Before fork
[7812] After fork
[7812] retval = 7813
[7812] I am parent: parent id= 2729
[7813] After fork
[7813] retval = 0
[7813] I am child: parent id= 7812
ngs@ubuntu:~/lsp/ch6$
```

[설명]

실행 결과를 보면 쉘(프로세스 번호 2729)이 prog6_3을 프로세스 번호 7812로 실행시켰고, 프로세스 7812는 자식 프로세스 7813을 생성했음을 알 수 있다. fork()가 실행되기 전인 라인 11번까지는 프로세스 7812만 존재했지만 라인 12부터는 두 개의 프로세스가 존재한다. 프로세스 7812와 7813은 같은 코드를 실행하지만 데이터 영역과 스택 영역은 복사되어 별도의 메모리를 가지고 있기 때문에 변수 값은 달라질 수 있다. fork()의 반환 값 retval은 부모 프로세스(7812)와 자식 프로세스(7813)가 다른 값을 가진다. 라인 16, 17은 자식 프로세스만 실행하고, 라인 19이후는 부모 프로세스만 실행한다.

라인 10의 setbuf()는 표준 출력 stdout의 FILE 구조에 있는 버퍼를 제거하여 printf()의 결과가 즉시 화면에 나오게 하기 위한 것이다. 이것이 없으면 라인 11의 출력 결과가 두 번 나올 수도 있다. 또 라인 20의 wait()는 혹시 부모 프로세스가 먼저 끝나더라도 자식 프로세스가 종료될 때까지 기다리게 하기 위한 것이다. 이것이 없으면 라인 16의 결과 중에서 parent id 값이 1(init)로 나올 수도 있다.

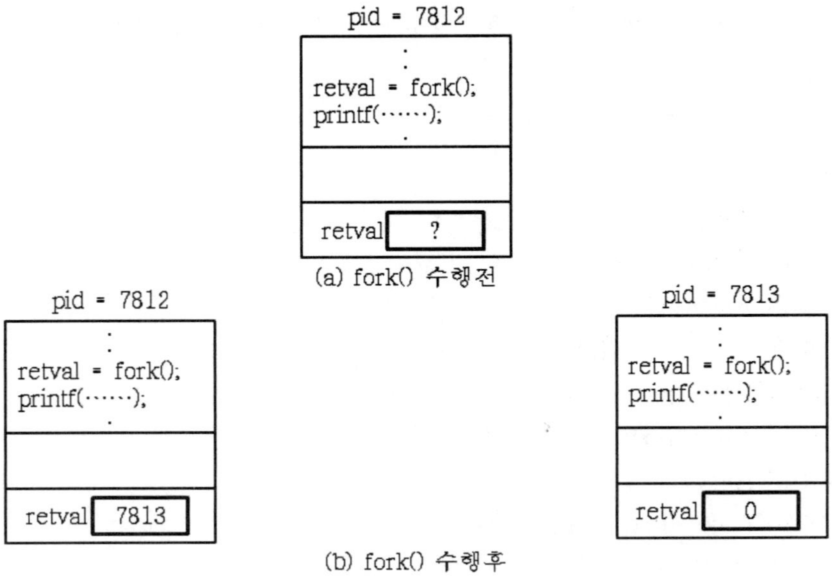

〈그림6-3〉 프로세스 생성

fork()를 실행하면 프로세스의 메모리 이미지가 복사되어 새로운 프로세스가 생성된다. 〈그림6-3〉에서 fork() 실행 전에는 하나의 메모리 이미지만 존재했으나 fork() 실행 후에는 부모 프로세스와 자식 프로세스가 각자 자신의 메모리 이미지를 가진다. (a)와 (b)에서 PID 값을 비교해 보면 7812 프로세스가 부모 프로세스이고, 7813 프로세스가 새로 생성된 자식 프로세스임을 알 수 있다. 따라서 fork() 이후에 변경된 변수 값들은 서로 간에 영향을 주지 않는다. 즉, 비록 변수 이름은 같지만 다른 메모리에 있으므로 다른 변수이다. 서로 다른 프로그램에서 같은 이름의 변수(예를 들어 i)를 사용했다고 해서 같은 변수라고 할 수는 없다. retval 변수 값은 fork() 실행 전에는 정의되지 않았지만 fork() 실행 후의 부모 프로세스에서 이 값은 자식 프로세스의 PID 인 7813이다. 한편 자식 프로세스 메모리 이미지에서 retval 변수의 값은 0이다.

6.4 프로그램 실행

fork()는 자신을 복사해서 새로운 프로세스를 만든다. 새로운 프로세스를 만드는 목적은 보통 새로운 프로그램을 실행시키기 위함이다. 예를 들어 쉘은 명령을 실행시키기 위해 자식 프로세스를 생성하고 자식 프로세스에게 명령 처리를 위해 프로그램을 실행하게 하고 자신은 다음 명령을 처리할 준비를 한다.

형식	#include <unistd.h> int execve(const char *filename, char *const argv[], char *const envp[]);
인수	• filename : 실행할 실행 파일의 경로명 • argv : 실행되는 프로세스의 main() 함수의 argv 인수 • envp : 실행되는 프로세스의 main() 함수의 envp 인수
기능	filename이 가리키는 실행 파일을 실행시킨다.
반환값	성공하면 반환하지 않고, 실패하면 -1을 반환한다.

새로운 프로그램 실행할 때에는 execve() 시스템 콜을 사용한다. execve()는 이 시스템 콜을 호출한 프로세스의 메모리 이미지를 제거하고, filename이 가리키는 실행 파일을 메모리에 로드해서 새로운 메모리 이미지를 만든 다음에 그 프로그램의 처음부터 실행한다. execve() 시스템 콜을 실행하고 나면 프로세스는 그대로인데 그 프로세스가 실행하는 프로그램은 교체되어 처음에 execve()를 호출한 프로그램은 더 이상 존재하지 않는다. 따라서 evecve()는 이를 호출한 프로그램으로 반환될 수 없다.

C 언어의 main()의 인수는 사실 execve()의 인수가 전달된 것이다. 세 번째 인수인 환경 변수 envp는 부모 프로세스의 실행 환경을 자식 프로세스에게 전달하기 위한 것이다.

[프로그램 6-4a] 이 프로그램은 C 프로그램에서 main()의 인수를 설명하는 프로그램이다. 흔히 main()은 argc와 argv 두 개의 인수를 가지는 것으로 알고 있는데, 세 개의 인수를 가질 수도 있다. 또 argv[0]은 명령의 실행 파일 이름이고, argv[1]은 명령라인의 두 번째 인수, …등으로 설명되는데, 이것은 반드시 옳은 것은 아니다. 단지 쉘이 명령 실행을 위해 execve()를 호출할 때 그런 순서로 argv[] 벡터 값을 넣어 준 것이다. 환경 변수는 "이름 = 값" 형식으로 써야 한다는 것은 리눅스 커널이 요구하는 조건이 아니고 환경 변수를 사용할 쉘이 그렇게 요구하는 것이다. 아래 프로그램은 main()의 인수 argv[]와 envp[]의 값을 보여 준다. 두 인수는 포인터 배열인데 마지막 요소는 NULL로 끝나야 한다.

```
// File : prog6_4a.c

#include <stdio.h>

int main(int argc, char *argv[], char *envp[])
{
    int i;

    printf( "[%d] In prog6_4a\n" , getpid());
    for (i = 0; i < argc; i++) {
        printf( "argv[%d] = %s\n" , i, argv[i]);
    }
    printf( "\n" );
    for (i = 0; envp[i] != NULL; i++) {
        printf( "envp[%d] = %s\n" , i, envp[i]);
    }
}
```

[실행 결과]

```
ngs@ubuntu:~/lsp/ch6$ ./prog6_4a  abcd
[3240] In prog6_4a
argv[0] = ./prog6_4a
argv[1] = abcd
```

```
envp[0] = LC_PAPER=ko_KR.UTF-8
envp[1] = LC_ADDRESS=ko_KR.UTF-8
envp[2] = SSH_AGENT_PID=2093
envp[3] = LC_MONETARY=ko_KR.UTF-8
envp[4] = GPG_AGENT_INFO=/tmp/keyring-TAL8rz/gpg:0:1
envp[5] = TERM=xterm
envp[6] = SHELL=/bin/bash
..........................................................................................
envp[48] = LC_NAME=ko_KR.UTF-8
envp[49] = _=./prog6_4a
envp[50] = OLDPWD=/home/ngs/lsp
ngs@ubuntu:~/lsp/ch6$
```

[설명]

프로그램 prog6_4a는 쉘이 실행시킨 것이므로 argv[]와 envp[]는 쉘이 execve()를 통해 넘겨 준 것이다. 그래서 argv[0]이 프로그램 이름인 prog6_4a로 되어 있고, argv[1]은 명령 라인에서 입력한 abcd로 되어 있다. 그리고 envp[]는 쉘에 정의되어 있는 환경 변수를 그대로 넘겨받았다. envp[]의 값들은 쉘에서 "set" 명령을 실행시켰을 때 나오는 것들 중의 일부이다.

[프로그램 6-4b] 이 프로그램은 [프로그램 6-4a]를 execve()를 이용해서 실행시킨 것이다. 프로세스 아이디와 출력된 argv[], envp[] 결과를 자세히 관찰하고 해석해 볼 필요가 있다.

```
// File : prog6_4b.c

#include <stdio.h>
#include <unistd.h>

int main(int argc, char *argv[])
{
    char *vec1[] = { "aaa", "bbb", "cc", "12345", NULL};
    char *vec2[] = { "HOME=/root", "bbb", "USER=ngs", NULL};

    printf( "[%d] Before execve()\n", getpid());
```

```
12        execve( “prog6_4a” , vec1, vec2);
13        printf( “[%d] After execve()\n” , getpid());
14    }
```

[실행 결과]

```
ngs@ubuntu:~/lsp/ch6$ ./prog6_4b
[3707] Before execve()
[3707] In prog6_4a
argv[0] = aaa
argv[1] = bbb
argv[2] = cc
argv[3] = 12345

envp[0] = HOME=/root
envp[1] = bbb
envp[2] = USER=ngs
ngs@ubuntu:~/lsp/ch6$
```

[설명]

라인 8, 9의 vec1[]과 vec2[]는 execve()의 인수로 쓰기 위한 벡터이다. 이들 벡터 즉, 배열의 마지막 요소는 반드시 NULL 포인터여야 한다. 프로그램 실행 결과를 보면, 먼저 라인 11의 출력 결과는 화면에 나타나 있는데, 라인 13의 출력 결과는 나타나지 않았다. execve()가 실행되면 이 프로그램 즉, prog6_4b는 메모리에서 제거되고 대신 그 자리에 prog6_4a가 로드되어 있다. 그러므로 execve()가 성공하면 다시는 원래 프로그램으로 돌아오지 않는다.

prog6_4a의 argv[]와 envp[]는 prog6_4b의 라인 12에서 execve()에 넣어준 값 그대로이다. 특히 argv[0]은 “aaa” 인데 이는 프로그램 이름과는 무관한 값이다.

마지막으로 prog6_4a에서 출력한 프로세스 아이디와 prog6_4b에서 출력한 프로세스 아이디가 같다. 즉, execve()는 프로세스가 바뀌는 것이 아니라 프로세스의 몸체 즉, 프로세스가 실행하는 프로그램이 바뀐 것이다.

execve()가 성공하면 execve()를 호출한 프로그램 자체가 없어지기 때문에 execve() 다음에 있는 코드는 실행되지 않는다. 따라서 execve() 이후에도 처리해야 할 일이 있다면 fork()와 함께 쓴다. 즉, 새로운 자식 프로세스를 생성해서 자식 프로세스에게 execve()를 시키고, 부모 프로세스는 하던 일을 계속 한다. 이러한 형태의 프로그램은 보통 다음과 같은 구조를 가진다.

```
if((child = fork()) == 0) {   // child process
    execve(···);
    exit(0);
}
// parent process continue to ···
```

if 문 내부를 실행하는 것은 자식 프로세스이다. 자식 프로세스는 execve()를 이용해서 새로운 프로그램을 실행하고, 부모 프로세스는 원래 프로그램을 계속 진행한다. execve()가 실패할 경우를 대비해 그 아래에 exit()를 두었다.

[프로그램 6-5] 이 프로그램은 [프로그램 6-4a]를 fork()와 execve()를 함께 사용해서 다시 작성한 것이다.

```
// File : prog6_5.c

#include <stdio.h>
#include <stdlib.h>

int main(int argc, char *argv[])
{
    char *vec1[] = { “aaa”, “bbb”, “cc”, “12345”, NULL};
    char *vec2[] = { “HOME=/root”, “bbb”, “USER=ngs”, NULL};

    printf( “[%d] Before execve()\n”, getpid());
    fflush(stdout);
    if (fork() == 0) {
        execve( “prog6_4a”, vec1, vec2);
        exit(0);
    }
```

```
17         wait(NULL);
18         printf( "[%d] After execve()\n" , getpid());
19     }
```

[실행 결과]

```
ngs@ubuntu:~/lsp/ch6$ ./prog6_5
[3753] Before execve()
[3754] In prog6_4a
argv[0] = aaa
argv[1] = bbb
argv[2] = cc
argv[3] = 12345

envp[0] = HOME=/root
envp[1] = bbb
envp[2] = USER=ngs
[3753] After execve()
ngs@ubuntu:~/lsp/ch6$
```

[설명]

라인 12의 fflush()는 라인 11의 결과를 즉시 화면에 나오게 한다. 이것이 없으면 fork()에 의해 버퍼가 복사되어 결과가 두 번 나올 수도 있다. 라인 17의 wait()는 자식 프로세스가 종료될 때가지 부모 프로세스를 기다리게 한다.

이 프로그램에서는 자식 프로세스가 execve()를 실행했기 때문에 부모 프로세스는 라인 18 이하를 계속 실행할 수 있다. 쉘 프로그램도 이런 방식으로 명령을 입력 받으면 자식 프로세스를 생성해서, 자식 프로세스에게 명령을 실행하게 한다.

앞에서 설명한 것과 같이 execve()는 보통 fork()와 함께 사용한다. 이 경우 fork()에 의해 생성된 자식 프로세스는 다른 코드를 실행하지 않고 [프로그램 6-5]에서처럼 즉시 execve()를 실행하는 것이 일반적인 프로그래밍 방법이다. 그런데 fork()는 프로세스의 메모리 이미지를 복사하기 때문에 오버헤드가 상당히 크다. 즉, 이 경우에 fork()는 실재로는 한 번도 사용하지 않고 execve()에 의해 새로운 메모리 이미지로 교체될 영역인데도 불구하고 불필요하게 메모리 이미지 복사를 하는 것이다. 리눅스는 이러한 경우에 불필요한 오버헤드를 줄이기 위해 vfork() 시스템 콜을 제공한다.

vfork()는 자식 프로세스를 위한 메모리 이미지를 생성하지 않기 때문에 오버헤드가 작다. 그러나 vfork()에 의해 생성된 자식 프로세스가 즉시 execve()를 호출하지 않고 다른 문장을 실행하면 어떤 결과가 발생할 지 예측할 수 없어 주의를 요한다. [프로그램 6-5]와 같은 경우에는 vfork()를 사용하는 것이 좋다.

[프로그램 6-6] 이 프로그램은 간단한 쉘과 같은 기능을 한다. 화면에 프롬프트를 보여주고 키보드에서 명령 라인을 입력 받아서 명령을 실행하는 과정을 반복한다. 명령 라인은 명령 이름만으로 구성되고 부가적인 인수는 없는 것으로 한다. 좀 더 복잡한 형태의 쉘은 이 장의 실습과제로 남겨 둔다.

```
// File : prog6_6.c

#include <stdio.h>
#include <string.h>
#include <stdlib.h>

void main(void)
{
    char cmd[64];
    char *argv[16];

    while (1) {
        // prompt
        printf( “mini-shell$ ” );
        // read command line
        if (fgets(cmd, 64, stdin) == NULL) { // ^D
            printf( “^D\n” );
            break;    // logout
        }
```

```
20          // delete '\n' and make argument vector
21          cmd[strlen(cmd)-1] = '\0' ;
22          argv[0] = cmd;
23          argv[1] = NULL;
24          // create child process
25          if (fork() == 0) { // child
26              execvp(cmd, argv);
27              exit(0);
28          }
29          // wait for the exit of child process
30          wait(NULL);
31      }
32  }
```

[실행 결과]

```
ngs@ubuntu:~/lsp/ch6$ ./prog6_6
mini-shell$ ls
prog6_1    prog6_1.c    prog6_2    prog6_2.c    prog6_3    prog6_3.c
prog6_4    prog6_4.c    prog6_5    prog6_5.c    prog6_6    prog6_6.c
mini-shell$
mini-shell$ pwd
/home/ngs/lsp/ch6
mini-shell$
mini-shell$ ^D
ngs@ubuntu:~/lsp/ch6$
```

[설명]

라인 14에서 화면 프롬프트인 "mini-shell$"를 보여준다. 그리고 키보드 입력을 라인 16에서 받는다. fgets() 함수는 EOF 즉, ^D가 입력되면 NULL을 반환하는데 이때는 쉘이 종료한다.

라인 21에서는 입력된 라인에 있는 '\n' 문자를 '\0' 문자로 바꾸어 준다. '\n'은 명령 라인의 일부가 아니기 때문이다. 라인 22에서는 명령 라인의 값으로 argv[]를 만든다. argv[]의 마지막에는 NULL이 있어야 하므로 라인 23에서 이를 만들어 주었다.

라인 25에서 자식 프로세스를 만든 다음에 부모 프로세스는 라인 30에서 자식 프로세스가 종료할 때까지 기다린다. 자식 프로세스는 명령 이름과

argv[]를 이용해서 명령 프로그램을 실행한다.

6.5 프로세스 종료

프로세스는 실행을 완료하거나 예외 조건 (exception condition)이 발생하면 실행을 종료한다. 프로세스 종료는 다음 세 가지에 의해 발생한다.

(1) 정상적으로 프로그램내의 모든 코드의 실행이 완료되어 main()이 반환되면 실행이 종료된다. 이 경우에는 컴파일러에 의해 부가된 _exit() 시스템 콜이 실행된다.
(2) 프로그램 실행 도중에 _exit() 시스템 콜이나 exit() 라이브러리 함수가 호출되어 실행이 종료된다.
(3) 시그널이 발생했는데 그에 대한 적절한 핸들러가 준비되어 있지 않아서 강제로 종료된다.

세 경우 중에 (1)과 (2)는 프로그램 상에 나타나 있는 시스템 콜 _exit()나 라이브러리 함수 exit()에 의해 명시된 위치에서 실행이 종료되는 정상적인 종료이다. 그러나 (3)의 경우는 언제 발생할 지 예측할 수 없는 비정상적인 종료이다.

형식	#include <unistd.h> void _exit(int status);
인수	• status : 종료되는 프로세스의 종료 코드
기능	프로세스가 종료된다.
반환값	이 시스템 콜은 반환되지 않는다.

_exit()는 프로세스를 무조건 종료시키면서 그 부모 프로세스에게 시그널(SIGCHLD)을 전달한다. 만약 이 프로세스의 자식 프로세스가 있었다면 자식

프로세스의 부모 프로세스는 자동으로 1번(init) 프로세스가 된다.

프로세스가 종료되면 시스템에서 완전히 제거되는 것이 아니라 좀비(Zombie)상태가 된다. 좀비 상태는 프로세스가 파일 등의 모든 자원을 해제하고, 메모리 이미지도 제거하고, 프로세스 테이블만 유지하고 있는 상태이다. 좀비 프로세스의 프로세스 테이블은 그 부모 프로세스가 wait() 시스템 콜을 사용해서 제거한다.

형식	#include <sys/types.h>
	#include <sys/wait.h>
	
	pid_t wait(int *status);
	pid_t waitpid(pid_t pid, int *status, int options);

인수	• status : 종료된 자식 프로세스의 종료 코드와 종료 원인 • pid : 종료를 기다릴 자식 프로세스의 아이디 • option : 대기시의 옵션
기능	wait()는 자식 프로세스들 중의 하나가 종료될 때까지 대기하고, waitpid()는 pid가 가리키는 자식 프로세스가 종료될 때까지 대기한다.
반환값	성공하면 종료된 자식 프로세스의 아이디를 반환하고, 실패하면 -1을 반환한다.

부모 프로세스는 시스템 콜 wait()나 waitpid() 중의 하나를 호출해서 자식 프로세스가 종료될 때까지 실행을 멈추고 대기할 수 있다. wait() 시스템 콜들은 좀비 상태의 자식 프로세스가 있으면 이를 제거하고, 제거된 프로세스 아이디를 반환한다. 좀비 상태의 프로세스가 없으면, 자식 프로세스 중 하나가 좀비 상태가 될 때까지 기다렸다가 그 프로세스를 제거하고, 프로세스 번호를 반환한다. 자식 프로세스가 존재하지 않으면 실패하고 -1을 반환한다.

자식 프로세스가 호출한 _exit()의 인수 ecode는 부모 프로세스가 호출한 wait()의 상태 코드 status를 통해 얻을 수 있다. _exit()의 인수인 종료 코드(exit code)는 하위 8비트만 의미가 있다. 종료 코드 8 비트는 wait()로 전달될 때 상위로 8 비트 이동해서 전달된다. wait()의 상태 코드 하위 8 비트는 자식 프로세스가 종료한 원인이 되는 시그널 번호이다.

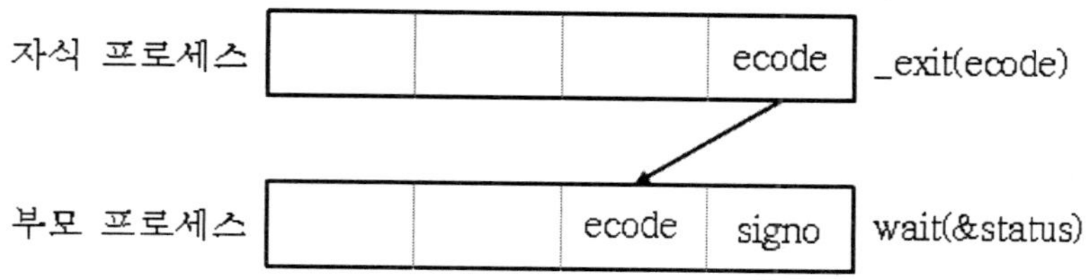

〈그림6-4〉 _exit()와 wait()의 관계

앞에서 설명한 것과 같이 프로세스의 종료에는 크게 두 가지 종료 즉, _exit()에 의한 정상 종료와 시그널에 의한 비정상 종료가 있다. 정상 종료의 경우에는 wait() 상태 코드의 signo 부분은 0이다. 비정상 종료는 자식 프로세스가 종료 코드를 줄 수 없었으므로 ecode가 0이다. 이때 signo 부분은 자식 프로세스가 종료하게 된 시그널 번호이다.

[프로그램 6-7] 이 프로그램은 자식 프로세스의 _exit()와 부모 프로세스의 wait()의 관계, 그리고 종료 코드와 상태 코드의 관계를 설명하는 프로그램이다.

```
// File : prog6_7.c

#include <stdio.h>
#include <stdlib.h>

int main(int argc, char *argv[])
{
    int pid, status;

    if (fork() == 0) {        // child process
        printf( "[%d] I am child\n" , getpid());
        exit(1);
    }
    printf( "[%d] I am parent\n" , getpid());
    pid = wait(&status);
    printf( "[%d] child(%d) die: status=0x%08x\n" , getpid(), pid, status);
```

```
17
18        return 0;
19  }
```

[실행 결과]

```
ngs@ubuntu:~/lsp/ch6$ ./prog6_7
[2681] I am parent
[2682] I am child
[2681] child(2682) die: status= 0x00000100
ngs@ubuntu:~/lsp/ch6$
```

[설명]

자식 프로세스(2682)는 라인 11, 12를 실행하고, 부모 프로세스(2681)는 라인 14번 이하를 실행한다. 라인 15의 wait()는 라인 12의 exit()가 실행될 때까지 기다린다. exit()의 종료 코드 1은 8 비트 상위로 이동되어 wait()의 상태 코드 status로 전달되었다. 자식 프로세스가 정상 종료했으므로 status의 signo 부분은 0이다.

라인 18의 반환 값 0은 이 프로세스의 부모 프로세스 즉, 쉘의 상태 코드로 전달된다.

6.6 프로세스 그룹

리눅스에서는 프로세스 관리를 위해 세션(session)과 프로세스 그룹(process group)을 정의하고 있다. 여기서 설명하는 그룹 개념은 프로세스에 관한 것이고 사용자 그룹과는 무관하다 세션과 프로세스 그룹 개념은 시그널 전달과 단말기 입력 처리를 위한 것이다.

리눅스 내의 모든 프로세스는 어떤 프로세스 그룹에 소속되어 있고, 프로세스 그룹은 어떤 세션에 소속되어 있다. 즉, 세션 내에는 여러 프로세스 그룹이 있고, 그룹 내에는 여러 프로세스가 있다. 세션에는 세션 리더(session leader)가 있고, 그룹에는 그룹 리더(group leader)가 있다. 세션 리더는 처음으로 그 세션을 생성한 프로세스이고, 그룹 리더는 처음으로 그 그룹을 생성한 프로세스이다.

세션이나 그룹은 제어 터미널(control terminal)을 가질 수도 있고 가지지 않을 수도 있다. 제어 터미널이란 프로세스가 입출력을 하는 터미널을 말한다. 세션이 처음 생성되면 제어 터미널이 없는데, 처음으로 open()한 터미널이 제어 터미널이 된다. 또 제어 터미널은 프로세스 그룹에 소속되어 있어 그 터미널 입력은 소속된 프로세스 그룹에 속하는 프로세스들만이 읽을 수 있다. ioctl()을 이용해서 터미널의 소속 프로세스 그룹을 변경할 수 있다.

세션이 제어 터미널을 가질 경우에 제어 터미널과 시스템의 연결이 끊어지면(hangup) 세션 리더에게 SIGHUP 시그널이 전달된다. 또 세션 리더가 종료하게 되면 그 세션의 제어 터미널과 같은 제어 터미널을 가지는 프로세스 그룹에 속하는 모든 프로세스에게 SIGHUP가 전달된다. 또한 프로세스 그룹 리더가 종료하게 될 때도 그룹 내의 모든 프로세스에게 SIGHUP 시그널이 전달된다.

형식	#include <unistd.h>
	
	pid_t setsid(void);
	pid_t getsid(pid_t pid);

인수	• pid : 세션 아이디를 얻고자 하는 프로세스의 아이디.
기능	setsid()는 새로운 세션을 생성한다. getsid()는 프로세스 식별자가 pid인 프로세스가 속한 세션 아이디를 반환한다. 이 값이 0이면 현재 프로세스의 세션 아이디를 반환한다.
반환값	성공하면 세션 아이디를 반환하고 실패하면 -1을 반환한다.

setsid()로 새로운 세션을 만들 수 있다. 단, 현재 프로세스가 어떤 세션의 리더이거나 그룹의 리더이면 새로운 세션을 만들 수 없다. 따라서 setsid()는 보통 fork()를 사용한 다음에 사용한다. 새로운 세션을 생성하면 그룹도 자동으로 생성되고 제어 터미널이 없어진다. 세션을 생성한 프로세스는 세션 리더이며 동시에 그룹 리더가 되고, 세션 아이디와 그룹 아이디가 프로세스 아이디와 같게 된다.

형식	#include <unistd.h>
	
	int setpgid(pid_t pid, pid_t pgid);
	pid_t getpgid(pid_t pid);
	
	pid_t getpgrp(void); // POSIX.1 version
	pid_t getpgrp(pid_t pid); // BSD version
	
	int setpgrp(void); // System V version
	int setpgrp(pid_t pid, pid_t pgid); // BSD version

인수	• pid : 프로세스 아이디 • pgid : 프로세스 그룹 아이디
기능	setpXXX()는 프로세스 그룹을 새로 생성하고, getpXXX()는 프로세스의 그룹 아이디를 반환한다.
반환값	성공하면 그룹 아이디를 반환하고, 실패하면 -1을 반환한다.

setpgrp()를 이용하면 새로운 프로세스 그룹을 만들 수 있다. setpgrp()를 호출한 프로세스가 그룹 리더가 되며, 이 프로세스는 그룹 아이디와 프로세스 아이디가 같다.

네트워크 서버와 같은 데몬 프로세스는 보통 새로운 세션을 설정하고 세션 리더가 된다. 이렇게 해야 자신을 수행시킨 쉘이 로그아웃 되더라도 죽지 않을 수 있기 때문이다.

[프로그램 6-8] 다음은 프로세스의 세션과 그룹에 대해 설명하는 프로그램이다. 세션 리더나 그룹 리더가 아닐 경우에만 새로운 세션을 설정할 수 있기 때문에 fork()를 사용해서 자식 프로세스를 생성하고, 자식 프로세스가 새로운 세션을 설정하게 했다.

```
// File : prog6_8.c

#include <stdio.h>
#include <stdlib.h>
```

```
5
6   int main(int argc, char *argv[])
7   {
8       int sid, pgrp;
9
10      if (fork() != 0) {         // parent
11          printf( "[%d] pgrp=%d, sid=%d\n" , getpid(), getpgrp(), getsid(0));
12          exit(0);
13      }
14
15      // child
16      sid = getsid(0);
17      pgrp = getpgrp();
18      printf( "[%d](Before) pgrp = %d, sid = %d\n" , getpid(), pgrp, sid);
19      sid = setsid();
20      sid = getsid(0);
21      pgrp = getpgrp();
22      printf( "[%d](After) pgrp = %d, sid = %d\n" , getpid(), pgrp, sid);
23  }
```

[실행 결과]

```
ngs@ubuntu:~/lsp/ch6$ ./prog6_8
[8827] pgrp=8827, sid=2729
[8828](Before) pgrp = 8827, sid = 2729
[8828](After) pgrp = 8828, sid = 8828
ngs@ubuntu:~/lsp/ch6$
```

[설명]

쉘이 이 프로세스를 처음 실행시켰을 때 이 프로세스의 세션은 2729였었다. 이는 쉘과 같은 세션이다. 그리고 프로세스 그룹은 8827로 이 프로세스가 그룹 리더이다. 이 프로세스가 자식 프로세스를 생성했을 때 자식 프로세스도 같은 세션의 같은 그룹에 속해 있었다. 그러나 라인 19에서 setsid()를 실행하고 나면 자식 프로세스가 새로운 세션과 그룹을 생성해서 세션 리더이면서 그룹 리더가 되었다.

6.7 일정 시간 실행 중단

프로세스가 일정 시간 실행을 멈추려면 nanosleep()을 이용한다. 이것은 요청된 시간(req)이 경과하거나, 도중에 시그널을 받으면 다시 실행 가능한 상태가 된다. 시그널에 의해 깨어나게 된 경우에 남은 시간은 rem을 통해 알 수 있다.

형식	#include <time.h> int nanosleep(const struct timespec *req, struct timespec *rem);

인수	• req : 요청된 시간
	• rem : 남은 시간
	
	struct timespec {
	time_t tv_sec; // seconds
	long tv_nsec; // nanoseconds
	};

기능	req로 지정된 시간 동안 실행을 중지한다.
반환값	성공하면 0, 실패하면 -1을 반환한다.

nanosleep()은 나노초 단위의 정밀도까지 표현할 수 있다. 이것을 이용해서 만든 라이브러리 함수인 sleep()은 초 단위, usleep()은 마이크로초 단위의 정밀도까지 표현할 수 있다.

[프로그램 6-9] 이 프로그램은 프로세스의 실행을 일시 멈추는 nanosleep()의 사용법을 설명하는 프로그램이다. nanosleep()은 시스템 콜인데 나노초의 정밀도로 시간을 표현할 수 있다. nanosleep()을 이용해서 만든 C 언어의 라이브러리 sleep()과 usleep()도 같은 기능을 하는 것을 알 수 있다.

```
// File prog6_9.c

#include <stdio.h>
#include <time.h>

int main(int argc, char *argv[])
{
    struct timespec tm;
    int i, seconds = 0;

    tm.tv_sec = 1;
    tm.tv_nsec = 0;

    for (i = 0; i < 5; i++) {
        nanosleep(&tm, NULL);
        printf( “[nanosleep] seconds = %d\n” , ++seconds);
    }

    for (i = 0; i < 5; i++) {
        sleep(1);
        printf( “[sleep] seconds = %d\n” , ++seconds);
    }

    for (i = 0; i < 5; i++) {
        usleep(1000*1000);
        printf( “[usleep] seconds = %d\n” , ++seconds);
    }
}
```

[실행 결과]

```
ngs@ubuntu:~/lsp/ch6$ ./prog6_9
[nanosleep] seconds = 1
[nanosleep] seconds = 2
[nanosleep] seconds = 3
[nanosleep] seconds = 4
[nanosleep] seconds = 5
[sleep] seconds = 6
[sleep] seconds = 7
```

```
[sleep] seconds = 8
[sleep] seconds = 9
[sleep] seconds = 10
[usleep] seconds = 11
[usleep] seconds = 12
[usleep] seconds = 13
[usleep] seconds = 14
[usleep] seconds = 15
ngs@ubuntu:~/lsp/ch6$
```

[설명]

프로그램을 실행 시키면 1 초에 한 라인씩 출력될 것이다. nanosleep()은 나노초 단위로 시간을 설정할 수 있고, usleep()은 마이크로초 단위로 시간을 설정할 수 있으며, sleep()은 초 단위로 시간을 설정할 수 있다. 여기서 시스템 콜은 nanosleep()이고, 다른 두 함수는 이것을 이용해서 만든 라이브러리 함수이다.

6.8 메모리 할당

앞에서 프로세스 이미지를 설명할 때에 리눅스 프로세스는 텍스트 영역, 데이터 영역, 스택 영역을 가지고 있고, 각 영역을 구분하기 위해 컴파일러는 영역의 경계 지점에 etext, edata, end 변수를 배치한다고 했다. 이 변수의 주소는 각 영역의 경계를 나타내지만 컴파일러에 의해 컴파일 과정에서 결정되므로 프로세스가 실행되는 동안에 변경될 수 없다.

그러나 데이터 영역의 크기는 프로세스의 요청에 따라 동적으로 변한다. 동적으로 변하는 데이터 영역을 표현하기 위해 또 하나의 값 break point라는 것을 사용한다. 이것은 현재의 데이터 영역 끝의 주소를 나타낸다.

break point 값은 시스템 콜 brk()나 sbrk()로 바꿀 수 있다. break point의 위치가 변경된다는 것은 데이터 영역의 크기가 변경된다는 것을 의미한다. 다시 말하면 메모리가 할당되거나 시스템에 반환된다는 것을 의미한다. C 언어에서 메모리 할당 함수로 malloc()을 사용하는데, malloc()은 데이터 영역에서 메모리를 할당한다. malloc()이 커널에게 데이터 영역의 메모리 할당을 요청할 때 사용하는 시스템 콜이 brk()와 sbrk()이다.

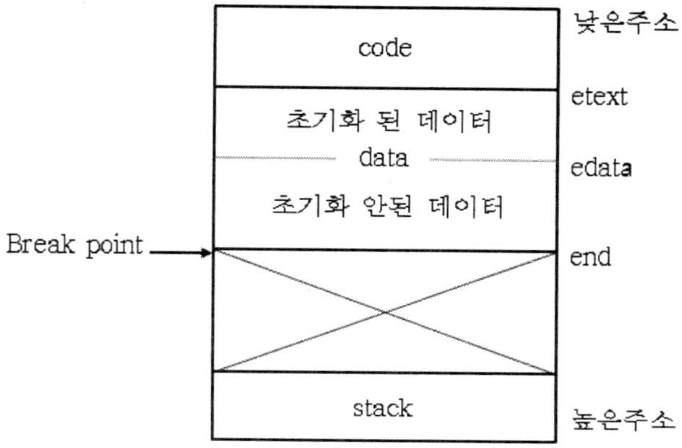

<그림6-5> break point

형식	#include <unistd.h>
	
	int brk(void *addr);
	void *sbrk(intptr_t increment);

인수	• addr : break point 값 • increment : break point의 증분값
기능	break point의 위치를 변경한다. brk()는 break point를 addr 위치로 변경하고, sbrk()는 break point를 increment 값만큼 이동한다.
반환값	brk()는 성공하면 0을 반환하고, 실패하면 -1을 반환한다. sbrk()는 성공하면 이전 break point 값을 반환하고, 실패하면 -1을 반환한다.

brk()로 바꿀 데이터 영역 끝의 주소가 미리 정의된 데이터 영역의 최대 크기를 초과하면 brk()는 실패한다. 그리고 데이터 영역 끝 주소가 시작 주소보다 작게 하는 brk()도 실패한다. break point를 이동시켜 데이터 영역 크기를 축소하면 없어진 부분에 있던 전역 변수나 정적 변수들은 더 이상 사용할 수 없게 된다. 없어진 변수를 사용하면 SIGSEGV 시그널이 발생한다.

sbrk()는 brk()를 사용하기 쉽게 만든 라이브러리 함수이다. sbrk(inc)는 break point를 inc만큼 이동시키고 이전의 break point 값을 반환한다. 따라서 inc 값을 0으로 하면 현재의 break point 값을 알 수 있다.

[프로그램 6-10] 이 프로그램은 break point 값의 의미, brk()와 sbrk()의 사용법 등을 설명하기 위한 프로그램이다.

```
// File : prog6_10.c

#include <stdio.h>

extern etext, edata, end;

int main(int argc, char *argv[])
{
     int instack;
     char *break_point;

     printf( “&etext = 0x%08x, &edata = 0x%08x, &end = 0x%08x\n” ,
          (int)&etext, (int)&edata, (int)&end);
     break_point = (char *)sbrk(0);
     printf( “&end = 0x%08x, break_point = 0x%08x\n” ,
          (int)&end, (int)break_point);
     brk(break_point+0x100);
     break_point = (char *)sbrk(0);
     printf( “&end = 0x%08x, break_point = 0x%08x\n” ,
          (int)&end, (int)break_point);
     break_point = (char *)sbrk(0x100);
     break_point = (char *)sbrk(0);
     printf( “&end = 0x%08x, break_point = 0x%08x\n” ,
          (int)&end, (int)break_point);
     break_point = (char *)sbrk(-0x80);
     break_point = (char *)sbrk(0);
     printf( “&end = 0x%08x, break_point = 0x%08x\n” ,
          (int)&end, (int)break_point);

     if (brk(&instack) < 0) perror( “brk(&instack)” );
}
```

[실행 결과]

```
ngs@ubuntu:~/lsp/ch6$ ./prog6_10
&etext = 0x08048658, &edata = 0x0804a02c, &end = 0x0804a030
&end = 0x0804a030, break_point = 0x08a77000
&end = 0x0804a030, break_point = 0x08a77100
&end = 0x0804a030, break_point = 0x08a77200
&end = 0x0804a030, break_point = 0x08a77180
brk(&instack): Cannot allocate memory
ngs@ubuntu:~/lsp/ch6$
```

[설명]

처음에 break point는 데이터 영역의 끝인 end와 같은 값을 가지는데, brk()와 sbrk()를 사용함에 따라 변하게 된다. brk()나 sbrk()의 인수와 출력 결과를 비교하면 그 의미를 알 수 있을 것이다. 라인 30의 brk()는 break point를 스택 영역에 설정하려 했기 때문에 실패했다.

[프로그램 6-11] 이 프로그램은 C 언어의 메모리 할당과 해제에 사용되는 라이브러리 함수인 malloc(), free()와 break point와의 관계를 설명한다.

```c
// File : prog6_11.c

#include <stdio.h>
#include <stdlib.h>

extern etext, edata, end;

int main(int argc, char *argv[])
{
    int instack;
    char *break_point, *mp;

    printf( "&etext = 0x%08x, &edata = 0x%08x, &end = 0x%08x\n" ,
        (int)&etext, (int)&edata, (int)&end);
    break_point = (char *)sbrk(0);
    printf( "break_point = 0x%08x\n" , (int)break_point);
```

```
    mp = (char *)malloc(0x100);
    break_point = (char *)sbrk(0);
    printf( "break_point = 0x%08x, mp = 0x%08x\n" ,
            (int)break_point, (int)mp);
    mp = (char *)malloc(0x100);
    break_point = (char *)sbrk(0);
    printf( "break_point = 0x%08x, mp = 0x%08x\n" ,
        (int)break_point, (int)mp);
    mp = (char *)malloc(0x1000);
    break_point = (char *)sbrk(0);
    printf( "break_point = 0x%08x, mp = 0x%08x\n" ,
        (int)break_point, (int)mp);
    free(mp);
    break_point = (char *)sbrk(0);
    printf( "break_point = 0x%08x, mp = 0x%08x\n" ,
        (int)break_point, (int)mp);
}
```

[실행 결과]

```
ngs@ubuntu:~/lsp/ch6$ ./prog6_11
&etext = 0x08048678, &edata = 0x0804a02c, &end = 0x0804a030
break_point = 0x08ac4000
break_point = 0x08ae5000, mp = 0x08ac4008
break_point = 0x08ae5000, mp = 0x08ac4110
break_point = 0x08ae5000, mp = 0x08ac4218
break_point = 0x08ae5000, mp = 0x08ac4218
ngs@ubuntu:~/lsp/ch6$
```

[설명]

실행 결과에서 etext, edata, end의 주소 값, break point 값, malloc()의 반환 값을 잘 비교해 보면 malloc()은 end 아랫부분에서 메모리를 할당한다는 것을 알 수 있다. 최초의 break point 값은 0x08ac4000인데, malloc()을 처음 호출한 후의 break point 값을 보면 0x08ae5000으로 변해 있다. 즉, malloc()에서 요구한 메모리를 할당해 주기 위해 brk()를 사용해 데이터 영역을 확장했다. 새로 설정된 break point 값은 새로운 페이지의 경계가 되도록 시스템의 페이지 크기의 배수가 되는 값이다. 두 번째

malloc() 다음에는 break point가 이동하지 않았다. 이는 이전에 brk()로 할당해둔 메모리에 아직 여분이 있어서 break point를 더 이동시킬 필요가 없기 때문이다.
라인 29의 free()로 메모리를 해제한 후에도 break point는 변하지 않았다. 이는 다음에 다시 malloc()이 호출될 것을 대비해서 메모리를 커널에 반환하지 않았기 때문이다.

실습 과제

[예제] 다음은 키보드에서 문자열을 입력 받아서 명령라인 인수와 같은 포인터 배열에 이를 저장한 다음에 화면에 출력하는 프로그램이다.

```
// File : mkargv.c

#include <stdio.h>
#include <string.h>

int mkargv(char *str, char *argv[])
{
    int cnt = 0;
    char *tok;
    char *delim = “ \n\t” ;

    // first step
    tok = strtok(str, delim);
    argv[cnt++] = tok;
    // next steps
    while (tok != NULL) {
        tok = strtok(NULL, delim);
        argv[cnt++] = tok;
    }
    //
    return cnt-1;
}
//
void main(void)
{
    char buf[64];
    char *vec[16];
    int i, cnt;

    printf( “Enter command line : ” );
    fgets(buf, 64, stdin);
    //
```

```
33      cnt = mkargv(buf, vec);
34      printf( “\n” );
35      //
36      for (i = 0; i < cnt; i++) {
37          printf( “vec[%d] = %s\n” , i, vec[i]);
38      }
39      printf( “\n” );
40  }
```

[실행 결과]

```
ngs@ubuntu:~/lsp/ch6$ ./mkargv
Enter command line : aa bb cc

vec[0] = aa
vec[1] = bb
vec[2] = cc

ngs@ubuntu:~/lsp/ch6$
```

[설명]

라인 6에 있는 mkargv() 함수는 문자열을 해석해서 토큰을 분리한다. 분리할 때 사용하는 구분자는 ‘ ’, ‘\n’, ‘\t’ 문자로 한다. 라이브러리 함수인 strtok()는 문자열과 구분자를 인수로 주면 문자열을 토큰으로 분리해 준다. strtok()를 첫 번째 호출할 때에는 분리할 문자열을 인수로 주지만, 그 다음부터는 NULL을 주어서 이전에 사용하던 문자열에서 계속해서 토큰을 찾아낸다.

라인 13은 첫 번째 토큰을 찾는 단계이므로 strtok() 함수에 분리할 문자열을 인수로 주었는데, 라인 17의 strtok()는 두번째 이후 단계이므로 문자열 대신에 NULL을 인수로 준다. mkargv()는 문자열에서 토큰을 분리하여 명령라인 인수와 같은 argv[] 구조에 저장한 다음에 토큰의 수를 반환한다.

main() 함수에서는 라인 31에서 키보드로 받은 문자열을 라인 33에서 mkargv() 함수를 이용해서 토큰으로 분리한 다음에 라인 36~38에서 이를 하나씩 차례로 출력한다.

[과제] 위의 예제 프로그램을 이용하여 간단한 쉘과 같이 동작하는 프로그램 myshell을 작성하시오. 작성하는 쉘은 키보드에서 "^D" 나 "logout" 을 입력하면 프로그램이 종료되도록 한다. 그리고 내장 명령 chdir도 실행할 수 있어야 한다. 쉘은 다음과 같은 과정을 프로그램이 종료할 때까지 반복해서 실행한다.

a) 화면에 프롬프트를 출력한다.
b) 명령라인을 입력 받는다.
c) 명령라인을 해석해서 argv[]의 내용을 생성한다.
d) 자식프로세스를 생성한다.
  1) 부모 프로세스는 자식프로세스가 종료할 때까지 기다린다.
  2) 자식프로세스는 명령을 실행한다.

연습 문제

A. 다음 빈 칸에 적절한 용어를 쓰시오.

1. 자신을 복제해서 자신과 동일한 새로운 프로세스를 생성하는 시스템 콜은 (　　　　)이다.

2. 디스크에 있는 실행 파일을 메인 메모리에 가져와서 그 시작 번지부터 실행시키는 시스템 콜은 (　　　　)이다.

3. 자식 프로세스 중의 어떤 하나가 종료할 때까지 기다렸다가 종료한 자식 프로세스의 종료 코드를 가지고 반환하는 시스템 콜은 (　　　　)이다.

4. 프로세스의 메모리를 확장하거나 축소할 때에 사용할 수 있는 시스템 콜은 (　　　　)이다.

5. (　　　　　　)은 프로세스의 실행을 일정 시간 동안 멈출 때에 사용하는 시스템 콜이다.

6. 프로세스가 종료하는 원인 중에서 정상적인 종료는 (　　　　　　) 시스템 콜을 호출해서 종료하는 것이다.

7. C 언어로 작성한 프로그램에서 전역변수나 정적 변수는 프로세스 이미지의 (　　　　　) 영역에 저장된다.

8. 프로세스 이미지의 없는 메모리 영역의 시작 위치에는 변수 (　　　　　　)가 있다.

9. 자식 프로세스를 생성하는 시스템 콜은 반환할 때에 부모 프로세스에게는 자식 프로세스의 아이디를 반환하고, 자식 프로세스에게는 (　　　　　)을 반환한다.

10. 부모 프로세스가 먼저 종료하면 자식 프로세스를 생성한 부모 프로세스가 사라지게 된다. 이때에는 프로세스 (   )이 이 프로세스의 부모 프로세스가 된다.

B. 다음 물음에 답하시오.

1. 프로세스 이미지는 코드, 데이터, 스택 영역으로 구성된다. C 언어로 작성한 프로그램을 컴파일 했을 때에 프로세스 이미지의 각 영역에는 C 언어의 어떤 부분들이 들어가는지 설명하시오.

2. 프로세스가 종료되는 원인을 종류별로 나누어 설명하시오.

3. break point란 무엇이며, 프로그램이 처음 실행될 때에 그 위치는 어디가 되는가?

4. 표준 C 라이브러리 함수인 malloc(), free()와 시스템 콜 brk()의 관계를 설명하시오.

5. 프로세스를 생성하는 시스템 콜 fork()와 프로그램을 실행하는 시스템 콜 execve()는 어떻게 다른가?

6. 시스템 콜 execve()를 이용해서 만든 라이브러리 함수가 여러 가지 있다. 이들을 모두 조사하여 그 기능과 인수의 사용법에 대해 설명하시오.

7. 시스템 콜 execve()의 인수와 main()의 인수들 사이의 관계를 설명하시오.

8. 쉘은 프로그램을 실행시키기 위해 명령라인 인수를 execve()에게 넘겨주는 방법을 설명하시오.

9. 다음 두 시스템 콜의 기능과 인수, 반환 값에 대해 설명하시오.

   pid = wait(&status);　　　　　　exit(code);

10. run(char *command, char *argv[]) 함수를 작성하시오. 이 함수는 실행파일 이름(command)과 그 실행파일에 대한 명령라인 인수들의 벡터(argv)를 입력으로 받는다. run()은 자식 프로세스를 생성하고, 자식 프로세스는 실행파일을 실행시킨다. 이 함수는 자식 프로세스가 실행을 완료한 다음에 그 종료코드를 반환한다.

7 장 시그널

7. 시그널

시그널(signal)은 프로세스에게 발생하는 비동기적인 사건(asynchronous event)이다. 시그널은 한 프로세스가 다른 프로세스에게 보낼 수도 있고, 커널이 프로세스에게 보낼 수도 있다. 시그널 발생은 비동기적이기 때문에 프로세스 실행의 어느 시점에서 시그널이 발생할지 미리 예측할 수 없다. 시그널은 다음 네 가지 원인에 의해 발생할 수 있다.

(1) 키보드에서 발생
(2) 프로세스 내부 문제로 발생
(3) 커널 내부에서 발생
(4) 다른 프로세스에 의해 발생

현재 리눅스에서 정의된 시그널은 <표7-1>과 같은 것들이 있다. <표7-1>의 Action 항목의 알파벳 글자는 다음과 같은 의미를 가진다.

A 디폴트 동작으로 프로세스를 종료한다.
B 디폴트 동작으로 시그널을 무시한다.
C 디폴트 동작으로 프로세스를 종료하고 "core" 파일을 만든다.
D 디폴트 동작으로 프로세스를 중단한다.
E 시그널을 catch할 수 없다. (시그널 핸들러 변경 불가)
F 시그널을 ignore 할 수 없다.

프로세스는 <표7-1>에서 정의된 31 개의 시그널 중의 어떤 시그널을 받으면 미리 정의된 동작을 수행한다. 프로세스가 생성될 때 커널은 각 시그널에 대해 디폴트 동작을 설정한다. 예를 들어 SIGINT 시그널에 대한 디폴트 동작이 프로세스를 종료하는 것이므로 키보드에서 ^C를 입력하면 프로세스가 종료한다. 그리고 SIGCHLD 시그널에 대한 디폴트 동작은 시그널을 무시하는 것이므로 부모 프로세스는 자식 프로세스가 종료했을 때 발생하는 시그널 SIGCHLD를 무시한다.

시그널에 대한 디폴트 동작 외에 프로그래머는 특정 시그널에 대한 동작

<표7-1> 리눅스의 시그널 종류

시그널	값	Action	설 명
SIGHUP	1	A	제어 터미널의 연결이 끊어지거나 제어 프로세스가 종료함
SIGINT	2	A	키보드 인터럽트(^C)
SIGQUIT	3	C	키보드의 Quit키(^\)
SIGILL	4	C	잘못된 명령어(텍스트 영역의 오류)
SIGTRAP	5	C	Trace/breakpoint
SIGABRT	6	C	abort() 함수에 의한 시그널
SIGIOT	6	C	IOT Trap
SIGBUS	7	C	잘못된 메모리 접근에 의한 버스 에러
SIGFPE	8	C	부동 소숫점 에러(0으로 나누기)
SIGKILL	9	AEF	프로세스 종료
SIGUSR1	10	A	사용자 정의 시그널
SIGSEGV	11	C	잘못된 메모리 접근(접근 권한 위반)
SIGUSR2	12	A	사용자 정의 시그널
SIGPIPE	13	A	읽을 프로세스가 종료한 프로세스에 대한 쓰기 동작
SIGALRM	14	A	alarm()에 의한 타이머 시그널
SIGTERM	15	A	프로세스 종료 요구
SIGSTKFLT	16	A	스택 폴트
SIGCHLD	17	B	(SIGCLD) 자식 프로세스 종료 보고
SIGCONT	18	DEF	스톱된 프로세스 수행 시작 요구
SIGSTOP	19	D	프로세스 수행 중단
SIGTSTP	20	D	키보드에 의한 수행 중단 요구
SIGTTIN	21	D	백그라운드 프로세스의 터미널 읽기
SIGTTOU	22	B	백그라운드 프로세스의 터미널 쓰기
SIGURG	23	C	소켓의 Urgent Condition
SIGXCPU	24	C	CPU 사용시간 제한 초과
SIGXFSZ	25	A	파일 크기 제한 초과
SIGVTALRM	26	A	Virtual alarm clock

SIGPROF	27	A	profiling timer의 타임아웃
SIGWINCH	28	B	윈도우 크기 변화
SIGPOLL	29	A	poll() 가능한 사건 발생
SIGIO	29	A	I/O 가능한 사건 발행
SIGPWR	30	A	정전(power failure)
SIGSYS	31	C	시스템 콜 인수 에러

을 함수로 정의해서 설정할 수 있다. 시그널이 발생했을 때 실행되는 이 함수를 시그널 핸들러(signal handler)라 한다. 단, SIGKILL과 SIGSTOP에 대해서는 시그널 핸들러를 설정할 수 없게 정의되어 있다. 따라서 SIGKILL이나 SIGSTOP을 받은 프로세스는 디폴트 동작을 수행한다.

시그널 중에서 결과를 예측할 수 없는 몇 가지가 있다. 주로 프로세서 내부의 문제로 발행하는 시그널인 SIGFPE, SIGILL, SIGBUS, SIGSEGV 등은 비록 핸들러를 설정해서 처리했다고 할지라도 시스템의 그 다음 동작은 예측할 수가 없다. 사실 이러한 시그널들은 발생을 막을 방법이 없다.

7.1 시그널 처리

프로세스는 시그널을 받으면 미리 정의된 동작 즉, 시그널 핸들러를 실행한다. 프로세스는 각 시그널에 대해 각각 다른 시그널 핸들러를 설정할 수 있다. 프로세스가 핸들러를 별도로 설정하지 않은 상태에서 시그널이 발생하면 디폴트 동작이 일어난다.

시그널 핸들러를 설정하는 시스템 콜은 signal()과 sigaction()이 있는데, <표7-1>에 있는 각 시그널에 대해 시그널 핸들러를 별도로 설정할 수 있다. 이 시스템 콜들을 이용해서 설정하는 시그널 핸들러는 다음 세 종류가 있다.

SIG_DFL	<표7-1>에 정의된 디폴트 동작을 수행
SIG_IGN	시그널이 발생해도 무시하고 아무런 동작도 안함
사용자 정의함수	사용자가 정의한 시그널 핸들러 함수

프로세스가 초기화될 때에 모든 시그널에 대해 <표7-1>에 정의된 것과 같이 초기화된다. 따라서 시그널 핸들러를 설정하는 시스템 콜 signal()을 호출하지 않는 이상 모든 시그널에 대해 SIG_DFL 혹은 SIG_IGN으로 반응한다. 예를 들어 키보드에서 ^C를 입력하면 SIGINT 시그널이 발생되고 디폴트 동작으로 프로세스가 종료된다. SIG_IGN 핸들러는 시그널 발생을 무시한다. 즉, 시그널이 발생하지 않은 것과 효과가 같다. 시그널 핸들러로 사용자 정의 함수를 지정하면 시그널이 발생했을 때에 지정된 함수인 시그널 핸들러 함수가 실행된다.

시그널을 다루는 프로그램의 일반적인 구조는 다음과 같다.

```
#include <signal.h>

int main(int argc, char *argv[])
{
    // 시그널 SIGxxx의 핸들러 설정 //
    signal(SIGxxx, sig_handler);
      혹은
    sigaction(SIGxxx, act, oldact);
      ...
    // 다른 초기화 부분 //
      ...
    // 프로그램의 몸체 부분 : 이 부분 실행 도중에 시그널이 발생함 //
}

void sig_handler(ing signum)
{
    // 시그널이 발생했을 때 실행할 코드 //
}
```

위의 예에서 보는 바와 같이 보통 프로그램들은 signal()을 이용해서 시그널 SIGxxx에 대한 핸들러를 sig_handler로 설정해 두고 프로그램 실행을 계속한다. 이후에 시그널 SIGxxx가 발생하면 핸들러 함수인 sig_handler(signum)가 자동으로 실행된다. sig_handler()는 사용자 레벨의 함수이지만 커널에 의해 호출된다. 인수 signum은 sig_handler()가 호출되게 한 시그널 번호 SIGxxx이다. 이것을 이용하면 여러 가지 시그널에 대해서 하나의 공통적인 시그널 핸들러를 설정해 두고 signum으로 현재 발생한 시그널을 구분해서 처리할 수 있다.

SIGFPE나 SIGSEGV 등과 같은 몇 가지를 제외한 대부분의 시그널은 프로그램의 외부적인 요인에 의해 비동기적으로 발생하기 때문에 언제 발생할지 예측할 수 없다. 그래서 시그널을 하드웨어적으로 발생하는 인터럽트에 비유해서 소프트웨어 인터럽트라고도 한다.

7.1.1 signal()에 의한 핸들러 설정

signal() 시스템 콜은 특정 시그널이 발생했을 때에 실행할 핸들러를 설정하는 시스템 콜이다. 핸들러로는 SIG_DFL, SIG_IGN 또는 사용자가 작성한 함수를 사용할 수 있다.

형식	#include <signal.h> typedef void (*sighandler_t)(int); sighandler_t signal(int signum, sighandler_t handler);
인수	• signum : 시그널 번호 • handler : 시그널 핸들러
기능	프로세스에게 시그널 핸들러를 설정한다.
반환값	성공하면 이전에 설정되었던 시그널 핸들러를 반환하고, 실패하면 SIG_ERR을 반환한다.

signal()을 사용해서 핸들러 함수를 설정한 다음에 시그널이 발생하면 핸들러 함수가 자동으로 실행된다. 그러나 시그널이 한 번 발생해서 핸들러가 한번 실행된 이후에 시스템이 어떻게 동작하는지는 명확하게 정의되어 있지 않고 시스템에 따라 다르므로 주의를 요한다.

signal()에 의해 설정된 핸들러 함수가 실행된 후에는 그 시그널에 대한 설정이 그대로 유지될 수도 있지만 SIG_DFL이나 SIG_IGN으로 변경되어 있을 수도 있다. 또한 시그널 핸들러 함수를 실행하는 도중에 시그널이 다시 발생할 경우에 즉시 새로운 핸들러가 실행될 것인지, 처음의 핸들러가 완료된 후에 실행될 것인지도 예측할 수 없다. 그 결과는 시스템 버전에 따라 다를 수 있다. 따라서 이 signal() 시스템 콜은 시그널에 대해 SIG_DFL이나 SIG_IGN을 설정할 때에만 사용해야 안전하다. 사용자 정의 함수를 설정하는 일반적인 경우에는 sigaction()을 사용하는 것이 좋다.

[프로그램 7-1] 이 프로그램은 시그널 핸들러의 작성 방법과 signal()을 이용해서 시그널 핸들러를 설정하는 방법을 설명하는 프로그램이다.

```
// File : prog7_1.c

#include <stdio.h>
#include <signal.h>

int main(int argc, char *argv[])
{
	void sig_handler(int);

	signal(SIGINT, sig_handler);

	printf( “Type ^C or ^\\ \n” );
	while (1) {
		//// do somthing here ////
	}
}

void sig_handler(int signum)
{
	printf( “received signal : %d\n” , signum);
}
```

[실행 결과]

```
ngs@ubuntu:~/lsp/ch7$ ./prog7_1
Type ^C or ^\
^Creceived signal : 2
^Creceived signal : 2
^\종료 (core dumped)
```

```
ngs@ubuntu:~/lsp/ch7$
```

[설명]

라인 10에서 시그널 SIGINT에 대한 시그널 핸들러 함수로 라인 18에 있는 sig_handler()를 설정했다. 따라서 라인 11 이후의 어느 부분을 실행하는 도중에 SIGINT가 발생하면 sig_handler()가 실행되고, 인수 signum은 SIGINT 즉, 2가 된다. 라인 13에서 15 사이에는 이 프로그램이 실행할 코드가 들어가야 하는데, 지금은 아무런 일도 하지 않도록 되어 있다. 프로세스 실행이 이 부분에 머물러 있는 동안에 키보드에서 '^C'를 입력하면 시그널 SIGINT가 발생해서 sig_handler()가 수행된다.

키보드에서 '^\'를 입력하면 SIGQUIT 시그널이 발생하는데, 이에 대한 시그널 핸들러는 설정하지 않았으므로 <표7-1>에서 정의되어 있는 디폴트 동작이 수행되어 이 프로세스의 메모리 이미지가 "core" 파일에 저장되고 프로세스는 종료한다.

7.1.2 sigaction()에 의한 핸들러 설정

signal() 시스템 콜은 사용 방법이 간단하기 때문에 쉽게 사용할 수 있지만, 앞에서 설명한 것과 같이 여러 가지 문제점을 내포하고 있어서 최근에는 대부분의 경우에 sigaction() 시스템 콜을 사용한다. sigaction()은 시그널 핸들러를 설정할 뿐만 아니라 시그널이 중복해서 발생할 경우에 시스템이 어떻게 반응해야 하는가도 정의할 수 있다.

<table>
<tr><td>형식</td><td><pre>#include <signal.h>

int sigaction(int signum, const struct sigaction *act,
              struct sigaction *oldact);

    struct sigaction {
        void   (*sa_handler)(int);
        void   (*sa_sigaction)(int, siginfo_t *, void *);</pre></td></tr>
</table>

	sigset_t sa_mask; int sa_flags; void (*sa_restorer)(void); };
인수	• signum : 시그널 번호 • act : 시그널이 발생했을 때 프로세스의 동작 • oldact : 이전에 설정된 act 값이 저장됨
기능	프로세스에게 시그널 발생시의 동작을 설정한다.
반환값	성공하면 0, 실패하면 -1을 반환한다.

sigaction()은 시그널 signum이 발생했을 때에 프로세스의 동작을 정의하는데, 동작은 구조체 sigaction으로 정의된다. sa_handler 필드는 signal() 시스템 콜에서처럼 핸들러를 지정하는데, 여기에는 SIG_DFL, SIG_IGN 혹은 사용자 정의 핸들러 함수가 들어갈 수 있다. sa_sigaction 필드는 핸들러뿐만 아니라 시그널과 관련된 추가 정보까지 지정할 수 있다. sa_handler 필드와 sa_sigaction 필드는 둘 중에 하나만 사용해야 하는데, sa_sigaction 필드는 사용하기 복잡하므로 보통 sa_handler 필드를 사용한다.

sa_mask 필드는 시그널 처리 도중에 다시 발생한 어떤 시그널에 대한 마스크 기능을 가진다. sa_mask 필드에 등록된 시그널이 현재 시그널에 대한 핸들러를 실행하는 도중에 발생하면 그 시그널에 대한 처리는 잠시 보류되고 현재 시그널에 대한 핸들러 실행이 완료된 후에 보류되었던 시그널에 대한 처리가 실행된다. 예를 들어 SIGPIPE 시그널에 대한 sigaction() 설정에서 sa_mask에 SIGINT가 등록되어 있다고 가정하자. SIGPIPE 시그널이 발생하면 그 핸들러가 실행된다. 만약 핸들러가 실행되는 도중에 SIGINT가 발생했다면 SIGINT에 대한 처리는 잠시 보류되고, 실행되고 있던 SIGPIPE의 핸들러의 실행이 완료한 후에 SIGINT의 핸들러가 자동으로 실행된다. SIGPIPE에 대한 시그널이 실행되는 동안에는 현재 처리중인 시그널 즉, SIGPIPE는 자동으로 sa_mask에 등록되어 있다.

sa_flags 필드는 시그널의 기본적인 처리 동작을 수정하는 정보를 가지는데, 다음과 같은 값들이 설정될 수 있다.

- SA_SIGINFO : sa_handler 필드 대신에 sa_sigaction 필드를 사용하고 있음을 알린다.
- SA_NOCLDSTOP : signum이 SIGCHLD일 때에만 사용될 수 있는 것으로 자식 프로세스가 종료되어도 시그널을 받지 않게 한다.
- SA_NOCLDWAIT : signum이 SIGCHLD일 때에만 사용될 수 있는 것으로 종료된 자식 프로세스를 좀비 상태로 만들지 않는다.
- SA_NODEFER : 시그널 핸들러 실행 도중에는 다른 시그널을 받지 않도록 한다.
- SA_RESETHAND : 시그널 핸들러 실행을 시작할 때 핸들러를 <표7-1>에 정의된 디폴트 동작으로 재설정한다.
- SA_RESTART : 시그널에 의해 어떤 시스템 콜(예를 들면 read() 혹은 write())의 실행이 중단되었을 때에는 시그널 핸들러 실행이 완료된 후에 자동으로 그 시스템 콜을 진행시킨다.

시그널에 의해 강제로 동작이 중단되면 문제가 발생할 수 있는 시스템 콜 혹은 함수들을 시그널에 대해 안전하지 않은 함수라고 하는데, 이렇게 시그널에 대해 안전하지 않은 함수를 시그널과 함께 사용할 때에는 flags에 SA_RESTART를 설정해 주어야 한다. 시그널에 대해 안전한 함수들에 대한 정보는 온라인 매뉴얼 중에서 섹션 7의 signal에서 찾아 볼 수 있다.

sa_restorer 필드는 더 이상 지원되지 않는 필드이므로 사용하지 말아야 한다.

[프로그램 7-2] 이 프로그램은 앞의 [프로그램 7-1]을 sigaction()을 사용해서 다시 작성한 것이다.

```
// File : prog7_2.c

#include <stdio.h>
#include <signal.h>

int main(int argc, char *argv[])
```

```
7  {
8       struct sigaction act;
9       void sig_handler(int);
10
11      act.sa_handler = sig_handler;
12      sigfillset(&act.sa_mask);
13      sigaction(SIGINT, &act, NULL);
14
15      printf( "Type ^C or ^\\ \n" );
16      while (1) {
17          // do somthing here
18      }
19 }
20
21 void sig_handler(int signum)
22 {
23      printf( "received signal : %d\n" , signum);
24 }
```

[실행 결과]

```
ngs@ubuntu:~/lsp/ch7$ ./prog7_2
Type ^C or ^\
^Creceived signal : 2
^Creceived signal : 2
^\종료 (core dumped)
ngs@ubuntu:~/lsp/ch7$
```

[설명]

프로그램의 전체 구조는 [프로그램 7-1]과 동일하다. sigaction()을 사용하기 위해 라인 8에서 구조체 sigaction에 대한 변수 act를 선언했다. 라인 11에서 이 act 구조체에 핸들러 sig_handler()를 등록하고 라인 13에서 sigaction()을 사용해서 핸들러와 동작을 설정했다.

라인 12의 sigfillset()은 sa_mask 필드에 모든 시그널을 등록하는 함수이다.

[프로그램 7-3] 이 프로그램은 시스템에서 정의한 시그널 핸들러인 SIG_DFL과 SIG_IGN의 기능을 알아보기 위한 프로그램이다.

```
1   // File : prog7_3.c
2
3   #include <stdio.h>
4   #include <signal.h>
5
6   int main(int argc, char *argv[])
7   {
8       struct sigaction act;
9
10      act.sa_handler = SIG_IGN;
11      sigfillset(&act.sa_mask);
12      sigaction(SIGINT, &act, NULL);
13      //
14      act.sa_handler = SIG_DFL;
15      sigfillset(&act.sa_mask);
16      sigaction(SIGQUIT, &act, NULL);
17
18      fprintf(stderr, "Type ^\\ or ^C : " );
19
20      while (1);
21  }
```

[실행 결과]

```
ngs@ubuntu:~/lsp/ch7$ ./prog7_3
Type ^\ or ^C : ^C^C^C^C^C^C^\종료 (core dumped)
ngs@ubuntu:~/lsp/ch7$
```

[설명]

라인 10~12에서 SIGINT에 대해서는 발생된 시그널을 무시하게 하는 SIG_IGN을 설정하고 라인 14~16에서 SIGQUIT에 대해서는 디폴트 동작을 수행하게 하는 SIG_DFL을 설정했다. 라인 20에서 무한 루프를 돌고 있는 동안에 키보드에서 '^C' 키를 누르면 SIGINT 시그널이 발생되지만 무시되어 프로그램에는 아무런 영향도 주지 않는다. 그러나 '^\' 키를 누르면 SIGQUIT 시그널이 발생하고, <표7-1>에 정의된 이 시그널에 대한 디폴트 동작을 한다. 그래서 프로세스 이미지를 core 파일에 저장하고 프로세스를 종료하게 된다.

7.1.3 시그널 집합 조작

sigaction 구조체의 sa_mask 필드는 시그널 핸들러가 실행되고 있는 동안에 발생한 다른 시그널에 대한 처리 방법을 정의하고 있다. 시그널 A에 대한 핸들러가 실행되는 동안에 다른 시그널 B가 발생한 경우에 시그널 A에 대한 sigaction의 sa_mask 필드에 시그널 B가 등록되어 있다면 시그널 B의 핸들러 실행은 보류되었다가 시그널 A의 핸들러 실행이 완료된 후에 실행이 시작된다. 이렇게 sa_mask 필드는 sigaction() 시스템 콜을 사용할 때마다 설정되거나 변경되어야 하는데, 이 설정이나 변경을 간단하게 하기 위해 여러 가지 라이브러리 함수들이 정의되어 있다. sa_mask는 시스템에서 발생할 수 있는 모든 시그널들의 집합(signal set)으로 구성된다.

<table>
<tr><td>형식</td><td>#include <signal.h>

int sigemptyset(sigset_t *set);
int sigfillset(sigset_t *set);
int sigaddset(sigset_t *set, int signum);
int sigdelset(sigset_t *set, int signum);
int sigismember(const sigset_t *set, int signum);</td></tr>
<tr><td>인수</td><td>• set : 시그널 집합
• signum : 시그널 번호</td></tr>
<tr><td>기능</td><td>sigemptyset() : 시그널 집합 set의 모든 멤버를 제거한다.
sigfillset() : 시그널 집합 set에 모든 멤버를 등록한다.
sigaddset() : 시그널 집합 set에 signum을 등록한다.
sigdelset() : 시그널 집합 set에서 멤버 signum을 제거한다.
sigismember() : 시그널 집합 set에 시그널 signum이 포함되어 있</td></tr>
</table>

	는지 검사한다.
반환값	sigemptyset(), sigfillset(), sigaddset(), sigdelset() 은 성공하면 0, 실패하면 -1을 반환한다. sigismember()은 signum이 set에 포함되어 있으면 1을 반환하고, 그렇지 않으면 0을 반환한다. 에러 발생시에 -1을 반환한다.

sigemptyset()과 sigfillset()은 시그널 집합을 초기화할 때 사용하는데, sigemptyset()은 시그널 집합에서 모든 멤버를 제거하고, sigfillset()은 그 반대로 모든 멤버를 포함시킨다. sigaddset()과 sigdelset()는 개별 멤버를 시그널 집합에 포함시키거나 제거하는데 사용된다. sigismember()는 특정 시그널이 시그널 집합에 포함되어 있는지 검사하는데 사용된다.

[프로그램 7-4] 이 프로그램은 앞에서 설명한 시그널 집합을 다루는 라이브러리 함수들의 사용법과 그 효과를 알아보기 위한 프로그램이다.

```
// File : prog7_4.c

#include <stdio.h>
#include <signal.h>

int main(int argc, char *argv[])
{
     struct sigaction act;

     sigemptyset(&act.sa_mask);
     printf( “after sigemptyset(&act.sa_mask)\n” );
     if (sigismember(&act.sa_mask, SIGINT) == 1)
          printf( “SIGINT is a member\n” );
     else
          printf( “SIGINT is not a member\n” );
     //
     sigaddset(&act.sa_mask, SIGINT);
     printf( “after sigaddset(&act.sa_mask, SIGINT)\n” );
     if (sigismember(&act.sa_mask, SIGINT) == 1)
```

```
20             printf( “SIGINT is a member\n” );
21         else
22             printf( “SIGINT is not a member\n” );
23         //
24         sigfillset(&act.sa_mask);
25         printf( “after sigfillset(&act.sa_mask)\n” );
26         if (sigismember(&act.sa_mask, SIGALRM) == 1)
27             printf( “SIGALRM is a member\n” );
28         else
29             printf( “SIGALRM is not a member\n” );
30         //
31         sigdelset(&act.sa_mask, SIGALRM);
32         printf( “after sigdelset(&act.sa_mask, SIGALRM)\n” );
33         if (sigismember(&act.sa_mask, SIGALRM) == 1)
34             printf( “SIGALRM is a member\n” );
35         else
36             printf( “SIGALRM is not a member\n” );
37 }
```

[실행 결과]

```
ngs@ubuntu:~/lsp/ch7$ ./prog7_4
after sigemptyset(&act.sa_mask)
SIGINT is not a member
after sigaddset(&act.sa_mask, SIGINT)
SIGINT is a member
after sigfillset(&act.sa_mask)
SIGALRM is a member
after sigdelset(&act.sa_mask, SIGALRM)
SIGALRM is not a member
ngs@ubuntu:~/lsp/ch7$
```

[설명]

라인 10~15는 sigemptyset()과 sigismember()의 사용법과 효과를 보여주고 있다. sigemptyset()은 시그널 집합을 모두 비우는데 사용되고, sigismember()는 어떤 시그널이 시그널 집합의 멤버인가를 검사하는데 사용된다.

라인 17~22는 sigaddset()의 사용법과 그 효과를 보여준다. sigaddset()은

어떤 시그널을 시그널 집합에 추가하는데 사용된다. 라인 24~29는 sigfillset()의 사용법과 그 효과를 보여주는데, sigfillset()은 시그널 집합에 모든 시그널을 포함시키는데 사용된다. 마지막으로 라인 31~36에서는 sigdelset()의 사용법과 그 효과를 보여주고 있는데, 어떤 시그널을 시그널 집합에서 제거하는데 사용된다.

[프로그램 7-5] sa_mask 시그널 집합에 등록되어 있는 시그널은 그 시그널이 발생하더라도 현재 진행중인 시그널에 대한 처리가 완료될 때까지 핸들러 실행이 보류된다. 이 프로그램은 sigaction()을 사용해서 SIGINT 시그널에 대한 처리를 설정할 때에 시그널 집합 sa_mask에 SIGQUIT 시그널을 등록했을 때와 등록하지 않았을 때 결과가 어떻게 다른가를 보여주는 프로그램이다.

```
// File : prog7_5.c

#include <stdio.h>
#include <signal.h>

int main(int argc, char *argv[])
{
	struct sigaction act;
	int flag;
	void int_handler(int);

	setbuf(stdout, NULL);

	if (argc > 1) flag = 1;
	else flag = 0;

	act.sa_handler = int_handler;
	sigfillset(&act.sa_mask);
	if (flag == 1) {
		sigdelset(&act.sa_mask, SIGQUIT);
	}
	sigaction(SIGINT, &act, NULL);

```

```
24        printf( "Type ^C and ^\\ \n" );
25        while (1) {
26            // do somthing here
27        }
28    }
29
30    void int_handler(int signum)
31    {
32        int i;
33
34        printf( "start int_handler => " );
35        for (i = 0; i < 5; i++) {
36            sleep(1);
37            printf( "%d" , i);
38        }
39        printf( "...end\n" );
40    }
```

[실행 결과]

```
ngs@ubuntu:~/lsp/ch7$ ./prog7_5
Type ^C and ^\
^Cstart int_handler => 012^\34...end
종료 (core dumped)
ngs@ubuntu:~/lsp/ch7$
ngs@ubuntu:~/lsp/ch7$ ./prog7_5  aaa
Type ^C and ^\
^Cstart int_handler => 012^\종료 (core dumped)
ngs@ubuntu:~/lsp/ch7$
```

[설명]

이 프로그램을 실행시키는 방법은 두 가지가 있다. 명령라인 인수를 주지 않고 실행시키는 방법과 명령라인 인수를 주고 실행시키는 방법이다. 이 때 명령라인 인수의 수나 값은 의미가 없고 인수가 있느냐 없느냐에 따라 프로그램이 다르게 동작한다.

라인 12에서 setbuf()를 이용해서 출력 버퍼를 제거해서 printf()의 결과가 즉시 화면에 나오도록 했다.

라인 14, 15에서는 명령라인 인수가 있으면 flag 변수 값을 1로 하고, 인수가 없으면 그 값을 0으로 한다. 이 값은 그 아래 라인들에서 sa_mask에 SIGQUIT를 등록할 것인지 안할 것인지를 결정하는데 사용된다.
라인 17~22에서는 SIGINT 시그널에 대한 동작을 설정한다. 시그널 핸들러 함수로는 int_handler()를 설정했다. sa_mask는 먼저 sigfillset()으로 전체 시그널을 등록시킨 다음에 flag값이 1이면 즉, 명령라인 인수가 있으면 sigdelset()을 사용해서 SIGQUIT은 제외시킨다.
라인 25~27에서는 아무런 명령도 실행하지 않고 시그널이 들어올 때까지 기다린다.
라인 30~40에 있는 함수는 시그널 핸들러 함수이다. SIGINT 시그널이 발생했을 때에 라인 34에서 핸들러 시작을 알리고, 라인 35~38에서는 1초에 한번씩 printf() 함수를 실행한다. 5초가 경과하면 시그널 핸들러에서 반환된다.
첫 번째 실행은 인수없이 실행된 것이므로 flag 변수 값이 0으로 되었고 시그널 집합 sa_mask에 SIGQUIT가 포함되어 있다. 먼저 ^C를 입력해서 SIGINT 시그널을 발생시켜 시그널 핸들러를 동작하게 했다. 3초가 경과한 후에 '^\' 를 입력해서 SIGQUIT 시그널을 발생시켰지만 SIGQUIT이 sa_mask에 포함되어 있으므로 SIGQUIT에 대한 시그널 처리는 잠시 보류되었다. 5초가 경과하여 SIGINT에 대한 핸들러 함수의 실행이 완료된 후에 SIGQUIT에 대한 프로세스의 처리가 일어나서 프로그램이 종료되었다.
두 번째 실행은 인수가 aaa로 하나 주어져 있으므로 flag 변수 값은 1로 되었고 sa_mask에 SIGQUIT이 포함되어 있지 않다. 첫 번째 실행과 마찬가지로 SIGINT 시그널이 먼저 발생해서 int_handler() 함수가 실행되었다. 3초가 경과한 후에 SIGQUIT 시그널을 발생시켰는데 이번에는 SIGQUIT 시그널 처리가 보류되지 않고 그 처리가 즉시 이루어져 프로세스가 종료되었다.

7.2 시그널 발생

앞 절에서 설명한 것과 같이 시그널은 키보드 입력으로부터 발생할 수도 있고, 프로그램 실행 과정에서 발생할 수도 있다. 여기서는 그 외에 시스템 콜을 사용해 발생하도록 할 수 있는 시그널 발생 방법에 대해 설명한다.

7.2.1 알람 클록

alarm()은 일정 시간이 경과하면 시그널 SIGALRM이 발생하도록 알람 클락을 설정한다.

형식	#include <unistd.h> unsigned int alarm(unsigned int seconds);
인수	• seconds : 알람 시간 설정
기능	주어진 시간이 경과하면 SIGALRM 시그널이 발생한다.
반환값	이전에 설정된 알람 시간 중에서 남은 시간을 반환한다

인수로 주어진 시간 seconds가 경과하면 프로세스에게 SIGALRM 시그널이 발생하므로 반드시 alarm()을 호출하기 전에 SIGALRM 시그널에 대한 핸들러를 설정해 두고 있어야 한다. 알람 클락은 한 프로세스에게 하나만 설정할 수 있으므로 이 시스템 콜을 호출할 때 알람 클락이 설정되어 있었다면 설정된 클락은 해제되고 새로운 클락이 설정된다. 인수 값을 0으로 주면 현재 설정되어 있는 알람 클록을 정지시킨다. 이 기능은 일정 시간 동안 입출력을 기다려야 하거나, 통신 소프트웨어 등에서 타임아웃을 발생시키기 위해 사용한다.

[프로그램 7-6] 이 프로그램은 alarm()을 이용해 일정 시간 동안만 입력을 기다리는 프로그램이다. 정해진 시간 내에 입력이 없으면 타임아웃에 의해 프로그램이 종료된다.

```
// File : prog7_6.c

```

```
#include <stdio.h>
#include <stdlib.h>
#include <signal.h>
#include <errno.h>

#define TIMEOUT_INTERVAL      3
#define MAX_TIMEOUT           4
#define BUF_SIZE              64

extern errno;
int num_timeout = 0;

int main(int argc, char *argv[])
{
    int remain;
    char buf[BUF_SIZE], *bp;
    struct sigaction act;
    void sig_handler(int);

    act.sa_handler = sig_handler;
    sigfillset(&act.sa_mask);
    act.sa_flags = SA_RESTART;
    sigaction(SIGALRM, &act, NULL);
    alarm(TIMEOUT_INTERVAL);

    printf( “Type string before %d seconds: ” , TIMEOUT_INTERVAL);
    if ((bp = fgets(buf, BUF_SIZE, stdin)) == NULL) {
        if (errno == EINTR) {
            printf( “interrupted by signal\n” );
        } else {
            printf( “end of file (^D)\n” );
        }
    } else {
        remain = alarm(0);
        printf( “You Typed : %s\n” , bp);
        printf( “remaining time = %d\n” , remain);
    }
}
```

```
42  void sig_handler(int signum)
43  {
44      num_timeout++;
45      printf( "num_timeout = %d\n" , num_timeout);
46      if (num_timeout > MAX_TIMEOUT) {
47          printf( "***** Too late *****\n" );
48          exit(0);
49      }
50      alarm(TIMEOUT_INTERVAL);
51  }
```

[실행 결과]

```
ngs@ubuntu:~/lsp/ch7$ ./prog7_6
Type string before 3 seconds : num_timeout = 1
num_timeout = 2
num_timeout = 3
num_timeout = 4
num_timeout = 5
***** Too late *****
ngs@ubuntu:~/lsp/ch7$
ngs@ubuntu:~/lsp/ch7$ ./prog7_6
Type string before 3 seconds : thanks
You Typed : thanks

remaining time = 1
ngs@ubuntu:~/lsp/ch7$
```

[설명]

라인 22~25에서 시그널 SIGALRM에 대한 시그널 핸들러를 설정하고, 라인 26에서는 alarm()을 이용해 3초 후에 SIGALRM 시그널이 발생하도록 했다.

라인 29에서 fgets()를 실행하여 입력을 대기하고 있는데, 그 동안에 시그널이 발생하면 fgets() 함수 내부의 read() 시스템 콜이 중단되어 오류를 반환할 수 있다. 그러나 라인 24에서 sa_flags에 SA_RESTART를 설정했기 때문에 read() 시스템 콜은 자동으로 다시 시작되어 결국은 fgets()가 입력을 읽을 수 있게 된다.

라인 29의 fgets()는 시스템 콜 read()를 이용해 키보드 입력을 기다리는데 3초 내에 입력이 없다면 시그널 SIGALRM이 발생하고, 시그널 핸들러 sig_andler()가 실행된다. sig_handler()는 5번 연속해서(3 * 5 = 15 초) 시그널이 발생하면 exit()를 실행해서 종료한다. 그러나 그 시간 내에 입력을 주면 라인 36을 실행하게 되어 입력 내용과 남은 시간을 출력하고 종료한다.

실행 결과를 보면 첫 번째 실행에서는 타임아웃이 발생할 때까지 입력을 주지 않아서 프로그램이 시그널 핸들러 내에서 종료했다. 그러나 두 번째 실행에서는 실행 2초 만에 입력을 주었기 때문에 정상적으로 남은 시간 1초를 출력하고 종료했다.

7.2.2 인터벌 타이머

프로세스는 커널 내에 다음과 같은 세 종류의 타이머를 가지고 있고, 각 타이머가 타임아웃되면 관련된 시그널이 발생한다.

- ITIMER_REAL : 실시간 타이머로 프로세스 실행에 관계없이 물리적 절대 시간을 반영한다. 타임아웃이 발생하면 SIGALRM 시그널이 발생된다.
- ITIMER_VIRTUAL : 프로세스가 사용자 모드에서 실행될 때만 진행되는 타이머로 타임아웃 발생이 발생되면 SIGVTALRM 시그널이 발생된다.
- ITIMER_PROF : 프로세스가 사용자 모드에서 수행될 때나 커널 모드에서 수행될 때 진행된다. 타임아웃이 발생하면 SIGPROF 시그널이 발생된다.

이 타이머들은 타이머 값과 인터벌 값을 가진다. 타이머 값은 타임아웃 때까지 남은 시간을 말하고, 인터벌 값은 타임아웃이 발생한 후에 재설정될 타이머 값을 말한다. 각 타이머들은 타이머 값이 0으로 되면 해당 시그널을 발생시키고 인터벌 값으로 다시 초기화되어 동작을 계속한다. alarm()이 시그널을 한번만 발생시키는데 비해, 인터벌 타이머는 강제로 정지시킬 때까지 주기적으로 시그널을 발생시킨다.

<table>
<tr><td>형식</td><td><pre>#include <sys/time.h>

int getitimer(int which, struct itimerval *curr_value);
int setitimer(int which, const struct itimerval *new_value,
              struct itimerval *old_value);

    struct itimerval {
        struct timeval it_interval; // next value
        struct timeval it_value;   // current value
    };

    struct timeval {
        time_t   tv_sec; // seconds
        suseconds_t tv_usec; // microseconds
    };</pre></td></tr>
<tr><td>인수</td><td>• which : 타이머의 종류를 지정함.
• curr_value : which로 지정된 타이머의 현재 값.
• new_value : which로 지정된 타이머의 설정값.
• old_value : 이전에 설정되었던 값.</td></tr>
<tr><td>기능</td><td>getitimer()는 각 인터벌 타이머의 현재 설정값을 알아내는데 사용되고, setitimer()는 각 인터벌 타이머의 값을 새로 설정하는데 사용된다.</td></tr>
<tr><td>반환값</td><td>성공하면 0이 반환되고, 실패하면 -1이 반환된다.</td></tr>
</table>

타이머 값과 인터벌 값은 setitimer() 시스템 콜로 설정할 수 있다. 그리고 현재의 타이머 값과 인터벌 값은 getitimer()로 조회할 수 있다. setitimer()로 타이머 값을 0으로 설정하면 타이머 동작이 정지된다.

[프로그램 7-7] 이 프로그램은 setitimer()를 이용해서 세 개의 인터벌 타이머를 동작시킨 다음에, 프로그램을 사용자 모드와 커널 모드에서 적절한 비율로 실행시키면서 각 타이머의 값을 관찰한다. 타이머 값을 조사하면 이 프로세스의 실행에 대한 다양한 정보를 얻을 수 있다.

```
// File : prog7_7.c

#include <stdio.h>
#include <stdlib.h>
#include <signal.h>
#include <sys/time.h>
#include <fcntl.h>

int main(int argc, char *argv[])
{
    int i, fd;
    struct itimerval itv;
    struct sigaction act;
    void sig_handler(int);

    act.sa_handler = sig_handler;
    sigfillset(&act.sa_mask);
    act.sa_flags = SA_RESTART;
    sigaction(SIGALRM, &act, NULL);
    sigaction(SIGVTALRM, &act, NULL);
    sigaction(SIGPROF, &act, NULL);

    itv.it_interval.tv_sec = 1;
    itv.it_interval.tv_usec = 0;
    itv.it_value.tv_sec = 1;
    itv.it_value.tv_usec = 0;

    setitimer(ITIMER_REAL, &itv, NULL);
    setitimer(ITIMER_VIRTUAL, &itv, NULL);
    setitimer(ITIMER_PROF, &itv, NULL);

    while (1) {
        fd = open( “file1” , O_RDWR);; // for kernel mode execution
        close(fd);
```

```
            for(i = 0; i < 1000; i++); // for user mode execution
        }
}

void sig_handler(int signum)
{
        struct itimerval itv;

        switch (signum) {
            case SIGALRM: printf( “***SIGALRM***\n” ); break;
            case SIGVTALRM: printf( “***SIGVTALRM***\n” ); break;
            case SIGPROF: printf( “***SIGPROF***\n” ); break;
        }

        getitimer(ITIMER_REAL, &itv);
        printf( “ITIMER_REAL : tv_sec = %d, tv_usec = %d\n” ,
            (int)itv.it_value.tv_sec, (int)itv.it_value.tv_usec);
        getitimer(ITIMER_VIRTUAL, &itv);
        printf( “ITIMER_VIRT : tv_sec = %d, tv_usec = %d\n” ,
            (int)itv.it_value.tv_sec, (int)itv.it_value.tv_usec);
        getitimer(ITIMER_PROF, &itv);
        printf( “ITIMER_PROF : tv_sec = %d, tv_usec = %d\n” ,
            (int)itv.it_value.tv_sec, (int)itv.it_value.tv_usec);

        if (signum == SIGVTALRM) exit(0);
}
```

[실행 결과]

```
ngs@ubuntu:~/lsp/ch7$ ./prog7_7
***SIGALRM***
ITIMER_REAL : tv_sec = 0, tv_usec = 998676
ITIMER_VIRT : tv_sec = 0, tv_usec = 504031
ITIMER_PROF : tv_sec = 1, tv_usec = 62
***SIGPROF***
ITIMER_REAL : tv_sec = 0, tv_usec = 998560
ITIMER_VIRT : tv_sec = 0, tv_usec = 504031
ITIMER_PROF : tv_sec = 1, tv_usec = 62
***SIGVTALRM***
ITIMER_REAL : tv_sec = 0, tv_usec = 41639
ITIMER_VIRT : tv_sec = 1, tv_usec = 62
```

```
ITIMER_PROF : tv_sec = 0, tv_usec = 44002
ngs@ubuntu:~/lsp/ch7$
```

[설명]

라인 16~21에서 세 타이머가 발생시키는 시그널들에 대한 핸들러를 sig_handler()로 설정했다. 그리고 라인 23~30에서 세 타이머에 대한 타이머 값과 인터벌 값을 1초로 설정했다. 이제 각 타이머는 1초가 경과할 때마다 해당 시그널을 발생시킬 것이다.

라인 32~36에서는 무한 루프를 돌면서 커널 모드와 사용자 모드 실행을 반복한다. 라인 33, 34의 open()과 close()는 커널 모드에서 실행되도록 하기 위해 호출하는 것이고, 라인 35는 사용자 모드에서 실행되도록 하기 위해 의미없는 코드를 적어 둔 것이다.

각 타이머가 타임아웃되면 해당 시그널이 발생하고, 이 때마다 sig_handler()가 실행되어 sig_handler()내에서는 getitimer()를 이용하여 현재의 각 타이머 값을 알아내어 출력한다.

각 시그널 발생 순서를 보면 ITIMER_REAL이 가장 빨리 타임아웃이 되었고, 두 번째로 ITIMER_PROF, 마지막으로 ITIMER_VIRTUAL이 타임아웃되었다. 이 때 출력된 각 타이머 값을 보면 이 프로그램이 커널 모드와 사용자 모드에서 얼마나 실행되었는지 알 수 있다

7.2.3 시그널 전달

앞 절까지 여러 가지 시그널 발생 원인과 그에 대한 처리를 하는 시그널 핸들러를 설명했다. 시그널은 프로그램 작성상의 오류로 프로그램 실행 도중에 발생할 수도 있고, 키보드 입력이나 타이머로부터 발생할 수도 있다. 또한 프로세스가 임의의 시그널을 자신 혹은 다른 프로세스들에게 전달할 수도 있다. 임의의 시그널을 발생시키는 방법으로 시스템 콜 kill()이 있다.

형식	#include <sys/types.h>
	#include <signal.h>
	
	int kill(pid_t pid, int sig);
	int killpg(int pgrp, int sig);

인수	• sig : 시그널 번호 • pid : 프로세스 번호 • pgrp : 프로세스 그룹 번호
기능	kill()은 지정된 프로세스 혹은 프로세스 그룹에게 시그널을 보내고, killpg()는 지정된 프로세스 그룹에게 시그널을 보낸다.
반환값	성공하면 0, 실패하면 -1을 반환한다.

kill()은 그 이름과는 달리 한 프로세스가 자신 혹은 다른 프로세스에게 시그널을 보내는 시스템 콜이다. kill()이 프로세스를 죽이는 의미로 사용되는 이유는 앞 절에서 설명한 것처럼 대부분의 시그널에 대한 디폴트 동작인 SIG_DFL이 프로세스를 종료시키는 것이기 때문이다.

kill()은 프로세스에게 임의의 시그널 signum을 전달할 수 있다. kill()을 호출하는 프로세스의 유효 사용자 아이디가 프로세스 pid의 사용자 아이디와 같아야 한다. 간단히 말하면 같은 사용자가 실행시킨 프로세스에게만 시그널을 전달한다. 물론 슈퍼 유저는 모든 프로세스에게 시그널을 전달할 수 있다. pid 값에 따라 시그널을 받을 프로세스는 다음과 같다.

- pid > 0이면 프로세스 아이디가 pid인 프로세스
- pid == 0이면 같은 그룹에 속하는 모든 프로세스
- pid == -1이면 시스템 내의 모든 프로세스
- pid < -1이면 그룹 아이디가 -pid인 모든 프로세스

killpg()는 프로세스 그룹에게 시그널을 보내기 때문에 그룹에 속하는 모든 프로세스들이 시그널을 받는다. pgrp가 0이면 현재 프로세스와 같은 그룹에 속하는 모든 프로세스에게 시그널을 보낸다.

[프로그램 7-8] 이 프로그램은 kill()의 사용법을 알아보는 프로그램이다. 먼저 자식 프로세스를 생성하고, 자식 프로세스는 모든 시그널에 대해 핸들러를 설정한다. 부모 프로세스는 자식 프로세스에게 1초 간격으로 시그널 번호 0부터 31까지를 보낸다. 이때 SIGKILL과 SIGSTOP은 제외한다. 왜냐하면 이 두 시그널은 핸들러를 설정할 수 없고, 이 시그널을 받은 프로세스는 무조건 종료하기 때문이다.

```
// File : prog7_8.c

#include <stdio.h>
#include <stdlib.h>
#include <sys/types.h>
#include <signal.h>

int main(int argc, char *argv[])
{
    int child, i;

    if ((child = fork()) == 0) {      // child
        child_proc();
        exit(0);
    }
    // parent
    for (i = 1; i < 32; i++) {
        if (i == SIGKILL || i == SIGSTOP) continue;
        sleep(1);
      printf( “[%d] send signal #%d to proc #%d\n” , getpid(), i, child);
        kill(child, i);
    }
}

void sig_handler(int signum)
{
    printf( “[%d] receive signal #%d\n” , getpid(), signum);
}

int child_proc()
{
```

```
    int i;
    struct sigaction act;

    act.sa_handler = sig_handler;
    sigfillset(&act.sa_mask);
    act.sa_flags = SA_RESTART;

    for (i = 1; i < 32; i++) {
        sigaction(i, &act, NULL);
    }

    while (1);      // do nothing
}
```

[실행 결과]

```
ngs@ubuntu:~/lsp/ch7$ ./prog7_8
[14273] send signal #1 to proc #14274
[14274] receive signal #1
[14273] send signal #2 to proc #14274
[14274] receive signal #2
.
.
.
[14273] send signal #30 to proc #14274
[14274] receive signal #30
[14273] send signal #31 to proc #14274
[14274] receive signal #31
ngs@ubuntu:~/lsp/ch7$
ngs@ubuntu:~/lsp/ch7$ ps
  PID TTY          TIME CMD
 2729 pts/3    00:00:03 bash
14274 pts/3    00:01:15 prog7_8
14280 pts/3    00:00:00 ps
ngs@ubuntu:~/lsp/ch7$
ngs@ubuntu:~/lsp/ch7$ kill -9 14274
ngs@ubuntu:~/lsp/ch7$ ps
  PID TTY          TIME CMD
 2729 pts/3    00:00:03 bash
```

```
14282 pts/3     00:00:00 ps
ngs@ubuntu:~/lsp/ch7$
```

[설명]

이 프로그램을 실행시키면 먼저 프로세스를 하나 생성한다. 부모 프로세스가 kill()로 보낸 31개의 시그널을 자식 프로세스가 받아서 처리한 것을 볼 수 있다. 그런데 부모 프로세스가 종료한 후에 ps 명령으로 확인해 보면 자식 프로세스는 그대로 남아 있다. 이것은 부모 프로세스인 그룹 리더가 종료했을 때 발생하는 시그널 SIGHUP에 대한 핸들러가 자식 프로세스에게 설정되어 있기 때문이다. 이 프로세스는 "kill -9 pid" 명령으로 종료시킬 수 있는데 이것은 프로세스 pid에게 시그널 번호 9번 즉, SIGKILL을 보내는 것이다.

라인 37에서 sa_flags에 SA_RESTART를 설정해 준 것은 printf() 함수가 시그널에 대해 안전하지 않기 때문이다. 즉, 시그널 핸들러인 int_handler() 내에서 printf()를 실행하면 printf() 함수 내에 있는 시스템 콜들이 실행을 완료하지 못하고 강제로 반환되어 결과적으로 printf() 함수가 잘못 실행될 수 있다. 이를 방지하지 위해 SA_RESTART를 설정해서 강제로 반환된 시스템 콜을 자동으로 다시 실행하게 했다.

[프로그램 7-9] 시스템 콜 kill()은 자신 혹은 다른 프로세스에게 임의의 시그널을 보낼 수 있다. kill()을 이용해서 자신에게 임의의 시그널을 전달하게 하는 라이브러리 함수로 raise()가 있다. 이 프로그램은 SIGINT에 대한 핸들러를 설정해 두고 3초 후에 raise() 함수를 사용해서 자신에게 SIGINT 시그널을 보낸다.

```
// File : prog7_9.c

#include <stdio.h>
#include <stdlib.h>
#include <sys/types.h>
#include <signal.h>

int main(int argc, char *argv[])
```

```
9   {
10      struct sigaction act;
11      void sig_handler(int);
12
13      act.sa_handler = sig_handler;
14      sigfillset(&act.sa_mask);
15      act.sa_flags = SA_RESTART;
16      sigaction(SIGINT, &act, NULL);
17
18      sleep(3);
19      raise(SIGINT);
20  }
21
22  void sig_handler(int signum)
23  {
24      printf( "[%d] receive signal #%d\n" , getpid(), signum);
25  }
```

[실행 결과]

```
ngs@ubuntu:~/lsp/ch7$ ./prog7_9
[14708] receive signal #2
ngs@ubuntu:~/lsp/ch7$
```

[설명]

라인 13~16에서 SIGINT에 대한 시그널 핸들러를 설정한다. 라인 18에서 3초간 실행을 멈추었다가 라인 19에서 raise() 함수를 사용해서 자신에서 SIGINT 시그널을 보냈다. 따라서 이 프로그램은 3초 후에 시그널 핸들러를 실행하게 된다.

[프로그램 7-10] 이 프로그램은 시스템 콜 kill()이나 killpg()를 이용해서 같은 프로세스 그룹에 속하는 모든 프로세스에게 시그널을 보내는 프로그램이다. 5 개의 자식 프로세스를 생성한 다음에 자신이 속한 그룹에게 SIGUSR1 시그널을 보내서 모든 자식 프로세스들을 종료한다.

```
// File : prog7_10.c
```

```

#include <stdio.h>
#include <stdlib.h>
#include <sys/types.h>
#include <signal.h>
#include <sched.h>

#define MAX_CHILD       5

int main(int argc, char *argv[])
{
    int i;
    void sig_handler(int signum);
    struct sigaction act;

    act.sa_handler = SIG_IGN;
    sigfillset(&act.sa_mask);
    act.sa_flags = SA_RESTART;
    sigaction(SIGUSR1, &act, NULL);

    for (i = 0; i < MAX_CHILD; i++) {
        if (fork() == 0) {      // child
            child_proc();
            exit(0);
        }
    }
    sleep(1);

    // parent
    printf( "[%d] send signal #%d to process group #%d\n" ,
        getpid(), SIGUSR1, getpgrp());
    kill(0, SIGUSR1);       // killpg(0, SIGUSR1)
    sleep(1);
}

void sig_handler(int signum)
{
   printf( "[%d](%d) receive signal #%d\n" , getpid(), getpgrp(), signum);
   exit(0);
```

```
41  }
42  
43  int child_proc()
44  {
45      struct sigaction act;
46      void sig_handler(int);
47  
48      act.sa_handler = sig_handler;
49      sigfillset(&act.sa_mask);
50      act.sa_flags = SA_RESTART;
51      sigaction(SIGUSR1, &act, NULL);
52  
53      while (1);      // do nothing
54  }
```

[실행 결과]

```
ngs@ubuntu:~/lsp/ch7$ ./prog7_10
[14809] send signal #10 to process group #14809
[14810](14809) receive signal #10
[14811](14809) receive signal #10
[14814](14809) receive signal #10
[14812](14809) receive signal #10
[14813](14809) receive signal #10
ngs@ubuntu:~/lsp/ch7$
```

[설명]

먼저 라인 17~20에서 SIGUSR1 시그널이 발생하면 무시하도록 SIG_IGN 핸들러를 설정했다. 라인 33에서 자신이 속한 그룹에 SIGUSR1 시그널을 보내는데 이 시그널은 자신도 받게 되므로 미리 핸들러를 설정해 주지 않으면 자식 프로세스들 보다 먼저 종료될 수도 있으므로 이에 대한 대비를 미리 해 둔 것이다.

라인 22~27에서는 5개의 자식 프로세스를 생성해서 라인 43에 있는 child_proc() 함수를 실행하게 했다. 자식 프로세스는 라인 48~51에서 SIGUSR1 시그널에 대한 동작을 설정하고, 라인 53에서 대기하고 있다가 SIGUSR1 시그널을 받아서 시그널 핸들러 안에서 종료한다.

7.3 시그널 대기

pause()는 시그널이 발생할 때까지 실행을 멈추고 대기하는 시스템 콜이다. 이 시스템 콜은 특정 사건이 발생한 후에 실행을 계속하게 할 때에 사용한다.

형식	#include <unistd.h> int pause(void);
인수	없음
기능	시그널이 발생할 때까지 대기한다.
반환값	-1을 반환한다.

pause()로 대기 상태에 있던 프로세스는 시그널이 발생하면 그 시그널에 대한 처리가 이루어진 다음에 pause()에서 반환된다. 핸들러가 설정되어 있으면 그 핸들러 함수를 실행한 후에 반환되는데, 이 경우에 pause()의 반환값은 항상 -1이다. 왜냐하면 pause() 시스템 콜이 시그널에 의해 강제 중단되었기 때문이다. 핸들러가 설정되어 있지 않으면 디폴트 동작이 일어난 후에 pause()에서 반환되는데, 디폴트 동작이 프로세스가 종료되는 시그널이라면 pause()에서 반환되지 않고 바로 종료된다.

[프로그램 7-11] 이 프로그램은 alarm()을 사용해서 5초 후에 SIGALRM 시그널이 발생하게 해 둔 다음에 pause()를 사용해서 시그널이 발생할 때까지 대기하는 프로그램이다. 시그널이 발생하면 핸들러 함수를 실행한 후에 종료한다.

```
// File : prog7_11.c

#include <stdio.h>
#include <stdlib.h>
#include <signal.h>
```

```
6
7  int main(int argc, char *argv[])
8  {
9       int result;
10      struct sigaction act;
11      void sig_handler(int);
12
13      act.sa_handler = sig_handler;
14      sigfillset(&act.sa_mask);
15      act.sa_flags = SA_RESTART;
16      sigaction(SIGALRM, &act, NULL);
17
18      alarm(5);
19
20      printf( "Wait for signal.....\n" );
21      result = pause();
22      printf( ".....pause() returned : %d\n" , result);
23 }
24
25 void sig_handler(int signum)
26 {
27      printf( "Signal #%d received.\n" , signum);
28 }
```

[실행 결과]

```
ngs@ubuntu:~/lsp/ch7$ ./prog7_11
Wait for signal.....
Signal #14 received.
.....pause() returned : -1
ngs@ubuntu:~/lsp/ch7$
```

[설명]

먼저 라인 13~16에서 SIGALRM 시그널에 대한 처리를 설정하고, 라인 18에서 5초 후에 알람 시그널이 발생하도록 설정했다. 라인 21에서 pause()를 호출하여 대기하고 있던 프로세스는 SIGALRM 시그널이 발생하면 핸들러 함수를 실행한 후에 pause()에서 반환된다. 이때에 pause()의 반환값은 항상 -1이다.

7.4 시그널 차단

프로세스가 중요한 일을 하고 있을 때에는 시그널에 의해 방해 받지 않아야 할 때가 있다. 프로그램 실행의 어느 구간에서 시그널 발생을 차단하는 시스템 콜은 sigprocmask()이다. 이 시스템 콜은 차단(mask)해야 할 시그널들의 목록을 설정하는 기능을 제공한다. 차단된 동안에 발생된 시그널은 차단이 해제되면 즉시 프로세스에게 전달된다.

형식	#include <signal.h> int sigprocmask(int how, const sigset_t *set, sigset_t *oldset);
인수	• how : 차단 목록에 대한 등록/해제/설정 기능을 정의 • set : 등록/해제/설정할 시그널의 마스크 값 • oldset : 이전에 설정되었던 시그널의 마스크 값
기능	차단해야 할 시그널들의 목록을 등록/해제/설정한다.
반환값	성공하면 0, 실패하면 -1을 반환한다.

프로세스는 내부적으로 차단되어야 할 시그널의 목록들을 가지고 있는데 sigprocmask()는 이 목록에 시그널을 등록, 해제하거나 목록 전체를 새로 설정하는 기능을 가진다. 이 기능의 구분은 첫 번째 인수인 how가 하는데, how가 가질 수 있는 값은 다음 세 가지가 있다.

- SIG_BLOCK : 차단될 시그널 목록에 set에 있는 시그널들을 추가한다.
- SIG_UNBLOCK : 차단될 시그널 목록에서 set에 있는 시그널들을 제외한다.
- SIG_SETMASK : 차단될 시그널 목록을 set에 있는 시그널들로 새롭게 설정한다.

두 번째 인수인 set과 세 번째 인수인 oldset은 타입이 시그널 집합인 sigset_t이므로 7.1.3절에서 설명한 시그널 집합을 조작하는 라이브러리 함수들을 사용해서 조작할 수 있다.

[프로그램 7-12] 이 프로그램은 1초에 한 번씩 printf()를 호출해서 화면에 출력을 하면서 출력이 다섯 번 될 때까지는 SIGINT 시그널(키보드로부터 '^C')을 받지 않도록 차단하는 프로그램이다. 따라서 이 프로그램은 5초 동안은 ^C로는 종료할 수 없고 다른 방법으로 종료해야 한다.

```
// File : prog7_12.c

#include <stdio.h>
#include <stdlib.h>
#include <signal.h>

int main(int argc, char *argv[])
{
    sigset_t set;
    int count = 0;

    sigemptyset(&set);
    sigaddset(&set, SIGINT);
    sigprocmask(SIG_BLOCK, &set, NULL);

    printf( “Critical section starts -------->\n” );

    while (1) {
        sleep(1);
        count++;
        printf( “count = %d\n” , count);

        if (count == 5) {
            printf( “<-------- Critical section ends\n” );
            sigprocmask(SIG_UNBLOCK, &set, NULL);
        }
    }
}
```

[실행 결과]

```
ngs@ubuntu:~/lsp/ch7$ ./prog7_12
Critical section starts -------->
count = 1
count = 2
^Ccount = 3
count = 4
count = 5
<-------- Critical section ends

ngs@ubuntu:~/lsp/ch7$
ngs@ubuntu:~/lsp/ch7$ ./prog7_12
Critical section starts -------->
count = 1
count = 2
count = 3
count = 4
count = 5
<-------- Critical section ends
count = 6
count = 7
^C
ngs@ubuntu:~/lsp/ch7$
```

[설명]

라인 12~14에서 SIGINT만 포함하도록 시그널 집합 변수 set을 만든 다음에, sigprocmask()를 사용해서 프로세스의 차단 목록에 이를 등록한다. 라인 18~27은 무한 루프를 돌면서 1초에 한번씩 count 값을 출력한다. 라인 23~26에서 count 값이 5가 되면 다시 sigprocmask()를 사용해서 차단 목록에서 SIGINT를 해제한다.

첫 번째 실행에서는 2초가 경과한 후에 '^C'로 SIGINT를 발생시켰는데, 이 구간에서는 SIGINT가 차단되어 있으므로 프로세스에게 전달되지 않고 지연되어 있다가 5초가 경과하여 차단이 해제된 후에 전달되어 프로세스가 종료되었다.
두 번째 실행에서는 7초가 경과한 후에 '^C'로 SIGINT를 발생시켰다. 이 경우에는 이미 5초 때에 SIGINT가 차단 목록에서 해제되었으므로 SIGINT가 즉시 전달되어 프로세스가 종료되었다,

실습 과제

[과제] 리눅스에서 사용하는 대표적인 쉘은 bash이다. 이 쉘은 중요한 몇 가지 시그널에 대해서 다음과 같이 반응한다.

1) SIGINT 시그널 즉, 키보드에서 '^C' 를 입력하면 줄이 바뀌는데, 이것은 이 시그널에 대한 핸들러가 존재하고, 핸들러가 줄바꿈 기호를 출력하게 한 것을 의미한다. 뿐만 아니라 명령을 입력하던 도중에 '^C' 를 입력하면 입력한 내용이 사라지고 줄이 바뀌는데 이것은 시그널 핸들러에서 입력 버퍼의 내용을 모두 제거 했다는 것을 의미한다.
2) SIGQUIT 시그널 즉, '^\' 를 입력하면 아무런 일도 일어나지 않는다. 이것은 쉘이 이 시그널에 대해서 무시하도록 핸들러를 설정했다는 것을 의미한다.
3) kill 명령으로 종료시키려 해도 종료되지 않는데, 이것은 SIGTERM 시그널도 무시하도록 되어 있다는 것을 의미한다.

6장의 실습과제에서 작성한 프로그램 myshell을 수정해서 위의 기능이 추가되도록 하시오.

연습 문제

A. 다음 빈 칸에 적절한 용어를 쓰시오.

1. 시그널 핸들러를 설정할 수 있는 시스템 콜인데, 시그널 발생시에 프로세스의 동작을 상세하게 설정할 수 있는 시스템 콜은 (   )이다.

2. 시그널 집합에 특정 시그널이 포함되어 있는지 검사하는 라이브러리 함수는 (   )이다.

3. 일정 시간이 경과하면 시그널이 단 한번 발생하도록 설정할 수 있는 시스템 콜은 (   )이다.

4. 지정된 프로세스에게 임의의 시그널이 발생하도록 할 수 있는 시스템 콜은 (   )이다.

5. (   )는 특정 시그널이 발생하지 않도록 차단하거나 차단된 시그널을 다시 처리할 수 있도록 시그널 목록을 조작하는데 사용된다.

6. 키보드에서 ^C를 입력했을 때에 그 터미널을 제어 터미널로 하는 모든 프로세스에게 발생하는 시그널은 (   )이다.

7. 제어 터미널을 닫거나 프로세스 그룹 리더가 종료했을 때에 그 터미널을 제어 터미널로 하는 모든 프로세스에게 전달되는 시그널은 (   )이다.

8. 시스템에서 정의한 시그널 핸들러 중에서 시그널이 발생해도 이를 무시하도록 하는 핸들러는 (   )이다.

9. C 프로그램에서 포인터 변수를 잘못 사용했을 때에 주로 발생하는 시그널은 SIGSEGV와 (   )이다.

10. pause() 시스템 콜은 임의의 시그널이 발생할 때까지 실행을 멈추고 대기하는 시스템 콜이다. pause()를 호출해서 대기하고 있던 프로세스에게 시그널이 전달되면 pause()는 대기를 중단하고 반환되는데 이 때 pause()의 반환값은 (   )이다.

B. 다음 물음에 답하시오.

1. 시그널이 발생하는 원인은 4 가지가 있다. 4 가지 원인을 나열하고, 각각의 예를 들어 설명하시오.

2. 시그널 핸들러는 일반적으로 프로그래머가 작성한 함수를 사용한다. 이 외에도 시스템에서 제공하는 핸들러가 2 가지가 있는데 이들은 무엇이며, 시그널에 대해 어떻게 반응하는가?

3. 시그널을 다루는 프로그램의 일반적인 구조를 설명하시오.

4. 시그널 중에는 핸들러를 설정할 수 없는 시그널이 몇 가지 있다. 이들은 어떤 것들이며, 언제 발생하는가?

5. 다른 프로세스에게 강제로 시그널을 발생하게 하는 시스템 콜인 kill()은 그 첫 번째 인수에 따라 다양한 기능을 수행한다. 첫 번째 인수 값에 따라 누구에게 시그널이 전달되는지 설명하시오.

6. 모든 서버 프로그램은 일반적으로 서버를 실행시킨 터미널 창을 닫거나 부모 프로세스가 종료되어도 이를 무시하고 강제로 종료할 때까지 실행을 계속한다. 서버의 서비스 기능이 service()라는 함수에 구현되어 있을 때에 main()은 서버가 위의 조건을 만족하기 위한 코드를 실행한 후에 service()를 호출하도록 구현한다. main() 부분을 작성하시오.

7. 시그널 SIGINT에 대해 시그널 핸들러 함수 sig_handler()를 작성했는데 핸들러 함수 안에는 시그널에 대해 안전하지 않은 함수가 사용되고 있다. 이때에 sigaction()을 사용해서 핸들러를 설정하기 위한 코드를 쓰시오.

8. 다음 프로그램의 실행 결과를 쓰시오.

```
int pid, count = 10;
printf( "[parent] initial count is %d\n" , count);
if((pid = fork()) > 0) {
     sleep(5);
     kill(pid, SIGINT);
     raise(SIGINT);
     while (count > 0) {
          sleep(1);
          printf( "[parent] count is %d\n" , count--);
     }
     printf( "[parent] bye! \n" );
} else if(pid == 0) {
     while(count) {
          printf( "[childe] count is %d \n" , count--);
          sleep(2);
     }
}
```

9. 키보드에서 한 라인은 입력받아 그대로 화면에 보여주는 작업을 무한히 반복하는 프로그램 my_echo.c 를 다음 조건을 만족하도록 작성하시오.

(1) 다음과 같이 사용한다.

```
$ my_echo
Enter a line : linux system program
You Typed : linux system program
Enter a line :
 .
```

(2) 키보드에서 ^D 즉, EOF 를 입력하면 프로그램을 종료한다.

(3) 키보드에서 ^C 를 입력하면 현재까지 입력된 문자는 무시하고 다음과

같이 줄을 바꾼다.

```
  .
Enter a line : linux syste^C
Enter a line :
  .
```

8 장 쓰레드

8.1 POSIX 쓰레드 개요

8.2 쓰레드 생성과 종료

8.3 결합과 분리

8.4 쓰레드 동기화

8.5 쓰레드와 시그널

8. 쓰레드

쓰레드(thread)는 한 프로세스 내에 있는 독립된 실행 단위이다. 쓰레드들은 프로세스 내에서 자원을 공유하면서 동시에 실행되어 프로그램을 효율적으로 실행할 수 있도록 해 준다. 한 프로그램 내에 있는 병열 처리가 가능한 부분들이 서로 다른 쓰레드로 구현되면 프로그램 실행 시간을 단축시킬 수 있다. 특히 CPU가 여러 개 있는 멀티 프로세서(multi-processor) 시스템에서 각 쓰레드들이 서로 다른 CPU 상에서 동시에 실행된다면 프로그램의 실행 시간을 크게 단축시킬 수 있다. 비록 CPU를 하나 가지는 단일 프로세서 시스템이라 할지라도 한 쓰레드가 어떤 조건이 만족할 때까지 대기하는 동안에 다른 쓰레드가 작업을 진행시킬 수 있어 프로그램 실행 시간을 단축시킬 수 있다.

리눅스는 커널 수준에서 쓰레드를 제공하기 때문에 시스템 콜로 쓰레드를 만들어 사용할 수 있다. 리눅스 커널이 제공하는 쓰레드는 clone() 시스템 콜을 통해 생성된다. 그러나 clone() 시스템 콜은 사용 방법이 복잡하고, 쓰레드들 사이의 동기 문제를 해결하기 위해서는 프로세스를 위해 만들어진 시스템 V IPC 기능들을 그대로 사용해야 하기 때문에 프로그램 구성이 복잡해진다. 그래서 거의 모든 경우에 리눅스의 커널 레벨 쓰레드보다는 POSIX에서 정의한 라이브러리 레벨의 쓰레드를 사용한다.

기본적으로 리눅스 프로세스는 하나의 프로세스 내에 하나의 쓰레드가 있다. 그래서 프로세스 내에서 쓰레드가 하나 더 생성되면 그 프로세스 내에는 두 개의 쓰레드가 존재하게 된다. 하나는 처음부터 존재하던 메인 쓰레드이고, 다른 하나는 새로 생성된 쓰레드이다.

8.1 POSIX 쓰레드 개요

POSIX에서는 병렬 처리를 위해 쓰레드 기능을 정의하고 있다. POSIX가 제공하는 쓰레드 개념은 라이브러리 레벨에서 구현되는데, 이를 pthread라 한다. pthread는 유닉스나 리눅스뿐만 아니라 윈도우즈 시스템에서도 지원하고 있어 pthread로 구현한 프로그램은 이식성이 뛰어나다.

한 프로세스 내에 있는 POSIX 쓰레드는 쓰레드 아이디로 식별된다. 쓰레드의 아이디는 한 프로세스 내에서만 유효하고 다른 프로세스에 속하는 쓰레드들은 아이디가 중복될 수도 있다. 자신의 쓰레드 아이디를 조회하는 함수에는 pthread_self()가 있다.

형식	#include <pthread.h> pthread_t pthread_self(void);
인수	없음
기능	쓰레드의 아이디를 조회한다.
반환값	항상 성공하고, 호출한 쓰레드의 아이디를 반환한다.

pthread_self()는 이 함수를 호출한 쓰레드의 아이디를 반환하는데, 쓰레드의 아이디는 pthread_t 구조로 되어 있다. 운영체제마다 다를 수는 있지만, 리눅스에서는 pthread_t 구조가 다음과 같이 정의되어 있다.

```
typedef unsigned long int pthread_t;
```

pthread 함수들은 쓰레드 생성과 제거를 위한 함수들, 쓰레드들 사이의 동기화를 위한 함수들, 쓰레드의 시그널 처리와 관련된 함수들, 그리고 쓰레드 속성 제어를 위한 함수들로 구성된다. pthread 관련 함수들을 사용하는 프로그램을 컴파일할 때에는 pthread 라이브러리를 링크시킬 수 있도록 -lpthread 옵션을 사용해야 한다. [프로그램 8-1]에서는 pthread 관련 함수들을 사용하는 프로그램의 컴파일 방법을 보여준다.

[프로그램 8-1] pthread_self() 함수를 사용해서 메인 쓰레드의 쓰레드 아이디를 알아내어 출력하는 프로그램이다. 기본적으로 리눅스 프로세스는 하나의 쓰레드로 구성되어 있으므로 쓰레드를 별도로 생성하지 않아도 하나의 쓰레드는 존재한다. 이 프로그램을 컴파일할 때에는

-lpthread 옵션을 주어야 한다.

```
// File : prog8_1.c

#include <stdio.h>
#include <stdlib.h>
#include <pthread.h>

int main(int argc, char *argv[])
{
    pthread_t tid;

    tid = pthread_self();
    printf( "tid = %u\n" , tid);
}
```

[실행 결과]

```
ngs@ubuntu:~/lsp/ch8$ gcc -o prog8_1 prog8_1.c -lpthread
ngs@ubuntu:~/lsp/ch8$ ./prog8_1
tid = 3076212416
ngs@ubuntu:~/lsp/ch8$
```

[설명]

이 프로그램은 pthread 함수를 사용하고 있으므로 컴파일할 때에 링커 옵션으로 -lpthread를 주었다. 결과에 나온 값은 이 프로세스 내에서는 유일한 쓰레드 아이디이다.

8.2 쓰레드 생성과 종료

쓰레드는 pthread_create() 함수로 생성한다. 생성된 쓰레드는 생성되는 즉시 인수로 주어진 함수를 실행한다.

형식	#include <pthread.h> int pthread_create(pthread_t *thread, const pthread_attr_t *attr, void *(*start_routine) (void *), void *arg);
인수	• thread : 생성된 쓰레드의 쓰레드 아이디를 저장할 주소 • attr : 생성되는 쓰레드의 속성 정보인데, NULL은 디폴트 속성을 사용하도록 함 • start_routine : 쓰레드가 실행할 함수 • arg : start_routine() 함수에 제공되는 인수
기능	새로운 쓰레드를 생성한다.
반환값	성공하면 0을 반환하고, 실패하면 0이 아닌 에러 번호를 반환한다.

pthread_create()는 새로운 쓰레드를 생성하고, 쓰레드의 아이디를 첫 번째 인수인 thread가 가리키는 주소에 저장한다. 두 번째 인수 attr은 생성될 쓰레드의 속성인데, 보통 디폴트 속성을 가지게 하는 NULL이 사용된다. 생성된 쓰레드는 세 번째 인수 start_routine으로 주어지는 함수를 실행한다. 네 번째 인수 arg는 이 함수의 인수이다.

[프로그램 8-2] 쓰레드는 pthread_create() 함수로 생성되고, 생성된 쓰레드는 인수로 주어진 함수를 실행한다. 이 프로그램은 쓰레드를 생성하는 방법을 설명한다.

```
// File : prog8_2.c

#include <stdio.h>
#include <stdlib.h>
#include <pthread.h>

int main(int argc, char *argv[])
{
    int i;
    int ret;
    char name_a, name_b;
```

```
    pthread_t tid_a, tid_b;
    void *thread_func(void *arg);

    name_a = ‘A’ ;
    ret = pthread_create(&tid_a, NULL, thread_func, &name_a);
    if (ret != 0) {
        perror( “pthread_create() : A” );
        exit(1);
    }

    name_b = ‘B’ ;
    ret = pthread_create(&tid_b, NULL, thread_func, &name_b);
    if (ret != 0) {
        perror( “pthread_create() : B” );
        exit(1);
    }

    for (i = 0; i < 3; i++) sleep(1);

    return 0;
}

void *thread_func(void *arg)
{
    int i = 0;
    char name = *((char *)arg);

    while (1) {
        sleep(1);
        i++;
        printf( “thread %c : %d\n” , name, i);
    }
}
```

[실행 결과]

```
ngs@ubuntu:~/lsp/ch8$ ./prog8_2
thread B : 1
thread A : 1
thread B : 2
```

```
thread A : 2
thread B : 3
ngs@ubuntu:~/lsp/ch8$ ./prog8_2
thread B : 1
thread A : 1
thread A : 2
thread B : 2
ngs@ubuntu:~/lsp/ch8$
```

[설명]

라인 16과 라인 23에서 쓰레드를 생성했다. 이 프로그램에는 두 개의 새로 생성된 쓰레드와 메인 쓰레드, 모두 3개의 쓰레드가 있다. 새로 생성된 두 개의 쓰레드는 같은 함수인 thread_func()라는 동일한 함수를 실행하지만, 이 함수에 제공되는 인수는 다르다.

라인 34에 있는 쓰레드 함수는 1초에 한 번씩 자신의 이름을 출력한다. 두 개의 쓰레드가 생성된 다음에 메인 쓰레드는 라인 29에서 1초에 한 번씩 실행되는데, 3초 후에는 for 문을 벗어나서 라인 31에서 main() 함수가 끝나면서 종료한다. 6장에서 설명했듯이 main() 함수는 종료되면서 내부적으로 _exit() 시스템 콜을 호출해서 프로세스가 종료되는데, 이에 따라 이 프로세스 내에 있는 모든 쓰레드들도 함께 종료된다.

두 번의 실행 결과에 차이가 있는데, 이는 쓰레드들 사이의 스케쥴링 순서가 달랐기 때문에 생긴 결과이다. 첫 번째 실행에서는 thread B가 메인 쓰레드보다 먼저 실행되어서 3번의 출력을 할 수 있었지만, 두 번째 실행에서는 메인 쓰레드가 가장 먼저 실행되어 thread A와 thread B는 모두 두 번씩 실행될 기회만 가졌다.

쓰레드는 다음과 같은 여러 가지 원인에 의해 종료된다.

(1) 명시적인 방법으로 pthread_exit() 함수를 호출하면 종료된다.
(2) 쓰레드 함수의 실행이 끝나서 반환되면 쓰레드가 종료된다. 이때에도 내부적으로 pthread_exit()가 호출된다.

(3) pthread_cancel()을 호출해서 다른 쓰레드에게 종료를 요구하면, 요구를 받은 쓰레드는 종료된다.
(4) 프로그램 내의 어느 쓰레드가 _exit() 시스템 콜을 호출하거나, main() 함수가 반환되거나, 혹은 시그널 수신과 같은 여러 가지 원인에 의해 프로세스가 종료되면 프로세스 내의 모든 쓰레드가 종료된다.

형식	#include <pthread.h> void pthread_exit(void *retval);
인수	• retval : pthread_join()에 전달될 종료 코드
기능	이 함수를 호출한 쓰레드를 종료한다.
반환값	종료되므로 반환되지 않는다.

pthread_exit() 함수는 쓰레드가 자신을 종료시키는데, 인수인 retval은 이 쓰레드의 종료를 기다리는 쓰레드가 호출한 pthread_join() 함수로 전달된다.

형식	#include <pthread.h>
	
	int pthread_cancel(pthread_t thread);
	int pthread_setcancelstate(int state, int *oldstate);
	int pthread_setcanceltype(int type, int *oldtype);

인수	• thread : 제거할 쓰레드의 아이디 • state : 쓰레드의 취소 상태 • oldstate : 이전의 취소 상태를 저장할 메모리 주소 • type : 취소 타입 • oldtype : 이전의 취소 타입을 저장할 메모리 주소
기능	쓰레드를 제거한다.
반환값	성공하면 0을 반환하고, 실패하면 0이 아닌 에러 번호를 반환한다.

쓰레드는 또한 다른 쓰레드에게 종료하도록 취소 요구를 할 수 있다. 이 취소 요구를 받은 쓰레드가 요구를 받아들여 종료하게 되면 자신이 pthread_exit()를 호출해서 종료한 것과 같은 효과를 가진다. 이 때 이 쓰레드가 pthread_join()에게 전달하는 종료 코드는 PTHREAD_CANCELED이다.

취소 요구를 받은 쓰레드는 자신의 취소 타입과 취소 상태에 따라 다르게 반응한다. 취소 타입은 pthread_setcanceltype()으로 설정하는데, 설정 가능한 타입은 다음 두 가지가 있다.

- PTHREAD_CANCEL_DEFERRED : 취소 요구를 받아도 취소를 보류하고 있다가 다음 취소 지점(cancellation point)에 이르면 취소 요구가 처리된다. 취소 지점은 쓰레드가 동작을 멈추는 함수(대표적으로 입력 함수, pthread_join(), ...)를 실행하게 되는 지점이다. 쓰레드 취소의 디폴트 타입이다.
- PTHREAD_CANCEL_ASYNCHRONOUS : 취소 요구를 즉시 받아들여 종료하게 된다.

취소 상태는 pthread_setcancelstate() 함수로 설정하는데, 설정 가능한 상태는 다음 두 가지가 있다.

- PTHREAD_CANCEL_ENABLE : 취소 요구를 받아들일 수 있다.
- PTHREAD_CANCEL_DISABLE : 취소 요구를 받아들이지 않고 있다가 상태가 취소 가능으로 변경되면 처리된다.

[프로그램 8-3] 이 프로그램은 쓰레드의 취소 상태에 따라 취소 요구가 어떻게 처리되는지 알아보는 프로그램이다. 쓰레드는 취소 요구가 들어오기 전에 취소 상태를 disable로 해 두어 취소 요구를 받지 않다가 일정 시간이 경과한 후에 다시 취소 상태를 enable로 변경시켜 취소 요구를 받아 처리한다.

```
// File : prog8_3.c

#include <pthread.h>
```

```
#include <stdio.h>
#include <errno.h>
#include <stdlib.h>
#include <unistd.h>

static void *thread_func(void *arg)
{
    int ret;

    // Disable cancellation for a while
    ret = pthread_setcancelstate(PTHREAD_CANCEL_DISABLE, NULL);
    if (ret != 0) {
        perror( “pthread_setcancelstate()” );
        exit(1);
    }

    printf( “thread_func(): started; cancellation disabled\n” );
    sleep(5);
    printf( “thread_func(): about to enable cancellation\n” );

    ret = pthread_setcancelstate(PTHREAD_CANCEL_ENABLE, NULL);
    if (ret != 0) {
        perror( “pthread_setcancelstate()” );
        exit(2);
    }

    // sleep() is a cancellation poin/
    sleep(1000);  // Should get canceled while we sleep

    // Should never get here
    printf( “thread_func(): not canceled!\n” );

    return NULL;
}

int main(void)
{
    pthread_t tid;
    void *res;
```

```
    int ret;

    // Start a thread and then send it a cancellation request
    ret = pthread_create(&tid, NULL, &thread_func, NULL);
    if (ret != 0) {
        perror( "pthread_create()" );
        exit(0);
    }

    sleep(2);  // Give thread a chance to get started

    printf( "main(): sending cancellation request\n" );
    ret = pthread_cancel(tid);
    if (ret != 0) {
        perror( "pthread_cancel()" );
        exit(0);
    }

    // join with thread to see what its exit status was
    ret = pthread_join(tid, &res);
    if (ret != 0) {
        perror( "pthread_join()" );
        exit(0);
    }

    if (res == PTHREAD_CANCELED)
       printf( "main(): thread was canceled\n" );
    else
       printf( "main(): thread wasn't canceled (shouldn't happen!)\n" );
}
```

[실행 결과]

```
ngs@ubuntu:~/lsp/ch8$ ./prog8_3
thread_func(): started; cancellation disabled
main(): sending cancellation request
thread_func(): about to enable cancellation
main(): thread was canceled
ngs@ubuntu:~/lsp/ch8$
```

[설명]

라인 46에서 메인 쓰레드는 새로운 쓰레드를 생성하고, 라인 52에서 2초간 기다렸다가 라인 55에서 새로 생성된 쓰레드에게 취소 요구를 한 다음에 라인 62에서 쓰레드가 취소 요구에 반응해서 종료될 때까지 실행을 멈추고 대기한다.

새로 생성된 쓰레드는 함수 thread_func()을 실행한다. 이 쓰레드는 먼저 라인 14에서 취소 상태를 disable로 한 다음에 라인 21에서 5초간 대기한다. 메인 쓰레드는 2초간 대기했다가 취소 요구를 했으므로 이를 받은 쓰레드는 취소 요구를 3초간 보류하고 있다. 라인 24에서 취소 상태를 다시 enable로 변경하고 취소 지점인 라인 31에서 종료된다. 그래서 라인 32 이하 부분은 실행되지 않는다. 라인 68, 69의 실행 결과를 보면 pthread_join()의 종료 코드가 CANCELED 임을 알 수 있다.

쓰레드는 종료될 때 자신에게 할당된 메모리를 해제하거나, 통신이나 동기화와 관련된 자원들을 해제하기 위해 내부적으로 클린업 스택을 가지고 있다. 클린업 스택에는 클린업 핸들러 함수들이 스택과 같은 방식으로 저장되어 있다. 쓰레드가 종료될 때에는 먼저 제거되는 쓰레드의 클린업 핸들러 스택에 있는 클린업 핸들러들이 스택 순서에 따라 하나씩 pop 되면서 실행된다. 클린업 핸들러 실행이 완료되면 쓰레드의 자료 구조가 제거되고 난 후에 쓰레드가 완전히 제거된다.

<table>
<tr><td>형식</td><td>#include <pthread.h>

void pthread_cleanup_push(void (*routine)(void *), void *arg);
void pthread_cleanup_pop(int execute);</td></tr>
<tr><td>인수</td><td>• routine : 클린업 함수
• arg : 클린업 함수를 실행할 때 제공할 인수
• execute : 0이 아니면 클린업 함수를 실행한 다음에 제거하고, 0이면 제거함.</td></tr>
</table>

기능	쓰레드의 클린업 핸들러를 클린업 스택에 넣거나 제거한다.
반환값	없음

이 함수들은 클린업 핸들러 스택을 다루는 함수들로 쓰레드가 비정상적으로 종료할 가능성이 있는 프로그램에서 주로 사용하고, 항상 정상 종료를 하는 프로그램에서는 사용할 필요가 없다.

8.3 결합과 분리

쓰레드가 종료할 때에는 쓰레드가 사용하던 메모리와 같은 자원을 시스템에 반환하여 재사용할 수 있도록 해야 한다. pthread_join() 함수는 쓰레드가 종료할 때까지 대기했다가, 종료된 쓰레드의 자원을 시스템에 반환한 다음에, 종료한 쓰레드의 종료 코드를 가져온다. pthread_join() 함수는 이런 경우뿐 아니라 여러 쓰레드들 사이의 실행의 순서를 조정할 때에도 사용한다. 예를 들어 쓰레드 A의 실행이 완료된 다음에 쓰레드 B가 실행되어야 한다면 쓰레드 B는 pthread_join()을 사용해서 쓰레드 A가 종료하기를 기다렸다가 쓰레드 A가 종료한 다음에 실행을 계속하면 된다.

형식	#include <pthread.h> int pthread_join(pthread_t tid, void **retval);
인수	• tid : 종료하는 쓰레드의 아이디 • retval : 종료된 쓰레드의 종료 코드가 저장될 주소
기능	쓰레드가 종료되기를 기다린다.
반환값	성공하면 0, 실패하면 에러 번호를 반환한다.

이 함수는 아이디가 tid인 쓰레드가 종료될 때까지 대기했다가 그 쓰레드가 종료되면 종료코드를 retval에 저장하고 반환한다. 만약 기다리는 쓰레드가 이미 종료되었다면 즉시 반환한다.

[프로그램 8-4] 이 프로그램은 pthread_join() 함수를 이용해서 쓰레드들의 실행 순서를 조절하는 프로그램이다. 메인 쓰레드는 A, B, C 세 개의 쓰레드를 생성하는데, 쓰레드 C는 A와 B가 실행을 완료한 후에 실행되도록 한다.

```
// File : prog8_4.c

#include <stdio.h>
#include <stdlib.h>
#include <pthread.h>

pthread_t tid_a, tid_b, tid_c;

int main(int argc, char *argv[])
{
    int i;
    char name_a = ‘A’ , name_b = ‘B’ , name_c = ‘C’ ;
    void *func_AB(void *arg);
    void *func_C(void *arg);

    srand(getpid());

    if (pthread_create(&tid_a, NULL, func_AB, &name_a) != 0) {
        perror( “pthread_create() : A” ); exit(1);
    }

    if (pthread_create(&tid_b, NULL, func_AB, &name_b) != 0) {
        perror( “pthread_create() : B” ); exit(1);
    }

    if (pthread_create(&tid_c, NULL, func_C, &name_c) != 0) {
        perror( “pthread_create() : C” ); exit(1);
    }

    pthread_join(tid_c, NULL);
}
```

```
void *func_AB(void *arg)
{
    int i;
    char name = *((char *)arg);

    for (i = 1; i <= 5; i++) {
        sleep(rand() % 5);
        printf( “thread %c : %d\n” , name, i);
    }
}

void *func_C(void *arg)
{
    void *status;
    char name = *((char *)arg);

    pthread_join(tid_a, &status);
    pthread_join(tid_b, &status);

    printf( “Now, thread %c can work\n” , name);
}
```

[실행 결과]

```
ngs@ubuntu:~/lsp/ch8$ ./prog8_4
thread A : 1
thread B : 1
thread B : 2
thread B : 3
thread A : 2
thread B : 4
thread A : 3
thread A : 4
thread A : 5
thread B : 5
Now, thread C can work
ngs@ubuntu:~/lsp/ch8$
```

[설명]

메인 쓰레드는 라인 18, 22, 26에서 3개의 쓰레드를 생성했다. 쓰레드 A와 쓰레드 B는 func_AB() 함수를 실행하고, 쓰레드 C는 func_C()함수를 실행한다. 쓰레드 A와 쓰레드 B는 0~4 사이의 랜덤 넘버를 생성해서 그 시간만큼 멈추었다가 출력하는 과정을 5회 반복하고 종료한다. 쓰레드 C는 쓰레드 A와 쓰레드 B가 실행을 완료할 때까지 라인 49와 50에서 pthread_join()을 이용해서 대기한다. 메인 쓰레드는 라인 30에서 쓰레드 C가 종료할 때까지 대기한다.

따라서 이 프로그램을 실행하면 쓰레드 A와 쓰레드 B가 모두 종료한 다음에 쓰레드 C가 종료하고, 메인 쓰레드가 마지막으로 종료한다. 쓰레드 A와 쓰레드 B 중에서 어느 것이 먼저 종료할지는 라인 39의 랜덤 넘버에 의해 결정된다.

어떤 쓰레드는 다른 쓰레드의 실행에 영향을 미치지 않고 독립적으로 실행되고, 또한 그 쓰레드의 종료 코드를 받으려고 기다리는 쓰레드가 없는 경우도 있다. 이런 쓰레드는 프로세스로부터 분리시켜 실행이 완료되면 즉시 자원을 시스템에 반환하도록 해야 한다. 이때는 pthread_detach() 함수를 사용한다.

형식	#include <pthread.h> int pthread_detach(pthread_t thread);
인수	• thread : 종료하는 쓰레드의 아이디
기능	쓰레드를 분리시켜 독립적으로 종료될 수 있도록 한다.
반환값	성공하면 0, 실패하면 에러 번호를 반환한다.

8.4 쓰레드 동기화

한 프로세스 내에 있는 쓰레드들은 전역 변수와 같은 메모리를 공유하며 동시에 실행된다. 공유 메모리에 있는 데이터를 동시에 접근할 경우에는 데이터에 대한 올바른 연산이 보장되지 않은 수도 있다. 따라서 동시에 실행되는 쓰레드들이 공유 데이터를 안전하게 접근할 수 있도록 접근을 제어하는 쓰레드 동기화를 위한 도구들이 필요하다. POSIX에서는 쓰레드의 동기화를 위해 뮤텍스(mutual exclusion) 변수, 조건 변수(condition variable), 읽기-쓰기 락(read-write lock) 기능을 정의하고 있다.

8.4.1 뮤텍스 변수

뮤텍스 변수는 동시에 실행되는 쓰레드들이 동시에 접근하면 안전하지 않은 데이터를 접근하는 영역 즉, 임계영역(critical section)에 대한 접근을 제어하는 변수이다. 뮤텍스 변수는 내부적으로 lock을 가지고 있는데, 이 lock은 한 쓰레드만이 획득할 수 있다. 한 쓰레드가 lock을 획득한 뮤텍스 변수에 대해 다른 쓰레드가 lock을 요청하면 그 쓰레드는 lock을 소유한 쓰레드가 다시 lock을 해제할 때까지 실행을 멈춘다. 이러한 원리를 이용하여 쓰레드가 임계영역에 진입할 때에는 먼저 뮤텍스 변수에 대한 lock을 획득하게 하고, 임계영역을 벗어날 때에는 lock을 해제하도록 하면 공유 데이터에 대해 안전하게 접근할 수 있다.

뮤텍스 변수는 pthread_mutex_t 타입인데, 이 변수를 사용하기 위해서는 먼저 초기화를 해야 하고, 사용이 완료되면 제거해야 한다.

<table>
<tr><td>형식</td><td><pre>#include <pthread.h>

int pthread_mutex_init(pthread_mutex_t *mutex,
                   const pthread_mutexattr_t *attr);
int pthread_mutex_destroy(pthread_mutex_t *mutex);</pre></td></tr>
<tr><td>인수</td><td>• mutex : mutex 객체의 주소</td></tr>
</table>

	• attr : mutex 객체에 적용할 속성값. NULL이면 기본 속성이 사용됨.
기능	pthread_mutex_init()은 뮤텍스 객체를 생성하여 초기화시키고, pthread_mutex_destroy()는 뮤텍스 객체를 제거한다.
반환값	성공하면 0을 반환하고, 실패하면 오류 번호를 반환한다.

뮤텍스 변수에 대한 lock을 요청하는 함수는 pthread_mutex_lock()이고, lock을 해제하는 함수는 pthread_mutex_unlock()이다. 다른 쓰레드가 lock을 소유하고 있는 뮤텍스 변수에 대해 pthread_mutex_lock() 함수를 호출하면 호출한 쓰레드는 그 뮤텍스 변수에서 대기한다. pthread_mutex_trylock()은 pthread_mutex_lock()처럼 lock을 요청하는 것이지만, 다른 쓰레드가 이미 lock을 소유하고 있으면 멈추지 않고 즉시 반환한다.

형식	#include <pthread.h>
	
	int pthread_mutex_lock(pthread_mutex_t *mutex);
	int pthread_mutex_trylock(pthread_mutex_t *mutex);
	int pthread_mutex_unlock(pthread_mutex_t *mutex);

인수	• mutex : mutext 객체의 포인터
기능	pthread_mutex_lock()은 mutex 객체에 대해 lock을 얻으려 시도해서 lock을 얻지 못하면 블록되어 lock을 얻은 다음에 반환된다. pthread_mutex_trylock()은 mutex 객체에 대해 lock을 얻든지 얻지 못하든지 바로 반환된다. pthread_mutex_unlock()은 mutex 객체에 대해 lock을 해제한다.
반환값	pthread_mutex_lock()과 pthread_mutex_unlock()은 성공하면 0을 반환하고, 실패하면 에러 번호를 반환한다. pthread_mutex_trylock()은 lock을 얻으면 0을 반환하고, 얻지 못하면 에러 번호를 반환한다.

[프로그램 8-5] 이 프로그램에서는 두 개의 쓰레드가 공유 데이터를 임의의 순서로 접근할 때 발생하는 문제와 그 해결 방법을 설명한다. 두 쓰레드는 공유변수 shared_data의 값을 한번에 1씩 증가시키는 과정을 5회 반복한다. 값을 증가시키기 전후에 임의의 시간 동안 sleep해서 다른 쓰레드가 동시에 이 변수에 접근할 수 있도록 했다.

```
// File : prog8_5.c

#include <stdio.h>
#include <stdlib.h>
#include <pthread.h>

int shared_data;
pthread_mutex_t mutex1;

int main(int argc, char *argv[])
{
    void *status;
    char name_a = ‘A’ , name_b = ‘B’ ;
    pthread_t tid_a, tid_b;
    void *func_sum(void *arg);

    srand(getpid());
    shared_data = 0;
    pthread_mutex_init(&mutex1, NULL);

    if (pthread_create(&tid_a, NULL, func_sum, &name_a) != 0) {
        perror( “pthread_create() : A” ); exit(1);
    }

    if (pthread_create(&tid_b, NULL, func_sum, &name_b) != 0) {
        perror( “pthread_create() : B” ); exit(1);
    }

    pthread_join(tid_a, &status);
    pthread_join(tid_b, &status);
    pthread_mutex_destroy(&mutex1);

```

```
    printf( "Finally, shared_data = %d\n" , shared_data);
}

void *func_sum(void *arg)
{
    int i, tmp;
    char name = *((char *)arg);

    for (i = 0; i < 5; i++) {
        // critical section : enter
//          pthread_mutex_lock(&mutex1);
        tmp = shared_data;
        sleep(rand() % 3);
        tmp = tmp + 1;
        shared_data = tmp;
        printf( "thread_%c ==> shared_data = %d\n" , name, tmp);
//          pthread_mutex_unlock(&mutex1);
        // critical section : exit
        sleep(rand() % 3);
    }
}
```

[실행 결과]

```
ngs@ubuntu:~/lsp/ch8$ ./prog8_5
thread_B ==> shared_data = 1
thread_B ==> shared_data = 2
thread_B ==> shared_data = 3
thread_A ==> shared_data = 2
thread_A ==> shared_data = 3
thread_B ==> shared_data = 3
thread_B ==> shared_data = 4
thread_A ==> shared_data = 4
thread_A ==> shared_data = 5
thread_A ==> shared_data = 6
Finally, shared_data = 6
ngs@ubuntu:~/lsp/ch8$
ngs@ubuntu:~/lsp/ch8$ ./prog8_5
thread_B ==> shared_data = 1
```

```
thread_A ==> shared_data = 2
thread_A ==> shared_data = 3
thread_B ==> shared_data = 4
thread_B ==> shared_data = 5
thread_B ==> shared_data = 6
thread_B ==> shared_data = 7
thread_A ==> shared_data = 8
thread_A ==> shared_data = 9
thread_A ==> shared_data = 10
Finally, shared_data = 10
ngs@ubuntu:~/lsp/ch8$
```

[설명]

메인 쓰레드는 2개의 쓰레드를 생성했다. 두 쓰레드는 전역 변수인 shared_data를 공유하며 라인 41~52에서 이 변수의 값을 1씩 증가시키는 동작을 5회씩 반복한다. 값을 증가시키기 전에 먼저 라인 44에서 shared_data 값을 자신의 지역변수에 가져오고, 라인 45에서 임의의 시간 동안 실행을 멈추었다가 라인 46에서 값을 증가시키고, 라인 47에서 증가된 값을 shared_data에 저장한다. 이렇게 공유 변수인 shared_data에 대한 동작이 이루어지는 라인 42~50은 한 번에 한 쓰레드만 실행해야 하는 임계영역이다.

임계영역을 실행하고 있던 어떤 쓰레드가 라인 45에서 실행을 멈춘 동안에 다시 스케쥴링되어 다른 쓰레드가 실행될 수도 있다. 이 경우에 두 쓰레드는 라인 44에서 동일한 값을 가져오므로 각 쓰레드가 한 번씩 전체적으로 두 번 값을 증가시켜도 최종적으로는 한번만 증가된다. 라인 43과 라인 49를 주석처리하고 실행시킨 첫 번째 실행 결과는 이렇게 해서 생긴 결과이다. 이 결과에서 shared_data 값은 최종적으로 6이 되어 잘못된 결과를 보여 주고 있다.

두 번째 실행에서는 라인 43과 라인 49의 주석을 풀고 실행시켰다. 이 경우에 한 쓰레드가 라인 43에서 mutex1에 대한 lock을 얻은 상태에서 라인 45에서 실행을 멈추더라도 다른 쓰레드는 계속해서 라인 43에서 대기하고 있게 된다. 이렇게 해서 임계영역 안에 있는 코드는 정확하게 한 번에 한 쓰레드만 실행하게 된다.

8.4.2 조건 변수

조건 변수(condition variables)는 쓰레드가 공유 데이터를 접근할 때에 특정 조건이 만족될 때에만 접근을 허용하고, 그렇지 않으면 조건이 만족될 때까지 대기하게 하는데 사용되는 변수이다. 이 때 특정 조건이란 보통 공유 변수가 어떤 값을 가지게 되는 조건을 말한다. POSIX의 조건 변수는 pthread_cond_t 구조를 가지는데, 이 변수도 뮤텍스 변수와 마찬가지로 먼저 초기화한 다음에 사용하고, 사용이 완료되면 해제한다.

<table>
<tr><td>형식</td><td><pre>#include <pthread.h>

int pthread_cond_init(pthread_cond_t *cond,
                      const pthread_condattr_t *attr);
int pthread_cond_destroy(pthread_cond_t *cond);</pre></td></tr>
<tr><td>인수</td><td>• cond : 조건 변수
• attr : 조건 변수의 속성값으로 NULL이면 기본 속성</td></tr>
<tr><td>기능</td><td>pthread_cond_init()은 조건 변수를 초기화한다.
pthread_cond_destroy()는 조건 변수를 제거한다.</td></tr>
<tr><td>반환값</td><td>성공하면 0을 반환하고 실패하면 에러 번호를 반환한다.</td></tr>
</table>

조건 변수를 통해 쓰레드는 실행을 멈추고 대기할 수 있고, 조건 변수에서 대기하고 있는 쓰레드에게 신호를 보내 다시 실행을 계속하도록 할 수도 있다.

<table>
<tr><td>형식</td><td><pre>#include <pthread.h>

int pthread_cond_wait(pthread_cond_t *cond,
                      pthread_mutex_t *mutex);
int pthread_cond_timedwait(pthread_cond_t * cond,
                      pthread_mutex_t *mutex,
                      const struct timespec *abstime);</pre></td></tr>
</table>

	struct timespec {
	    time_t tv_sec; // seconds
	    long tv_nsec; // nanoseconds
	};

인수	• cond : 조건변수 • mutex : 이 조건 변수와 연결된 mutex 변수 • abstime : 시그널을 받을 때까지 기다리는 시간
기능	pthread_cond_wait()는 시그널을 받을 때까지 대기한다. pthread_cond_timewait()는 시그널을 받을 때까지 혹은 시간이 경과할 때까지 대기한다.
반환값	성공하면 0, 실패하면 -1을 반환한다.

pthread_cond_wait()는 쓰레드가 시그널을 받을 때까지 조건변수 cond 상에서 대기하고, pthread_cond_timewait()는 대기하더라도 abstime으로 주어진 시간이 경과하면 자동으로 깨어난다. 이 두 함수는 임계 영역 내에서 사용되는데, 쓰레드가 대기할 때에는 그 임계 영역과 관련된 뮤텍스 변수에 대한 lock은 자동으로 잠시 해제된다. 이렇게 해서 그 임계 영역 진입을 위해 기다리는 다른 쓰레드가 이 쓰레드에게 시그널을 보낼 수 있게 한다.

형식	#include <pthread.h>
	
	int pthread_cond_signal(pthread_cond_t *cond);
	int pthread_cond_broadcast(pthread_cond_t *cond);

인수	• cond : 시그널을 전송할 조건 변수
기능	pthread_cond_signal()은 조건 변수 상에서 대기하는 쓰레드 중 하나에게 시그널을 보낸다. pthread_cond_broadcast()는 조건 변수 상에서 대기하는 모든 쓰레드들에게 시그널을 보낸다.
반환값	성공하면 0, 실패하면 -1을 반환한다.

조건 변수 cond에서 기다리던 쓰레드는 시그널을 받으면 깨어나서 다시 실행된다. 이 pthread_cond_signal()과 앞의 pthread_cond_wait()는 한 쌍으로 동작하여 상호 협력하는 쓰레드들 사이의 동기 문제를 해결하는데 사용된다.

[프로그램 8-6] 이 프로그램에서는 세 개의 쓰레드가 상호 협력한다. 두 개의 쓰레드는 work_thread() 함수를 실행하는데, 이 쓰레드는 count 값을 1 씩 증가시키다가 값이 5가 되면 조건 변수에 시그널을 보낸다. watch_thread() 함수를 실행하는 쓰레드는 조건 변수에서 기다리다가 시그널을 받고 깨어나서 count 값이 5 이상이면 이 내용을 출력하고 종료한다.

```
// File : prog8_6.c

#include <pthread.h>
#include <stdio.h>
#include <stdlib.h>

#define MAX_COUNT  5

int  count = 0;

pthread_mutex_t count_mutex;
pthread_cond_t count_cv;

void *work_thread(void *arg)
{
     int i;
     char name = *((char *)arg);

     printf( “Starting work_thread(#%c)\n” , name);

     for (i = 0; i < MAX_COUNT; i++) {
          pthread_mutex_lock(&count_mutex);

          count++;
          printf( “work_thread(#%c) : count = %d\n” , name, count);
          if (count == MAX_COUNT) {
```

```
                pthread_cond_signal(&count_cv);
            }
            pthread_mutex_unlock(&count_mutex);

            sleep(rand()%3);
      }
}

void *watch_thread(void *arg)
{
      printf( "Starting watch_thread\n" );

      pthread_mutex_lock(&count_mutex);
      while (count < MAX_COUNT) {
            pthread_cond_wait(&count_cv, &count_mutex);
      }
      pthread_mutex_unlock(&count_mutex);

      printf( "watch_thread : get it : count = %d\n" , count);
}

int main (int argc, char *argv[])
{
      int i;
      char name0 = '0' , name1 = '1' , name2 = '2' ;
      pthread_t threads[3];

      // Initialize mutex and condition variable objects
      pthread_mutex_init(&count_mutex, NULL);
      pthread_cond_init (&count_cv, NULL);

      // create threads
      pthread_create(&threads[0], NULL, watch_thread, (void *)&name0);
      pthread_create(&threads[1], NULL, work_thread, (void *)&name1);
      pthread_create(&threads[2], NULL, work_thread, (void *)&name2);

      // Wait for all threads to complete
      for (i = 0; i < 3; i++) {
            pthread_join(threads[i], NULL);
```

```
66        }
67        printf ( “main: all threads exit.\n” );
68
69        / Clean up and exit
70        pthread_mutex_destroy(&count_mutex);
71        pthread_cond_destroy(&count_cv);
72        pthread_exit(NULL);
73 }
```

[실행 결과]

```
ngs@ubuntu:~/lsp/ch8$ ./prog8_6
Starting watch_thread
Starting work_thread(#2)
work_thread(#2) : count = 1
Starting work_thread(#1)
work_thread(#1) : count = 2
work_thread(#1) : count = 3
work_thread(#1) : count = 4
work_thread(#2) : count = 5
watch_thread : get it : count = 5
work_thread(#1) : count = 6
work_thread(#1) : count = 7
work_thread(#2) : count = 8
work_thread(#2) : count = 9
work_thread(#2) : count = 10
main: all threads exit.
ngs@ubuntu:~/lsp/ch8$
```

[설명]

메인 쓰레드는 뮤텍스 변수와 조건 변수를 초기화한 다음에 3개의 쓰레드를 생성하는데, 두 쓰레드는 work_thread() 함수를 실행하고, 하나는 watch_thread() 함수를 실행한다. 이 세 개의 쓰레드들은 전역 변수 count를 공유한다.

work_thread()는 라인 21~32에서 count 값을 1씩 증가시키고 임의의 시간 동안 대기하는 과정을 5회 반복한다. count는 공유 변수이므로 이 변수값을 사용하는 라인 24~28까지가 임계영역이다. 따라서 이 영역에 대한 접근은 뮤텍스 변수로 보호해 주었다. 두 work_thread 중에서 어느 것이 될지는 모르지만 count 값이 5가 되면 조건 변수 상에서 기다리는 watch_thread에게 시그널을 보내서 이를 알린다.
watch_thread()는 count 값이 5보다 작을 때에는 조건 변수 상에서 기다린다. work_thread가 시그널을 보내면 깨어나서 count 값을 다시 검사하고 조건이 만족되면 출력문을 내보내고 종료한다. watch_thread가 count 변수에 접근할 때에도 뮤텍스를 통해서 lock을 얻은 다음에 한다.

8.5 쓰레드와 시그널

기본적으로 시그널은 프로세스와 관련된 것이다. 따라서 시그널이 프로세스에게 전달되면 프로세스 내에 있는 모든 쓰레드들에게 시그널이 전달되고, 모든 쓰레드들은 시그널 핸들러를 공유한다.

형식	#include <signal.h>
	
	int pthread_sigmask(int how, const sigset_t *set, sigset_t *oldset);
	int pthread_kill(pthread_t thread, int sig);
	int sigwait(const sigset_t *set, int *sig);

인수	• how : mask를 설정하는 방법 • set : 시그널 집합 • oldset : 이전에 설정되었던 시그널 집합 • thread : 쓰레드 아이디 • sig : 전송할 시그널 번호
기능	pthread_sigmask() : sigprocmask()와 동일한 기능을 쓰레드에 대해 수행한다. pthread_kill() : 특정 쓰레드에게 시그널을 보낸다. sigwait() : 특정 시그널이 올 때까지 기다린다.
반환값	성공하면 0, 실패하면 에러 번호를 반환한다.

[프로그램 8-7] 이 프로그램은 쓰레드와 시그널의 관계를 설명한다. 시그널은 기본적으로 프로세스에 관련된 것이므로 프로세스에 전달된 시그널은 그 내에 있는 모든 쓰레드가 받고, 프로세스가 설정한 시그널 핸들러는 모든 쓰레드들에게 공유된다. 또한 쓰레드별로 시그널을 보낼 수도 있고, 마스크를 설정할 수도 있다.

```c
// File : prog8_7.c

#include <pthread.h>
#include <sys/wait.h>
#include <string.h>
#include <stdlib.h>
#include <unistd.h>
#include <stdio.h>
#include <signal.h>

pthread_t tid1, tid2, tid3;
void sig_handler(int signo);

int main()
{
    struct sigaction act;
    void *thread_func1(void *arg);
    void *thread_func2(void *arg);
    void *sender(void *arg);

    act.sa_handler = sig_handler;
    sigaction(SIGINT, &act, NULL);

    pthread_create(&tid1, NULL, thread_func1, NULL);
    pthread_create(&tid2, NULL, thread_func2, NULL);
    pthread_create(&tid3, NULL, sender, NULL);

    pthread_join(tid1, NULL);
    pthread_join(tid2, NULL);
    pthread_join(tid3, NULL);
}
```

```
void *thread_func1(void *arg)
{
    sigset_t newmask;
    int count = 0;

    sigemptyset(&newmask);
    sigaddset(&newmask, SIGINT);
    pthread_sigmask(SIG_BLOCK, &newmask, NULL);

    while(1) {
        sleep(1);
        count++;
        printf( “thread_func1() count = %d\n” , count);
    }
}

void *thread_func2(void *arg)
{
    sigset_t newmask;
    int count = 0;
    int signo;

    sigemptyset(&newmask);
    sigaddset(&newmask, SIGINT);

    while(1) {
        sigwait(&newmask, &signo);
        count++;
        printf( “thread_func2() count = %d\n” , count);
    }
}

void *sender(void *arg)
{
    int i;

    for (i = 0; i < 3; i++) {
        sleep(3);
```

```
            printf( "Send SIGINT\n" );
            pthread_kill(tid1, SIGINT);
            pthread_kill(tid2, SIGINT);
        }
}

void sig_handler(int signo)
{
        if (pthread_equal(pthread_self(), tid1) != 0) {
            printf( "thread_func1 received signal #%d\n" , signo);
        } else if (pthread_equal(pthread_self(), tid2) != 0) {
            printf( "thread_func2 received signal #%d\n" , signo);
        }
}
```

[실행 결과]

```
ngs@ubuntu:~/lsp/ch8$ ./prog8_7
thread_func1() count = 1
thread_func1() count = 2
Send SIGINT
thread_func2() count = 1
thread_func1() count = 3
thread_func1() count = 4
thread_func1() count = 5
Send SIGINT
thread_func1() count = 6
thread_func2() count = 2
thread_func1() count = 7
thread_func1() count = 8
Send SIGINT
thread_func2() count = 3
thread_func1() count = 9
thread_func1() count = 10
thread_func1() count = 11
^\종료 (core dumped)
ngs@ubuntu:~/lsp/ch8$
```

[설명]

메인 쓰레드는 3 개의 쓰레드를 생성하는데, 두 개의 쓰레드는 시그널을 받아서 처리하는 쓰레드이고, 다른 하나는 그 둘에게 시그널 SIGINT를 보내는 쓰레드이다. 메인 쓰레드는 먼저 라인 21, 22에서 sigaction으로 시그널 핸들러를 설정한다. 여기서 설정된 핸들러는 이 후에 생성되는 모든 쓰레드들이 공유한다.

thread_func1()은 라인 40에서 thread_sigmask()를 이용해 SIGINT 시그널을 마스크해서 차단시켰다. 따라서 sender() 쓰레드가 라인 72에서 SIGINT 시그널을 보내도 이 쓰레드는 시그널에 반응하지 않는다.

thread_func2()는 라인 59에서 sigwait()로 SIGINT 시그널이 올 때까지 대기한다. sender가 라인 73에서 3초에 한번씩 SIGINT를 보내는데, 이때마다 깨어나서 출력문을 내보내고 다시 대기한다. 이 쓰레드는 시그널 핸들러를 실행하지 않는다.

실습 과제

[예제] 생산자/소비자 문제는 쓰레드를 이용해서 병렬 처리를 하는 전통적인 예이다. 생산자 쓰레드는 데이터를 생산해서 공유 메모리에 저장하고, 소비자 쓰레드는 공유 메모리에 저장되어 있는 데이터를 가져가서 소비한다. 생산자와 소비자 쓰레드들은 각각 여러 개가 동시에 있을 수도 있지만 여기서는 문제를 간단하게 하기 위해 생산자 쓰레드 하나와 소비자 쓰레드 하나가 있다고 가정한다. 이 프로그램에서 공유 데이터는 정수를 저장하는 유한 크기의 링 버퍼를 사용하는데, 버퍼의 크기는 5이다. 생산자(producer)는 1부터 시작해서 1씩 증가시키면서 정수값을 버퍼에 저장한다. 버퍼가 차면 소비자(consumer)가 데이터를 하나라도 소비해서 버퍼에 공간이 생길 때까지 기다린다. 소비자는 버퍼의 데이터를 가져와 화면에 출력하는데, 버퍼가 비어 있으면 데이터가 생길 때까지 기다린다.

```
// File : procon.c

#include <stdio.h>
#include <pthread.h>


// ring buffer
#define MAX_BUF         5
int Buffer[MAX_BUF];
int head=0, tail=0, count=0;

// produce data and put it into the buffer
void* producer(void *arg)
{
    int data = 0;

    while (1) {
        // make data
        data = data + 1;
        sleep(rand()%2 + 1);  // ====> 1 or 2
        printf( “PRODUCER : %d\n” , data);
```

```
        // put data into the buffer
        while (count == MAX_BUF) {  // If the buffer is full then wait
            printf( "Buffer full, producer waits\n" );
            sleep(1);  // wait
        }

        Buffer[head++] = data;
        head = head % MAX_BUF;
        count++;
    }
}

// consume data from the buffer
void* consumer(void *arg)
{
    int data;

    while (1) {
        while (count == 0) {  // If there is nothing in the buffer
            printf( "Buffer empty, comsumer waits\n" );
            sleep(1); // then wait
        }

        data = Buffer[tail++];
        tail = tail % MAX_BUF;
        count--;

        // use the data
        printf( "COMSUMER :              %d\n" , data);
        sleep(rand() % 2 + 1);  // ====> 1 or 2
    }
}

int main(int argc, char *argv[])
{
    pthread_t pro, con;

    srand(getpid());
```

```

    // Create the threads
    pthread_create(&con, NULL, consumer, NULL);
    pthread_create(&pro, NULL, producer, NULL);

    // Wait for the threads to finish
    pthread_join(con, NULL);
    pthread_join(pro, NULL);
}
```

[실행 결과]

```
ngs@ubuntu:~/lsp/ch8$ ./procon
Buffer empty, comsumer waits
PRODUCER : 1
PRODUCER : 2
COMSUMER :          1
PRODUCER : 3
.......................................................
PRODUCER : 11
Buffer full, producer waits
COMSUMER :          6
COMSUMER :          7
COMSUMER :          8
PRODUCER : 12
PRODUCER : 15
```

[설명]

생산자/소비자 문제에서 사용하는 버퍼 구조는 <그림8-1>과 같다. 버퍼는 5개의 정수를 저장할 수 있는 배열로 되어 있고, 생산자가 데이터를 저장할 위치를 가리키는 tail 인덱스와 소비자가 데이터를 가져갈 위치를 가리키는 head 인덱스가 있다. 그리고 현재 버퍼에 저장되어 있는 데이터의 수를 가지고 있는 count 변수가 있다. 이 변수들은 생산자 쓰레드와 소비자 쓰레드가 동시에 접근하는 공유 데이터이므로 이들을 접근할 때에는 상호 배제 원칙이 지켜져야 하지만 이 프로그램에서는 그러한 기능이 없다.

생산자 쓰레드인 라인 13의 producer()는 데이터를 생산한 다음에 먼저 라인 24에서 count 값을 검사한다. count 값이 버퍼의 크기인 5이면 더 이상 저장할 공간이 없으므로 라인 26에서 잠시 멈추었다가 다시 count 값을 검사한다. 버퍼에 공간이 생기면 Buffer의 head 인덱스 위치에 데이터를 저장한 다음에 count 값을 증가시킨다.
소비자 쓰레드인 consumer()는 라인 41에서 count 값을 검사한다. count 값이 0이면 가져갈 데이터가 없으므로 라인 43에서 잠시 멈추었다가 다시 count 값을 검사한다. 데이터가 있으면 이를 가져다가 화면에 출력한다.
이 프로그램은 현재 실행 결과는 문제없이 실행되었지만, 여러 번 실행하면 잘못된 결과가 나올 수도 있는데, 이는 임계영역에 대한 상호배제 원칙을 지키지 않았기 때문이다.

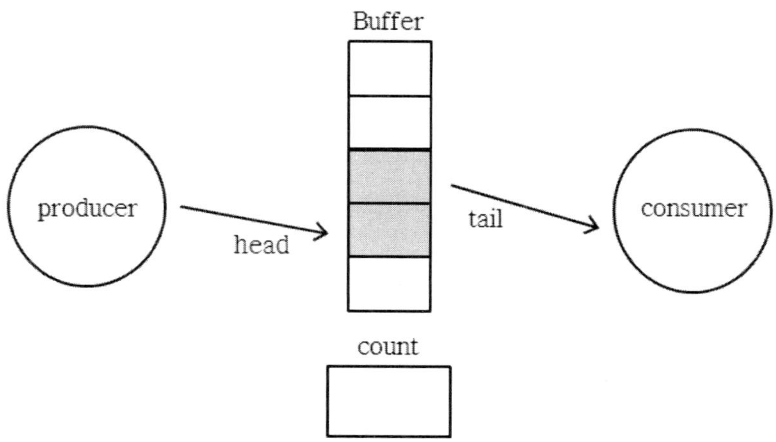

<그림8-1> 공유 버퍼 구조

[과제] 앞의 예제는 대부분의 경우에 문제없이 실행된다. 즉, 생산자가 생산한 데이터를 소비자가 가져가서 화면에 출력한다. 그러나 오랫동안 실행하면 하나의 데이터를 두 번 출력하거나, 몇 개의 데이터를 출력하지 못할 수도 있다. <그림8-1>에 표시된 변수들은 생산자 쓰레드와

소비자 쓰레드가 동시에 접근할 수 있는 공유 데이터이기 때문에 이들을 접근할 때에는 상호 배제의 원칙이 지켜져야 한다. 그러나 위의 예제에는 그러한 기능이 없기 때문에 잘못될 가능성이 있다.
또한 생산자는 버퍼에 공간이 없을 때에 무조건 1초를 멈추었다가 다시 시도하고, 소비자는 버퍼가 비었을 때에 1초간 멈추었다가 다시 시도한다. 이는 동기 기능이 없기 때문인데, 이러한 방식의 프로그램은 처리 시간을 지연시킬 뿐만 아니라 불필요하게 CPU의 처리 시간을 사용하므로 비효율적인 프로그램이 된다.
[예제] 프로그램을 수정하여 상호 배제와 동기 기능을 가지도록 다시 작성하라. 이를 위해서는 mutex 변수와 조건 변수를 함께 사용해야 한다.

연습 문제

A. 다음 빈 칸에 적절한 용어를 쓰시오.

1. POSIX 쓰레드에서 정의된 함수들은 C 언어의 표준 라이브러리에 포함되어 있지 않기 때문에 컴파일할 때에 링커 옵션으로 ( )을 주어야 한다.

2. 자신의 쓰레드 아이디를 알아내려면 라이브러리 함수 ( )를 사용한다.

3. 다른 쓰레드에게 종료를 요구하는 라이브러리 함수는 ( )이다.

4. ( )은 어떤 쓰레드가 종료할 때까지 실행을 멈추고 대기한다.

5. ( )은 mutex 객체에 대해 lock을 얻으려 시도해서 lock을 얻지 못하면 블록되어 있다가 lock을 얻은 다음에 반환된다.

6. ( )은 조건 변수 상에서 대기하는 쓰레드 중 하나에게 시그널을 보낸다.

7. ( )은 특정 쓰레드에게 시그널을 보낼 때에 사용한다.

8. 동시에 실행되는 쓰레드들이 동시에 접근하면 안전하지 않은 데이터를 접근하는 영역 즉, 임계영역에 대한 접근을 제어하기 위한 변수로 POSIX 쓰레드에서 지원하는 변수를 ( )라 한다.

9. ( )는 쓰레드가 공유 데이터를 접근할 때에 특정 조건이 만족될 때에만 접근을 허용하고, 그렇지 않으면 조건이 만족될 때까지 대기하게 하는데 사용되는 변수이다.

10. 여러 쓰레드로 구성된 프로세스에 속하는 쓰레드들 중에서 어떤 쓰레드가 시스템 콜 (   )를 호출하면 그 프로세스 내의 모든 쓰레드가 동시에 종료하게 된다.

B. 다음 물음에 답하시오.

1. POSIX 쓰레드를 사용하는 프로그램이 prog1.c에 저장되어 있다. 이 소스 프로그램을 컴파일하여 prog1이라는 이름의 실행 파일을 만들려고 할 때에 사용하는 명령라인을 쓰시오.

2. 쓰레드가 종료되는 원인은 4 가지를 설명하시오.

3. mutex 변수가 임계영역에 대해 접근을 제어할 수 있도록 하는 원리를 설명하시오.

4. main() 함수에서 2 개의 쓰레드 tid_1과 tid_2를 생성하였고, tid_1은 2 개의 쓰레드를 생성하였고, tid_2는 3개의 쓰레드를 생성하였다. 이 프로세스 내에는 현재 몇 개의 쓰레드가 존재하는가?

5. 세 개의 쓰레드가 동시에 실행되고 있고, 이들의 tid는 각각 tid_1, tid_2, tid_3이다. tid_1은 tid_2와 tid_3가 계산한 결과를 넘겨주고 종료하면 이를 이용해서 자신의 작업을 수행할 수 있다. 이러한 동작을 할 때 필요한 tid_1의 코드 부분을 작성하시오.

9 장 파이프

9. 파이프

파이프는 두 개 이상의 프로세스들 사이에 통신 채널을 제공한다. 한 프로세스(쓰기 프로세스)가 파이프의 한쪽 끝에서 자료를 쓰면, 다른 프로세스(읽기 프로세스)는 다른 끝에서 자료를 읽는다. 파이프는 쓰기 프로세스와 읽기 프로세스들 사이의 상호 배제(mutual exclusion)와 동기(synchronization)를 자동으로 이루어지게 한다.

리눅스는 UNIX와 마찬가지로 두 종류의 파이프 즉, 파이프(pipe)와 fifo (named pipe)를 제공한다. 이들은 대부분의 특성들이 동일하다. 파이프는 통신하는 프로세스가 존재하는 동안만 존재하는 임시적 통신 장치인데, 이름을 갖지 않는다. 반면 fifo는 파일 시스템 내에서 한 노드를 차지하며 즉, 이름을 가지며, 통신하는 프로세스가 종료해도 존재한다.

커널 내의 파이프는 쉘이 제공하는 파이프라인을 구현하는데 주로 사용된다. 예를 들어,

```
$ ls -l ¦ more
```

와 같은 명령을 입력하면 쉘은 두 개의 자식 프로세스를 생성하여 이들을 파이프로 연결하고, 첫 번째 프로세스에게는 ls를 실행시키고, 두 번째 프로세스에게는 more를 실행시킨다. 쉘은 ls와 more를 실행시키기 전에 ls의 표준 출력은 파이프로 바꾸고, more의 표준 입력은 파이프로 바꾸어 놓는다. 이렇게 해서 ls의 출력이 more의 입력이 되게 한다.

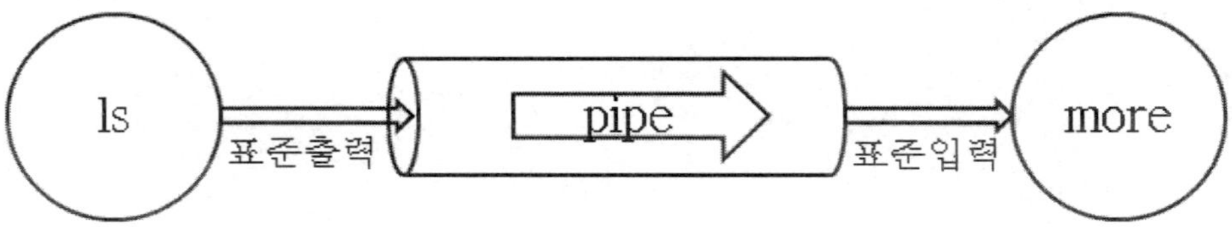

<그림9-1> 쉘의 파이프라인 처리

9.1 파이프의 기본 원리

파이프는 용어 그대로 송유관 혹은 송수관과 같은 역할을 한다. 송수관의 한 쪽 끝에 물을 부으면 다른 쪽 끝으로 나오듯이, 파이프의 한쪽 끝에서 쓴 자료는 파이프의 다른 쪽 끝에서 읽을 수 있다.

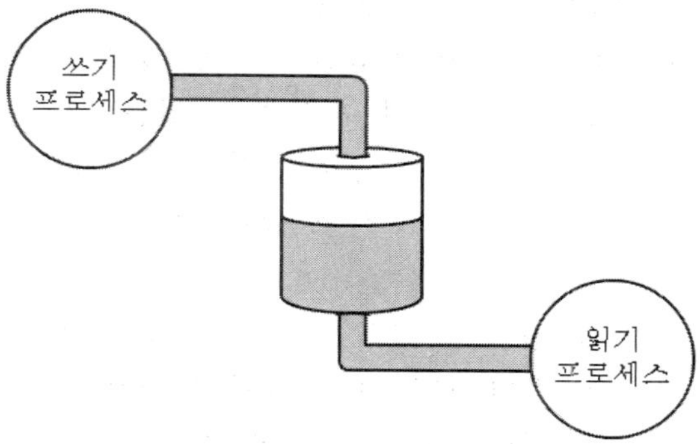

<그림9-2> 파이프의 원리

파이프의 기본 원리는 <그림9-2>와 같다. 파이프의 윗 쪽 끝에서 물을 흘려보내면 아래쪽 끝으로 나오듯이 쓰기 프로세스가 쓴 자료는 읽기 프로세스가 읽을 수 있다. 파이프에 자료를 쓰거나 읽을 때는 파일에 자료를 쓰거나 읽을 때 사용하는 것과 같은 시스템 콜인 write()와 read()를 사용한다. 리눅스가 제공하는 파이프의 모든 특성은 <그림 9-2>에서 유추할 수 있다.

(1) 파이프의 쓰기/읽기는 FIFO(First-In First-Out) 특성을 가진다. 파이프에 쓴 자료는 쓴 순서대로만 읽을 수 있다. 즉, 먼저 쓴 자료가 먼저 읽힌다. 그리고 파이프에는 lseek()를 사용할 수가 없다.

(2) 읽기/쓰기 동작에서 동기(synchronization) 기능이 자동으로 제공된다. 읽기 프로세스가 파이프에서 자료를 읽으려고 read()를 호출했을 때 파이프가 비어 있으면 read()는 읽을 자료가 생길 때까지 블록된다. 또 쓰기 프로세스가 자료를 쓰려고 write()를 호출했을 때 파이프에 더 이상 빈 공간이 없으면 write()는 빈 공간이 생길 때까지 블록된다.

(3) 읽기/쓰기 동작에 상호 배제(mutual exclusion)가 적용되어 한 번에 한

프로세스만 파이프에 접근할 수 있다. 한 프로세스가 읽을 때는 다른 프로세스가 쓸 수 없고, 한 프로세스가 쓸 때는 다른 프로세스가 읽을 수 없다. 이러한 기능은 커널 내에서 지원하기 때문에 응용 프로그램에서는 이를 고려할 필요가 없다.

(4) 읽기 프로세스가 없는 상태에서 파이프에 자료를 쓰려고 write()를 호출하면 이 프로세스에게 SIGPIPE 시그널이 전달되어 쓰게 될 자료를 읽어 갈 프로세스가 없음을 알린다.

(5) 파이프에서 read()를 이용해 자료를 읽으면 읽힌 자료는 파이프에서 지워진다. 따라서 자료를 영구히 저장하고 있는 일반 파일과는 달리 파이프에서 한 번 읽은 자료는 다시는 읽을 수 없다. 이렇게 해서 유한한 크기의 파이프를 이용해 무한한 양의 데이터를 교환할 수 있다.

리눅스 커널은 일반 파일을 구현하는 것과 같은 방법으로 파이프를 구현한다. 즉, 파이프는 커널 내에 파일 디스크립터 테이블, 파일 테이블, inode 테이블의 한 엔트리를 차지한다. 파이프를 열면 일반 파일을 열었을 때와 같이 이 자료 구조들이 연결된다. 파이프는 두 개 이상의 통신하는 프로세스들이 같은 inode를 가지는 파일을 연 것이다. 파이프는 두 개의 파일 디스크립터를 가지는데, 한 쪽은 읽기 모드로 되어 있고 다른 쪽은 쓰기 모드로 되어 있다. 같은 inode를 사용하므로 자료를 저장할 데이터 블록도 하나이다. 따라서 쓰기 프로세스가 쓴 자료는 데이터 블록에 저장되고, 읽기 프로세스는 이 데이터 블록에 저장된 자료를 FIFO 방식으로 읽어 간다. 이 파이프에 대한 read()와 write() 시스템 콜은 앞에서 설명한 특성들이 적용된다.

pipe는 이름이 없는 파이프로 시스템 콜 pipe()를 이용해 연다. pipe()는 커널 내에 <그림9-3>과 같은 자료 구조를 생성하고, 두 개의 파일 디스크립터를 반환한다. 하나는 읽기용 디스크립터이고 다른 하나는 쓰기용 디스크립터이다. 이 디스크립터를 가진 프로세스가 모두 종료되면 파이프는 자동으로 제거된다. 파이프를 이용해 통신하려면 pipe()를 호출한 다음 fork()를 이용해 자식 프로세스를 생성하고, 그 자식 프로세스와 통신할 수 있다. 이것은 자식 프로세스는 부모 프로세스가 가진 모든 디스크립터를 상속 받는다는 것을 이용한 것이다. 파이프는 파일 디스크립터를 공유할 수 있는 부모-자식 관계 혹은 형제 관계에 있는 프로세스 사이의 통신에만 사용될 수 있기 때문에 사용이 제한적이다.

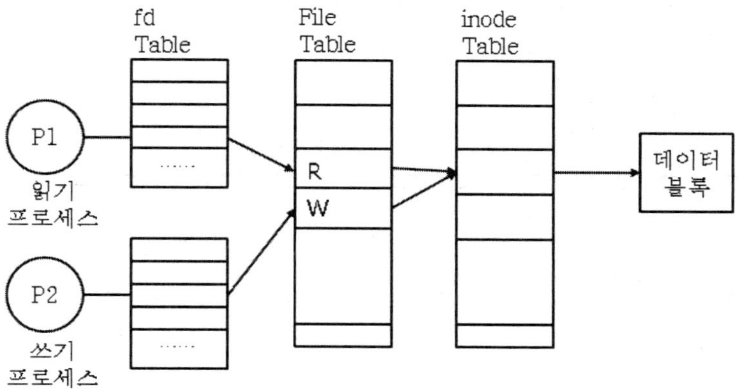

<그림9-3> 파이프의 커널 자료구조

한편 fifo는 파이프와 모든 점에서 같지만 일반 파일처럼 파일 시스템 내에서 이름을 가진다. 따라서 fifo는 이용하는 프로세스가 없어도 파일 시스템 내에 존재할 수 있다. fifo는 시스템 콜 mknod()를 사용해서 만들고 unlink()를 이용해서 제거한다. fifo는 이름을 가지기 때문에 open()을 이용해 열어서 사용한다. 같은 fifo를 연 프로세스 사이에 통신을 할 수 있다. 따라서 fifo는 부모-자식이나 형제 관계가 아닌 프로세스들 사이의 통신에도 사용할 수 있다. fifo는 통신하는 동안에만 데이터 블록에 자료를 가지고 있고, 통신이 완료되면 자료를 저장하고 있지 않아 크기가 0 이다.

9.2 파이프 - pipe

파이프는 시스템 콜 pipe()를 사용해서 생성한다.

형식	#include <unistd.h> int pipe(int fds[]);

인수	• fds : 파이프의 읽기, 쓰기용 파일 디스크립터를 저장할 배열
기능	파이프를 생성하고 읽기용 디스크립터와 쓰기용 디스크립터를 fds[]에 저장한다.
반환값	성공하면 0, 실패하면 -1을 반환한다.

pipe()는 커널 내에 파이프를 위한 자료 구조를 생성하고 인수인 fds를 이용해 두 개의 디스크립터를 반환한다. fds[0]은 읽기 모드로 열려 있어 read()에 사용할 수 있고, fds[1]은 쓰기 모드로 열려 있어 write()에 사용할 수 있다.

[프로그램 9-1] 이 프로그램은 시스템 콜 pipe()의 사용법과 파이프 디스크립터의 의미를 설명하기 위한 프로그램이다. fds[0]는 read()에서만 사용해야 하고, fds[1]은 write()에서만 사용해야 한다.

```
// file : prog9_1.c

#include <stdio.h>
#include <stdlib.h>
#include <string.h>

char *msg0 = “first message” ;
char *msg1 = “second message” ;

int main(int argc, char *argv[])
{
    int fds[2];
    char buf[64];

    if (pipe(fds) < 0) {
        perror( “pipe()” );
        exit(0);
    }

    // write //
```

```
21         if (write(fds[0], msg0, strlen(msg0)+1) > 0) {
22             printf( “write(fds[0], ...) ===> success\n” );
23         } else {
24             perror( “write(fds[0], ...)” );
25         }
26         if (write(fds[1], msg1, strlen(msg1)+1) > 0) {
27             printf( “write(fds[1], ...) ===> success\n” );
28         } else {
29             perror( “write(fds[1], ...)” );
30         }
31         // read //
32         if (read(fds[0], buf, 64) > 0) {
33             printf( “read(fds[0], ...) ===> %s\n” , buf);
34         } else {
35             perror( “read(fds[0], ...)” );
36         }
37         if (read(fds[1], buf, 64) > 0) {
38             printf( “read(fds[1], ...) ===> %s\n” , buf);
39         } else {
40             perror( “read(fds[1], ...)” );
41         }
42 }
```

[실행 결과]

```
ngs@ubuntu:~/lsp/ch9$ ./prog9_1
write(fds[0], ...): Bad file descriptor
write(fds[1], ...) ===> success
read(fds[0], ...) ===> second message
read(fds[1], ...): Bad file descriptor
ngs@ubuntu:~/lsp/ch9$
```

[설명]

라인 15의 pipe(fds)가 성공하면 fds[0]에는 읽기 모드의 디스크립터가 들어 있고, fds[1]에는 쓰기 모드의 디스크립터가 들어 있다. 따라서 프로세스는 fds[0]을 이용해 read()를 할 수 있고, fds[1]을 이용해 write()를 할 수 있다. fds[1]로는 읽기가 불가능하고, fds[0]으로는 쓰기가 불가능하다. 라인 21~30에서는 fds[0]와 fds[1]에 대해 write()를 수행하고, 라인 32~41

에서는 fds[0]와 fds[1]에 대해 read()를 수행해서 각 디스크립터에 대한 읽기/쓰기 모드를 검사한다. 그 결과를 보면 fds[0]에 대한 쓰기는 실패했고, fds[1]에 대한 쓰기는 성공했다. 그리고 fds[0]에 대한 읽기는 성공했는데, fds[1]에 대한 읽기는 실패한 것을 알 수 있다. 결론적으로 fds[0]는 읽기 모드로 된 디스크립터이고, fds[1]은 쓰기 모드로 된 디스크립터라는 것을 알 수 있다.
실행 결과를 보면 fds[1]을 통해 write()한 메시지가 fds[0]를 통해 read()되었음을 알 수 있다.

[프로그램 9-1]과 같이 한 프로세스가 파이프에 자료를 쓰고 읽는 것은 아무런 의미가 없다. 통신은 최소한 두 개 이상의 프로세스 사이에서 일어날 때 의미가 있다. 그래서 파이프를 이용해서 통신하는 프로세스는 시스템 콜 pipe()로 파이프를 생성한 다음에 fork()를 이용해 자식 프로세스를 생성한다. 그런 후에 자식 프로세스와 부모 프로세스가 파이프를 이용해 통신한다. 이 때 사용하는 시스템 콜의 순서는 반드시 지켜져야 한다. 즉, fork()는 반드시 pipe() 다음에 와야 한다. 왜냐하면 pipe()에 의해 생성된 파이프의 디스크립터가 fork()에 의해 생성된 자식 프로세스에게 상속되어야 두 프로세스가 통신할 수 있기 때문이다.

[프로그램 9-2] 이 프로그램은 파이프를 이용해서 부모 프로세스와 자식 프로세스가 통신하는 방법을 설명하는 프로그램이다. 부모 프로세스가 write()한 데이터를 자식 프로세스가 read()한다.

```
// File : prog9_2.c

#include <stdio.h>
#include <stdlib.h>
#include <string.h>

int main(int argc, char *argv[])
{
    int fds[2];
```

```
10
11        if (pipe(fds) < 0) {
12            perror( "pipe" );
13            exit(0);
14        }
15
16        if (fork() == 0) {        // child
17            close(fds[1]);
18            ChildJob(fds[0]);
19            exit(0);
20        }
21        // parent
22        close(fds[0]);
23        ParentJob(fds[1]);
24    }
25
26    int ParentJob(int fd)
27    {
28        char *msg =  "pipe test message" ;
29
30        write(fd, msg, strlen(msg)+1);
31    }
32
33    int ChildJob(int fd)
34    {
35        char buf[64];
36
37        read(fd, buf, 64);
38        printf( "Child Receive ===> %s\n" , buf);
39    }
```

[실행 결과]

```
ngs@ubuntu:~/lsp/ch9$ ./prog9_2
Child Receive ===> pipe test message
ngs@ubuntu:~/lsp/ch9$
```

[설명]

라인 11에서 pipe()로 파이프를 생성하면 fds[0]와 fds[1]에 디스크립터가 들어 있다. 그리고 라인 16에서 fork()로 자식 프로세스를 생성하면 생성된 자식 프로세스는 부모 프로세스와 fds[0]와 fds[1]을 공유하게 된다. 파이프를 이용한 통신은 부모 프로세스와 자식 프로세스가 파일 디스크립터를 공유하는 원리를 이용하는 것이므로 반드시 자식 프로세스를 생성하기 전에 pipe()를 호출해야 한다.

라인 17에서 자식 프로세스가 fds[1]을 닫고, 라인 22에서 부모 프로세스가 fds[0]을 닫았는데, 이는 불필요한 디스크립터를 닫은 것이고, 반드시 닫을 필요는 없다. ParentJob(fd)의 인수 fd는 파이프의 쓰기용 디스크립터이고, ChildJob(fd)의 인수 fd는 파이프의 읽기용 디스크립터이다.

[프로그램 9-3] 쉘의 파이프라인 기능 “|” 은 시스템 콜 pipe()와 dup()를 함께 사용해서 만들어 진다. 이 프로그램은 쉘이 파이프라인 처리를 어떻게 하는가를 보여주는 프로그램으로 쉘 명령으로 “who | sort” 를 실행시킨 것과 같다.

```
1   // File : prog9_3.c
2
3   #include <stdio.h>
4   #include <stdlib.h>
5   #include <unistd.h>
6
7   int main(int argc, char *argv[])
8   {
9       int fds[2];
10
11      if (pipe(fds) < 0) {
12          perror( “pipe()” );
13          exit(0);
14      }
15
16      if (fork() == 0) {       // first child
17          close(1);            // close standard output
18          dup(fds[1]);
19          close(fds[0]);
20          close(fds[1]);
21          execlp( “who” , “who” , NULL);
```

```
22            exit(0);
23        }
24        if (fork() == 0) {        // second child
25            close(0);             // close standard input
26            dup(fds[0]);
27            close(fds[0]);
28            close(fds[1]);
29            execlp( “sort” ,  “sort” , NULL);
30            exit(0);
31        }
32        // parent
33        close(fds[0]);
34        close(fds[1]);
35        while (wait(NULL) > 0);
36        printf( “========= All Done ==========\n” );
37    }
```

[실행 결과]

```
ngs@ubuntu:~/lsp/ch9$ who
ngs      tty7         2014-02-06 17:09 (:0)
ngs      pts/3        2014-02-06 17:10 (:0)
ngs      pts/0        2014-02-21 04:04 (:0)
ngs@ubuntu:~/lsp/ch9$
ngs@ubuntu:~/lsp/ch9$ ./prog9_3
ngs      pts/0        2014-02-21 04:04 (:0)
ngs      pts/3        2014-02-06 17:10 (:0)
ngs      tty7         2014-02-06 17:09 (:0)
========= All Done ==========
ngs@ubuntu:~/lsp/ch9$
```

[설명]

먼저 라인 11에서 파이프를 생성해서 파이프 디스크립터를 얻었다. 그리고 라인 16과 24에서 fork()를 이용해 두 개의 자식 프로세스를 생성했다. 이 자식 프로세스들은 부모 프로세스에서 연 모든 파일 디스크립터들을 물려받기 때문에 자식 프로세스들도 부모 프로세스가 생성한 파이프 디스크립터를 사용할 수 있다.

첫 번째 자식 프로세스는 라인 17에서 표준 출력에 해당하는 파일 디스크립터 1을 닫고, 라인 18에서 dup()를 사용해서 파이프의 쓰기 디스크립터인 fds[1]을 복사했다. 따라서 파일 디스크립터 1과 fds[1]은 같이 파이프의 쓰기 디스크립터를 가리킨다. 라인 19, 20에서 이 프로세스에게는 더 이상 사용되지 않는 fds[0]과 fds[1]을 닫고 exec()를 이용해 명령 "who"를 실행시켰다. 따라서 who 내부에서 볼 때는 표준 출력이 파이프의 쓰기 디스크립터를 가리키게 되고, who에서 printf()로 출력한 내용은 화면에 나오는 것이 아니라 파이프로 들어가게 된다.

두 번째 프로세스는 라인 25에서 표준 입력을 닫고 라인 26에서 dup()로 fds[0]를 복사했으므로 이 프로세스의 표준 입력은 파이프의 읽기 디스크립터가 된다. 이후 exec()로 실행한 sort 명령 내에서는 표준입력 함수 scanf()나 gets()로 읽으면 파이프의 내용이 읽히게 된다. 즉, who 명령의 출력을 sort 명령이 읽게 된다. 이러한 파이프라인 기능은 <그림9-4>와 같이 처리된다.

실행 결과에서 보면 첫 번째 who 명령을 실행 했을 때의 결과가 정렬되어 출력되었음을 알 수 있다.

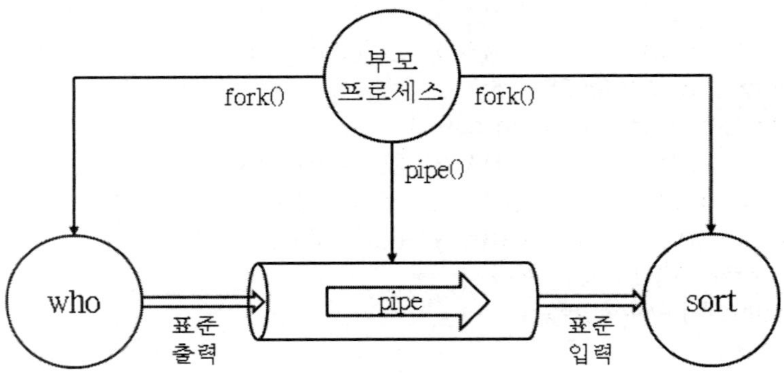

<그림9-4> "who ¦ sort"의 파이프라인 처리

9.3 fifo

pipe() 시스템 콜은 파이프를 생성해서 사용할 수 있게 하지만 이 파이프는 pipe() 시스템 콜에 의해 생성되고 close()를 이용해 모든 디스크립터를 닫으면 제거된다. 그리고 통신 상대는 파일 디스크립터를 공유할 수 있어야 하기 때문에 부모-자식 관계나 형제 관계에 있는 프로세스들 사이에서만 통신이 가능하다.

이러한 문제점을 해결하기 위해 만든 것이 fifo(named pipe)이다. fifo는 이름이 있다는 점을 제외하면 읽기/쓰기 특성은 9.2 절의 파이프와 동일하다. fifo는 파일처럼 파일 시스템 내에 이름이 있다. fifo를 이용해 통신을 하려면 먼저 fifo 파일을 열어서 디스크립터를 얻어야 한다. 일단 디스크립터가 얻어지면 나머지 사용 방법이나 사용상의 특성은 이름이 없는 파이프와 같다.

fifo 파일은 일반 파일처럼 열어서 읽기/쓰기를 할 수 있다. 같은 fifo를 열어서 읽기/쓰기를 하는 프로세스는 이를 이용해 통신을 할 수 있다. 따라서 fifo는 부모-자식이나 형제 관계에 있지 않은 프로세스들 사이의 통신에도 사용될 수 있다.

fifo 파일은 mknod() 시스템 콜을 사용해서 만들고, unlink() 시스템 콜을 사용해서 제거할 수 있다. 명령어 레벨에서는 mknod 명령을 사용해서 만들고 rm 명령으로 제거한다. fifo 파일은 통신을 목적으로 사용되므로 통신하고 있지 않은 상태에서는 크기가 항상 0이다. fifo 파일은 다음과 같이 mknod 명령으로 만든다.

```
ngs@ubuntu:~/lsp/ch9$ mknod comfifo p
ngs@ubuntu:~/lsp/ch9$ ls -l comfifo
prw-r--r-- 1 ngs ngs 0 Feb 21 04:12 comfifo
ngs@ubuntu:~/lsp/ch9$ rm comfifo
ngs@ubuntu:~/lsp/ch9$ ls -l comfifo
ls: cannot access comfifo: No such file or directory
ngs@ubuntu:~/lsp/ch9$
```

fifo는 일반 파일처럼 열어서 사용하지만 fifo에 대한 open() 시스템 콜은 몇 가지 부가적인 특성을 가진다. fifo 파일을 읽기 목적으로 열기 위해 open()을 호출하면 open()은 다른 프로세스가 쓰기 목적으로 open()을 호출할 때까지 블록된다. 마찬가지로 fifo 파일을 쓰기 목적으로 열기 위해 open()을

호출하면 이 open()은 다른 프로세스가 읽기 목적으로 open()을 호출할 때까지 블록된다. 그러나 읽기/쓰기(O_RDWR) 목적으로 open()을 호출하면 open()은 파일 디스크립터를 즉시 반환한다. O_NDELAY 플래그를 가지고 읽기 목적으로 open()을 호출하면 (O_RDONLY | O_NDELAY) open()은 블록되지 않고 파일 디스크립터를 반환한다. 그러나 O_NDELAY를 사용하더라도 쓰기 목적으로 open()을 호출하면 (O_WRONLY | O_NDELAY) open()은 실패하여 -1을 반환한다.

[프로그램 9-4] 이 프로그램은 시스템 콜 mknod()를 사용해서 fifo 파일을 생성하고, 이 fifo를 이용해 통신하고, 사용이 완료되면 제거하는 fifo 사용의 전 과정을 설명하는 프로그램이다.

```c
// File : prog9_4.c

#include <stdio.h>
#include <stdlib.h>
#include <string.h>
#include <sys/types.h>
#include <sys/stat.h>
#include <fcntl.h>

#define FIFONAME    "MFIFO"

int main(int argc, char *argv[])
{
    if (mknod(FIFONAME, S_IFIFO | 0666, 0) < 0) {
        perror( "mknod()" );
        exit(0);
    }
    if (fork() == 0) {      // child process
        ChildJob();
        exit(0);
    }
    // parent process
    ParentJob();
```

```
24        unlink(FIFONAME);
25    }
26
27    int ChildJob()
28    {
29        int fd;
30        char *msg = “FIFO test message” ;
31
32        if ((fd = open(FIFONAME, O_WRONLY)) < 0) {
33            perror( “open()” );
34            exit(0);
35        }
36        write(fd, msg, strlen(msg)+1);
37        close(fd);
38    }
39
40    int ParentJob()
41    {
42        int fd;
43        char buf[64];
44
45        if ((fd = open(FIFONAME, O_RDONLY)) < 0) {
46            perror( “open()” );
47            exit(0);
48        }
49        read(fd, buf, 64);
50        printf( “[parent] ===> %s\n” , buf);
51        close(fd);
52    }
```

[실행 결과]

```
ngs@ubuntu:~/lsp/ch9$ ./prog9_4
[parent] ===> FIFO test message
ngs@ubuntu:~/lsp/ch9$
```

[설명]

라인 14에서는 mknod()를 이용해서 fifo 파일을 만든다. mknod()는 파일 시스템 내의 어떠한 노드라도 만들 수 있는 시스템 콜인데, 이를 이용해

fifo 파일을 만들려면 플래그로 S_IFIFO를 주어야 한다.

fifo 파일을 만든 다음에 라인 18에서 fork()를 이용해 자식 프로세스를 생성한다. 두 프로세스가 앞에서 만들어진 fifo를 이용해 통신하게 하게 된다. 여기서는 프로그램을 간단하게 하기 위해 자식 프로세스를 생성했지만 fifo는 주로 부모-자식 관계에 있지 않은 프로세스들 사이의 통신에 사용된다.

fifo를 여는 것은 라인 32와 라인 45에서 보여 주고 있다. 라인 32는 쓰기 모드로 fifo를 열고, 라인 45는 읽기 모드로 fifo를 연다. fifo에 대한 읽기 모드 open()은 쓰기 모드 open()을 기다리고, 반대로 쓰기 모드 open()은 또한 읽기 모드 open()을 기다리므로 두 프로세스 중 어느 프로세스가 먼저 실행되더라도 여기서 만나게 된다.

라인 36에서 자식 프로세스가 fifo에 쓴 메시지는 라인 49에서 부모 프로세스가 읽었다.

라인 24는 fifo를 제거하기 위해 unlink()를 사용하는 방법을 보여 준다. 이 프로그램을 실행이 완료되고 나면 fifo는 이미 제거되었으므로 존재하지 않는다.

[프로그램 9-5] 이 프로그램은 fifo를 이용해 클라이언트의 요청에 따라 파일의 내용을 출력하는 서버 프로그램이다. 서버는 /tmp/printer라는 이름으로 fifo 파일을 만들어 대기하고 있고, 이 fifo 파일로 클라이언트의 요청을 받아 그 파일 내용을 화면에 출력한다. 클라이언트와 서버 간의 메시지는 먼저 4 바이트의 파일 이름 길이가 오고 뒤따라서 파일 이름이 온다. 이 프로그램은 서버측 프로그램으로 클라이언트측인 [프로그램9-6]과 한 쌍으로 동작한다. 반드시 서버측 프로그램을 실행시킨 상태에서 클라이언트측 프로그램을 실행시켜야 한다.

```
// File : prog9_5.c

#include <stdio.h>
#include <stdlib.h>
#include <sys/types.h>
```

```
#include <sys/stat.h>
#include <fcntl.h>

#define FIFONAME    “/tmp/printer”

int main(int argc, char *argv[])
{
    int fifo, fd, namelen, size;
    char name[64], buf[64];

    if ((fifo = open(FIFONAME, O_RDWR)) < 0) {
        if (mknod(FIFONAME, S_IFIFO | 0666, 0) < 0) {
            perror( “mknod()” );
            exit(0);
        }
        if ((fifo = open(FIFONAME, O_RDWR)) < 0) {
            perror( “open()” );
            exit(0);
        }
    }
    printf( “Display Server started\n” );
    while (1) {
        printf( “============= wait request ==================\n” );
        if (read(fifo, &namelen, 4) < 0) {  // read length
            perror( “read()” );
            exit(0);
        }
        read(fifo, name, namelen);          // read name

        printf( “[Server] Requested Name = %s\n” , name);
        if ((fd = open(name, O_RDONLY)) < 0) {
            perror( “open()” );
            continue;
        }
        printf( “[Server] File Contents\n” );
        while ((size = read(fd, buf, 64)) > 0) {
            write(1, buf, size);
        }
        close(fd);
```

```
45          }
46  }
```

[실행 결과]

```
ngs@ubuntu:~/lsp/ch9$ ./prog9_5
Display Server started
============== wait request ===================
[Server] Requested Name = file1
[Server] File Contents
12345
abcde
67890
ABCDE
============== wait request ===================
```

[설명]

라인 16~25까지는 fifo를 만들고 여는 과정이다. 먼저 open()으로 fifo 파일을 여는데, 열기에 실패하면 fifo 파일이 존재하지 않는 것이므로 라인 17에서 mknod()로 fifo 파일을 새로 만든다. 그리고 라인 21에서 다시 fifo 파일을 여는데, 이때도 실패하면 프로그램을 종료한다.

서버는 라인 27~45까지 무한 루프를 돌면서 클라이언트의 요구를 처리한다. 먼저 파일 이름의 길이 4 바이트를 수신하고, 다음으로 그 길이만큼의 파일 이름을 수신한다. 수신한 파일 이름에 해당하는 파일을 열어서 그 내용을 화면에 출력한 후에 파일을 닫고, 다시 다음 요구를 기다린다.

라인 16이나 21에서 open()의 모드로 O_RDWR을 준 것은 여기서 프로그램이 블록되어 멈추지 않게 하기 위한 것이다. 사실 이 서버는 fifo에서 메시지를 읽기만 하기 때문에 모드를 O_RDONLY로 주어도 동작한다. 그러나 이렇게 하면 프로그램이 라인 16이나 21에서 블록되어 멈추어 있다가 클라이언트가 쓰기 모드(O_WRONLY) 로 open()을 호출한 후에 다시 진행된다.

[프로그램 9-6] 이 프로그램은 [프로그램 9-5]의 클라이언트 측 프로그램이다. 먼저 키보드로부터 파일 이름을 입력 받아 파일 이름의 길이를 전송하고 다음으로 파일 이름을 전송한다.

```
// File : prog9_6.c

#include <stdio.h>
#include <stdlib.h>
#include <string.h>
#include <fcntl.h>
#include <sys/types.h>
#include <sys/stat.h>

#define FIFONAME    “/tmp/printer”

int main(int argc, char *argv[])
{
    int fifo, namelen;
    char buf[64];

    if ((fifo = open(FIFONAME, O_WRONLY)) < 0) {
        perror( “open()” );
        exit(0);
    }
    printf( “Type File Name : ” );
    fgets(buf, 64, stdin);
    namelen = strlen(buf);
    buf[namelen-1] = ‘\0’ ;
    write(fifo, &namelen, sizeof(int));
    write(fifo, buf, namelen);
    close(fifo);
}
```

[실행 결과]

```
ngs@ubuntu:~/lsp/ch9$ ./prog9_6
Type File Name : file1
ngs@ubuntu:~/lsp/ch9$
```

[설명]

이 프로그램은 [프로그램 9-5]를 실행시킨 다음에 실행 시켜야 한다. 먼저 라인 17에서는 서버가 만들어 놓은 fifo를 쓰기 모드로 연다. 이미 서버가 이 fifo를 열고 있는 상태이므로 open()은 즉시 반환된다.

라인 21에서부터는 키보드로부터 파일 이름을 입력 받아 서버에 전송하는 과정이다. 라인 23~24에서는 입력 받은 이름의 끝에 있는 '\n'을 제거한다. 라인 25에서 먼저 파일 이름의 길이를 전송하고 이어서 라인 26에서 파일 이름을 전송한다.

[프로그램 9-7] 이 프로그램은 [프로그램 9-8] 과 함께 fifo의 동기 문제를 관찰해 보기 위한 프로그램이다. 이 프로그램은 fifo에 대해 읽기만 하는 프로그램으로 O_RDONLY 모드로 fifo를 열고 메시지를 10 바이트만 읽고 fifo를 닫고 종료한다. 이 프로그램을 먼저 실행시키고 [프로그램 9-8]을 실행시켜야 결과를 볼 수 있다. 이 프로그램을 실행시키기 전에 MFIFO라는 이름의 fifo 파일이 있어야 하는데, 없다면 만들어 주어야 한다.

```
// File : prog9_7.c

#include <stdio.h>
#include <stdlib.h>
#include <fcntl.h>

#define FIFONAME    "MFIFO"

int main(int argc, char *argv[])
{
     int fifo, i;
     char ch;

     printf( "[READER] I am Reader\n" );
     if ((fifo = open(FIFONAME, O_RDONLY)) < 0) {
          perror( "open()" );
          exit(0);
```

```
18        }
19        printf( “[READER] open fifo = %d\n” , fifo);
20
21        for (i = 0; i < 10; i++) {
22            read(fifo, &ch, 1);
23            write(1, &ch, 1);
24        }
25        printf( “\n[READER] Reader closes fifo\n” );
26        close(fifo);
27    }
```

[실행 결과]

```
ngs@ubuntu:~/lsp/ch9$ ls -l MFIFO
ls: MFIFO에 접근할 수 없습니다: 그런 파일이나 디렉터리가 없습니다
ngs@ubuntu:~/lsp/ch9$
ngs@ubuntu:~/lsp/ch9$ mknod MFIFO p
ngs@ubuntu:~/lsp/ch9$ ls -l MFIFO
prw-rw-r-- 1 ngs ngs 0  8월  1 23:56 MFIFO
ngs@ubuntu:~/lsp/ch9$
ngs@ubuntu:~/lsp/ch9$ ./prog9_7
[READER] I am Reader
[READER] open fifo = 3
ABCDEFGHIJ
[READER] Reader closes fifo
ngs@ubuntu:~/lsp/ch9$
```

[설명]

라인 15에서 fifo를 읽기 모드로 연다. 이 프로그램을 실행시키면 여기서 멈추었다가 같은 이름의 fifo를 쓰기 모드로 여는 [프로그램 9-8]을 실행시키면 다시 진행된다. 이는 프로그램을 실행시키고 화면에 출력되는 내용을 관찰해보면 알 수 있다. 이것은 fifo의 open()에 있어서의 동기(synchronization)이다.

라인 21~24에서는 fifo에서 한 바이트의 메시지를 읽어 표준출력 장치 즉, 화면에 출력한다. 그 결과가 “ABCDEFGHIJ” 이다. 이때 각 문자는 1초 간격으로 출력되는데, 이것은 [프로그램9-8]이 1초에 한 문자씩 전송

하기 때문이다. 이것은 read()와 write()의 동기이다. 즉, read()는 읽을 메시지가 없으면 블록되고, write()는 블록되어 있는 read()를 깨워서 진행시킨다. 10 바이트를 모두 수신하면 라인 16에서 fifo를 닫고 프로그램을 종료한다.

[프로그램 9-8] 이 프로그램은 [프로그램 9-7]과 한 쌍으로 동작하는 프로그램이다. 이 프로그램은 [프로그램 9-7]과 같은 이름의 fifo(MFIFO)를 열고 1초에 한 바이트씩 메시지를 전송한다.

```
// File : prog9_8.c

#include <stdio.h>
#include <stdlib.h>
#include <signal.h>
#include <fcntl.h>

#define FIFONAME   “MFIFO”

int run_flag = 1;

int main(int argc, char *argv[])
{
    int fifo;
    char ch = ‘A’ ;
    struct sigaction act;
    void sig_handler(int);

    act.sa_handler = sig_handler;
    sigfillset(&act.sa_mask);
    act.sa_flags = SA_RESTART;
    sigaction(SIGPIPE, &act, NULL);

    printf( “[WRITER] I am Writer\n” );
    if ((fifo = open(FIFONAME, O_WRONLY)) < 0) {
        perror( “open()” );
        exit(0);
    }
```

```
29         printf( “[WRITER] open fifo = %d\n” , fifo);
30
31         while (run_flag) {
32             write(fifo, &ch, 1);
33             ch++;
34             sleep(1);
35         }
36         printf( “\n[WRITER] Writer closes fifo\n” );
37         close(fifo);
38 }
39
40 void sig_handler(int signum)
41 {
42             printf( “[WRITER] catch signal #%d\n” , signum);
43             run_flag = 0;
44 }
```

[실행 결과]

```
ngs@ubuntu:~/lsp/ch9$ ./prog9_8
[WRITER] I am Writer
[WRITER] open fifo = 3
[WRITER] catch signal #13

[WRITER] Writer closes fifo
ngs@ubuntu:~/lsp/ch9$
```

[설명]

이 프로그램은 실행 도중에 시그널 SIGPIPE를 받게 된다. 그래서 라인 19~22에서 먼저 SIGPIPE에 대한 시그널 핸들러를 설정했다. 라인 25에서 fifo를 열기 위해 open()를 호출하면 이 open()은 [프로그램 9-7]의 라인 15에서 블록되어 있는 프로세스를 깨워서 fifo가 같이 열린다.

라인 31~35는 run_flag가 1로 초기화되어 있기 때문에 무한 루프를 돌면서 변수 ch에 있는 문자를 한 바이트씩 fifo로 전송한다. 문자 전송 후에 1초를 기다렸다가 다시 전송하는 과정을 반복한다.

이 프로그램이 전송한 문자를 수신하는 [프로그램 9-7]은 10 바이트만 수신하고 fifo를 닫게 되어 있다. [프로그램 9-7]이 fifo를 닫은 후에 이 [프로그램 9-8]의 라인 32에서 write()를 호출하게 되면 시그널 SIGPIPE가 발생한다. 이 시그널은 읽을 프로세스가 없는 fifo에 대해 쓰는 것이 의미가 없기 때문에 이를 알려 주기 위한 것이다. 시그널을 받으면 시그널 핸들러에서 run_flag 값을 0으로 바꾸게 되고, 라인 31의 무한 루프가 끝나게 된다. 이 프로그램은 [프로그램 9-7]과 함께 읽기 프로세스와 쓰기 프로세스 사이에서 필요한 fifo 파일을 open() 할 때의 동기, 그리고 read()와 write() 사이의 동기, SIGPIPE 시그널 발생 원인 등에 대한 예를 보여준다.

실습 과제

[예제] 파이프라인 기능은 쉘의 파이프라인 명령을 처리할 때에도 사용된다. 예를 들면 "ls ¦ more" 와 같은 명령은 두 개의 명령이 내부적으로 파이프라인으로 연결되어서 실행된다. 이 프로그램은 쉘에서 사용하는 것과 같은 파이프라인이 있는 명령 라인을 해석해서 exec()에서 필요한 인수를 만드는 프로그램이다.

```
// File : mkargv2.c

#include <stdio.h>
#include <stdlib.h>
#include <string.h>

#define MAX_CMD     2
#define MAX_ARGS  16

int mkargv(char *str, char *argv[])
{
     int cnt = 0;
     char *tok;
     char *delim = “ \n\t” ;

     // first step
     tok = strtok(str, delim);
     argv[cnt++] = tok;
     // next steps
     while (tok != NULL) {
          tok = strtok(NULL, delim);
          argv[cnt++] = tok;
     }
     //
     return cnt-1;
}
//
int parseArgs(char *buf, char *vecs[][MAX_ARGS], int *pFlag)
```

```
{
    char *ptr;
    int cnt;

    // search pipeline indicator '|'
    ptr = strchr(buf, '|' );

    if (ptr == NULL) {
        // pipe indicator not exists
        *pFlag = 0;
        // parse cmd
        cnt = mkargv(buf, vecs[0]);
        // one command
        if (cnt == 0) return 0;  // error
        else return 1;
    } else {
        // pipe indicator exists
        *pFlag = 1;
        *ptr = '\0' ;
        // parse first cmd
        cnt = mkargv(buf, vecs[0]);
        if (cnt == 0)
            return 0; // error

        // parse second cmd
        cnt = mkargv(ptr+1, vecs[1]);
        // two command
        if (cnt == 0) return 0; // error
        else return 2;
    }
}
//
void main(void)
{
    char buf[64];
    char *vecs[MAX_CMD][MAX_ARGS];
    int pFlag;
    int i, j, cnt;

```

```
    printf( “Enter command line : ” );
    fgets(buf, 64, stdin);
    //
    cnt = parseArgs(buf, vecs, &pFlag);
    if (cnt == 0) {
        printf( “Error in command line\n” );
        exit(1);
    }
    printf( “\n” );
    //
    for (i = 0; i < cnt; i++) {
        printf( “%d th command : \n” , i);
        for (j = 0; vecs[i][j] != NULL; j++) {
            printf( “vec[%d] = %s\n” , j, vecs[i][j]);
        }
        printf( “\n” );
    }
    printf( “\n” );
}
```

[실행 결과]

```
ngs@ubuntu:~/lsp/ch9$ ./mkargv2
Enter command line : ls -l

0 th command :
vec[0] = ls
vec[1] = -l

ngs@ubuntu:~/lsp/ch9$ ./mkargv2
Enter command line : ls -l ¦
Error in command line
ngs@ubuntu:~/lsp/ch9$ ./mkargv2
Enter command line : ls -l ¦ more

0 th command :
vec[0] = ls
vec[1] = -l
```

```
1 th command :
vec[0] = more

ngs@ubuntu:~/lsp/ch9$
```

[설명]

함수 parseArgs()는 파이프라인 심볼인 '¦' 이 포함된 명령 라인을 해석한다. 명령 라인에 심볼 '¦' 이 포함되어 있으면 pFlag 값이 1이 되고 그렇지 않으면 0이 된다. 파이프라인이 포함되어 있을 경우에는 이 심볼을 중심으로 앞 뒤 명령이 구분되어 해석된다. 해석된 결과는 배열 vecs[][]에 저장되어 있다.

[과제] 앞의 예제는 파이프라인 심볼이 포함된 명령 라인을 해석해 준다. 이 예제 프로그램과 [프로그램9-3]을 참고하여 6장의 과제를 수정하여 파이프라인 처리 기능까지 제공하는 쉘을 작성하시오.

연습 문제

A. 다음 빈 칸에 적절한 용어를 쓰시오.

1. 이름이 없는 파이프를 생성하는 시스템 콜은 (   )이다.

2. 이름이 있는 파이프 즉, fifo를 생성하는 시스템 콜은 (   )이다.

3. 파이프의 수신측 프로세스는 시스템 콜 (   )를 이용해서 데이터를 가져온다.

4. 이름이 없는 파이프는 프로그램이 종료되면 자동으로 없어진다. 그러나 fifo 파일을 제거할 때에는 시스템 콜 (   )를 사용한다.

5. pipe() 시스템 콜은 (   ) 개의 디스크립터를 생성한다.

6. 어떤 파이프를 읽기 모드로 열고 있는 프로세스가 없을 때에 그 파이프에 데이터를 쓰면 그 프로세스에게 (   ) 시그널이 발생한다.

7. "ls -l" 명령을 실행했을 때에 나오는 결과에서 fifo 파일의 파일 타입 문자는 (   )이다.

8. 파이프를 이용해서 통신하는 프로그램을 작성하려면 pipe()와 fork() 시스템 콜 중에서 반드시 (   )를 먼저 호출하여야 한다.

9. pipe(fds)와 같이 호출하여 파이프를 생성하려고 할 때에 읽기 모드의 디스크립터는 (   )가 된다.

10. 쓰기 목적으로 fifo 파일을 열려고 할 때에 읽기 목적으로 이 파일을 여는 프로세스가 없어도 open()이 블록되지 않고 즉시 반환되게 하려면 open()의 플래그로 (   )을(를) 주어야 한다.

B. 다음 물음에 답하시오.

1. 시스템 콜 pipe(int fds[])는 두 개의 디스크립터를 생성해서 fds에 저장한다. 그 디스크립터의 특성을 설명하시오.

2. 다음과 같은 시스템 콜을 수행한 후에 읽기 프로세스, 쓰기 프로세스, 파이프와 관련된 커널내의 자료구조를 그리고 설명하시오.

```
int fds[2];
pipe(fds);

if (fork() == 0) {
    // 읽기 프로세스
} else {
    // 쓰기 프로세스
}
```

3. 다음과 같은 프로세스들이 있다.

```
..................................  // 프로세스 ①
if (fork() == 0) {
        pipe(fds);  // 파이프 생성
        ............................  // 프로세스 ②
        if (fork() == 0) {
                ........................  // 프로세스 ③
                if (fork() == 0) {
                        ................  // 프로세스 ④
                 }
                 if (fork() != 0) {
                        ................  // 프로세스 ⑤
                 }
        }
        if (fork() != 0) {
                .......................  // 프로세스 ⑥
        }
```

```
}
```

위의 프로세스들 중에서 생성된 파이프를 이용해서 프로세스③과 통신할 수 있는 프로세스들을 모두 쓰시오.

4. pipe()를 이용해서 통신할 수 있는 프로세스들은 서로 어떤 관계에 있어야 하는가?

5. pipe()를 이용해서 두 프로세스가 통신하려면 반드시 시스템 콜 fork()를 호출하기 전에 pipe()를 먼저 호출해야 한다. 그 이유를 설명하시오.

6. 파이프를 사용해서 통신하는 두 프로세스(읽기 프로세스, 쓰기 프로세스) 중에서 읽기 프로세스가 먼저 종료하면 쓰기 프로세스는 어떻게 되는가?

7. 파이프를 사용해서 통신하는 두 프로세스(읽기 프로세스, 쓰기 프로세스) 중에서 쓰기 프로세스가 먼저 종료하면 읽기 프로세스는 어떻게 되는가?

8. 현재 디렉토리 아래에 이름이 myfifo인 fifo 파일을 생성하려고 한다. 이때 사용하는 명령라인을 쓰시오.

9. 다음은 쉘 명령으로 "ls ¦ sort" 를 실행시켰을 때에 쉘의 내부 동작을 프로그램한 것이다. 빈 칸의 코드를 작성하시오.

```
pipe(fds);
if (fork() == 0) {
        ┌──────────────────────────────┐
        │                              │
        └──────────────────────────────┘
        execlp( "ls" ,  "ls" , NULL);
}
if (fork() == 0) {
```

```
        [                                        ]
        execlp( "sort" ,  "sort" , NULL);
}
```

10. 다음과 같이 실행시키면 실행파일 cmd1의 표준출력이 실행파일 cmd2의 표준입력으로 연결되어 처리되는 프로그램을 작성하시오.

```
# pipe  cmd1  cmd2
```

10 장 시스템 V IPC

10. 시스템 V IPC

1983년에 발표된 System V UNIX에는 기존 UNIX에 있던 프로세스간 통신(IPC : Inter-Process Communication) 기능인 시그널, 파이프 외에 세 가지의 IPC 기능이 더 포함되었다. 이들이 메시지 큐, 공유 메모리, 세마포어이다. 새로 도입된 이 세 가지 IPC 기능을 시스템 V IPC라 하고, 리눅스도 이 시스템 V IPC를 UNIX에서와 동일하게 제공하고 있다.

세 개의 시스템 V IPC는 용도는 다르지만 생성 방법, 접근 권한, 제어 방법 등이 매우 유사하다. 이는 커널 내에서의 구현을 쉽게 하고, 또한 시스템 프로그래머들이 쉽게 사용할 수 있도록 하기 위해서이다.

본 장에서는 먼저 시스템 V IPC의 공통적인 특성을 설명하고, 각 IPC 기능의 특성과 사용 방법, 그리고 관련된 시스템 콜들을 상세히 설명한다.

10.1 시스템 V IPC 개념

리눅스는 UNIX에 있는 시스템 V IPC 기능을 모두 제공한다. 이들은 다음 세 가지이다.

(1) 메시지 큐 (message queue)

프로세스들 사이에 메시지를 교환할 수 있게 한다. 여기서 메시지는 타입이 있는 데이터의 전송 단위이다. 송신 프로세스는 타입을 명시해서 메시지를 전송할 수 있고, 수신 프로세스는 메시지 큐에 있는 메시지를 타입에 따라 선택적으로 수신할 수 있다.

(2) 세마포어 (semaphore)

세마포어는 협력하는 프로세스들 사이의 동기나 상호 배제, 그리고 공유 자원 관리를 위해 사용된다. 예를 들면 여러 프로세스가 동시에 접근하면 문제가 발생하는 프린터와 같은 자원에 대한 접근을 순서화(serialize)시키는데 사용될 수 있다.

(3) 공유 메모리 (shared memory)
여러 프로세스가 같은 물리적 메모리 영역을 각 프로세스의 주소 공간의 일부로 포함시켜 사용하는 것이다. 공유 메모리 영역은 프로세스 이미지의 데이터 영역에 포함된다. 공유 메모리는 테이블과 같이 여러 프로세스가 공통으로 사용해야 하는 자료의 저장을 위해 사용된다. 메모리를 주소 공간의 일부로 포함시켜 사용하기 때문에 모든 IPC 기능 중에서 가장 효율적이다. 공유 메모리 영역에 대한 상호 배제 (mutual exclusion)와 동기(synchronization)를 위해서 세마포어와 함께 사용한다.

10.1.1 IPC 키와 식별자

시스템 V IPC 기능들은 커널 내에 통신 자원 즉, 디스크립터 테이블(descriptor table)을 가지고 있다. 각 IPC 기능별로 별도의 디스크립터 테이블을 가진다. 디스크립터 테이블에는 통신 자원에 대한 접근 권한과 시간 정보가 있고, 각 IPC 기능별로 별도의 부가 정보들이 들어 있다.

IPC 기능을 이용하려면 해당 IPC 기능 (메시지 큐, 공유 메모리, 세마포어)의 디스크립터 테이블 엔트리인 디스크립터를 할당받아야 한다. 각 디스크립터는 유일한 식별자(identifier)를 가진다. 디스크립터를 할당받으면 식별자를 반환하는데, 이후의 모든 IPC 동작에서는 이 식별자를 사용한다. 파일 디스크립터가 한 프로세스 내에서만 유일한 값인데 비해 IPC 식별자는 시스템 전체에서 유일한 값이다. 따라서 파일의 경우 파일 디스크립터 값이 같더라도 프로세스가 다르면 다른 파일을 가리키는데 비해, 같은 값의 IPC 식별자는 프로세스에 관계없이 같은 디스크립터 테이블 엔트리를 가리킨다.

세 개의 시스템 V IPC는 주소 개념으로 키(key)를 사용한다. 같은 키를 가지는 프로세스 사이에 통신을 할 수 있다. IPC 키는 32 비트의 정수인데, 사용자가 임의로 정할 수 있다. 각 IPC 기능에 할당된 디스크립터는 다른 디스크립터와 구분되는 키를 가진다. 이 키는 엔트리가 생성될 때 응용 프로그램에서 제공한 값으로 설정된다. 같은 키를 가지고 디스크립터 할당을 요청하면 같은 디스크립터가 할당되어 같은 값의 식별자를 반환한다. 이렇게 같은 식별자를 가진 프로세스들 사이에 통신을 할 수 있다. 키를 가지고 식별자를 얻는 것은 파일 이름을 가지고 파일 디스크립터를 얻는 것과 같다.

같은 키를 가지고 IPC 자원 할당 요청을 한 프로세스들 사이에 통신을 할 수 있으므로 시스템 V IPC에서 키는 대단히 중요한 역할을 한다. 한 프로세스 집단이 시스템 V IPC 기능을 이용해 통신하려면 다른 집단과 구분되는 키를 가져야 한다. 리눅스에서는 협력하는 프로세스 집단에서 사용하기 위해 공통적이고, 또한 다른 집단과 구분될 수 있는 유일한 키를 생성할 수 있도록 파일 이름을 이용해 IPC 키를 생성하는 라이브러리 함수 ftok()를 제공한다.

형식	#include <sys/types.h> #include <ipc.h> key_t ftok(char *pathname, char proj);
인수	• pathname : 키를 생성하기 위한 파일 이름 • proj : 키를 생성하기 위한 문자
기능	pathname과 proj 값을 이용해서 키 값을 생성한다.
반환값	키 값을 반환한다

ftok()는 협력하는 프로세스들이 어떤 공통의 파일이나 디렉토리의 pathname을 알고 있다고 가정하고, 이 pathname을 이용해서 유일한 키를 만들어 낸다. 이렇게 해도 다른 프로세스 집단이 사용하는 키와 충돌이 발생할 것을 대비해서 한 바이트의 숫자 proj를 추가하고 있다.

proj	부장치 번호	Inode 번호

<그림10-1> key_t의 구조

ftok()는 pathname과 proj를 이용해서 <그림10-1>과 같은 키를 생성한다. 최상위 바이트는 proj 값이 들어간다. 그 다음 바이트는 pathname에 해당하는 파일이나 디렉토리를 저장하고 있는 장치의 부장치 번호이고, 마지막 두

바이트는 inode 번호이다. 이렇게 복잡한 구성을 가지는 이유는 시스템 내에서 유일한 값을 가지게 해서 키의 충돌을 막기 위함이다. ftok()는 pathname에 해당하는 파일이나 디렉토리가 존재하지 않으면 실패하고 -1을 반환한다.

[프로그램10-1] 이 프로그램은 ftok() 함수의 사용 방법을 알아보기 위한 프로그램으로 파일 이름과 한 바이트의 문자를 이용해서 키를 만들어 본다.

```
// File : prog10_1.c

#include <stdio.h>
#include <stdlib.h>
#include <sys/types.h>
#include <sys/ipc.h>

int main(int argc, char *argv[])
{
    key_t key;

    if ((key = ftok( "prog10_1" , 0x40)) < 0) {
        printf( "ftok failed\n" );
        exit(0);
    }
    printf( "key = 0x%08x\n" , key);
}
```

[실행 결과]

```
ngs@ubuntu:~/lsp/ch10$ ./prog10_1
key = 0x4001fdcb
ngs@ubuntu:~/lsp/ch10$
```

[설명]

실행 결과에 나타난 키 값 0x4001fdcb에서 0x40은 ftok()의 두 번째 인수이다. 0x01는 파일 p10_1이 저장되어 있는 "/dev/hda1"의 장치 번호 (3, 1) 의 부장치 번호인 1이다. 그리고 마지막 두 바이트 0xfdcb는 ftok()의 첫 번째 인수인 파일 "p10_1"의 inode 번호이다. 이 값은 실행하는 시스템 혹은 디렉토리마다 다르게 나올 것이다.

10.1.2 접근 권한

시스템 V IPC 기능도 파일과 같은 접근 제어 메카니즘을 가진다. IPC 기능의 사용자를 소유자(owner), 그룹(group), 기타 사용자(other)로 구분하고, 각 사용자에 대한 접근권한을 표시한다. 각 사용자의 접근권한은 읽기('r') 권한과 쓰기('w' 혹은 'a') 권한이 있다. 각 사용자 집단에 대한 접근권한은 다음과 같이 정의된다.

0400	소유자의 읽기 권한
0200	소유자의 쓰기 권한
0040	그룹의 읽기 권한
0020	그룹의 쓰기 권한
0004	기타 사용자의 읽기 권한
0002	기타 사용자의 쓰기 권한

메시지 큐에서 'r' 은 메시지 수신 권한을 말하고, 'w' 는 메시지 송신 권한을 말한다. 공유 메모리에서 'r' 은 메모리에 대한 쓰기 권한을 말하고, 'w' 는 메모리에 대한 쓰기 권한을 말한다. 세마포어에 대한 'r' 은 세마포어 값 조회 권한이고, 'a' 는 세마포어 값 변경 권한이다. 접근권한은 각 IPC 기능을 생성할 때 설정할 수 있고, 소유자는 권한을 변경할 수도 있다.

10.1.3 관련 명령어

메시지 큐, 공유 메모리, 세마포어 등에 대한 쉘 명령은 ipcs와 ipcrm이 있다. ipcs는 커널 내에 있는 각 IPC 자원의 할당 상태를 보여주고, ipcrm은 커널내의 IPC 자원을 제거할 때 사용한다. 파일과 비교하면 ipcs는 ls에 해당하는 명령이고, ipcrm은 rm에 해당하는 명령이다. 다음은 ipcs와 ipcrm의 실행결과 중의 한 예를 나타낸 것이다.

```
ngs@ubuntu:~/lsp/ch10$ ipcs
------ Shared Memory Segments --------
key         shmid   owner   perms   bytes     nattch   status
0x00000000  50817   ngs     660     1048576   1

------ Semaphore Arrays --------
key         semid   owner   perms   nsems     status
0x4601fdb6  128     ngs     660     1

------ Message Queues --------
key          msqid   owner   perms   used-bytes   messages
0x00000000   128     ngs     660     0            0
ngs@ubuntu:~/lsp/ch10$
ngs@ubuntu:~/lsp/ch10$ ipcrm sem 128
resource deleted
ngs@ubuntu:~/lsp/ch10$
```

10.1.4 관련 시스템 콜

세 개의 시스템 V IPC 기능은 시스템 콜 인터페이스나 커널 내부 구조면에서 모두 유사한 개념으로 이루어 졌다. 이들이 제공하는 시스템 콜의 이름들도 유사하다. 시스템 콜 이름의 접두어로 메시지 큐는 msg, 공유 메모리는 shm, 세마포어는 sem을 사용한다. 그리고 각 IPC 기능은 다음과 같은 세 종류의 동작 함수들을 제공한다.

(1) xxxget()

IPC 자원을 생성하거나, 존재하는 IPC 자원에 접근하기 위해 사용하는데, 해당 IPC 자원의 식별자를 반환한다.

msgget() - 메시지 큐 자원 할당

shmget() - 공유 메모리 자원 할당

semget() - 세마포어 자원 할당

(2) xxxctl()

IPC 자원의 상태 조회, 접근권한이나 옵션의 조회 및 변경, IPC 식별자 제거 등에 사용된다.

msgctl() - 메시지 큐 속성 제어
shmctl() - 공유 메모리 속성 제어
semctl() - 세마포어 속성 제어

(3) xxxop()

해당 IPC 식별자에 대한 동작을 수행한다.

msgsnd() - 메시지 큐에 메시지 전송
msgrcv() - 메시지 큐에서 메시지 수신
shmat() - 공유 메모리를 프로세스 주소 공간에 연결
shmdt() - 공유 메모리를 프로세스 주소 공간에서 제거
semop() - 세마포어에 대한 동작

모든 IPC 기능은 먼저 xxxget()으로 해당 자원의 식별자를 얻어야 하고, 이 식별자를 인수로 해서 xxxop()로 동작을 수행할 수 있다. 그리고 상태 조회나 접근권한 변경을 위해 xxxctl()을 사용한다. IPC 자원의 사용이 완료되면 xxxctl()로 IPC 자원을 제거해야 한다. IPC 자원의 소유자만이 IPC 자원을 제거할 수 있다.

10.2 메시지 큐

메시지 큐는 메시지 형식의 자료 교환을 위해 사용된다. 9장의 파이프는 스트림 형태의 자료 교환에 사용된다. 스트림이란 자료의 일정 단위가 없는 것을 말한다. 예를 들면 파이프에서는 송신 프로세스가 한 바이트씩 10회 전송한 자료를 수신 프로세스는 한 번에 수신할 수도 있다. 즉, 메시지라는 한 단위의 개념이 없다. 그러나 메시지 큐는 송신 프로세스가 한번 송신한 메시지는 수신 프로세스가 한 번에 수신해야 한다. 즉, 메시지는 경계 구분이 있는 자료의 단위이다.

메시지 큐는 메일박스와 같은 개념이다. 메시지 큐가 생성되면 메시지 큐 디스크립터 테이블이 생성되고 여기에 생성자 아이디나 접근권한과 같은 속성이 저장된다. 송신 프로세스가 전송한 메시지는 <그림10-2>와 같이 메시지 큐에 송신한 순서대로 저장된다. 각 메시지는 타입이 있다. 송신 프로세스는 송신하는 메시지에 타입을 정해서 전송하고, 수신 프로세스는 메시지 큐에 저장된 메시지 중에서 원하는 타입의 메시지를 수신할 수 있다. 메시지 큐에 대한 시스템 콜은 다음과 같은 것들이 있다.

msgget() - 메시지 큐를 생성하거나, 이미 존재하는 메시지 큐에 대한 식별자를 얻을 때 사용한다.
msgsnd() - 메시지 큐에 메시지를 송신할 때 사용한다.
msgrcv() - 메시지 큐에서 메시지를 수신할 때 사용한다.
msgctl() - 메시지 큐의 속성을 얻거나 변경할 때 사용한다.

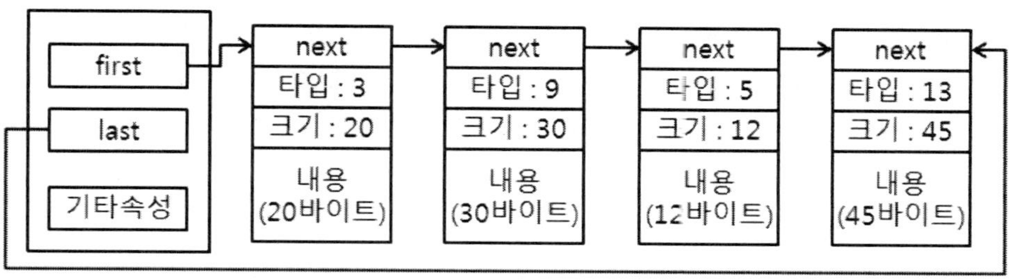

<그림10-2> 메시지 큐의 구조

10.2.1 메시지 큐의 생성과 제거

메시지 큐를 이용해 메시지를 송수신하기 위해서는 먼저 메시지 큐를 생성하고 그 식별자를 얻어야 한다. 이것은 파일을 사용할 때 먼저 파일을 열어 파일 디스크립터를 얻어야 하는 것과 같다. 메시지 큐를 새로 생성해서 식별자를 얻거나 이미 존재하는 메시지 큐에 대한 식별자를 얻을 때는 다음과 같은 msgget()을 사용한다.

형식	#include <sys/types.h> #include <sys/ipc.h> #include <sys/msg.h> int msgget(key_t key, int msgflg);
인수	• key : 메시지 큐를 위한 키 값 • msgflg : 접근권한과 부가적 속성
기능	메시지 큐에 대한 식별자를 생성한다
반환값	메시지 큐의 식별자

여기서 key는 임의의 32 비트 정수이면 된다. 보통 key는 ftok()를 이용해서 얻는데, key의 값을 알 필요가 없을 때는 IPC_PRIVATE 값을 사용한다. key 값으로 IPC_PRIVATE를 사용하면 커널이 현재 사용되지 않고 있는 임의의 키를 선택해서 사용할 수 있도록 한다. 이것은 key를 모르고도 메시지 큐 식별자를 알 수 있는 관계에 있는 프로세스 즉, 부모-자식이나 형제 관계에 있는 프로세스들 사이의 통신에서 사용된다. msgflg는 다음 값들이 비트-OR 되어 사용된다.

(1) 접근 권한 9 비트 : 10.1.2 절에서 설명한 접근 권한으로 접근 권한은 반드시 표시되어야 한다.
(2) IPC_CREAT : 주어진 key를 가지는 메시지 큐가 존재하지 않으면 새로 생성한다.
(3) IPC_EXCL : 반드시 IPC_CREAT와 함께 사용되어야 하는 것으로 주어진 key를 가지는 메시지 큐가 존재하면 msgget()이 실패한다. 자신이 메시지 큐를 생성해야 할 필요가 있는 프로세스만이 사용한다.

msgget()은 성공하면 메시지 큐의 식별자를 반환하는데, 이 식별자는 이후 이 메시지 큐에 대한 모든 동작에서 사용된다. 사실 메시지 큐에 대한 송수신 동작을 하기 전에 반드시 msgget()을 통해 식별자를 얻어야 하는 것은 아니다. 파일 동작에서는 파일에 대한 읽기/쓰기를 위해서는 반드시 open()을 이용해 파일 디스크립터를 얻어야 한다. 그러나 메시지 큐나 다음 절에서 설명할 공유 메모리, 세마포어와 같은 시스템 V IPC는 필요한 통신 자원을 다른 어떤 프로세스가 생성해 두었고, msgget()를 통하지 않고도 그 식별자를 알 수 있는 방법이 있다면 그 식별자를 이용해 바로 메시지를 송신/수신할 수 있다.

메시지 큐를 제거할 때는 msgctl()을 이용한다. msgctl()은 여러 기능을 가지는데 그 중에서 명령을 IPC_RMID로 주면 해당 식별자가 가리키는 메시지 큐가 제거된다. 공유 메모리나 세마포어, 메시지 큐와 같은 시스템 V IPC는 그 식별자를 IPC_RMID로 명시적으로 제거하지 않으면 그 IPC 자원을 사용하던 프로세스가 종료해도 자동으로 제거되지 않는다. 그래서 시스템 관리자는 가끔씩 ipcs 명령으로 현재 시스템 내에 있는 IPC 자원들의 상태를 관찰하고, 사용하는 프로세스가 없는 것은 ipcrm 명령으로 제거해 줄 필요가 있다.

[프로그램 10-2] 이 프로그램은 메시지 큐를 만들고 제거하는 방법을 설명하는 프로그램이다. 이 프로그램은 어떠한 통신도 하지 않지만 메시지 큐의 사용 방법을 익히는데 도움을 줄 것이다.

```
// File : prog10_2.c

#include <stdio.h>
#include <stdlib.h>
#include <sys/types.h>
#include <sys/ipc.h>
#include <sys/msg.h>

int main(int argc, char *argv[])
{
    int mid;
    key_t key;


    if ((key = ftok( “.” , ‘A’ )) < 0) {
        printf( “Can not create key\n” );
        exit(0);
    }
```

```
19        printf( “key = 0x%08x\n” , key);
20
21        if ((mid = msgget(key, IPC_CREAT | 0666)) < 0) {
22            perror( “msgget()” );
23            exit(0);
24        }
25        printf( “mid = %d\n” , mid);
26        //
27        // do something here
28        //
29
30        system( “ipcs -q” );
31
32        msgctl(mid, IPC_RMID, 0);
33    }
```

[실행 결과]

```
ngs@ubuntu:~/lsp/ch10$ ./prog10_2
key = 0x4101fdb6
mid = 256

------ Message Queues --------
key          msqid    owner    perms    used-bytes   messages
0x4101fdb6   256      ngs      666      0            0
ngs@ubuntu:~/lsp/ch10$
```

[설명]

라인 15에서 메시지 큐에 사용할 키를 만들었다. 라인 19의 실행 결과를 보면 이때 생성된 키는 0x4101fdb6이다. 이 키를 이용해 라인 21에서 메시지 큐를 생성하고, 식별자를 할당 받았다. IPC_CREAT는 키 값이 key인 메시지 큐가 존재하지 않으면 새로 생성해서 식별자를 반환하고, 존재하면 그 메시지 큐의 식별자를 반환하게 한다. 새로 생성될 경우에 접근권한은 0666으로 한다. 반환된 식별자는 256이다. 메시지 큐를 이용하는 모든 프로그램은 이러한 과정으로 메시지 큐를 생성하고 식별자를 할당 받는다.

라인 30에서는 system() 함수를 사용해서 ipcs 명령을 실행시켰다. 그 결과를 보면 현재 시스템 내에 할당되어 있는 메시지 큐는 하나가 있는데, 키가 0x4101fdb6이고 식별자는 256이다. 이 메시지 큐는 사용자 ngs가 생성했고 접근 권한은 0666이다. 현재 메시지 큐는 비어 있다.

라인 32는 msgctl()을 이용해 메시지 큐를 제거하는 방법을 보여 준다.

메시지 큐를 이용하는 모든 프로그램은 이 프로그램과 같이 구성된다. 메시지 큐를 이용한 메시지 송수신은 라인 26~28 사이에서 일어나야 하고, 메시지 큐를 생성하는 그 위 부분이나, 사용이 끝난 메시지 큐를 제거하는 아래 부분은 어떤 프로그램에서나 공통으로 존재한다.

[프로그램 10-3] 생성된 메시지 큐는 그 메시지 큐를 생성한 프로세스가 제거해야 한다. 따라서 프로세스는 자신이 메시지 큐를 생성 했는지, 아니면 이미 있는 메시지 큐의 식별자만 얻었는지를 알고 있어야 한다. 이를 위해서는 먼저 메시지 큐가 존재하는지를 조사해서 존재하지 않으면 생성해야 한다. 그리고 자신이 생성자인지를 판단할 수 있는 플래그 변수를 사용해야 한다.

```
// File : prog10_3.c

#include <stdio.h>
#include <stdlib.h>
#include <sys/types.h>
#include <sys/ipc.h>
#include <sys/msg.h>

int creator = 0;

int main(int argc, char *argv[])
{
	int mid;
	key_t key;

	if ((key = ftok( “.” , ‘A’ )) < 0) {
		printf( “Can not create key\n” );
		exit(0);
```

```
19          }
20
21          if ((mid = msgget(key, IPC_CREAT | IPC_EXCL | 0666)) != -1) {
22              creator = 1;
23          } else if ((mid = msgget(key, 0666)) < 0) {
24              perror( “msgget()” );
25              exit(0);
26          }
27          //
28          // do something here
29          //
30          if (creator) msgctl(mid, IPC_RMID, 0);
31  }
```

[실행 결과]

```
ngs@ubuntu:~/lsp/ch10$ ./prog10_3
ngs@ubuntu:~/lsp/ch10$
```

[설명]

라인 21에서 새로운 메시지 큐를 생성하는데 IPC_EXCL은 키 값이 key인 메시지 큐가 이미 존재하면 msgget()이 실패하게 한다. 따라서 이때 msgget()이 성공했다는 것은 이 프로세스가 메시지 큐의 생성자라는 의미이다.

라인 30에서 이 프로세스가 메시지 큐의 생성자일 때만 메시지 큐를 제거하게 했다.

10.2.2 메시지 송수신

msgget()을 이용해 메시지 큐 식별자를 얻으면 이 식별자를 이용해 메시지 큐에 메시지를 전송하거나, 메시지 큐의 메시지를 수신할 수 있다. 메시지 큐를 이용해서 메시지를 송신할 때는 msgsnd()를 사용하고, 수신할 때는 msgrcv()를 사용한다.

형식	#include <sys/types.h>
	#include <sys/ipc.h>
	#include <sys/msg.h>
	
	int msgsnd(int msqid, struct msgbuf *msgp, int msgsz, int msgflg)
	int msgrcv(int msqid, struct msgbuf *msgp, int msgsz,
	    long msgtyp, int msgflg)
	
	    struct msgbuf {
	        long mtype; // message type, must be > 0
	        char mtext[1]; // message data
	    };

인수	• msqid : 메시지 큐의 식별자 • msgp : 메시지 버퍼의 포인터 • msgsz : 송신하거나 수신할 메시지의 크기 • msgflg : 메시지 송신 방식 • msgtyp : 수신할 메시지의 타입
기능	msgsnd() : 메시지를 송신한다. msgrcv() : 메시지를 수신한다.
반환값	msgsnd() : 성공하면 0을 반환하고 실패하면 -1을 반환한다. msgrcv() : 성공하면 수신한 바이트 수를 반환하고, 실패하면 -1을 반환한다.

mtype (32 비트)	mtext (최대 MSGMAX 바이트)

<그림10-3> 메시지 구조

메시지 큐를 이용해서 송수신 하는 메시지는 <그림10-3>과 같이 타입과 내용 필드로 구성된다. mtype은 양의 정수 값이어야 한다. msgrcv()는 수신할 메시지 타입을 지정해서 다음과 같이 메시지를 수신할 수 있다.

(1) msgtyp == 0 일 때, 메시지 큐에 있는 첫 번째 메시지를 가져 온다.
(2) msgtyp > 0 일 때, msgflg에 MSG_EXCEPT가 설정되어 있지 않으면 mtype이 msgtyp와 같은 첫 번째 메시지를 가져오고, 설정되어 있으면 mtype이 msgtyp와 같지 않은 첫 번째 메시지를 가져온다.
(3) msgtyp < 0 일 때, mtype 값이 msgtyp보다 작은 메시지 중에서 mtype 값이 가장 작은 메시지를 가져온다.

[프로그램 10-4a] 이 프로그램은 메시지 큐를 이용한 간단한 통신 프로그램으로 [프로그램10-4b]와 한 쌍으로 동작한다. 이 프로그램은 메시지 타입에 따라 수신되는 메시지가 어떻게 결정되는가를 설명하기 위한 것이다. msgrcv()의 4 번째 인수인 msgtyp가 0이면 메시지를 메시지 큐에 있는 순서대로 가져온다. 이것은 수신측 프로그램이고, [프로그램10-4b]는 송신측 프로그램이다. 이 프로그램을 실행시킨 다음에 다른 윈도우에서 [프로그램10-4b]를 실행시켜야 결과가 나온다.

```
// File : prog10_4a.c

#include <stdio.h>
#include <stdlib.h>
#include <sys/types.h>
#include <sys/ipc.h>
#include <sys/msg.h>

#define MSG_NUM        10
#define MSG_MAX_SZ     64

int main(int argc, char *argv[])
{
    int mid, i;
    key_t key;
    struct msgbuf {
        long mtype;
        char mtext[MSG_MAX_SZ];
    } *msgp;

    if ((key = ftok( “.” ,  ‘B’ )) < 0) {
```

```
            printf( “Can not create key\n” );
            exit(0);
      }

      if ((mid = msgget(key, IPC_CREAT | 0666)) < 0) {
            perror( “msgget()” );
            exit(0);
      }

      // allocate memory for message
      if  ((msgp  =  (struct  msgbuf  *)malloc(sizeof(struct  msgbuf)))  ==
NULL)  {
            printf( “Can not allocate memory\n” );
            exit(0);
      }
      // receive message
      for (i = 0; i < MSG_NUM; i++) {
            if (msgrcv(mid, msgp, MSG_MAX_SZ, 0, 0) < 0) {
                  perror( “msgrcv()” );
                  break;
            }
            printf( “[RECEIVER] mtype = %d, mtext = %s\n” ,
                        (int)msgp->mtype, msgp->mtext);
      }
      free(msgp);

      msgctl(mid, IPC_RMID, 0);
}
```

[실행 결과]

```
ngs@ubuntu:~/lsp/ch10$ ./prog10_4a
[RECEIVER] mtype = 10, mtext = message #10
[RECEIVER] mtype = 9, mtext = message #9
[RECEIVER] mtype = 8, mtext = message #8
[RECEIVER] mtype = 7, mtext = message #7
[RECEIVER] mtype = 6, mtext = message #6
[RECEIVER] mtype = 5, mtext = message #5
[RECEIVER] mtype = 4, mtext = message #4
```

```
[RECEIVER] mtype = 3, mtext = message #3
[RECEIVER] mtype = 2, mtext = message #2
[RECEIVER] mtype = 1, mtext = message #1
ngs@ubuntu:~/lsp/ch10$
```

[설명]

라인 21에서 먼저 메시지 큐 생성에 필요한 키를 생성했다. 라인 26에서 키 값 key를 가지는 메시지 큐를 생성한다. 접근권한은 0666으로 하고 IPC_CREAT 플래그가 있으므로 키 값이 key인 메시지 큐가 없으면 새로 생성되고, 이미 존재하면 그 식별자만 얻어온다.

라인 32에서는 메시지 수신에 사용될 버퍼를 위한 메모리를 할당 받는다. 버퍼 구조는 라인 16~19에 정의되어 있다. 매뉴얼에는 이 구조의 mtext가 크기 1의 배열로 정의되어 있는데, 이는 정의를 위한 것이고 실재 사용될 때는 필요한 만큼의 배열 크기를 정해 주어야 한다. 여기서는 64 바이트로 했다.

라인 38~45에서는 msgrcv()를 이용해 10 개의 메시지를 수신해서 출력한다. 여기서 msgtyp를 0으로 했기 때문에 메시지는 메시지 큐에 도착한 순서대로 수신된다.

라인 46에서는 버퍼로 사용된 메모리를 해제하고, 라인 48에서 msgctl()로 메시지 큐를 제거했다.

실행 결과를 보면 10 개의 메시지가 mtype이 10부터 1까지 순서대로 수신되어 출력되었다. 이 결과를 이 메시지의 송신측인 [프로그램10-4b]의 실행 결과와 비교해 보면 메시지가 송신된 순서대로 즉, 메시지 큐에 도착한 순서대로 수신되었음을 알 수 있다. 이것은 msgrcv()에 사용한 msgtyp 인수가 0이기 때문이다.

[프로그램10-4b] 다음은 [프로그램10-4a]와 한 쌍으로 동작하는 메시지 송신 프로그램이다. 이 프로그램에서는 10 개의 메시지를 전송하는데, mtype을 10부터 시작해서 1까지로 해서 전송한다. 먼저 한 윈도우에서 [프로그램10-4a]를 실행시키고 나서 다른 윈도우에서 이 프로그램을 실행시켜야 한다. 여기서 출력한 결과와 [프로그램10-4a]에서 출력

한 결과를 비교해 보면 어떤 순서로 송수신 되는가를 알 수 있다.

```
// File : prog10_4b.c

#include <stdio.h>
#include <stdlib.h>
#include <string.h>
#include <sys/types.h>
#include <sys/ipc.h>
#include <sys/msg.h>

#define MSG_NUM        10
#define MSG_MAX_SZ     64

int main(int argc, char *argv[])
{
     int mid, i;
     key_t key;
     struct msgbuf {
          long mtype;
          char mtext[MSG_MAX_SZ];
     } *msgp;

     if ((key = ftok( “.” , ‘B’ )) < 0) {
          printf( “Can not create key\n” );
          exit(0);
     }

     if ((mid = msgget(key, 0)) < 0) {
          perror( “msgget()” );
          exit(0);
     }

     // allocate memory for message
     if ((msgp = (struct msgbuf *)malloc(sizeof(struct msgbuf))) == NULL) {
          printf( “Can’t allocate memory\n” );
          exit(0);
     }
```

```
37
38      // send message
39      for (i = 0; i < MSG_NUM; i++) {
40          msgp->mtype = MSG_NUM - i;
41          sprintf(msgp->mtext, “message #%d” , (int)msgp->mtype);
42          if (msgsnd(mid, msgp, sizeof(long) + strlen(msgp->mtext), 0) < 0) {
43              perror( “msgsnd” );
44              break;
45          }
46          printf( “[SENDER] mtype = %d, mtext = %s\n” ,
                    (int)msgp->mtype, msgp->mtext);
47      }
48      free(msgp);
49  }
```

[실행 결과]

```
ngs@ubuntu:~/lsp/ch10$ ./prog10_4b
[SENDER] mtype = 10, mtext = message #10
[SENDER] mtype = 9, mtext = message #9
[SENDER] mtype = 8, mtext = message #8
[SENDER] mtype = 7, mtext = message #7
[SENDER] mtype = 6, mtext = message #6
[SENDER] mtype = 5, mtext = message #5
[SENDER] mtype = 4, mtext = message #4
[SENDER] mtype = 3, mtext = message #3
[SENDER] mtype = 2, mtext = message #2
[SENDER] mtype = 1, mtext = message #1
ngs@ubuntu:~/lsp/ch10$
```

[설명]

라인 22에서 키를 생성했는데, [프로그램10-4a]에서와 동일한 방법으로 생성했다. ftok()에 사용한 경로명과 proj 값이 같다. 이 값을 출력해 보면 [프로그램10-4a]에서 사용한 키 값과 같다는 것을 알 수 있다. 같은 키를 가진 메시지 큐 식별자 사이에만 통신이 가능하다.

라인 27에서 msgget()을 이용해 메시지 큐의 식별자를 얻었는데, 이때

IPC_CREAT 플래그를 사용하지 않았다. 이는 이미 먼저 실행시킨 [프로그램10-4a]에서 같은 키를 가지는 메시지 큐를 생성했기 때문이다. 그리고 접근권한을 0으로 주었는데 IPC_CREAT가 없기 때문에 이 값은 의미가 없다.
라인 39~47에서 메시지를 10 개 송신한다. 이때 mtype은 10부터 1까지로 차례로 감소시키면서 정했다.
프로그램 실행 결과에서 전송한 메시지의 mtype과 mtext 값을 볼 수 있는데, 이것을 [프로그램10-4a]의 실행 결과와 비교해 보면 메시지가 전송한 순서대로 도착했음을 알 수 있다.

[프로그램10.5a] msgrcv()의 네 번째 인수 msgtyp이 양의 정수이고 msgflg에 MSG_EXCEPT가 설정되어 있지 않으면 msgrcv()는 타입이 msgtyp인 메시지를 가져온다. 만약에 타입이 같은 메시지가 여러 개 있으면 메시지 큐에 있는 순서대로 가져온다. 이 프로그램은 [프로그램10-4a]와 같이 10 개의 메시지를 수신하는 프로그램으로 [프로그램10-4b]와 한 쌍으로 동작시켜야 한다. 먼저 이 프로그램을 실행시키고, 다른 윈도우에서 [프로그램10-4b]를 실행시키면 결과를 얻을 수 있다.

```
// File : prog10_5a.c

#include <stdio.h>
#include <stdlib.h>
#include <sys/types.h>
#include <sys/ipc.h>
#include <sys/msg.h>

#define MSG_NUM         10
#define MSG_MAX_SZ      64

int main(int argc, char *argv[])
{
    int mid, i;
    long msgtyp;
    key_t key;
    struct msgbuf {
```

```
        long mtype;
        char mtext[MSG_MAX_SZ];
    } *msgp;

    if ((key = ftok( “.” ,  ‘B’ )) < 0) {
        printf( “Can’t create key\n” );
        exit(0);
    }

    if ((mid = msgget(key, IPC_CREAT | 0666)) < 0) {
        perror( “msgget()” );
        exit(0);
    }

    // allocate memory for message
    if((msgp = (struct msgbuf *)malloc(sizeof(struct msgbuf)))==NULL) {
        printf( “Can’t allocate memory\n” );
        exit(0);
    }

    // receive message
    for (i = 0; i < MSG_NUM; i++) {
        msgtyp = i;        // msgtyp = i+1
        if (msgrcv(mid, msgp, MSG_MAX_SZ, msgtyp, 0) < 0) {
            perror( “msgrcv()” );
            break;
        }
        printf( “[RECEIVER] mtype = %ld, mtext = %s\n” ,
                msgp->mtype, msgp->mtext);
    }
    free(msgp);

    msgctl(mid, IPC_RMID, 0);
}
```

[실행 결과]

```
ngs@ubuntu:~/lsp/ch10$ ./prog10_5a
[RECEIVER] mtype = 10, mtext = message #10
[RECEIVER] mtype = 1, mtext = message #1
```

```
[RECEIVER] mtype = 2, mtext = message #2
[RECEIVER] mtype = 3, mtext = message #3
[RECEIVER] mtype = 4, mtext = message #4
[RECEIVER] mtype = 5, mtext = message #5
[RECEIVER] mtype = 6, mtext = message #6
[RECEIVER] mtype = 7, mtext = message #7
[RECEIVER] mtype = 8, mtext = message #8
[RECEIVER] mtype = 9, mtext = message #9
ngs@ubuntu:~/lsp/ch10$
```

[설명]

이 프로그램은 구조가 앞의 [프로그램10-4a]와 대부분이 같다. 라인 39~47을 보면 msgrcv()에서 msgtyp 인수를 i 값으로 했다. 즉, 첫 번째 호출시에는 0이고, 두 번째는 1, 세 번째는 2, ... 10 번째는 9가 되어 호출된다. 이 msgtyp은 수신할 메시지를 선택하게 된다.

실행 결과를 보면 [프로그램10-4a]의 결과와는 다르게 mtype이 10, 1, 2, ... 9의 순서로 수신되었다. 이 결과는 메시지의 송신 순서와는 다르게 단지 msgget()의 msgtyp 인수에 의해 결정된다. 첫 번째 수신된 메시지는 mtype이 10으로 첫 번째 송신한 메시지이다. 이는 msgtyp이 0이 되면 메시지 큐의 첫 번째 메시지를 수신하기 때문이다. 그러나 두 번째 수신된 메시지의 mtype은 1인데 이는 이때의 msgtyp이 1이기 때문에 메시지 큐에 있는 메시지들 중에서 mtype이 1인 메시지를 수신한 것이다.

이 프로그램의 결과와 [프로그램10-4a]의 결과를 비교해 보고 차이점을 생각해 보는 것이 메시지 큐 이해에 큰 도움이 될 것이다.

[프로그램10-6a] msgrcv()의 수신 버퍼 즉 msgp->mtext의 크기인 msgsz가 수신할 메시지의 내용보다 작으면 메시지 수신에 실패한다. 이때에 msgflg에 MSG_NOERROR 플래그가 설정되어 있으면 메시지 중에서 msgsz 바이트만큼만 수신되고 나머지 데이터는 없어진다. 이 프로그램은 [프로그램10-6b]와 한 쌍으로 동작한다. 이 프로그램이 수신측이고 [프로그램10-6b]가 송신측이다. 이 프로그램을 먼저 실행시키고, 다른 윈도우에서 [프로그램10-6b]를 실행시키면 결과를 얻을 수 있다.

```
// File : prog10_6a.c

#include <stdio.h>
#include <stdlib.h>
#include <sys/types.h>
#include <sys/ipc.h>
#include <sys/msg.h>

#define MSG_MAX_SZ     64

int main(int argc, char *argv[])
{
     int mid, i, size;
     key_t key;
     struct msgbuf {
          long mtype;
          char mtext[MSG_MAX_SZ];
     } *msgp;

     if ((key = ftok( "." ,  'C' )) < 0) {
          printf( "Can't create key\n" );
          exit(0);
     }

     if ((mid = msgget(key, IPC_CREAT | 0666)) < 0) {
          perror( "msgget()" );
          exit(0);
     }

     // allocate memory for message
     if ((msgp = (struct msgbuf *)malloc(sizeof(struct msgbuf))) ==
NULL) {
          printf( "Can't allocate memory\n" );
          exit(0);
     }

     // receive message
     if ((size = msgrcv(mid, msgp, 10, 0, 0)) < 0) {
          printf( "#1: msgrcv() failed\n" );
```

```
40          if ((size = msgrcv(mid, msgp, 10, 0, MSG_NOERROR)) < 0) {
41              printf( "#2: msgrcv() failed\n" );
42          } else {
43              printf( "#3: receive %d byte ===> " , size);
44              for (i = 0; i < size; i++) putchar(msgp->mtext[i]);
45                  putchar( '\n' );
46          }
47      }
48
49      free(msgp);
50
51      msgctl(mid, IPC_RMID, 0);
52  }
```

[실행결과]

```
ngs@ubuntu:~/lsp/ch10$ ./prog10_6a
#1: msgrcv() failed
#3: receive 10 byte ===> Too long m
ngs@ubuntu:~/lsp/ch10$
```

[설명]

라인 38~47은 메시지를 수신하는 과정이다. 먼저 라인 38에서 수신 버퍼의 크기를 10으로 해서 msgrcv()를 실행했다. msgrcv()가 실패하면 버퍼의 크기가 작기 때문으로 판단해서 MSG_NOERROR 플래그를 주어서 msgrcv()를 다시 실행한다. 이 플래그는 버퍼 크기가 작아서 메시지 수신에 실패하면 에러 처리를 하지 말고 버퍼 크기만큼의 메시지만 수신할 것을 요구하는 것이다.

실행 결과를 보면 첫 번째 msgrcv()는 실패했다. 이는 이 프로그램의 송신측인 [프로그램10-6b]에서 16 바이트의 메시지를 보냈는데, 여기서 수신 버퍼 크기를 10으로 했기 때문이다. 그래서 그 다음 msgrcv()에서는 MSG_NOERROR 플래그를 설정했고, 여기서는 수신 버퍼 크기인 10 바이트의 메시지만 수신했다. 출력 결과를 보면 10 글자만 출력되었다.

[프로그램10-6b] 이 프로그램은 [프로그램10-6a]의 송신측 기능을 한다. [프로그램 10-6a]를 위해 16 바이트의 메시지를 송신한다. [프로그램 10-6a]를 먼저 실행시키고, 다른 윈도우에서 이 프로그램을 실행시켜야 한다.

```
// File : prog10_6b.c

#include <stdio.h>
#include <stdlib.h>
#include <sys/types.h>
#include <sys/ipc.h>
#include <sys/msg.h>

#define MSG_MAX_SZ     64

int main(int argc, char *argv[])
{
    int mid, size;
    key_t key;
    struct msgbuf {
        long mtype;
        char mtext[MSG_MAX_SZ];
    } *msgp;

    if ((key = ftok( “.” , ‘C’ )) < 0) {
        printf( “Can’t create key\n” );
        exit(0);
    }

    if ((mid = msgget(key, 0666)) < 0) {
        perror( “msgget()” );
        exit(0);
    }

    // allocate memory for message
    if ((msgp = (struct msgbuf *)malloc(sizeof(struct msgbuf))) ==
NULL) {
        printf( “Can’t allocate memory\n” );
        exit(0);
```

```
    }

    // send message
    msgp->mtype = 2;
    sprintf(msgp->mtext, "Too long message" );
    size = strlen(msgp->mtext);
    if (msgsnd(mid, msgp, sizeof(long) + size, 0) < 0) {
        perror( "msgsnd()" );
        exit(0);
    }

    printf( "[SENDER] send %d byte ===> %s\n" , size, msgp->mtext);
    free(msgp);
}
```

[실행결과]

```
ngs@ubuntu:~/lsp/ch10$ ./prog10_6b
[SENDER] send 16 byte ===> Too long message
ngs@ubuntu:~/lsp/ch10$
```

[설명]

[프로그램10-6a]와 한 쌍으로 동작하도록 같은 키를 사용한다. 전송하는 메시지는 16 바이트가 되도록 하여 [프로그램10-6a]에서 한 번에 수신할 수 없도록 하고 있다.

[프로그램10-7a] 메시지 큐와 같은 시스템 V IPC는 같은 키 값을 사용해서 얻은 식별자를 가지는 프로세스들 사이에 통신을 할 수 있다. 즉, 키를 통신 주소로 사용한다. 그러나 시스템 V IPC의 식별자는 프로세스에 대해 지역적으로 정의된 것이 아니라 시스템 내에서 전역적으로 사용할 수 있는 것이다. 따라서 키를 모르더라도 식별자 값만 안다면 msgget()과 같은 xxxget() 시스템 콜을 통해 식별자를 얻지 않더라도 바로 통신을 할 수 있다. 이렇게 키 값을 알 필요가 없는 프로그램에서

는 키 값으로 IPC_PRIVATE를 사용한다. 이 값은 0인데 이때 시스템은 임의의 키 값을 결정해서 사용한다. 이 프로그램은 [프로그램10-7b]와 한 쌍으로 동작한다. 먼저 이 프로그램을 실행시키고, 다른 윈도우에서 [프로그램10-7b]를 실행시켜야 한다.

```
// File : prog10_7a.c

#include <stdio.h>
#include <stdlib.h>
#include <sys/types.h>
#include <sys/ipc.h>
#include <sys/msg.h>

#define MSG_MAX_SZ     64

int main(int argc, char *argv[])
{
     int mid, size;
     struct msgbuf {
          long mtype;
          char mtext[MSG_MAX_SZ];
     } *msgp;

     if ((mid = msgget(IPC_PRIVATE, IPC_CREAT | 0666)) < 0) {
          perror( “msgget()” );
          exit(0);
     }
     printf( “[RECEIVER] mid = %d\n” , mid);

     // allocate memory for message
     if((msgp=(struct msgbuf *)malloc(sizeof(struct msgbuf))) == NULL)  {
          printf( “Can't allocate memory\n” );
          exit(0);
     }

     // receive message
     if ((size = msgrcv(mid, msgp, MSG_MAX_SZ, 0, 0)) < 0) {
          perror( “msgrcv()” );
          exit(0);
```

```
35        }
36        printf( "[RECEIVER] mtype = %d, mtext = %s\n" ,
37                (int)msgp->mtype, msgp->mtext);
38
39        free(msgp);
40
41        msgctl(mid, IPC_RMID, 0);
42    }
```

[실행결과]

```
ngs@ubuntu:~/lsp/ch10$ ./prog10_7a
[RECEIVER] mid = 1792
[RECEIVER] mtype = 97, mtext = message identifier test
ngs@ubuntu:~/lsp/ch10$
```

[설명]

라인 19에서 키를 디폴트 키인 IPC_PRIVATE로 해서 메시지 큐를 생성했다. 이전 프로그램과는 달리 디폴트 키를 사용했기 때문에 앞에서 키를 생성하는 절차가 없다. 라인 23에서 메시지 큐의 식별자를 출력했는데, 이 출력 값은 [프로그램10-7b]를 실행시킬 때 명령라인 인수로 사용해야 한다.

라인 32에서는 msgrcv()로 메시지가 수신될 때까지 기다리는데, 송신측인 [프로그램10-7b]에서 메시지를 송신하면 이를 수신하게 된다.

실행 결과를 보면 이 프로그램이 현재 생성한 메시지 큐의 식별자는 1792이다. 이 식별자를 통해 수신한 메시지 내용이 출력되어 있다. 이 메시지는 [프로그램10-7b]가 전송한 메시지이다.

[프로그램 10-7b] 이 프로그램은 [프로그램10-7a]의 송신측 기능을 한다. 여기서는 msgget()을 통하지 않고 명령라인 인수로 메시지 큐 식별자를 얻어서 메시지를 송신한다. 어떤 방법을 사용하더라도 식별자 값만 얻으면 메시지 큐에 접근할 수 있다. 먼저 [프로그램10-7a]를 실행시킨

다음에 출력된 mid 값을 보고 그 값을 명령라인 인수로 해서 이 프로그램을 실행시켜야 한다.

```
// File : prog10_7b.c

#include <stdio.h>
#include <stdlib.h>
#include <string.h>
#include <sys/types.h>
#include <sys/ipc.h>
#include <sys/msg.h>

#define MSG_MAX_SZ     64

int main(int argc, char *argv[])
{
    int mid, size;
    key_t key;
    struct msgbuf {
        long mtype;
        char mtext[MSG_MAX_SZ];
    } *msgp;

    if (argc != 2) {
        printf( "Usage : %s mid\n" , argv[0]);
        exit(0);
    }

    mid = atoi(argv[1]);

    // allocate memory for message
    if ((msgp = (struct msgbuf *)malloc(sizeof(struct msgbuf))) ==
NULL) {
        printf( "Can't allocate memory\n" );
        exit(0);
    }

    // send message
    msgp->mtype = 97;
```

```
37         sprintf(msgp->mtext, "message identifier test" );
38         size = strlen(msgp->mtext);
39         if (msgsnd(mid, msgp, sizeof(long) + size, 0) < 0) {
40             perror( "msgsnd()" );
41             exit(0);
42         }
43         printf( "[SENDER] mtype = %d, mtext = %s\n" , (int)msgp->mtype,
44 msgp->mtext);
45         free(msgp);
46 }
```

[실행결과]

```
ngs@ubuntu:~/lsp/ch10$ ./prog10_7b 1792
[SENDER] mtype = 97, mtext = message identifier test
ngs@ubuntu:~/lsp/ch10$
```

[설명]

이 프로그램에는 메시지 큐 식별자를 얻는 msgget()이 없다. 그 대신 라인 26에서 명령라인 인수를 mid 값으로 사용한다. 이 mid 값은 [프로그램 10-7a]를 실행했을 때에 출력되는 값을 보고 입력한 값 즉, 1792이다. 이 식별자는 시스템 전역 값으로 프로세스별 지역 값인 파일 디스크립터와는 다른 개념의 값이다.

이렇게 해서 얻은 식별자를 이용해 라인 39에서 msgsnd()를 사용해서 메시지를 송신하면 [프로그램10-7a]가 수신한다.

10.2.3 메시지 큐 제어

메시지 큐의 소유자는 메시지 큐에 대해 제거, 소유권 변경, 접근권한 변경, 메시지 크기 제한 변경 등의 제어를 할 수 있다. 메시지 큐 제어에는 시스템 콜 msgctl()을 사용한다.

<table>
<tr><td>형식</td><td>#include <sys/types.h>
#include <sys/ipc.h>
#include <sys/msg.h>

int msgctl(int msqid, int cmd, struct msqid_ds *buf);</td></tr>
<tr><td>인수</td><td>• msqid : 메시지 큐의 식별자
• cmd : 메시지 큐 제어 명령
• buf : 메시지 큐 디스크립터 구조</td></tr>
<tr><td>기능</td><td>메시지 큐의 상태를 반환하거나 동작을 제어한다.</td></tr>
<tr><td>반환값</td><td>성공하면 IPC_STAT, IPC_SET, IPC_RMID는 0을 반환하고, IPC_INFO, MSG_INFO는 사용중인 메시지 큐 배열의 최상위 인덱스를 반환한다.
실패하면 -1을 반환한다.</td></tr>
</table>

```
struct msqid_ds {
    struct ipc_perm msg_perm;      // 소유권과 접근권한
    time_t          msg_stime;     // 마지막 msgsnd() 시간
    time_t          msg_rtime;     // 마지막 msgrcv() 시간
    time_t          msg_ctime;     // 정보 변경 시간
    unsigned long   __msg_cbytes;  // 현재 큐에 있는 메시지 바이트 수
    msgqnum_t       msg_qnum;      // 현재 큐에 있는 메시지 수
    msglen_t        msg_qbytes;    // 큐에 허용된 최대 메시지 길이
    pid_t           msg_lspid;     // 마지막으로 msgsnd()를 사용한 PID
    pid_t           msg_lrpid;     // 마지막으로 msgrcv()를 사용한 PID
};
struct ipc_perm {
    key_t          __key;          // 키 값
    uid_t          uid;            // 소유자의 유효 사용자 ID
    gid_t          gid;            // 소유자의 유효 그룹 ID
    uid_t          cuid;           // 생성자의 유효 사용자 ID
    gid_t          cgid;           // 생성자의 유효 그룹 ID
    unsigned short mode;           // 접근권한
    unsigned short __seq;          // 순서번호
};
```

응용 프로그램은 msgctl()의 cmd에 따라 메시지 큐에 대해 다음과 같은 동작을 할 수 있다.

(1) 메시지 큐 제거

```
msgctl(msqid, IPC_RMID, 0);
```

사용이 완료된 메시지 큐를 제거한다.

(2) 소유자 변경

```
msgctl(msqid, IPC_STAT, &ds);     // 상태 정보 조회
ds.msg_perm.uid = 96;             // 새로운 소유자의 사용자 번호
ds.msg_perm.gid = 12;             // 새로운 그룹 번호
msgctl(msqid, IPC_SET, &ds);      // 상태 정보 변경
```

소유자와 그룹의 번호를 변경할 수 있다. IPC_STAT은 현재 메시지 큐 상태 정보를 조회하는 명령이고 IPC_SET은 새로 설정하는 명령이다. 이러한 정보를 변경할 때는 반드시 IPC_STAT을 통해 현재 상태 정보를 ds 구조에 가져온 다음에 변경하려고 하는 값만 변경한 다음에 IPC_SET을 통해 설정해야 한다.

(3) 접근 권한 변경

```
msgctl(msqid, IPC_STAT, &ds);     // 상태 정보 조회
ds.msg_perm.mode = 0600;          // 새로운 접근권한 설정
msgctl(msqid, IPC_SET, &ds);      // 상태 정보 변경
```

메시지 큐에 대한 접근 권한 즉, 송수신 권한을 변경하는 것으로 절차는 소유자 변경에서와 같다. 메시지 큐의 읽기 권한은 수신 권한을 말하고, 쓰기 권한은 송신 권한을 말한다. 파일에서와는 달리 메시지 큐에서는 실행 권한은 정의되어 있지 않다.

(4) 크기 제한 변경

```
msgctl(msqid, IPC_STAT, &ds);      // 상태 정보 조회
ds.msg_qbytes = 4096;              // 새로운 크기 제한 설정
msgctl(msqid, IPC_SET, &ds);       // 상태 정보 변경
```

msg_qbytes는 하나의 메시지 큐가 가질 수 있는 최대 메시지 바이트 수를 말하는 것으로 시스템 디폴트 값은 MSGMNB로 정의되어 있다. 일반 사용자는 msg_qbytes를 이 값보다 크게 설정 할 수 없다.

10.3 세마포어

세마포어는 프로세스 동기(synchronization)와 상호 배제(mutual exclusion)을 위한 도구이다. 세마포어는 동시 수행 프로세스(concurrent process)들이 물리적 장치나 파일, 공유 메모리와 같은 공유 자원(shared resource)에 접근할 때 접근을 제어한다.

10.3.1 리눅스의 세마포어

리눅스의 세마포어는 동시에 실행되는 여러 프로세스들 사이에 공유되는 16 비트 정수형 변수로 구현된다. 세마포어 변수는 커널 내에 존재하며 세마포어 관련 시스템 콜인 semget()에 의해 생성되고, semctl()에 의해서 초기화되며, semop()에 의해서만 값이 변경될 될 수 있다. 리눅스는 <그림10-4>와 같이 하나의 세마포어 식별자가 여러 개의 세마포어 즉, 세마포어 집합을 나타낼 수 있게 구현되어 있다.

세마포어에 대한 동작은 각 세마포어 값 semval[]의 값을 초기화시키는 동작과 semval[]에 어떤 정수를 더하거나 빼는 세 가지 동작이 있다. 세마포어 값은 절대로 음수가 될 수 없다. 세마포어 값에 어떤 수를 빼서 세마포어 값이 음수가 되려고 하는 동작은 수행되지 못하고 블록된다.

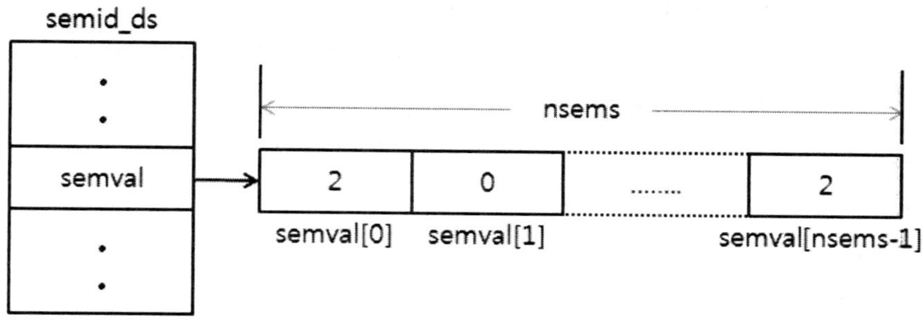

<그림10-4> 세마포어 구조

10.3.2 세마포어 생성

메시지 큐와 마찬가지로 세마포어도 커널 내에 디스크립터 테이블을 가지고 있고, 테이블의 각 엔트리는 다른 엔트리와 구분될 수 있는 key를 가진다. 그리고 사용자 프로그램은 먼저 세마포어를 생성해서 식별자를 얻거나, 이미 존재하는 세마포어 디스크립터에 대한 식별자를 얻어서 사용해야 한다. 세마포어를 생성하거나 식별자를 얻을 때는 시스템 콜 semget()을 사용한다.

형식	#include <sys/types.h> #include <sys/ipc.h> #include <sys/sem.h> int semget (key_t key, int nsems, int semflg);
인수	• key : 생성할 세마포어를 위한 키 값 • nsems : 세마포어의 수 • semflg : 세마포어 생성을 위한 부가 정보
기능	nsems 개의 세마포어를 가진 세마포어의 디스크립터를 생성한다.
반환값	성공하면 세마포어 디스크립터의 식별자를 반환하고, 실패하면 -1을 반환한다.

nsems는 이 디스크립터에 관련된 세마포어의 수로 <그림10-4>에서 보는 것과 같이 하나의 semid_ds에 nsems 개의 세마포어 값이 semval[]에 있을 수 있다. 각 세마포어 값은 semval[]에 대한 인덱스로 구분된다. 예를 들면, 3 개의 세마포어를 가지는 세마포어 집합을 생성하려면 다음과 같이 한다.

```
int semid;
semid = semget(key, 3, IPC_CREAT | 0666);
```

10.3.3 세마포어 값 초기화

semget()에 의해 생성된 세마포어는 초기값이 0으로 되어 있다. 세마포어 값은 semctl()로 조회하거나 재설정할 수 있다.

<table>
<tr><td>형식</td><td><pre>#include <sys/types.h>
#include <sys/ipc.h>
#include <sys/sem.h>

int semctl(int semid, int semnum, int cmd, union semun arg));
    union semun {
        int val;   // value for SETVAL
        struct semid_ds *buf;   // buffer for IPC_STAT, IPC_SET
        unsigned short int *array; // array for GETALL, SETALL
        struct seminfo *__buf;   // buffer for IPC_INFO
    };</pre></td></tr>
<tr><td>인수</td><td>• semid : 세마포어 디스크립터 식별자
• semnum : 동작을 적용할 세마포어 번호
• cmd : 적용할 동작
• arg : cmd에 따른 부가 정보</td></tr>
<tr><td>기능</td><td>세마포어의 동작을 제어한다.</td></tr>
<tr><td>반환값</td><td>성공하면 cmd에 따라 정의된 값을 반환하고, 실패하면 -1을 반환한다.</td></tr>
</table>

semctl()은 cmd 값에 따라 여러 가지 세마포어 제어 기능을 한다. 그 중에서 세마포어 값의 설정 및 조회에 관련된 cmd 값은 SETVAL, SETALL, GETALL이 있다.

(1) GETALL

세마포어 집합의 모든 세마포어 값을 반환하는 것으로 다음과 같이 사용한다.

```
unsigned short semval[3];
semctl(semid, 0, GETALL, semval);
```

3 개의 세마포어를 가지는 세마포어 집합에 속하는 각 세마포어의 값이 semval[]에 저장되어 반환된다. 모든 세마포어를 대상으로 하므로 semnum은 의미가 없어서 0으로 했다.

(2) SETALL

세마포어 집합의 모든 세마포어 값을 설정하는 것으로 다음과 같이 사용한다.

```
unsigned short semval[3] = {3, 5, 2};
semctl(semid, 0, SETALL, semval);
```

3 개의 세마포어를 가지는 세마포어 집합에 속하는 각 세마포어의 값이 semval[]의 값들로 초기화된다. 모든 세마포어를 대상으로 하므로 semnum은 의미가 없어서 0으로 했다.

(3) SETVAL

세마포어 집합에 있는 세마포어 값 하나를 설정하는 것으로 다음과 같이 사용한다.

semctl(semid, 2, SETVAL, 5);

세마포어 집합 중의 세 번째 세마포어(인덱스가 2인 세마포어)의 값을 5로 한다.

위의 세 명령 중에서 세마포어 값을 설정하는 SETVAL, SETALL은 프로그램 실행 중의 어느 시점에서도 호출할 수 있다. 그러나 이것을 세마포어 초기화라고 부르는 이유는 보통 세마포어 값은 프로그램 초기화 과정에서 semctl()로 한번만 설정하고 그 다음부터는 semop()를 이용해 바꾸기 때문이다. 이 두 명령은 세마포어 값이 0이 되거나 증가되기를 기다리는 프로세스들을 깨운다.

semctl()은 이 외에도 최근에 세마포어에 대한 동작을 수행한 프로세스 번호를 조회하는 GETPID 명령, 세마포어 값이 현재보다 증가되기를 기다리는 프로세스의 수를 조회하는 GETNCNT 명령, 세마포어 값이 0이 되기를 기다리는 프로세스 수를 조회하는 GETZCNT 명령 등을 제공한다.

10.3.4 세마포어 동작

세마포어에 대한 동작은 semop()를 사용한다. semop()는 세마포어 집합에 속하는 하나 이상의 세마포어의 값을 증가시키거나 감소시킬 수 있다. 또한 세마포어 값이 0이 될 때까지 프로세스를 블록시키는 데에도 사용될 수 있다.

형식	`#include <sys/types.h>`
	`#include <sys/ipc.h>`
	`#include <sys/sem.h>`
	
	`int semop(int semid, struct sembuf *sops, unsigned nsops);`
	
	`    struct sembuf {`
	`        short sem_num;  // semaphore number: 0 = first`

	short sem_op; // semaphore operation
	short sem_flg; // operation flags
	};

인수	• semid : 세마포어 디스크립터의 식별자 • sops : 적용할 세마포어 동작 • nsops : 동작을 적용할 세마포어 수
기능	세마포어에 대한 동작으로 값을 증가시키거나 감소시킨다.
반환값	성공하면 0을 반환하고 실패하면 -1을 반환한다.

semop()는 sops->sem_op 값을 세마포어 값 semval[sops->sem_num]에 더하려고 시도한다. 이 시도는 sem_op 값과 semval 값에 따라 다음과 같이 동작한다.

(1) sem_op > 0 이면, semval = semval + sem_op가 된다.
(2) sem_op = 0 이면, semval이 0이 될 때까지 semop()가 블록된다. 다른 프로세스가 semval을 0으로 만들면 이 semop()가 깨어나서 계속 진행한다.
(3) sem_op < 0 이면, semval 값이 sem_op의 절대값보다 크면 semval = semval + sem_op가 되고 반환된다. 그렇지 않으면 semval의 값이 sem_op의 절대값보다 커질 때까지 semop()가 블록된다. 다른 프로세스가 semval 값을 증가시켜 sem_op보다 크게 만들면 이 semop()는 깨어나서 계속 진행한다.

semval이 0이 되려고 할 때 semop()가 블록된다는 점을 이용하면 상호 배제와 동기를 위해 세마포어를 사용할 수 있다. Dijkstra의 세마포어 연산 P()와 V()는 다음과 같이 구현될 수 있다. 이때 세마포어의 값은 먼저 1로 초기화되어 있어야 한다.

```
P(semid)
{
    static struct sembuf sem = {0, -1, SEM_UNDO};
    semop(semid, &sem, 1);
}

V(semid)
{
    static struct sembuf sem = {0, 1, SEM_UNDO};
    semop(semid, &sem, 1);
}
```

세마포어의 가장 중요한 용도는 임계 영역(critical section) 혹은 공유 자원에 대한 접근을 제어하는 상호 배제(mutual exclusion)이다. 이를 위해서는 하나의 공유 자원에 대해 하나의 세마포어만 필요하다. 이러한 목적에 사용하는 세마포어는 초기값이 1이며, 항상 1이나 0의 값을 가진다. 이러한 세마포어를 이진 세마포어(binary semaphore)라 한다.

[프로그램10-8] 이 프로그램은 이진 세마포어의 사용 예인데, 세마포어를 이용해 여러 개의 프로세스가 동시에 터미널에 접근하려고 시도하는 것을 제어해서 한 번에 한 프로세스만 접근하도록 하는 프로그램이다.

```
// File : prog10_8.c

#include <stdio.h>
#include <stdlib.h>
#include <sys/ipc.h>
#include <sys/sem.h>

int main(int argc, char *argv[])
{
    int semid, i;

    setbuf(stdout, NULL);
    if ((semid = semget(IPC_PRIVATE, 1, IPC_CREAT | IPC_EXCL |
0660)) < 0) {
        perror( “semget()” );
```

```
            exit(0);
        }

        if (semctl(semid, 0, SETVAL, 1) < 0) {
            perror( “semctl()” );
            semctl(semid, IPC_RMID, 0);
            exit(0);
        }

        for (i = 0; i < 5; i++) {
            if (fork() == 0) {
                cs_demo(semid);
                exit(0);
            }
        }

        while(wait(NULL) != -1);
        semctl(semid, IPC_RMID, 0);
}

int cs_demo(int semid)
{
        struct sembuf psem = { 0, -1, SEM_UNDO };
        struct sembuf vsem = { 0,  1, SEM_UNDO };

        if (semop(semid, &psem, 1) < 0) {
            perror( “semop()” );
            exit(0);
        }

        printf( “[%d] enter critical section ..” , getpid());
        sleep(2);
        printf( “.. leave critical section[%d]\n” , getpid());

        if (semop(semid, &vsem, 1) < 0) {
            perror( “semop()” );
            exit(0);
        }
}
```

[실행 결과]

```
ngs@ubuntu:~/lsp/ch10$ ./prog10_8
[3308] enter critical section .... leave critical section[3308]
[3309] enter critical section .... leave critical section[3309]
[3310] enter critical section .... leave critical section[3310]
[3311] enter critical section .... leave critical section[3311]
[3312] enter critical section .... leave critical section[3312]
ngs@ubuntu:~/lsp/ch10$
```

[설명]

라인 13에서 세마포어를 생성했다. 이 프로세스가 fork()로 자식 프로세스를 생성하고 자식 프로세스들이 세마포어를 이용할 것이기 때문에 키 값은 중요하지 않아서 IPC_PRIVATE를 사용한다. 자식 프로세스들은 변수 semid를 통해 이 세마포어의 식별자를 알아낸다.

라인 19에서 세마포어 값을 1로 초기화 했다. 초기화에 실패하면 세마포어를 제거하고 종료한다.

라인 25~30에서 자식 프로세스를 5 개 생성하고, 자식 프로세스들에게 함수 cs_demo()를 실행시킨다. 부모 프로세스는 라인 32에서 모든 자식 프로세스들이 종료하기를 기다렸다가, 라인 33에서 세마포어를 제거하고 종료한다.

자식 프로세스가 실행하는 cs_demo()는 라인 46~48이 임계 영역이라고 가정한다. 이 부분에서 2 초간 실행을 중지했다가 다시 실행된다. 한 프로세스가 sleep()을 실행하면 다른 프로세스가 실행되어야 하지만, 출력 결과를 보면 그렇지 않고, 한 프로세스가 임계 영역 실행을 완료한 후에 다른 프로세스가 실행된 것처럼 보인다. 그 이유는 라인 41과 50에 있는 semop()에 있다. 라인 41에서 semop()로 세마포어 값을 1 감소시켜서 결과적으로 0이 되게 한다. 한 프로세스가 먼저 이 라인을 실행하고 나서 다른 프로세스가 이 라인을 실행하려고 하면 이미 세마포어 값이 0이기 때문에 나중에 온 프로세스는 블록된다. 그래서 처음에 라인 41을 통과한 프로세스가 2 초간 멈추었다가 다시 라인 50을 실행하면 세마포어 값이 1로 되면서 라인 41에서 멈춘 모든 프로세스들을 깨운다. 이 프로세스들은 다시 세마포어 값을 감소시키려고 시도하는데, 그 중에서 한 프로세스만 성공하게 된다. 이렇게 해서 프로세스들은 임계 영역은 라인 46~48을

한 번에 한 프로세스만 들어가서 실행하게 된다. 실행 결과를 보면 이를 알 수 있다.

세마포어는 상호 배제만을 위해 사용되는 것이 아니라 프로세스간 동기(synchronization)를 위해서도 사용된다. 생산자(producer)와 소비자(consumer) 문제에서 생산자가 어떤 아이템을 생산해서 버퍼에 넣어 두면 소비자는 버퍼의 아이템을 가져가서 사용한다. 이때 버퍼가 차면 생산자는 생산을 멈추고 기다려야 한다. 또한 소비자는 버퍼가 비어 있으면 다시 찰 때까지 기다려야 한다. 이러한 동기 문제를 해결하는 데에도 세마포어가 사용된다.

[프로그램10-9a] 이 프로그램은 세마포어가 생산자와 소비자 사이의 동기를 위해 사용되는 예를 설명하기 위한 프로그램인데, 이 프로그램은 소비자 프로그램이다. 여기서 세마포어는 생산자가 생산한 아이템의 수를 나타낸다. 소비자는 현재 세마포어 값 즉, 아이템 수가 1 이상일 때에만 진행할 수 있고 그렇지 않으면 블록된다. 아이템을 소비하고는 아이템 수 즉, 세마포어 값을 1 감소시킨다. 이 프로그램은 소비자 프로그램이고 [프로그램10-9b]가 생산자 프로그램이다. 소비자를 먼저 실행시키고 다른 윈도우에서 생산자를 실행시켜야 한다.

```
// File : p10_9a.c

#include <stdio.h>
#include <stdlib.h>
#include <sys/ipc.h>
#include <sys/sem.h>

#define NUM_BUFF     4

int main(int argc, char *argv[])
{
     key_t key;
     int semid, i;
     struct sembuf psem = { 0, -1, SEM_UNDO };
```

```

    setbuf(stdout, NULL);
    srand(getpid());
    key = ftok( “.” , ‘F’ );
    if ((semid = semget(key, 1, IPC_CREAT | 0660)) < 0) {
        perror( “semget()” );
        exit(0);
    }

    if (semctl(semid, 0, SETVAL, 0) < 0) {
        perror( “semctl()” );
        semctl(semid, IPC_RMID, 0);
        exit(0);
    }

    for (i = 0; i < 8; i++) {
        if (semop(semid, &psem, 1) < 0) {
            perror( “semop()” );
            exit(0);
        }
        sleep(rand()%2);
        printf( “[CONSUMER] consume %i th item\n” , i);
    }

    semctl(semid, IPC_RMID, 0);
}
```

[실행 결과]

```
ngs@ubuntu:~/lsp/ch10$ ./prog10_9a
[CONSUMER] consume 0 th item
[CONSUMER] consume 1 th item
[CONSUMER] consume 2 th item
[CONSUMER] consume 3 th item
[CONSUMER] consume 4 th item
[CONSUMER] consume 5 th item
[CONSUMER] consume 6 th item
[CONSUMER] consume 7 th item
ngs@ubuntu:~/lsp/ch10$
```

[설명]

이 프로세스가 세마포어를 생성하기 때문에 라인 24에서 세마포어 값도 초기화시켰다. 세마포어 값은 현재 생산된 아이템이 없기 때문에 0으로 초기화되는데, 세마포어 값은 생산된 아이템의 수를 나타낸다. 라인 30~37에서는 생산된 아이템을 소비한다. 먼저 라인 31에서 semop()로 세마포어 값을 1 감소시키려고 한다. 이때 세마포어 값이 0이면 이 프로세스는 블록된다.

생산자 프로그램인 [프로그램10-9b]가 실행되면 아이템이 생산될 때마다 세마포어 값을 1씩 증가시킨다. 이때 라인 31의 semop()가 깨어나서 실행을 계속한다. 소비자는 2 초 (아이템을 소비하는 시간) 멈추었다가 다시 semop()로 생산된 아이템이 있는지를 확인한다. 이렇게 해서 소비자는 생산자가 아이템을 생산하고 난 후에 그 아이템을 가져가서 소비하게 된다. 이 프로그램을 실행시키면 처음에는 멈추어 있다가 생산자를 실행시키면 진행된다.

[프로그램10-9b] 이 프로그램은 [프로그램10-9a]의 생산자 기능을 하는 프로그램이다. 생산자는 아이템을 생산하고 세마포어 값을 1 증가시킨다.

```
// File : p10_9b.c

#include <stdio.h>
#include <stdlib.h>
#include <sys/ipc.h>
#include <sys/sem.h>

#define NUM_BUFF      3

int main(int argc, char *argv[])
{
    key_t key;
    int semid, i;
    struct sembuf vsem = { 0, 1, SEM_UNDO };

```

```
16      setbuf(stdout, NULL);
17      srand(getpid());
18      key = ftok( “.” ,  ‘F’ );
19      if ((semid = semget(key, 1, 0))  < 0) {
20          perror( “semget()” );
21          exit(0);
22      }
23
24      for (i = 0; i < 8; i++) {
25          sleep(rand()%4);
26          printf( “[PROCDUCER] produce %i th item\n” , i);
27          if (semop(semid, &vsem, 1) < 0) {
28              perror( “semop()” );
29              exit(0);
30          }
31      }
32      sleep(5);
33  }
```

[실행 결과]

```
ngs@ubuntu:~/lsp/ch10$ ./prog10_9b
[PROCDUCER] produce 0 th item
[PROCDUCER] produce 1 th item
[PROCDUCER] produce 2 th item
[PROCDUCER] produce 3 th item
[PROCDUCER] produce 4 th item
[PROCDUCER] produce 5 th item
[PROCDUCER] produce 6 th item
[PROCDUCER] produce 7 th item
ngs@ubuntu:~/lsp/ch10$
```

[설명]

이 프로그램은 [프로그램10-9a]의 생산자 역할을 한다. 세마포어는 이미 먼저 실행되고 있는 소비자측인 [프로그램10-9a]에서 생성하고 초기화했으므로 여기서는 라인 19에서 semget()으로 키에 대응되는 식별자를 얻기만 하면 된다.

생산자는 아이템을 생산할 때마다 세마포어 값을 1 씩 증가시켜 소비자에게 이를 알린다. 라인 27에서 semop()는 세마포어 값을 1 증가시킨다. 이렇게 해서 세마포어에서 대기하고 있는 소비자인 [프로그램10-9a]를 깨워 진행시킨다.

10.4 공유 메모리

리눅스의 프로세스는 독립적인 메모리 공간을 가지고 있어서 다른 프로세스의 메모리 공간에 접근할 수 없다. __clone()에 의해 생성되는 쓰레드들은 메모리 공간을 공유하기는 하지만, 이렇게 생성된 쓰레드들은 메모리 공간 전체를 공유하고 독립적인 메모리 공간은 가지지 못한다.

시스템 V IPC의 공유 메모리(shared memory)는 하나 이상의 프로세스들이 메모리 공간의 일부를 공유하는 방법을 제공한다. 공유 메모리는 하나 이상의 프로세스들이 공통의 영역을 자신들의 데이터 영역의 일부처럼 사용하는 것으로 포인터 변수를 통해 접근할 수 있다. 공유 메모리는 여러 프로세스들에게 공통으로 필요한 정보 즉, 공유 변수나 테이블 등의 정보를 저장하거나 정보를 교환하는데 사용된다.

공유 메모리는 서로 다른 프로세스에 속하는 가상 메모리 영역(segment)을 같은 물리적 메모리에 매핑시키는 방법으로 구현된다. 공유 메모리가 프로세스의 가상 메모리 공간에 매핑되면 프로세스는 공유 메모리를 자신의 데이터 영역의 일부처럼 사용할 수 있기 때문에 가장 빠른 프로세스 사이의 통신 방법이 된다. 그러나 여러 프로세스가 공유 메모리를 동시에 접근할 때 상호 배제와 동기를 제공하기 위해 별도의 메카니즘을 필요로 한다. 따라서 대부분의 경우에 공유 메모리는 세마포어와 함께 사용된다.

공유 메모리도 메시지 큐나 세마포어처럼 커널 내부에 디스크립터 테이블을 가지고 있고, 이 디스크립터 테이블의 엔트리들을 식별하기 위해 키(key)를 사용한다. 그리고 디스크립터 테이블 엔트리를 가리키는 식별자를 얻어서 사용한다. <그림10-5>는 공유 메모리의 개념과 사용 방법을 설명하는 것이다.

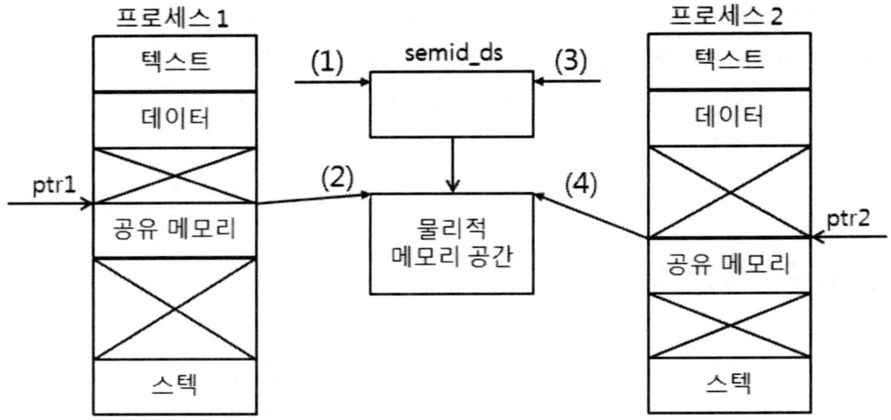

<그림10-5> 공유 메모리

(1) 한 프로세스(프로세스1)가 다음과 같이 공유 메모리를 생성한다.

shmid = shmget(key, size, IPC_CREAT ¦ perm)

shmget()은 공유 메모리 공간을 확보하고, 이를 가리키는 공유 메모리 디스크립터 테이블 엔트리를 할당하고 그 식별자를 반환한다.

(2) 할당된 공유 메모리를 자신의 메모리 공간에 매핑한다.

ptr1 = shmat(shmid, ptr1, ...);

shmget()에 의해 할당된 공유 메모리가 이 프로세스의 주소 ptr1에 매핑되었다. 이후부터 이 프로세스는 주소 ptr1부터 size 바이트의 메모리를 malloc()으로 할당 받은 메모리와 동일한 방식으로 사용할 수 있다.

(3) 다른 프로세스(프로세스2)도 동일한 key를 사용해 공유 메모리 식별자를 얻는다.

shmid = shmget(key, size, perm);

사용한 key가 같기 때문에 단계 (1)에서 생성된 공유 메모리의 식별자가 반환된다.

(4) 공유 메모리를 자신(프로세스2)의 메모리 공간에 매핑한다.

```
ptr2 = shmat(shmid, ptr2, ...);
```

shmget()으로 접근을 허락받은 공유 메모리가 이 프로세스(프로세스2)의 주소 ptr2에 매핑되었다. 이후부터 이 프로세스는 주소 ptr2부터 size 바이트의 메모리를 malloc()으로 할당 받은 메모리와 동일한 방식으로 사용할 수 있다.

(5) 각 프로세스는 공유 메모리의 사용이 완료되면 공유 메모리 매핑을 해제한다.

```
shmdt(ptr1);        // shmdt(ptr2)
```

shmdt()는 shmat()에 의해 자신의 주소 공간에 매핑된 공유 메모리의 매핑을 해제한다. 즉, 자신의 가상 메모리 공간과 공유 메모리를 분리한다. 이후부터는 주소 ptr1(ptr2)을 더 이상 사용할 수 없다. 만약 사용하게 되면 없는 메모리를 사용했을 때와 같이 SIGBUS 시그널이 발생한다.

(6) 생성자는 공유 메모리 사용이 완료되면 공유 메모리 디스크립터 테이블 엔트리를 해제한다.

```
shmctl(shmid, IPC_RMID, ...);
```

위의 절차에서 프로세스1은 공유 메모리를 자신의 가상 주소 공간 ptr1에 매핑했고, 프로세스2는 ptr2에 매핑했다. ptr1과 ptr2는 같은 번지일 수도 있고 다른 번지일 수도 있다. 그러나 ptr1과 ptr2는 같은 물리적 메모리에 매핑되어 있어 두 프로세스는 이 변수를 이용해 통신할 수 있다.

프로세스1	프로세스2
*ptr1 = 5	
	k = *ptr2

두 프로세스를 위와 같이 동작시키면 k의 값은 5가 된다. 왜냐하면 프로세스1의 *ptr1 = 5는 공유 메모리 시작 위치에 5를 저장하게 하고, 프로세스2의 k = *ptr2는 공유 메모리 시작 위치에 있는 값을 읽어 k에 저장하기 때문이다.

10.4.1 공유 메모리 생성과 식별자

공유 메모리도 다른 시스템 V IPC 기능과 마찬가지로 사용하기 전에 생성해서 식별자를 얻어야 한다. 공유 메모리 식별자는 다음과 같이 얻는다.

형식	#include <sys/ipc.h> #include <sys/shm.h> int shmget(key_t key, size_t size, int shmflg);
인수	• key : 공유 메모리를 위한 키 값 • size : 할당할 공유 메모리의 크기 • shmflg : 공유 메모리 생성에 필요한 부가 정보
기능	공유 메모리를 할당한다
반환값	성공하면 공유 메모리 디스크립터의 식별자를 반환하고, 실패하면 -1을 반환한다.

shmflg에 IPC_CREAT가 있고, 키가 key인 공유 메모리가 없으면 새로 생

성되고 그 식별자를 반환한다. IPC_CREAT가 설정되어 있지 않거나 키가 key인 공유 메모리가 이미 존재하면 식별자가 반환된다. 새로 생성된 공유 메모리의 크기는 size 바이트이다. shmflg의 하위 9 비트는 접근권한을 나타낸다. 예를 들면, 크기 1024 바이트, 접근권한 0660인 공유 메모리를 생성하려면 다음과 같이 한다.

```
shmid = shmget(key, 1024, IPC_CREAT | 0666);
```

10.4.2 메모리 매핑

공유 메모리를 생성하더라도 자신의 주소 공간에 매핑시키지 않으면 사용할 수 없다. 주소 공간에 매핑한다는 것은 물리적인 메모리를 프로세스의 가상 메모리 공간과 연결한다는 것을 의미한다. 이때 공유 메모리의 가상 메모리 주소가 부여된다.

형식	#include <sys/types.h> #include <sys/shm.h> void *shmat(int shmid, const void *shmaddr, int shmflg);
인수	• shmid : 공유 메모리 디스크립터의 식별자 • shmaddr : 공유 메모리를 위한 주소 • shmflg : 매핑에 필요한 부가 정보
기능	공유 메모리를 가상 메모리 공간에 매핑한다.
반환값	성공하면 실재로 매핑된 주소가 반환되고, 실패하면 -1을 반환된다.

shmat()는 shmget()을 통해 얻은 공유 메모리를 자신의 가상 메모리 공간의 주소 shmaddr 번지에 매핑(연결)하는 것이다. shmaddr이 0이면 리눅스 커널이 임의의 주소를 정해서 매핑한다. 매핑되는 주소는 반드시 프로세스의

데이터 영역과 스택 영역 사이에 있는 사용되지 않는 영역이어야 하는데, 문제를 간단히 해결하기 위해 보통 0을 주어서 시스템 커널이 적절한 값을 할당하도록 한다. shmflg에 SHM_RND가 설정되면 shmaddr이 페이지 단위로 라운드되어 매핑 주소가 결정된다. shmflg에 SHM_RDONLY가 설정되어 있으면 매핑된 주소를 통해 읽기 동작만 할 수 있다. shmat()는 실재 매핑된 주소를 반환한다.

형식	#include <sys/types.h> #include <sys/shm.h> void *shmdt(const void *shmaddr);
인수	• shmaddr : 분리할 공유 메모리 주소
기능	공유 메모리를 가상 메모리 공간에서 분리한다.
반환값	성공하면 0을 반환하고, 실패하면 -1을 반환한다.

shmdt()는 사용이 완료된 공유 메모리를 자신의 주소 공간에서 분리시킨다. 이 후부터는 이 메모리를 사용할 수 없다.

10.4.3 공유 메모리 제어

공유 메모리 제어에는 소유자, 그룹 접근권한과 같은 공유 메모리의 속성을 조회하거나 변경하는 기능과 사용이 완료된 공유 메모리를 제거하는 기능이 있다.

형식	#include <sys/ipc.h>
	#include <sys/shm.h>
	
	int shmctl(int shmid, int cmd, struct shmid_ds *buf);
	    struct shmid_ds {
	        struct ipc_perm shm_perm; //소유권과 접근권한

	size_t shm_segsz; // Size of segment (bytes)
	time_t shm_atime; // Last attach time
	time_t shm_dtime; // Last detach time
	time_t shm_ctime; // Last change time
	pid_t shm_cpid; // PID of creator
	pid_t shm_lpid; // PID of last shmat(2)/shmdt(2)
	shmatt_t shm_nattch; // No. of current attaches
	...
	};

인수	• shmid : 공유 메모리 식별자 • cmd : 적용할 동작 • buf : 공유 메모리 디스크립터 구조의 포인터
기능	공유 메모리 제어 동작을 한다.
반환값	성공하면 cmd에 따라 다른 값을 반환하고, 실패하면 -1을 반환한다.

cmd는 제어의 종류를 나타내는 것으로 속성 값을 조회할 때 사용하는 IPC_STAT, 속성 값을 변경할 때 사용하는 IPC_SET, 공유 메모리를 제거하는 IPC_RMID가 있다.

(1) 속성 조회 및 변경

```
shmctl(shmid, IPC_STAT, &ds);      // 속성 조회
ds.shm_perm = 0660;
shmctl(shmid, IPC_SET, &ds);       // 속성 변경
```

(2) 공유 메모리 제거

```
shmctl(shmid, IPC_RMID, 0);
```

[프로그램10-10] 이 프로그램은 공유 메모리를 이용하는 절차를 설명하기 위한 프로그램이다. 공유 메모리를 생성한 후에 읽기/쓰기를 통해 공

유 메모리 할당 여부를 검사한 후, 공유 메모리를 제거하고 종료한다.

```
// File : prog10_10.c

#include <stdio.h>
#include <stdlib.h>
#include <sys/ipc.h>
#include <sys/shm.h>

#define SHM_SIZE        1024*1024       // 1 M bytes

int main(int argc, char *argv[])
{
    key_t key;
    int shmid, i;
    char *shmptr, *p, *q;

    setbuf(stdout, NULL);
    key = ftok( “.” , ‘S’ );
    if ((shmid = shmget(key, SHM_SIZE, IPC_CREAT | 0660)) < 0) {
        perror( “shmget()” );
        exit(0);
    }

    if ((shmptr = shmat(shmid, 0, 0)) == (char *)-1) {
        perror( “shmat()” );
        exit(0);
    }
    printf( “shm address = 0x%08x\n” , (unsigned int)shmptr);

    // write
    srand(7);
    p = shmptr;
    printf( “write %d bytes...” , SHM_SIZE);
    for (i = 0; i < SHM_SIZE; i++) *p++ = rand()%128;
    printf( “...done\n” );

    // read and compare
    srand(7);
```

```
38         q = shmptr;
39         printf( “read and compare %d bytes...” , SHM_SIZE);
40         for (i = 0; i < SHM_SIZE; i++) {
41             if (*q++ != (rand()%128)) {
42                 printf( “mismatch****\n” );
43             }
44         }
45         printf( “...done\n” );
46 
47         shmdt(shmptr);
48         shmctl(shmid, IPC_RMID, 0);
49 }
```

[실행 결과]

```
ngs@ubuntu:~/lsp/ch10$ ./prog10_10
shm address = 0x40110000
write 1048576 bytes......done
read and compare 1048576 bytes......done
ngs@ubuntu:~/lsp/ch10$
```

[설명]

공유 메모리 관련 시스템 콜은 shmget() - shmat() - shmdt() - shmctl(, IPC_RMID,)의 순서로 사용한다. 라인 17, 18에서 IPC 키를 생성해서 shmget()으로 공유 메모리 영역을 생성했다.

라인 23에서 공유 메모리 영역을 이 프로세스의 메모리 주소 공간에 연결했다. shmat()의 두 번째 인수를 0으로 주면 시스템이 연결될 주소를 데이터 영역과 스택 영역 사이의 빈 영역에서 임의로 결정한다. 실행 결과를 보면 여기서는0x40110000 번지에 연결되었다. 따라서 0x40110000 번지부터 공유 메모리 영역의 크기인 1 메가 바이트의 메모리를 데이터 영역처럼 사용할 수 있다. 이를 확인하기 위해서 공유 메모리에 임의의 데이터를 쓰고 다시 읽어서 그 값을 비교한다. 먼저 라인 30~34에서는 초기값을 7로 하는 랜덤 넘버를 차례로 생성해서 공유 메모리에 저장한다. 그리고 라인 37~45에서는 공유 메모리의 데이터를 읽어서 값을 비교한다. 쓴 값이 읽히지 않으면 메모리 영역이 사용할 수 없음을 나타낸다. 실행 결과를 보면 값 비교가 성공했음을 나타내고, 따라서 공유 메모리가 존재함을 알 수 있다.
라인 47에서 공유 메모리 영역을 프로세스의 주소 공간에서 분리시키고, 라인 48에서 IPC_RMID로 공유 메모리 영역을 제거한다.

[프로그램10-11h] 이 프로그램은 공유 메모리를 사용하는 생산자/소비자 문제를 해결하는 프로그램이다. 공유 메모리에 버퍼를 두고 생산자와 소비자 프로세스가 동시에 접근한다.

```
// File : prog10_11.h

#define SIZE_MSG        256
#define NUM_MSG         16

struct message {
     int msgtype;
     int msgsize;
     char content[SIZE_MSG];
};

struct bufque {
     int head;
     int tail;
     int count;
     struct message msg[NUM_MSG];
};
```

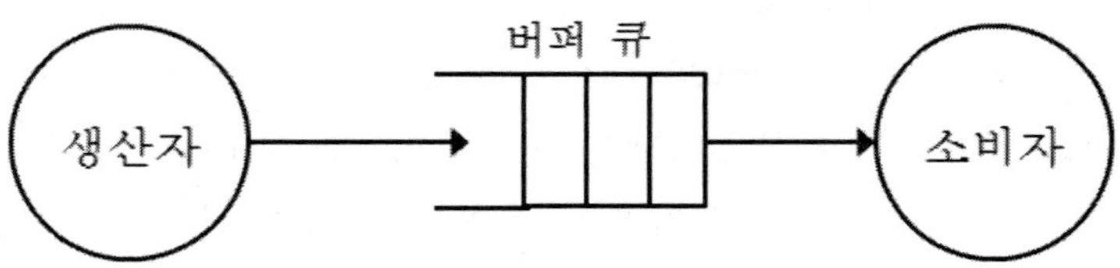

<그림10-6> 생산자-소비자 간의 버퍼 큐

[프로그램10-11a] 이 프로그램은 공유 메모리가 프로세스들 사이의 메시지 교환에 사용되는 예를 보여 주는 것으로 보통 통신 프로토콜 구현에 있어서 계층 프로세스와 같은 생산자-소비자 사이의 메시지 교환에 사용된다.

이때 버퍼 큐는 두 프로세스가 공유하는 영역이므로 공유 메모리로 구현하고, 공유 영역에 대한 상호 배제와 동기를 위해 세마포어를 사용한다. 생산자는 메시지를 버퍼 큐에 넣고, 소비자는 버퍼 큐의 메시지를 가져와 사용한다. 이 프로그램은 생산자측 프로그램이고, 다음의 [프로그램10-11b]는 소비자 프로그램이다. 생산자는 표준 입력 장치에서 한 라인을 읽어 와서 버퍼 큐에 넣는다.

```
// File : prog10_11a.c

#include <stdio.h>
#include <stdlib.h>
#include <string.h>
#include <sys/ipc.h>
#include <sys/sem.h>
#include <sys/shm.h>
#include “prog10_11.h“

int main(int argc, char *argv[])
{
    key_t key;
    int shmid, semid;
    struct bufque *bufq;
    char buf[SIZE_MSG];

    key = ftok( “.” , ‘T’ );

    // initialize semaphore
    if ((semid = semget(key, 1, IPC_CREAT | 0660)) < 0) {
        perror( “semget()” );
        exit(0);
    }

    if (semctl(semid, 0, SETVAL, 1) < 0) {
```

```
            perror( “semctl()” );
            exit(0);
        }

        // initialize shared memory
        if ((shmid = shmget(key, sizeof(struct bufque), IPC_CREAT | 0660))
<  0) {
            perror( “shmget()” );
            exit(0);
        }

        if ((bufq = (struct bufque *)shmat(shmid, 0, 0)) == (struct bufque
*)-1) {
            perror( “shmat()” );
            exit(0);
        }
        bufq->head = 0;
        bufq->tail = 0;
        bufq->count = 0;

        while (1) {
            printf( “[SEND] ” );
            if (fgets(buf, SIZE_MSG, stdin) == NULL) ;

            putq(semid, bufq, buf, strlen(buf));
        }
        putq(semid, bufq, buf, 0);

        shmdt(bufq);
        shmctl(shmid, IPC_RMID, 0);
        semctl(semid, IPC_RMID, 0);
}

int putq(int semid, struct bufque *bufq, char *bp, int size)
{
        struct sembuf psem = {0, -1, SEM_UNDO};
        struct sembuf vsem = {0,  1, SEM_UNDO};
        struct message *mp;
        char *cp;
```

```
66         int i;
67 
68         while (1) {
69             semop(semid, &psem, 1);
70             if (bufq->count >= NUM_MSG) {
71                 semop(semid, &vsem, 1);
72                 sched_yield();
73             } else {
74                 break;
75             }
76         }
77 
78         // critical section
79         mp = &bufq->msg[bufq->tail];
80         cp = mp->content;
81         for (i = 0; i < size; i++) *cp++ = *bp++;
82         mp->msgsize = size;
83         bufq->tail = (bufq->tail + 1) % NUM_MSG;
84         bufq->count++;
85 
86         semop(semid, &vsem, 1);        // exit critical section
87 }
```

[실행 결과]

```
ngs@ubuntu:~/lsp/ch10$ ./prog10_11a
[SEND] 123456
[SEND] abcdefghij
[SEND] ^D
ngs@ubuntu:~/lsp/ch10$
```

[설명]

생산자 프로세스는 키보드에서 문자열을 입력 받아서 공유 버퍼에 저장한다. 버퍼는 링 버퍼 방식으로 운영되는데 이를 위해 버퍼와 관련된 변수인 head, tail, count 변수를 둔다. 공유 버퍼와 관련된 변수들은 생산자 프로세스와 소비자 프로세스가 동시에 접근하므로 이를 보호하기 위해 세마포어를 사용한다.

먼저 라인 21에서 세마포어를 생성하고 라인 26에서 초기화 한다. 라인

32에서 공유 메모리를 초기화한 다음에 라인 38에서 이 메모리를 버퍼 큐에 매핑한다. 라인 43~45에서 버퍼 큐에 사용할 변수들을 모두 초기화한다. 라인 47~53에서는 키보드에서 한 라인을 입력 받아서 버퍼 큐에 저장한다. 키보드에서 ^D를 입력하면 프로그램을 종료한다.
라인 60의 putq()는 버퍼 큐에 하나의 메시지를 넣는 함수이다. 버퍼 큐는 메시지 배열로 구성되는데, 최대 크기가 NUM_MSG이다. putq() 내에서 버퍼 변수들을 접근하는 라인 79~84는 임계 영역이므로 세마포어를 이용해서 접근을 제한한다. 라인 69에서는 임계영역에 진입하기 위해 세마포어를 얻고, 라인 86에서는 세마포어를 해제한다.

[프로그램10-11b] 이 프로그램은 [프로그램10-11a]의 소비자측 프로그램이다. 소비자는 버퍼 큐에서 아이템을 가져와 화면에 출력한다.

```
// File : prog10_11b.c

#include <stdio.h>
#include <stdlib.h>
#include <sys/ipc.h>
#include <sys/sem.h>
#include <sys/shm.h>
#include "prog10_11.h"

int main(int argc, char *argv[])
{
     key_t key;
     int shmid, semid, size, i;
     struct bufque *bufq;
     char buf[SIZE_MSG];

     setbuf(stdout, NULL);
     key = ftok( "." , 'T' );

     // initialize semaphore
     if ((semid = semget(key, 1, 0)) < 0) {
          perror( "semget()" );
```

```
            exit(0);
        }

        // initialize shared memory
        if ((shmid = shmget(key, sizeof(struct bufque), 0))  < 0) {
            perror( “shmget()” );
            exit(0);
        }

        if ((bufq = (struct bufque *)shmat(shmid, 0, 0)) == (struct bufque
*)-1) {
            perror( “shmat()” );
            exit(0);
        }

        while (1) {
            if ((size = getq(semid, bufq, buf)) == 0) break;

            printf( “[RECEIVE] ” );
            for (i = 0; i < size; i++) putchar(buf[i]);
        }

        shmdt(bufq);
}

int getq(int semid, struct bufque *bufq, char *bp)
{
        struct sembuf psem = {0, -1, SEM_UNDO};
        struct sembuf vsem = {0,  1, SEM_UNDO};
        struct message *mp;
        char *cp;
        int i;

        while (1) {
            semop(semid, &psem, 1);
            if (bufq->count == 0) {
                semop(semid, &vsem, 1);
                sched_yield();
            } else {
```

```
62                  break;
63              }
64          }
65
66          // critical section
67          mp = &bufq->msg[bufq->head];
68          cp = mp->content;
69          for (i = 0; i < mp->msgsize; i++) *bp++ = *cp++;
70          bufq->head = (bufq->head + 1) % NUM_MSG;
71          bufq->count--;
72
73          semop(semid, &vsem, 1);         // exit critical section
74
75          return mp->msgsize;
76      }
```

[실행 결과]

```
ngs@ubuntu:~/lsp/ch10$ ./prog10_11b
[RECEIVE] 12345
[RECEIVE] abcdefghij
ngs@ubuntu:~/lsp/ch10$
```

[설명]

소비자는 큐의 메시지를 받아 화면에 출력한다. 소비자 프로세스는 먼저 생산자가 사용한 것과 같은 키 값을 사용하는 세마포어와 공유 메모리를 얻는다. 세마포어 값과 공유 메모리에 있는 큐의 변수들은 이미 생산자 측에서 초기화 했으므로 소비자는 사용만 하면 된다. 소비자는 라인 48에 있는 getq() 함수를 이용해 큐에서 메시지를 가져온다.

라인 21에서 세마포어를 초기화한다. 라인 27에서 공유 메모리를 초기화 한 다음에 라인 32에서 이를 버퍼 큐에 매핑한다. 라인 38~43에서는 버퍼에서 메시지를 가져와서 화면에 그 내용을 출력한다.

getq()는 버퍼에서 메시지를 가져오는 함수로 공유 버퍼를 접근하는 라인 67~71 부분을 보호하기 위해 세마포어를 사용한다. 라인 57에서 세마포어를 얻고 라인 73에서 이를 해제한다.

실습 과제

[예제] 이 프로그램은 극장의 좌석 판매 시스템을 모의실험하는 프로그램이다. 극장의 좌석 판매 시스템이 하나의 중앙 컴퓨터에 여러 단말기들이 연결되어 구성되어 있다고 가정한다. 각 단말기에는 판매를 담당하는 직원이 고객의 요구가 있을 때마다 좌석을 판매한다. 좌석 판매 정보는 공유 메모리에 유지되고 각 단말기 프로세스는 공유 메모리에 접근해서 좌석을 할당 받는다. 이 프로그램은 이러한 환경을 시뮬레이션 한 것인데, 편의상 좌석은 16석이 있고 단말기는 4대가 있다고 가정한다.

```
// File : reserv_sim.c

#include <stdio.h>
#include <stdlib.h>
#include <sys/ipc.h>
#include <sys/sem.h>
#include <sys/shm.h>

#define NUM_TERMINAL  4
#define NUM_SEAT        16        // 512

struct seat_info {
     int seat_left;          // 예약 가능한 좌석 수
     struct {
          char state;        // 예약 상태
          char client[32];   // 예약한 고객 정보
     } seat[NUM_SEAT];
};

int main(int argc, char *argv[])
{
     key_t key;
     int shmid, i;
     struct seat_info *seat_table;

     setbuf(stdout, NULL);
```

```
    key = ftok( “.” ,  ‘R’ );

    // initialize shared memory
    if ((shmid = shmget(key, sizeof(struct seat_info), IPC_CREAT | 0660)) < 0) {
        perror( “shmget()” );
        exit(0);
    }

    if ((seat_table = (struct seat_info *)shmat(shmid, 0, 0)) == (struct seat_info *)-1) {
        perror( “shmat()” );
        exit(0);
    }

    // initialize seat table
    for (i = 0; i < NUM_SEAT; i++) {
        seat_table->seat[i].state = 0;
    }
    seat_table->seat_left = NUM_SEAT;

    // create terminal process
    for (i = 0; i < NUM_TERMINAL; i++) {
        if (fork() == 0) {    // child
            TerminalProcess(seat_table);
            exit(0);
        }
    }
    while (wait(NULL) > 0);

    shmdt(seat_table);
    shmctl(shmid, IPC_RMID, 0);
}
//
int TerminalProcess(struct seat_info *stp)
{
    int forever = 1, i;

    srand(getpid());
```

```
    while (forever) {
        sleep(rand()%3 + 1);
        if (stp->seat_left <= 0) {
            forever = 0;
        } else {
            for (i = 0; i < NUM_SEAT; i++) {
                if (stp->seat[i].state == 0) {
                    break;
                }
            }
            sleep(rand()%2);
            //
            if (i < NUM_SEAT) {
                stp->seat[i].state = 1;
                printf( "[Terminal #%d] sell seat #%d\n" , getpid(), i);
                stp->seat_left--;
            }
        }
    }
}
```

[실행 결과]

```
ngs@ubuntu:~/lsp/ch10$ ./reserv_sim
[Terminal #3690] sell seat #0
[Terminal #3689] sell seat #1
[Terminal #3688] sell seat #2
[Terminal #3691] sell seat #1
[Terminal #3689] sell seat #3
[Terminal #3690] sell seat #3
[Terminal #3688] sell seat #4
[Terminal #3691] sell seat #4
[Terminal #3689] sell seat #5
[Terminal #3688] sell seat #6
[Terminal #3689] sell seat #7
[Terminal #3690] sell seat #6
[Terminal #3691] sell seat #8
[Terminal #3688] sell seat #8
[Terminal #3689] sell seat #9
```

```
[Terminal #3690] sell seat #9
ngs@ubuntu:~/lsp/ch10$
```

[설명]

좌석 예약 정보(seat_info)는 남은 좌석 수(seat_left)와 각 좌석별 예약 상태 (seat)로 구성되고, 이 정보는 공유 메모리에 존재하여 각 예약 단말기들이 공유하게 된다.

부모 프로세스는 공유 메모리를 생성하고 좌석 예약 정보를 초기화한 후에 예약 단말기 기능을 모의실험 할 자식 프로세스들을 생성한다. 부모 프로세스는 라인 30에서 크기가 seat_info 구조와 같은 공유 메모리를 생성하고, 라인 36에서 프로세스의 주소 공간에 연결한다.

라인 42~46에서 공유 메모리에 있는 seat_info 구조를 초기화 한다. NUM_SEAT 개의 모든 좌석은 예약이 되지 않은 상태로 하고, 예약 가능한 좌석 수를 NUM_SEAT 개로 한다.

그 다음에 라인 48~54에서 터미널마다 한 개씩 NUM_TERMINAL 개의 프로세스를 생성해서 좌석 예약을 시뮬레이션 하게 한다. 자식 프로세스들이 실행하는 라인 61의 TerminalProcess()는 좌석 예약을 위해 공유 데이터인 seat_info를 접근한다.

실행 결과를 보면 예약이 잘못된 것을 알 수 있다.즉, 어떤 좌석은 2번 혹은 3번 중복해서 예약되었고, 아직 좌석이 남아 있는데도 프로그램이 종료했다. 이는 4개의 프로세스가 공유 메모리에 있는 공유 데이터를 동시에 접근하는데 상호 배제를 위한 어떠한 보장도 되어 있지 않았기 때문이다.

[과제] 앞의 예제는 공유 데이터를 접근하는 프로세스들이 상호 배제의 원칙을 지키지 않아서 잘못된 결과를 초래한 것을 보여주는 프로그램이다. 이 문제는 세마포어를 사용해서 해결할 수 있다. 만약 올바르게 동작한다면 다음과 같은 결과가 나와야 한다.

```
ngs@ubuntu:~/lsp/ch10$ ./reserv_sim
```

```
[Terminal #3610] sell seat #0
[Terminal #3611] sell seat #1
[Terminal #3613] sell seat #2
[Terminal #3612] sell seat #3
[Terminal #3610] sell seat #4
[Terminal #3611] sell seat #5
[Terminal #3612] sell seat #6
[Terminal #3613] sell seat #7
[Terminal #3610] sell seat #8
[Terminal #3611] sell seat #9
[Terminal #3612] sell seat #10
[Terminal #3610] sell seat #11
[Terminal #3612] sell seat #12
[Terminal #3613] sell seat #13
[Terminal #3611] sell seat #14
[Terminal #3610] sell seat #15
ngs@ubuntu:~/lsp/ch10$
```

위와 같은 올바른 결과가 나오도록 앞의 예제를 수정해서 작성하시오.

연습 문제

A. 다음 빈 칸에 적절한 용어를 쓰시오.

1. 시스템 V IPC들의 현재 상태를 보여주는 명령의 이름은 (　　　　　)이다.

2. 파일이나 디렉토리 이름을 이용해서 시스템 V IPC를 위한 키를 생성하는 라이브러리 함수는 (　　　　　)이다.

3. 시스템 콜 msgctl()은 메시지 큐에 대한 여러 가지 제어 동작을 한다. 그 중에서 현재 사용 중인 메시지 큐를 제거하려면 명령으로 (　　　　　)를 주어야 한다.

4. 메시지 큐를 사용해서 특정 타입의 메시지를 전송할 때에 사용하는 시스템 콜은 (　　　　　)이다.

5. 세마포어의 값을 증가시키거나 감소시킬 때에는 시스템 콜 (　　　　　)를 사용한다.

6. 생성된 공유 메모리를 특정 프로세스의 가상 메모리의 특정 주소에 바인드하는 시스템 콜은 (　　　　　)이다.

7. semget()을 사용해서 세마포어를 생성하면 모든 세마포어의 값들은 0으로 초기화 되어 있다. 이 값을 재설정하려면 시스템 콜 (　　　　　)을 사용해야 한다.

8. 시스템 V IPC 중에서 공유 자원에 대한 접근을 관리할 때에 사용하는 것은 (　　　　　)이다.

9. 메시지 큐를 생성할 때에 특정 키 값을 사용하지 않고 시스템이 결정하도록 하려면 키 값 대신에 (　　　　　) 값을 주어야 한다.

10. 메시지 큐에서 msgrcv()를 사용해서 메시지를 수신할 때에 전송되어온 순서대로 메시지를 수신하려면 타입 값으로 (   )을 주어야 한다.

B. 다음 물음에 답하시오.

1. 시스템 V IPC 기능들도 파일이나 디렉토리처럼 각 사용자들에 대해 접근권한이 정의되어 있다. 파일이나 디렉토리의 접근권한과 시스템 V IPC 들의 접근권한을 비교해서 설명하시오.

2. 메시지 큐, 공유 메모리, 세마포어 등에 대한 명령으로는 ipcs와 ipcrm이 있다. 이 명령들의 기능과 사용법을 설명하시오.

3. 메시지 큐의 메시지 수신 함수인 msgrcv()는 그 4번째 인수인 msgtyp의 값과 저장된 메시지의 타입에 따라 수신할 메시지를 결정한다. 이들 사이의 관계를 설명하시오.

4. 메시지 큐의 수신 함수인 msgrcv()에 주어진 수신 버퍼의 크기와 실재 수신할 메시지의 크기에 따라 메시지가 어떻게 수신되는지 설명하시오.

5. 세마포어에 대한 동작 함수인 semop()는 커널 내에 저장되어 있는 세마포어의 값에 인수로 주어지는 동작 값과 적용한다. 이 때 두 값의 크기와 요구하는 동작(증가/감소)에 따라 semop()의 동작이 달라진다. 그 동작 방법을 설명하시오.

6. 다음은 세마포어를 사용하는 프로세스인데, 빈칸에는 세마포어를 제거하는 코드가 들어가야 한다. 빈 칸에 적절한 코드를 쓰시오.

```
void main(void)
        .........
        .........
```

```
        id = semget(IPC_PRIVATE, 1, IPC_CREAT | 0666);
        .........
        .........
        [                                              ]
    }
```

7. 두 프로세스가 공유 메모리를 사용해서 통신하는 절차를 설명하시오.

8. 다음은 공유 메모리를 이용해서 통신하는 두 프로세스이다. 두 프로세스가 공유 메모리를 이용해서 통신할 수 있도록 프로세스2의 앞 부분을 작성하시오.

프로세스1

```
void main(void)
{
        int shmid;
        char *ptr1;
        shmid = shmget(1234, 1024, IPC_CREAT|0666);
        ptr1 = shmat(shmid, 0, 0);
        ........................
        ........................
}
```

프로세스2

```
void main(void)
{






}
```

}

9. Binary semaphore 의 값이 1로 초기화되어 있을 때에 Dijkstra의 세마포어 연산 P()와 V() 연산을 다음과 같이 구현하시오.

```
void P(int semid)
{
    .....
    .....
}

void V(int semid)
{
    .....
    .....
}
```

11 장 소켓 프로그래밍

11. 소켓 프로그래밍

네트워크 응용 프로그램(Network Application Program) 혹은 인터넷 응용 프로그램(Internet Application Program)은 두 개 이상의 컴퓨터에서 실행되는 프로세스들로 구성된다. 이 프로세스들은 통신 프로토콜을 구현한 하위 계층 소프트웨어들을 이용해서 데이터를 교환한다. 일반적으로 통신 프로토콜들은 트랜스포트 계층까지는 커널 내에 구현되어 있다. 응용 프로그램은 소켓 인터페이스(socket interface)를 통해 트랜스포트 계층 이하의 프로토콜 기능들을 이용할 수 있다.

리눅스에서 소켓 인터페이스는 시스템 콜 형태로 제공된다. 내부 구조에는 차이가 있지만 사용 방법은 파일을 사용하는 방법과 유사하다. 이 장에서는 소켓 인터페이스를 이용해서 네트워크 응용 프로그램을 작성하는 방법을 설명한다.

11.1 네트워크 응용 프로그램 구조

네트워크 응용 프로그램은 최소한 두 개 이상의 호스트 컴퓨터에서 실행되는 상호 협력하는 프로그램들로 구성된다. 이 프로그램들은 메시지를 교환하며 공통의 목적을 위해 협력한다. 이러한 네트워크 응용 프로그램들 사이의 상호 동작을 설명하는 모델로 주로 클라이언트-서버 모델 (Client-Server Model)이 사용된다.

서버(Server)는 네트워크를 통해 서비스를 제공하는 통신 응용 프로그램이다. 서버는 네트워크를 통해 전송되어 온 서비스 요구를 받아 들여, 서비스를 수행하고, 수행 결과를 서비스 요청자 즉, 클라이언트에게 반환한다. 한편 클라이언트(Client)는 사용자의 지시에 따라 서버에게 서비스 요구를 보내고, 결과를 받아 처리한다. 이렇게 서비스를 요청하고 그 서비스를 처리해서 결과를 돌려주는 관점에서 클라이언트와 서버를 나눌 수 있다. <그림11-1>은 이러한 클라이언트와 서버의 동작을 설명한다.

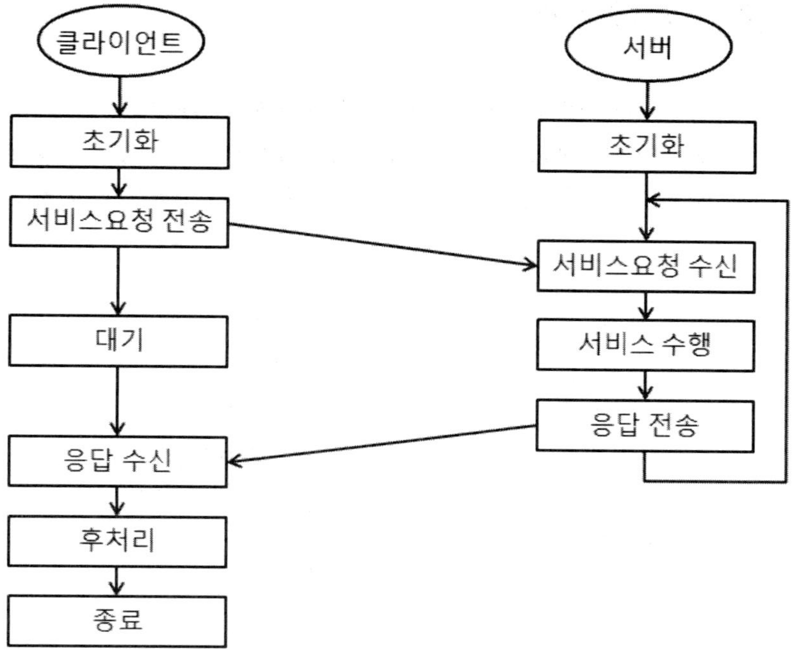

<그림 11-1> 클라이언트와 서버의 동작

트랜스포트 계층 서비스로 연결형 서비스를 이용하는 경우에 클라이언트-서버 관계는 연결 설정 절차와도 관련이 있다. 서버는 먼저 실행을 시작하여 클라이언트의 연결 설정 요청을 기다린다. 클라이언트는 실행을 시작하면 서버에게 연결 설정 요청을 보내고, 연결이 이루어지면 서비스 요청을 보낸다.

서비스가 제공되려면 서버가 항상 동작하고 있어야 하므로 보통 서버는 호스트 컴퓨터에서 항상 살아 있는 데몬(daemon) 프로세스로 구현된다. 그리고 서버는 사용자와 직접 접촉할 필요가 없으므로 사용자 인터페이스가 없거나 간단하다. 반면 클라이언트는 사용자의 요구가 있을 때만 동작하면 되므로 개인용 컴퓨터나 워크스테이션의 명령으로 구현된다. 그리고 클라이언트는 항상 사용자의 지시에 따라 동작하므로 최근에 개발되는 클라이언트들은 대부분 사용이 편리한 그래픽 인터페이스를 제공한다.

11.2 소켓 인터페이스

소켓 (socket)은 1981년 UNIX 4.2 BSD에 구현되어 발표된 이래로 UNIX 네트워크 프로그래밍 인터페이스로는 표준처럼 사용되다가 현재는 운영 체제나 사용 언어에 관계없이 대부분의 시스템이 소켓 프로그래밍 인터페이스를 제공한다.

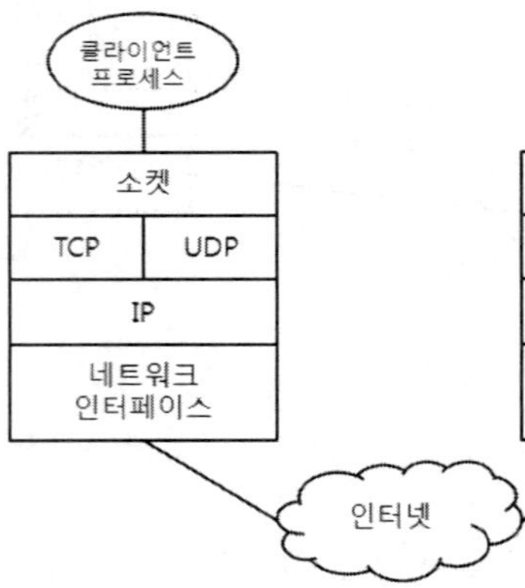

<그림11-2> 소켓 인터페이스

소켓은 프로세스들 사이의 통신을 위한 종단점(end-point)으로 사용자에게는 마치 파일을 사용하는 것처럼 통신 기능을 사용할 수 있게 한다. <그림 11-2>에서 보는 것과 같이 소켓 프로그래밍 인터페이스는 트랜스포트 계층 위에 존재하여 응용 프로그램과 트랜스포트 계층 사이의 인터페이스 역할을 한다. 소켓 인터페이스가 제공되는 시스템에서는 이와 함께 네트워크 프로그래밍을 위한 기타 라이브러리도 함께 제공되는데, 이들은 모두 BSD UNIX에서 제공하는 것과 동일한 형태를 취한다. 따라서 본 절에서는 BSD UNIX에서 제공하는 소켓 즉 BSD 소켓에 대해 설명한다.

11.2.1 소켓의 특성

소켓은 타입(type), 도메인(domain), 프로토콜(protocol)로 그 특성을 규정한다. 통신하는 프로그램은 이 세 가지가 동일해야 통신할 수 있다.

(1) 타입(type)

소켓 타입은 사용자에게 보여지는 통신 서비스의 성격을 말한다. 현재 모든 시스템에서는 다음과 같은 세 가지 타입의 소켓은 기본적으로 제공한다.

- **스트림 소켓 (SOCK_STREAM)**

  가상회선 방식의 연결형(connection-oriented) 통신으로 신뢰성 있는 통신 서비스를 제공한다. 따라서 프로그래머는 반드시 연결 설정, 데이터 송수신, 연결 해제의 3 단계로 통신 서비스를 이용한다. 그러나 이 타입의 소켓은 메시지의 경계가 없는 바이트 스트림 형태의 통신을 하기 때문에 형식을 갖춘 메시지의 전송에는 주의를 요한다.

- **데이터그램 소켓 (SOCK_DGRAM)**

  데이터그램 방식의 비연결형(connectionless) 통신으로 통신의 신뢰성을 보장할 수 없다. 따라서 이를 이용하는 프로그램은 데이터 송수신 단계만 있다. 그리고 응용 프로그램에서 전송 에러에 대한 대책이 있어야 한다. 그러나 메시지의 경계는 보장한다.

- **Raw 소켓 (SOCK_RAW)**

  하위 트랜스포트 계층을 통하지 않고 네트워크 프로토콜인 IP를 직접 접근할 수 있다 이 기능은 트랜스포트 계층 프로토콜을 개발할 때에 유용하게 사용될 수 있다.

(2) 도메인(domain)

도메인은 특정 프로토콜 집단을 나타내는 것으로, 예를 들어 TCP/IP 통신망을 이용한 통신이냐, 아니면 XNS 통신망을 이용한 통신이냐 등을 나타낸다. 도메인이 다르면 하위 트랜스포트 계층이나 네트워크 계층에서 사용하는 프로토콜이 다르기 때문에 도메인이 다른 소켓 사이에는 통신을 할 수가 없다

(3) 프로토콜(protocol)

사용하게 될 하위 통신 프로토콜을 나타낸다. 보통 한 도메인 내에서 하나의 소켓 타입은 하나의 프로토콜을 사용한다. <표11-1>은 소켓 타입과 도메인에 따른 프로토콜의 종류를 나타낸다.

<표11-1> 타입과 도메인에 따른 지원 프로토콜

	AF_UNIX	AF_INET	AF_NS
SOCK_STREAM	YES	TCP	SPP
SOCK_DGRAM	YES	UDP	IDP
SOCK_RAW	NO	IP	YES

11.2.2 네트워크 정보

소켓이 지원되는 환경에서는 다음과 같은 네트워크나 프로토콜에 대한 정보를 담은 파일이 제공된다. 만약 이러한 파일이 제공되지 않는다면 같은 역할을 하는 다른 기능이 존재한다.

- hosts

  호스트 이름과 호스트 주소에 대한 매핑 정보를 담고 있다. 이 파일의 기능은 최근에 DNS에 의해 대부분 대체되었다.

- networks

  네트워크 이름과 네트워크 주소에 대한 매핑 정보를 담고 있는 것으로 이 파일의 기능도 최근에 DNS에 의해 대부분 대체되었다.

- services

  서비스 이름과 그 서비스를 제공하는 서버 프로세스, 그리고 포트 번호에 대한 매핑 정보를 제공한다. 다음은 LINUX 시스템의 /etc/services 파일의 일부를 나타낸 것이다.

```
echo     7/tcp
echo     7/udp
ftp      21/tcp
telnet   23/tcp
domain   53/tcp
domain   53/udp
tftp     69/udp
```

- **protocols**

  각 프로토콜과 그에 대한 프로토콜 번호의 매핑 정보를 담고 있다. 다음은 LINUX 시스템의 /etc/protocols 파일의 일부를 나타낸 것이다.

```
ip       0    IP        # internet protocol
icmp     1    ICMP      # internet control message protocol
tcp      6    TCP       # transmission control protocol
udp      17   UDP       # user datagram protocol
ipv6     41   IPv6      # IPv6
ospf     89   OSPFIGP   # Open Shortest Path First IGP
```

소켓 라이브러리에서는 이들 데이터베이스 파일의 정보나 DNS 서버로부터 정보를 읽어 올 수 있는 라이브러리 함수들을 제공한다. 먼저 hosts 정보는 다음과 같은 구조로 나타낸다.

```
struct hostent {              // 호스트 이름 자료 구조
      char *h_name;           // 공식 호스트 이름
      char **h_aliases;       // 호스트의 별명 리스트
      int  h_addrtype;        // 호스트의 주소 형식 (예 : AF_UNIX)
      int  h_length;          // 주소 길이
      char **h_addr_list;     // 주소 리스트
};
#define h_addr h_addr_list[0]
```

networks 정보는 다음과 같은 구조로 나타낸다.

```
struct netent {                // 네트워크 이름 자료 구조
        char *n_name;          // 공식 네트워크 이름
        char **n_aliases;      // 네트워크의 별명 리스트
        int  n_addrtype;       // 네트워크 주소 형식
        int  n_net;            // 네트워크 주소
};
```

protocols 정보는 다음과 같은 구조로 나타낸다.

```
struct protoent {              // 프로토콜 타입
        char *p_name;          // 프로토콜 이름
        char **p_aliases;      // 프로토콜의 별명
        int  p_proto;          // 프로토콜 번호
};
```

services 정보는 다음과 같은 구조로 나타낸다.

```
struct servent {               // 서비스 데이터베이스
        char *s_name;          // 서비스 이름
        char **s_aliases;      // 서비스의 별명
        int  s_port;           // 포트 번호
        char *s_proto;         // 사용하는 프로토콜
};
```

11.2.3 소켓 지원 라이브러리

BSD 소켓에서는 네트워크 프로그래밍에 필요한 여러 가지 라이브러리를 제공한다. 먼저 네트워크 데이터베이스 파일 조작에 필요한 여러 가지 함수들이 있는데, 그 중에서 프로그래머에게 필요한 것은 다음과 같다. 여기서 name은 각각 호스트 이름, 네트워크 이름, 프로토콜 이름, 서비스 이름 등을

나타낸다.

```
struct hostent *gethostbyname(name);
struct netnet *getnetbyname(name);
struct servent *getservbyname(name);
struct protoent *getprotobyname(name);
```

이 함수들은 각 데이터베이스 혹은 DNS 서버로부터 이름이 인수로 주어진 name과 같은 정보를 각 정보 저장에 적합한 자료 구조로 읽어 온다. 이 함수들의 사용 예는 다음 절의 예제 프로그램에 있다.

컴퓨터의 CPU는 제조회사마다 여러 바이트로 구성되는 숫자를 표현하는 방법이 다르다. 즉, 숫자의 MSB와 LSB를 메모리에 저장하는 순서가 다르다. 컴퓨터간의 통신에서 데이터 표현 방법의 차이를 해결하기 위해서 숫자를 네트워크로 전송할 때에는 항상 표준 순서로 변환해서 전송하고, 이를 수신한 컴퓨터에서 적절한 순서로 다시 변환해서 사용한다. 이러한 문제를 해결하기 위해 다음과 같은 네 가지 함수를 제공한다.

```
netlong = htonl(hostlong);
netshort = htons(hostshort);
hostlong = ntohl(netlong);
hostshort = ntohs(netshort);
```

함수 이름에서 h는 호스트(host), n은 네트워크(network) 그리고 s는 2 바이트(short), l은 4 바이트(long)를 나타낸다. 예를 들면, htonl()은 호스트에서 사용하는 long 타입의 값을 네트워크 표현 형식으로 변환하는 기능이다. 만약에 4바이트로 된 숫자 정보를 교환하려면 송신측에서는 이 숫자를 htonl()로 변환해서 전송해야 하고, 수신측에서는 수신된 숫자를 ntohl()로 변환해서 사용해야 한다.

11.2.4 소켓 주소

통신에 관련된 함수에서 사용하는 주소 구조는 소켓의 도메인에 따라 다르다. 다음은 인터넷 도메인 주소 구조이다.

```
struct in_addr {                // IP 주소
      u_long s_addr;            // 32 비트 IP 주소
};

struct sockaddr_in {            // 인터넷 도메인의 소켓 주소
      short sin_family;         // AF_INET 혹은 PF_INET
      ushort sin_port;          // 16 비트 포트 번호
      struct in_addr sin_addr;  // IP 주소
      char sin_zero[8];         // 사용 안됨 - 예비용
};
```

11.2.5 소켓 시스템 콜

소켓을 이용한 통신 절차는 소켓 타입에 따라 다르다. 소켓에 관련된 각 시스템 콜을 상세히 보기 전에 먼저 그들을 이용하는 프로그램의 전체 구조를 보는 것이 이해를 도울 것이다. 앞 절에서도 설명했듯이 통신 응용 프로그램은 항상 클라이언트-서버 방식으로 동작한다. 이것은 서비스를 요구하는 측과 서비스를 제공하는 측이라는 관계도 나타내지만, 그 전에 어느 쪽에서 먼저 통신을 시도하느냐는 관계도 나타낸다. 즉, 통신 요청을 받아들일 준비를 한 다음에 요청이 오기를 대기하고 있는 프로세스를 서버라 하고, 서버에게 통신을 실재 시도하는 프로세스를 클라이언트라 한다.

<그림 11-3>은 데이터그램 소켓을 이용하는 통신 응용 프로그램의 일반적인 구조이다. 데이터그램 소켓은 비연결형 서비스를 제공하기 때문에 데이터 송수신 단계만이 존재한다. 통신 상대는 sendto(), recvfrom() 함수의 인수로 주어지기 때문에 한 프로그램이 전송하는 각 데이터그램마다 통신 상대를 다르게 할 수도 있다.

<그림11-4>는 스트림 소켓을 이용하는 네트워크 응용 프로그램의 일반적인 구조를 나타낸다. 스트림 소켓은 연결형 서비스를 제공하기 때문에 연결 설정 단계, 데이터 송수신 단계, 연결 해제 단계가 분명히 구분된다. 그림에서 로컬 자원 할당은 응용 프로그램이 수행되는 호스트 내부의 자원을 할당하는 것을 의미하는 것으로 통신 상대와는 무관한 동작이다.

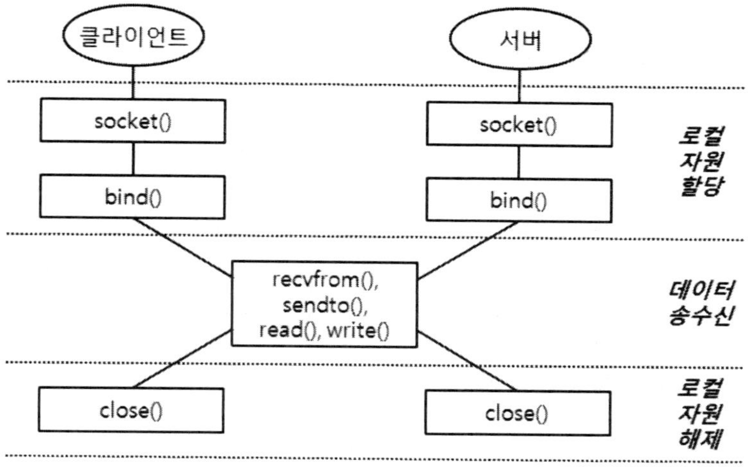

<그림11-3> 데이타그램 소켓을 이용하는 프로그램 구조

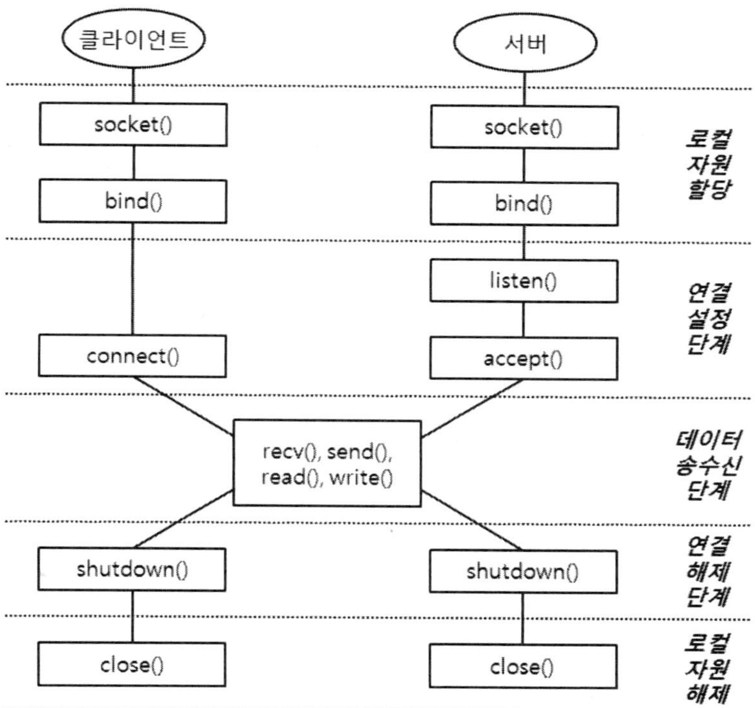

<그림 11-4> 스트림 소켓을 이용하는 프로그램 구조

(1) 로컬 자원 할당 단계

소켓을 이용해 통신하려면 먼저 운영체제 내부에서 통신 자원을 할당받고 필요한 파라메타를 설정해야 한다. 이에 관련된 함수로 socket(), bind(), listen()이 있다. 통신 자원의 할당은 socket() 함수를 이용한다.

형식	#include <sys/types.h> #include <sys/socket.h> int socket(int domain, int type, int protocol);
인수	• domain : 소켓의 사용 도메인 • type : 소켓 타입 • protocol : 사용하는 하위 프로토콜
기능	소켓을 생성한다.
반환값	성공하면 소켓 디스크립터를 반환하고 실패하면 -1을 반환한다.

이후 소켓에 관련된 모든 동작은 반환된 소켓 디스크립터를 통해 한다. 이 소켓 디스크립터는 파일 동작에 있어서 파일 디스크립터와 같은 역할을 한다. 다음으로 bind()를 이용해서 할당된 통신 자원에 네트워크 주소와 포트 번호를 결정해야 한다.

형식	#include <sys/types.h> #include <sys/socket.h> int bind(int sockfd, const struct sockaddr *addr, socklen_t addrlen);
인수	• sockfd : socket 디스크립터 • addr : 바인드할 주소 • addrlen : addr 구조의 길이

기능	소켓에 주소를 바인드 한다.
반환값	성공하면 0, 실패하면 -1을 반환한다.

이 함수는 socket()을 통해 할당된 통신 자원에 IP 주소와 트랜스포트 주소인 포트 번호를 부여한다. 통신 주소는 프로그래머가 호스트 주소와 포트 번호를 인수 addr의 해당 필드에서 지정할 수 있고, 시스템의 디폴트 값을 사용하게 할 수도 있다. 디폴트 값은 IP 주소와 포트 번호 필드에 0을 주면 된다. 이때는 IP 주소로 현재 프로그램이 수행되는 호스트의 주소가 할당되고, 포트 번호로는 현재 다른 프로세스가 사용하고 있지 않은 새로운 번호가 할당된다. 이 경우에 실재 할당된 주소를 getsockname()을 사용해서 확인할 수 있다.

형식	#include <sys/socket.h> int getsockname(int sockfd, struct sockaddr *addr, socklen_t *addrlen);
인수	• sockfd : 소켓 디스크립터 • addr : 소켓 주소 구조 • addrlen : addr 구조의 길이
기능	실재로 바인드된 주소 정보를 알아낸다.
반환값	성공하면 0, 실패하면 -1을 반환한다.

이 호출이 성공하면 현재 소켓에 할당되어 있는 IP 주소와 포트 번호를 인수 addr을 통해 알 수 있다.

(2) 연결 설정 단계 (스트림 소켓)

스트림 소켓(SOCK_STREAM)은 연결형 소켓이므로 먼저 통신 상대와 연결을 설정한 후에 데이터 송수신을 한다. 데이터그램 소켓(SOCK_DGRAM)은 비

연결형 소켓이므로 이 단계가 필요치 않다. 연결 설정 단계에서 서버는 listen()과 accept()를 이용하여 대기하고, 클라이언트는 connect()를 이용해 실재 연결을 시도한다.

형식	#include <sys/types.h> #include <sys/socket.h> int listen(int sockfd, int backlog);
인수	• sockfd : 소켓 디스크립터 • backlog : 연결 설정 요구를 받아들일 큐의 길이
기능	연결 설정 요구를 받아들일 큐의 길이를 설정하는 것으로 서버가 사용한다. 큐의 길이는 동시에 대기하고 있을 수 있는 연결 요청의 최대 수를 말한다,
반환값	성공하면 0, 실패하면 -1을 반환한다.

형식	#include <sys/types.h> #include <sys/socket.h> int accept(int sockfd, struct sockaddr *addr, socklen_t *addrlen);
인수	• sockfd : 소켓 디스크립터 • addr : 연결된 소켓의 주소 정보를 저장할 구조체 • addrlen : addr 구조의 길이
기능	연결 설정 요구를 받아들이는 것으로 서버가 사용한다.
반환값	성공하면 연결된 소켓의 디스크립터, 실패하면 -1을 반환한다.

형식	#include <sys/types.h> #include <sys/socket.h> int connect(int sockfd, const struct sockaddr *addr,

	socklen_t addrlen);
인수	• sockfd : 소켓 디스크립터 • addr : 서버측 주소 • addrlen : addr 구조의 길이
기능	서버에게 연결 설정을 요청하는 것으로 클라이언트가 사용한다.
반환값	성공하면 0, 실패하면 -1을 반환한다.

listen()은 서버가 클라이언트로부터 오는 연결 설정 요구를 받아들일 준비를 하는 동작이다. listen()의 인수 backlog는 연결 설정 요구 큐의 길이를 나타낸다. 실재 연결은 클라이언트의 connect()와 서버의 accept() 사이에 이루어지는데, backlog 값은 연결 설정 요구가 accept()에 의해 받아들여지기 전까지 대기하는 큐의 크기를 나타낸다. accept()는 연결을 받아들이면서 또 하나의 소켓 디스크립터 t를 반환하는데, 이후 데이터 송수신 동작은 이 t를 이용한다. 그리고 listen()에 사용된 디스크립터로는 계속 다른 클라이언트의 연결 설정 요구를 받아들일 수 있다. 이러한 구조는 서버가 여러 개의 클라이언트와 동시에 연결될 수 있도록 한다.

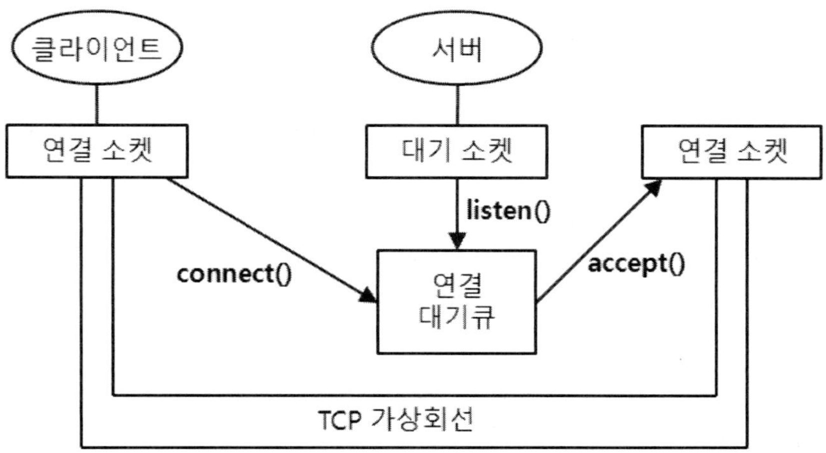

<그림11-5> 연결 설정 과정

<그림 11-5>는 스트림 소켓의 연결 설정 과정을 도식적으로 나타낸 것이다. 먼저 서버가 대기 소켓(listening socket) s에 대해 listen(s, backlog)을 호출하면 연결 설정 요구 패킷을 수신할 대기 큐 (pending queue)가 생성된다. 이때 backlog는 이 대기 큐의 최대 길이가 된다. 이때부터 클라이언트들이 connect() 함수를 이용해 보내는 연결 설정 요구 패킷은 일단 이 대기 큐에 들어가게 된다. 서버가 listen()를 호출한 다음에 accept()를 호출했을 때 대기 큐에 연결 설정 요구 패킷이 없으면 서버는 동작을 멈추고 기다린다. 이때 어떤 클라이언트가 이 서버에게 연결 설정 요구 패킷을 보내면 그 패킷은 대기 큐에 저장된 다음에 서버를 깨우게 된다. 서버는 깨어나서 대기 소켓을 복사해서 새로운 소켓인 연결 소켓(connection socket)을 만들고 연결 소켓에 클라이언트의 주소를 기록한 후에 이 연결 소켓의 디스크립터를 accept() 호출을 통해 반환한다. 이렇게 해서 클라이언트의 소켓과 서버의 연결 소켓 사이에 연결이 설정되고, 이후의 데이터 전송은 이 연결을 통해서 이루어진다.

(3) 데이타그램 소켓의 데이터 송수신 단계

데이터그램 소켓은 로컬 자원 할당이 완료되면 연결 설정 없이 데이터 송수신을 할 수 있다. 따라서 통신 상대가 정해져 있지 않기 때문에 전송하는 데이터그램에 수신측 주소를 포함시켜야 한다. 수신측도 데이터그램을 수신할 때마다 송신측 주소를 확인할 필요가 있다.

<table>
<tr><td>형식</td><td>#include <sys/types.h>
#include <sys/socket.h>

ssize_t sendto(int sockfd, const void *buf, size_t len, int flags,
        const struct sockaddr *dest_addr, socklen_t addrlen);</td></tr>
<tr><td>인수</td><td>• sockfd : 소켓 디스크립터
• buf : 전송할 데이터의 버퍼
• len : 전송할 데이터의 길이
• flags : MSG_OOB/MSG_DONTROUTE
• dest_addr : 수신측 주소</td></tr>
</table>

	• addrlen : addr 구조의 길이
기능	데이터그램을 송신한다.
반환값	성공하면 실재 전송된 바이트 수, 실패하면 -1을 반환한다.

형식	#include <sys/types.h> #include <sys/socket.h> ssize_t recvfrom(int sockfd, void *buf, size_t len, int flags, struct sockaddr *src_addr, socklen_t *addrlen);
인수	• sockfd : 소켓 디스크립터 • buf : 전송할 데이터의 버퍼 • len : 전송할 데이터의 길이 • flags : MSG_OOB/MSG_DONTROUTE • dest_addr : 송신측 주소 • addrlen : addr 구조의 길이
기능	데이터그램을 수신한다.
반환값	성공하면 실재 수신된 바이트 수, 실패하면 -1을 반환한다.

MSG_OOB는 대역외 (Out of Band) 데이터를 전송할 때 사용하는 것으로 TCP에서 긴급 데이터(Urgent data)로 전달된다. MSG_DONTROUTE는 라우터가 이 메시지를 호스트 라우팅 방식으로 라우팅해야 함을 나타낸다.

(4) 스트림 소켓의 데이터 송수신 단계

스트림 소켓은 연결을 설정한 후에 데이터 송수신을 한다. 연결형 소켓의 데이터 송수신 단계에서는 이미 통신 상대가 결정되어 있으므로 파일 동작에서 사용하는 write(), read()를 사용해서 데이터를 송수신 할 수도 있고, 다음과 같은 소켓 함수로 송수신할 수도 있다.

<table>
<tr><td>형식</td><td>#include <sys/types.h>
#include <sys/socket.h>

ssize_t send(int sockfd, const void *buf, size_t len, int flags);</td></tr>
<tr><td>인수</td><td>• sockfd : 소켓 디스크립터
• buf : 전송할 데이터의 버퍼
• len : 전송할 데이터의 길이
• flags : MSG_OOB/MSG_DONTROUTE</td></tr>
<tr><td>기능</td><td>데이터를 송신한다.</td></tr>
<tr><td>반환값</td><td>성공하면 실재 송신된 바이트 수, 실패하면 -1을 반환한다.</td></tr>
</table>

<table>
<tr><td>형식</td><td>#include <sys/types.h>
#include <sys/socket.h>

ssize_t recv(int sockfd, void *buf, size_t len, int flags);</td></tr>
<tr><td>인수</td><td>• sockfd : 소켓 디스크립터
• buf : 수신할 데이터의 버퍼
• len : 수신할 데이터의 길이
• flags : MSG_OOB/MSG_DONTROUTE</td></tr>
<tr><td>기능</td><td>데이터를 수신한다.</td></tr>
<tr><td>반환값</td><td>성공하면 실재 수신된 바이트 수, 실패하면 -1을 반환한다.</td></tr>
</table>

send()와 write()는 실재 송신된 데이터 크기를 반환하고, recv()와 read()는 실재 수신된 데이터 크기를 반환한다.

(5) 연결 해제 단계

스트림 소켓에서는 데이터 전송을 완료하면 연결을 해제한다. 연결 해제는 shutdown() 함수를 사용해서 이루어진다.

형식	#include <sys/socket.h> ssize_t shutdown(int sockfd, int how);
인수	• sockfd : 소켓 디스크립터 • how : SHUT_RD/SHUT_WR/SHUT_RDWR
기능	연결을 해제한다
반환값	성공하면 0, 실패하면 -1을 반환한다.

소켓은 양방향 연결을 가지는데 인수 how를 이용해서 연결 해제 방향을 지정할 수 있다. SHUT_RD는 더 이상 데이터를 수신할 수 없음을 나타내고, SHUT_WR은 더 이상 데이터를 송신할 수 없음을 나타낸다. SHUT_RDWR 양방향 모두를 해제함을 나타낸다. shutdown()이 호출되기 이전에 전송한 메시지는 모두 전달된 후에 연결이 해제된다.

(6) 로컬 자원 해제

더 이상 통신을 하지 않을 때에는 통신 자원들을 해제해야 하는데, 이는 close() 함수를 사용한다. 스트림 소켓의 경우 shutdown()을 하지 않고 close()를 호출하면 close() 호출 이전에 전송한 메시지가 모두 전송된다는 것을 보장할 수 없다.

11.3 소켓 프로그램 예

여기서는 소켓 프로그램의 가장 간단한 예를 소개한다. 먼저 비교적 간단한 데이터그램 소켓을 사용하는 통신 프로그램의 예이다.

[프로그램11-1a] 이 프로그램은 인터넷 도메인에서 데이터그램 소켓을 이

용해서 데이터를 송신하는 프로그램의 클라이언트측 프로그램이다. 먼저 서버인 [프로그램11-1b]를 실행시킨 다음에 클라이언트인 이 프로그램을 실행시켜야 한다. 이 프로그램은 다음과 같은 방법으로 실행시켜야 한다.

```
$ ./prog11_1a hostname port-number
```

```
// File : prog11_1a.c

#include <sys/types.h>
#include <sys/socket.h>
#include <netinet/in.h>
#include <netdb.h>
#include <stdio.h>
#include <stdlib.h>
#include <strings.h>

#define DATA  “Datagram socket test message ...”

main(int argc, char *argv[])
{
    int sock;
    struct sockaddr_in name;
    struct hostent *hp;

    // 데이터그램 소켓을 연다.
    if ((sock = socket(AF_INET, SOCK_DGRAM, 0)) < 0) {
        perror( “opening datagram socket” );
        exit(1);
    }
    // 서버측 주소를 만든다.
    if ((hp = gethostbyname(argv[1])) == NULL) {
        fprintf(stderr, “%s : known host\n” , argv[1]);
        exit(2);
    }
    bcopy(hp->h_addr, &name.sin_addr, hp->h_length);
    name.sin_family = AF_INET;
```

```
31        name.sin_port = htons(atoi(argv[2]));
32        // 데이터를 전송한다.
33        if (sendto(sock, DATA, sizeof(DATA), 0, (struct sockaddr *)&name,
34  sizeof name) < 0) {
35            perror( "sending datagram socket" );
36        }
37        // 소켓을 제거한다.
38        close(sock);
39  }
```

[실행 결과]

```
ngs@ubuntu:~/lsp/ch11$ ./prog11_1a 127.0.0.1  45317
ngs@ubuntu:~/lsp/ch11$
```

[설명]

이 프로그램을 실행할 때에는 서버측인 [프로그램11-1b]가 출력한 결과를 보고, 서버가 바인드된 포트 번호를 명령라인 인수로 주어야 한다. IP 주소는 로컬 호스트 주소인 127.0.0.1을 사용하면 된다.

라인 20에서 먼저 소켓을 하나 만들어 둔다. 라인 25에서는 명령라인 인수로 들어온 호스트 이름 혹은 문자열 형태의 IP 주소를 가지고 실재 사용할 수 있는 숫자로 된 IP 주소를 알아낸다. 라인 29~31에서는 서버 주소를 만드는데, 포트 번호는 두 번째 명령라인 인수인 argv[2]를 사용한다. 라인 33에서는 서버에게 데이터그램 방식으로 데이터를 전송한다.

[프로그램11-1b] 이 프로그램은 인터넷 도메인에서 데이터그램 소켓을 이용해서 데이터를 송신하는 프로그램의 서버 프로그램이다.

```
// File : prog11_1b.c

#include <sys/types.h>
#include <sys/socket.h>
#include <netinet/in.h>
#include <netdb.h>
#include <stdio.h>
```

```
#include <stdlib.h>

main(int argc, char *argv[])
{
    int sock, length;
    struct sockaddr_in name;
    char buf[1024];

    // 데이터그램 소켓을 만든다.
    if ((sock = socket(AF_INET, SOCK_DGRAM, 0)) < 0) {
        perror( "opening datagram socket" );
        exit(1);
    }
    // 디폴트 서버 주소를 만든다.
    name.sin_addr.s_addr = INADDR_ANY;
    name.sin_family = AF_INET;
    name.sin_port = 0;
    // 주소를 소켓에 바인드한다.
    if (bind(sock, (struct sockaddr *)&name, sizeof name) < 0) {
        perror( "Binding datagram socket" );
        exit(2);
    }
    // 실재 바인드된 서버 주소를 알아내어 출력한다.
    length = sizeof(name);
    if (getsockname(sock, (struct sockaddr *)&name, &length) < 0) {
        perror( "getsockname" );
        exit(3);
    }
    printf( "Socket port # %d\n" , ntohs(name.sin_port));
    // 데이터그램을 수신한다.
    if (recvfrom(sock, buf, sizeof buf, 0, (struct sockaddr *)&name,
&length) < 0) {
        perror( "recvfrom" );
    } else {
        printf( "RECV --->%s\n" , buf);
    }
    // 소켓을 제거한다.
    close(sock);
}
```

[실행 결과]

```
ngs@ubuntu:~/lsp/ch11$ ./prog11_1b
Socket port # 45317
RECV --->Datagram socket test message ...
ngs@ubuntu:~/lsp/ch11$
```

[설명]

라인 22~24에서는 주소 구조를 초기화 한다. IP 주소는 시스템의 디폴트 주소인 0을 사용하고, 포트 번호도 시스템에서 할당하도록 0을 주고, 라인 26에서 소켓에 바인드한다. 라인 32에서는 실재 바인드된 주소를 알아내고, 라인 36에서 바인드된 포트 번호를 화면에 출력한다. 이 출력 결과를 클라이언트 측인 [프로그램11-1a]를 실행시킬 때에 사용한다. 라인 38에서 데이터그램이 수신될 때까지 기다렸다가 라인 42에서 수신될 메시지를 화면에 출력한다.

[프로그램11-2a] 이 프로그램은 인터넷 도메인에서 스트림 소켓을 이용해서 데이터를 송신하는 프로그램의 클라이언트 프로그램이다. 이 프로그램은 [프로그램11-2b]와 한 쌍으로 동작하는데, [프로그램11-2b]를 먼저 실행한 다음에 이 프로그램을 실행해야 한다.

```
// File : prog11_2a.c

#include <sys/types.h>
#include <sys/socket.h>
#include <netinet/in.h>
#include <netdb.h>
#include <stdio.h>
#include <stdlib.h>
#include <strings.h>

#define DATA  "Stream socket test message ..."

main(int argc, char *argv[])
```

```
{
    int sock;
    struct sockaddr_in server;
    struct hostent *hp;

    if ((sock = socket(AF_INET, SOCK_STREAM, 0)) < 0) {
        perror( "opening stream socket" );
        exit(1);
    }
    // 서버측 주소를 만든다.
    if ((hp = gethostbyname(argv[1])) == NULL) {
        fprintf(stderr, "%s : known host\n" , argv[1]);
        exit(2);
    }
    bcopy(hp->h_addr, &server.sin_addr, hp->h_length);
    server.sin_family = AF_INET;
    server.sin_port = htons(atoi(argv[2]));
    // 연결 설정
    if (connect(sock, (struct sockaddr *)&server, sizeof server) < 0) {
        perror( "connecting stream socket" );
        exit(1);
    }
    // 데이터 전송
    if (send(sock, DATA, sizeof(DATA), 0) < 0) {
        perror( "sending stream socket" );
    }
    // 연결 해제
    shutdown(sock, SHUT_RDWR);
    close(sock);
}
```

[실행 결과]

```
ngs@ubuntu:~/lsp/ch11$ ./prog11_2a 127.0.0.1  48801
ngs@ubuntu:~/lsp/ch11$
```

[설명]

스트림 소켓의 클라이언트측 프로그램이다. 명령 라인 인수로 서버의 IP 주소(argv[1])와 포트 번호(argv[2])가 주어진다. 실제 사용한 포트 번호

48801은 [프로그램11-2b]를 실행해서 화면에 출력된 서버의 포트 번호를 보고 입력한 것이다.

라인 23~30에서 서버의 주소 구조를 생성하고, 라인 32에서 서버와 연결을 시도한다. 서버가 먼저 동작하고 있지 않거나 연결을 거부하면 오류가 발생하고, 서버가 연결을 받아들이면 connect()에서 반환된다. 연결이 설정되면 라인 37에서 데이터를 송신하고, 통신이 완료된 라인 39에서 연결을 해제한다.

[프로그램11-2b] 이 프로그램은 인터넷 도메인에서 스트림 소켓을 이용해서 데이터를 송수신하는 프로그램의 서버 프로그램이다.

```
// File : prog11_2b.c

#include <sys/types.h>
#include <sys/socket.h>
#include <netinet/in.h>
#include <netdb.h>
#include <stdio.h>
#include <stdlib.h>
#include <strings.h>

main(int argc, char *argv[])
{
    int sock, msgsock, length, rval;
    struct sockaddr_in server;
    char buf[1024];

    if ((sock = socket(AF_INET, SOCK_STREAM, 0)) < 0) {
        perror( "opening stream socket" );
        exit(1);
    }
    // 디폴트 주소
    server.sin_addr.s_addr = INADDR_ANY;
    server.sin_family = AF_INET;
    server.sin_port = 0;
    // 주소를 소켓에 바인드
```

```
        if (bind(sock, (struct sockaddr *)&server, sizeof server) < 0) {
            perror( “Binding stream socket” );
            exit(2);
        }
        // 실재로 바인드된 주소 정보를 가져와서 출력한다
        length = sizeof(server);
        if (getsockname(sock, (struct sockaddr *)&server, &length) < 0) {
            perror( “getsockname” );
            exit(3);
        }
        printf( “Socket port # %d\n” , ntohs(server.sin_port));
        // 연결 요청을 받을 준비를 한다.
        listen(sock, 5);
        // 클라이언트의 요청을 처리
        do {
            // 연결 요청을 기다림
            msgsock = accept(sock, NULL, NULL);
            if (msgsock < 0) {
                perror( “accept” );
            } else do {
                bzero(buf, sizeof buf);
                // 데이터 수신
                if ((rval = read(msgsock, buf, 1024)) < 0)
                    perror( “receiving stream socket” );
                if (rval == 0) {
                    printf( “Ending Connection\n” );
                } else {
                    printf( “RECV --->%s\n” , buf);
                }
            } while (rval != 0);
            close(msgsock);
        } while (1);
        close(sock);
}
```

[실행 결과]

```
ngs@ubuntu:~/lsp/ch11$ ./prog11_2b
Socket port # 48801
RECV --->Stream socket test message ...
```

```
Ending Connection
^C
ngs@ubuntu:~/lsp/ch11$
```

[설명]

서버측 프로그램은 특정 주소에서 클라이언트의 연결을 기다린다. 연결이 설정되면 새로 만들어진 연결을 통해 데이터를 수신해서 화면에 출력하고, 다음 연결을 기다리는 과정을 반복한다.

라인 21~24에서 디폴트 주소를 만든 다음에 라인 26에서 bind()를 통해 실재 사용할 주소로 바인드한다. 라인 32에서 실재로 바인드된 주소를 알아내어 라인 36에서 화면에 출력한다. 이 출력 내용을 보고 [프로그램 11-2a]에서 명령 라인 인수를 주어야 한다. 라인 38에서는 연결 요청을 받아들일 수 있도록 큐를 5로 설정하고 라인 42에서 클라이언트의 연결 요청을 기다린다. 클라이언트와 연결이 되면 라인 48에서 클라이언트가 전송한 데이터를 수신해서 화면에 출력한다. 클라이언트와 연결이 해제되면 다른 클라이언트의 연결을 기다린다.

실습 과제

[예제] 아래 프로그램은 소켓을 이용해서 구현한 간단한 파일 전송 프로그램이다. 클라이언트 프로그램인 ftp_client는 사용자 인터페이스를 제공하면서, 사용자의 요청에 따라 서버와 통신한다. 서버 프로그램인 ftp_server는 클라이언트의 요청에 따라 서비스를 제공한다. 먼저 서버를 실행시키고, 다른 컴퓨터 혹은 다른 터미널 창에서 클라이언트를 실행시켜야 한다.

서버가 특정 포트에서 기다리고 있어야 연결 설정이 가능하므로 반드시 서버를 먼저 실행시켜야 한다. 서버는 연결된 각 클라이언트마다 별도의 자식 프로세스를 생성해서 서비스하므로 여러 개의 클라이언트에게 동시에 서비스를 제공할 수 있다.

신뢰성을 위해 스트림 소켓을 사용하기 때문에 메시지의 경계를 구분하기 위해서 각 메시지를 전송하면 반드시 응답을 받은 후에 다음 메시지를 전송하도록 하고 있다.

```
// File : ftp.h

#define MSG_GET     0x01
#define MSG_PUT     0x02
#define MSG_LIST    0x03
#define MSG_ACK     0x11
#define MSG_NACK    0x12
#define MSG_DATA    0x13
#define MSG_NAME    0x14
#define MSG_NUM     0x05

#define BUF_LEN     64
```

```
// File : ftp_client.c

#include <sys/types.h>
```

```
#include <sys/socket.h>
#include <netinet/in.h>
#include <netdb.h>
#include <stdio.h>
#include <stdlib.h>
#include <string.h>
#include <fcntl.h>
#include  “ftp.h”

void do_client(int sock);
void cmd_get(int sd);
void cmd_put(int sd);
void cmd_list(int sd);
void write_n(int sd, char *buf, int n);
void read_n(int sd, char *buf, int n);

main(int argc, char *argv[])
{
    int sock;
    struct sockaddr_in server;
    struct hostent *hp;

    if (argc != 3) {
        printf( “Usage : %s ip-addr  port-no\n” , argv[0]);
        exit(1);
    }
    // 소켓 할당
    if ((sock = socket(AF_INET, SOCK_STREAM, 0)) < 0) {
        perror( “opening stream socket” );
        exit(1);
    }
    // 서버측 주소를 만든다.
    if ((hp = gethostbyname(argv[1])) == NULL) {
        fprintf(stderr, “%s : known host\n” , argv[1]);
        exit(2);
    }
    bcopy(hp->h_addr, &server.sin_addr, hp->h_length);
    server.sin_family = AF_INET;
    server.sin_port = htons(atoi(argv[2]));
```

```
    // 연결 설정
    if (connect(sock, (struct sockaddr *)&server, sizeof server) < 0) {
        perror( "connecting stream socket" );
        exit(3);
    }
    // 처리
    do_client(sock);
    // 연결 해제
    shutdown(sock, SHUT_RDWR);
    close(sock);
}
//
// n 바이트를 전송
void write_n(int sd, char *buf, int n)
{
    int size, remain = n;

    do {
        size = write(sd, buf, remain);
        remain -= size;
        buf += size;
    } while (remain > 0);
}
//
// n 바이트를 수신
void read_n(int sd, char *buf, int n)
{
    int size, remain = n;

    do {
        size = read(sd, buf, remain);
        if (size <= 0) {
            close(sd);
            exit(0);
        }
        remain -= size;
        buf += size;
    } while (remain > 0);
}
```

```
//
// 클라이언트의 기능 수행
//
void do_client(int sock)
{
    char buf[BUF_LEN];

    printf( "클라이언트 동작 시작\n" );
    while (1) {
        printf( "myFTP> " );
        fgets(buf, BUF_LEN, stdin);
        if (strncmp(buf, "get" , 3) == 0) {
            cmd_get(sock);
        } else if (strncmp(buf, "put" , 3) == 0) {
            cmd_put(sock);
        } else if (strncmp(buf, "list" , 4) == 0) {
            cmd_list(sock);
        } else {
            printf( "command not found\n" );
        }
    }
}
//
// Remote --> Local
void cmd_get(int sd)
{
    char localFile[64], remoteFile[64];
    char buf[BUF_LEN];
    int  length, size;
    int local_fd;

    printf( "Remote File Name : " );
    fgets(remoteFile, 64, stdin);
    remoteFile[strlen(remoteFile)-1] = '\0' ;
    printf( "Local File Name : " );
    fgets(localFile, 64, stdin);
    localFile[strlen(localFile)-1] = '\0' ;

    // 데이터를 저장할 파일 생성
```

```
    local_fd = open(localFile, O_WRONLY | O_CREAT | O_EXCL |
O_TRUNC, 0666);
    if (local_fd < 0) {
        printf( “파일을 생성할 수 없습니다 : %s\n” , localFile);
        return;
    }

    // GET 명령 전송
    buf[0] = MSG_GET;
    write_n(sd, buf, 1);
    // 응답 수신
    read_n(sd, buf, 1);
    if (buf[0] != MSG_ACK) {
        printf( “GET 명령 실패 : ???\n” );
        return;
    }
    // 파일 이름의 길이 전송
    size = strlen(remoteFile);
    size = htonl(size);
    write_n(sd, (char *)&size, sizeof(size));
    // 파일 이름 전송
    write_n(sd, remoteFile, strlen(remoteFile));
    // 응답 대기 (MSG_ACK)
    read_n(sd, buf, 1);
    if (buf[0] != MSG_ACK) {
        printf( “GET 명령 실패 : 파일이 없음\n” );
        return;
    }
    // Length 대기
    read_n(sd, (char *)&length, sizeof(length));
    length = ntohl(length);
    // ACK 전송
    buf[0] = MSG_ACK;
    write_n(sd, buf, 1);
    // DATA  수신
    while (length > 0) {
        // 한번에 수신할 크기 계산
        size =  (length > BUF_LEN) ? BUF_LEN : length;
        length -= size;
```

```
            // 수신
            read_n(sd, buf, size);
            // 저장
            write(local_fd, buf, size);
        }
        // ACK 전송
        buf[0] = MSG_ACK;
        write_n(sd, buf, 1);
        //
        close(local_fd);
}
//
// Local --> Remote
void cmd_put(int sd)
{
        printf( "아직 구현되지 않았습니다.\n" );
}
//
// remote 'ls' command
void cmd_list(int sd)
{
        printf( "아직 구현되지 않았습니다.\n" );
}
```

[실행 결과]

```
ngs@ubuntu:~/lsp/ch11$ ./ftp_client 127.0.0.1 52782
클라이언트 동작 시작
myFTP> get
Remote File Name : file1
Local File Name : file2
myFTP> put
아직 구현되지 않았습니다.
myFTP> list
아직 구현되지 않았습니다.
myFTP> bye
ngs@ubuntu:~/lsp/ch11$
```

[설명]

클라이언트를 실행시킬 때에는 서버가 있는 컴퓨터의 IP 주소와 서버가 사용하는 포트 번호를 명령 라인 인수로 주어야 한다. 현재 클라이언트는 서버와 같은 컴퓨터에서 실행되므로 로컬 주소를 나타내는 127.0.0.1을 IP 주소로 사용했다. 포트 번호는 서버를 실행했을 때에 화면에 출력된 값을 사용한다, 세 가지 기능 중에서 현재 GET 기능만 구현되어 있다.

```
// File : ftp_server.c

#include <sys/types.h>
#include <sys/socket.h>
#include <netinet/in.h>
#include <netdb.h>
#include <stdio.h>
#include <stdlib.h>
#include <string.h>
#include <fcntl.h>
#include  "ftp.h"

void do_server(int sd);
void cmd_get(int sd);
void cmd_put(int sd);
void cmd_list(int sd);
void write_n(int sd, char *buf, int n);
void read_n(int sd, char *buf, int n);

main(int argc, char *argv[])
{
     int sock, msgsock, length, rval;
     struct sockaddr_in server;
     char buf[1024];

     // 소켓 생성
     if ((sock = socket(AF_INET, SOCK_STREAM, 0)) < 0) {
          perror( "opening stream socket" );
          exit(1);
```

```
        }
        // 디폴트 주소
        server.sin_addr.s_addr = INADDR_ANY;
        server.sin_family = AF_INET;
        server.sin_port = 0;
        // 주소를 소켓에 바인드
        if (bind(sock, (struct sockaddr *)&server, sizeof server) < 0) {
            perror( "Binding stream socket" );
            exit(2);
        }
        // 실재로 바인드된 주소 정보를 가져와서 출력한다
        length = sizeof(server);
        if (getsockname(sock, (struct sockaddr *)&server, &length) < 0) {
            perror( "getsockname" );
            exit(3);
        }
        printf( "Socket port # %d\n" , ntohs(server.sin_port));
        // 연결 요청을 받을 준비를 한다.
        listen(sock, 5);
        // 클라이언트의 요청을 처리
        do {
            // 연결 요청을 기다림
            msgsock = accept(sock, NULL, NULL);
            if (msgsock < 0) {
                perror( "accept" );
            } else if (fork() == 0) {
                // child
                do_server(msgsock);
                exit(0);
            }
            close(msgsock);
        } while (1);
        close(sock);
}
//
// n 바이트를 전송
void write_n(int sd, char *buf, int n)
{
        int size, remain = n;
```

```

    do {
        size = write(sd, buf, remain);
        remain -= size;
        buf += size;
    } while (remain > 0);
}
//
// n 바이트를 수신
void read_n(int sd, char *buf, int n)
{
    int size, remain = n;

    do {
        size = read(sd, buf, remain);
        if (size <= 0) {
            close(sd);
            exit(0);
        }
        remain -= size;
        buf += size;
    } while (remain > 0);
}
//
// 서버 기능 수행
//
void do_server(int sd)
{
    char buf[BUF_LEN];
    int length, size;

    while (1) {
        // 명령 메세지 수신
        read_n(sd, buf, 1);

        // 명령 해석
        if (buf[0] == MSG_GET) {
            cmd_get(sd);
        } else if (buf[0] == MSG_PUT) {
```

```
                cmd_put(sd);
            } else if (buf[0] == MSG_LIST) {
                cmd_list(sd);
            } else {
                buf[0] = MSG_NACK;
                write_n(sd, buf, 1);
            }
        }
}
//
// Remote --> Local
void cmd_get(int sd)
{
    char fileName[64];
    char buf[BUF_LEN];
    struct stat stat_buf;
    int  length, size;
    int  fd;

    printf( "SERVER : GET Command\n" );
    // 응답 전송
    buf[0] = MSG_ACK;
    write_n(sd, buf, 1);
    // 파일 이름의 길이 수신
    read_n(sd, (char *)&size, sizeof(size));
    size = ntohl(size);
    // 파일 이름 수신
    read_n(sd, fileName, size);
    fileName[size] = '\0' ;
    printf( "SERVER : filename = %s\n" , fileName);
    // 파일 열기
    fd = open(fileName, O_RDONLY);
    if (fd < 0) {
        // 응답 전송
        printf( "SERVER : 실패 --> 파일 없음\n" );
        buf[0] = MSG_NACK;
        write_n(sd, buf, 1);
        return;
    }
```

```
    // 응답 전송
    buf[0] = MSG_ACK;
    write_n(sd, buf, 1);
    // 파일 길이 전송
    stat(fileName, &stat_buf);
    length = stat_buf.st_size;
    size = htonl(length);
    write_n(sd, (char *)&size, sizeof(size));
    // 응답 수신
    read_n(sd, buf, 1);
    // DATA 전송
    while (length > 0) {
        size = (length > BUF_LEN) ? BUF_LEN : length;
        size = read(fd, buf, size);
        length -= size;
        write_n(sd, buf, size);
    }
    // 응답 수신
    read_n(sd, buf, 1);
    printf( "SERVER : GET Done\n" );
}
//
// Local --> Remote
void cmd_put(int sd)
{
    printf( "아직 구현되지 않았습니다.\n" );
}
//
// remote 'ls' command
void cmd_list(int sd)
{
    printf( "아직 구현되지 않았습니다.\n" );
}
```

[실행 결과]

```
ngs@ubuntu:~/lsp/ch11$ ./ftp_server
Socket port # 52782
SERVER : GET Command
SERVER : filename = file1
```

```
SERVER : GET Done
^C
ngs@ubuntu:~/lsp/ch11$
```

[설명]

서버를 실행시켰을 때에 출력되는 포트 번호는 클라이언트를 실행시킬 때에 사용한다.

서버는 클라이언트와 연결되면 자식 프로세스를 생성하여 자식 프로세스가 클라이언트에게 서비스하게 하고 원래 서버는 다음 클라이언트의 연결 요청을 기다린다. 그러므로 여러 개의 클라이언트에게 동시에 서비스를 제공할 수 있다.

서버는 세 가지의 기능을 제공하도록 되어 있는데 현재 구현된 기능은 GET 명령이다. GET 명령은 서버의 파일을 클라이언트로 복사하는 기능이다,

[과제] 앞의 예제에는 GET, PUT, LIST 기능 중에서 GET 기능만 구현되어 있다. 각 기능은 다음과 같다.

GET : 서버에 있는 파일을 클라이언트로 복사한다.
PUT : 클라이언트에 있는 파일을 서버에게 복사한다.
LIST : 서버의 현재 디렉토리에 있는 파일 이름들을 나열한다.

위의 예제에서 구현되어 있지 않은 나머지 두 가지 기능도 구현 하시오.

연습 문제

A. 다음 빈 칸에 적절한 용어를 쓰시오.

1. DNS 서버는 도메인 이름과 IP 주소를 매핑해 준다. 서버의 IP 주소를 알려 줄 것을 DNS 서버에게 요청하는 라이브러리 함수는 (   )이다.

2. 소켓을 이용해서 2 바이트의 정수를 전송하려고 한다. 전송하기 전에 이 숫자를 네트워크 표준 순서로 변환한 다음에 전송해야 한다. 이 때에 사용하는 라이브러리 함수는 (   )이다.

3. 할당된 소켓에 IP 주소와 포트 번호를 설정할 때에 사용하는 시스템 콜은 (   )이다.

4. 소켓 프로그램의 클라이언트 측에서 서버 측으로 연결 설정 요청을 할 때에 사용하는 시스템 콜은 (   )이다.

5. 서버 측에서 클라이언트의 연결 요청을 수락할 때에 사용하는 시스템 콜은 (   )이다.

6. 소켓에 디폴트 주소를 설정한 다음에 실제 사용된 주소를 확인하려고 할 때에 사용하는 시스템 콜은 (   )이다.

7. 데이터그램 소켓을 사용해서 데이터를 수신할 때에 사용하는 시스템 콜은 (   )이다.

8. 연결된 소켓을 통해서 데이터를 수신하려고 할 때에는 시스템 콜 recv()와 (   )를 사용할 수 있다.

9. 연결형 소켓에서 연결이 해제된 소켓으로 데이터를 수신하는 시스템 콜 recv()를 호출하면 recv()는 즉시 반환되는데, 이때에 반환 값은 (   )이다.

10. 소켓은 (타입, 도메인, 프로토콜)로 정의된다. 트랜스포트 계층을 통하지 않고 네트워크 인터페이스에서 직접 데이터를 가져올 수 있는 기능을 제공하는 소켓 타입은 (   )이다.

B. 다음 물음에 답하시오.

1. 스트림 소켓과 데이터그램 소켓의 차이를 설명하시오.

2. 데이터그램 소켓을 이용하는 클라이언트 프로그램과 서버 프로그램의 시스템 콜 사용 절차를 설명하시오.

3. 스트림 소켓을 이용하는 클라이언트 프로그램과 서버 프로그램의 시스템 콜 사용 절차를 설명하시오.

4. 스트림 소켓을 사용하는 서버에서는 연결 요청을 기다리는 대기 소켓과 연결이 이루어진 연결 소켓이 있다. 이들 사이의 관계를 설명하시오.

5. 스트림 소켓은 메시지의 경계가 없는 바이트 스트림 형태로 통신한다. 이것의 의미를 예를 들어 설명하시오.

6. 스트림 소켓을 사용하는 클라이언트가 더 이상 송신할 데이터는 없어서 데이터를 수신만 하려고 한다. 이러한 경우에 연결 종료를 위해 shutdown()을 사용한다면 인수를 어떻게 주어야 하는가?

7. 스트림 소켓을 사용하는 서버 프로그램이 myserver,c에 저장되어 있다. 이를 컴파일해서 실행파일 myserver를 생성하려고 할 때 필요한 명령 라인을 쓰시오.

부록A. 리눅스 시스템 설치

리눅스 시스템은 마이크로소프트사의 윈도우즈 시스템에 비해 하드웨어 성능이나 용량이 부족한 플랫폼에서도 무리없이 동작하기 때문에 임베디드 시스템에서부터 서버까지 거의 모든 플랫폼에서 사용할 수 있다. 구체적인 하드웨어 요구사항은 리눅스 버전과 설치하는 응용 소프트웨어에 따라 다르다. 메모리는 64MB 이상이면 되지만 256MB 이상이라야 무리없이 동작한다. 하드 디스크는 몇 십 MB 에서도 동작할 수 있지만 대부분의 경우에 최소 4GB 이상이 요구된다.

A.1 설치 유형

PC에 리눅스를 설치하는 방법으로는 일반적으로 세 가지가 있다. 첫째, PC에서 리눅스만 사용 가능하도록 설치하는 방법이다. 이 경우에는 컴퓨터 내에 오직 리눅스 시스템만 설치되어 다른 운영체제는 사용할 수 없다. 리눅스를 서버로 활용할 경우에는 이 방법을 사용한다.

두 번째로는 컴퓨터 시스템에 하드 디스크를 두 개 이상 두거나 하나의 하드 디스크를 파티션하여 MS 윈도우즈와 리눅스를 별도의 하드 디스크 혹은 파티션에 설치하는 방법이다. 이 경우에는 부팅 시에 사용할 운영 체제를 선택하여 부팅하도록 하는 부트 로더를 두어야 한다. 한 번 부팅되면 부팅된 운영체제만 사용 할 수 있고, 다른 운영 체제를 사용하려면 다시 부팅하여야 한다.

세 번째는 가상기계에 리눅스를 설치하여 다른 운영체제와 동시에 리눅스를 사용할 수 있게 하는 방법이다. 보통 MS 윈도우즈 상에 VMWare를 설치하고 그 위에 리눅스를 설치한다. 기본적으로 MS 윈도우즈가 부팅되어 실행되고 있고, MS 윈도우즈 상에 하나의 응용 프로그램으로 VMWare가 실행되고, VMWare 가 제공하는 가상기계 환경에서 리눅스가 실행된다. 최근의 PC는 여러 개의 운영체제를 동시에 실행시킬 수 있을 만큼 충분한 메모리와 처리능력을 가지고 있기 때문에 리눅스를 워크스테이션 목적으로 사용할 때에는 이 방법이 가장 많이 사용된다.

A.2 리눅스 시스템 설치

여기에서는 MS 윈도우즈 상에 VMWare를 설치하고 VMWare가 제공하는 가상기계 환경에서 리눅스가 실행되도록 설치한다. 이를 위해서는 먼저 MS 윈도우즈 상에 VMWare 설치한 다음에 VMWare 내에 리눅스를 설치해야 한다.

A.2.1 VMWare 설치

VMWare는 가상기계 환경을 제공하는 소프트웨어로 다양한 제품군이 있지만 여기서는 무료로 제공되는 VMWare player를 이용하여 PC 상에서 MS 윈도우즈와 리눅스를 동시에 사용할 수 있도록 한다. 먼저 설치 프로그램을 다운로드 받아 실행시키면 이 설치 프로그램이 VMWare player를 자동으로 설치하게 된다.

(1) https://my.vmware.com/web/vmware/downloads 에서 vmware player의 설치 프로그램을 다운로드 받는다. 여러 운영체제용이 있는데 "VMware Player for Windows 32-bit and 64-bit" 를 다운로드 받는다.

(2) 다운로드 받은 VMWare 설치 프로그램을 클릭하여 실행한다.

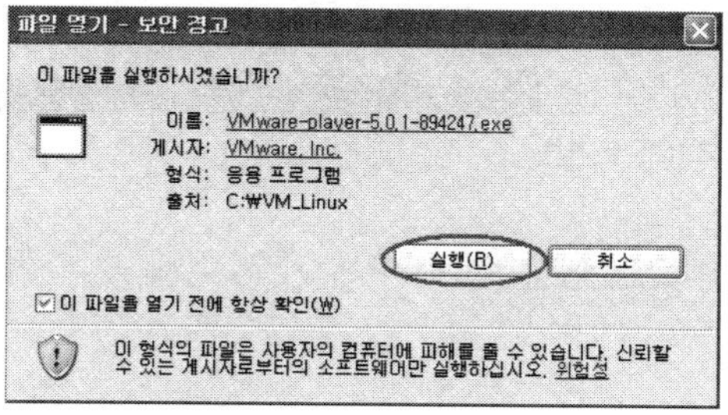

(3) VMWare player를 설치하기 시작하는데 Next 버튼을 클릭하여 진행시킨다. 관리의 편의를 위해 설치 디렉토리를 변경할 수도 있으나 여기서는 디폴트 디렉토리에 설치한다.

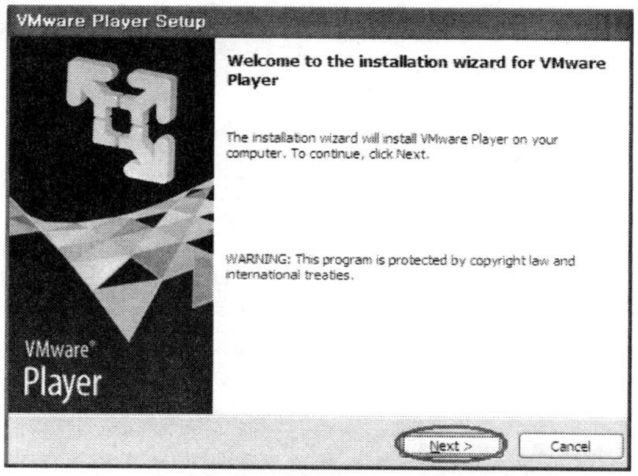

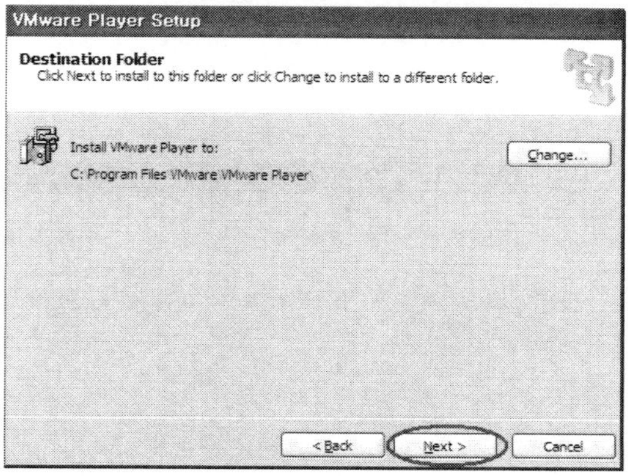

(4) 자동 업그레이드는 허용하고 개선 정보 전송은 금지해서 진행시킨다. 개선 정보 전송을 허용할 수도 있으나 여기서는 불필요한 네트워크 접근을

차단하기 위해 허용하지 않도록 설정한다.

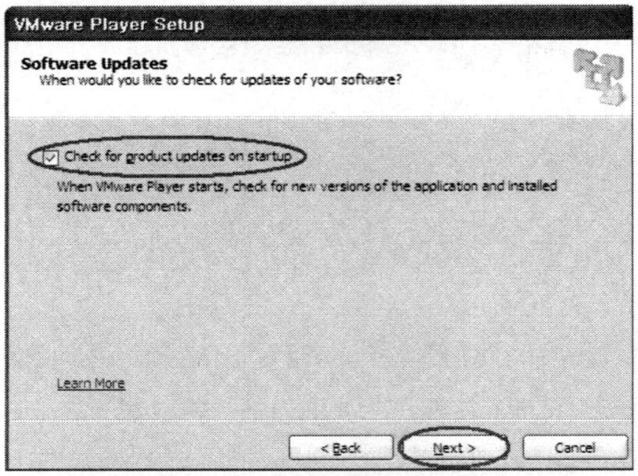

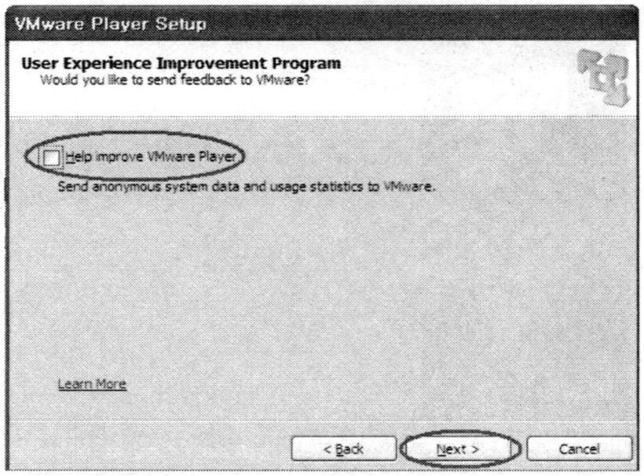

(5) 사용의 편의를 위해 데스크탑 바탕화면에 단축 아이콘을 만들어 두도록 하고 나머지는 만들지 않도록 설정한다.

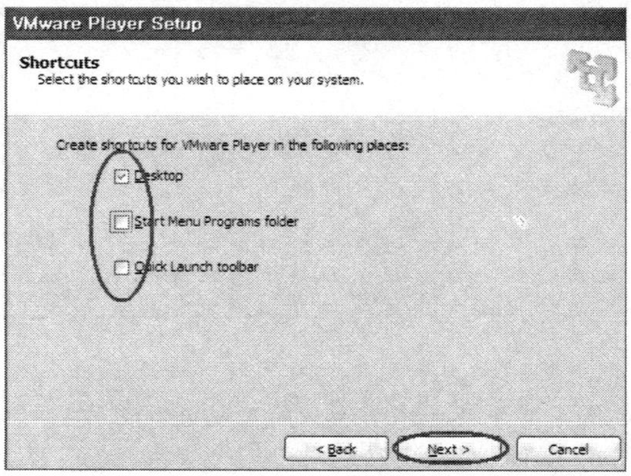

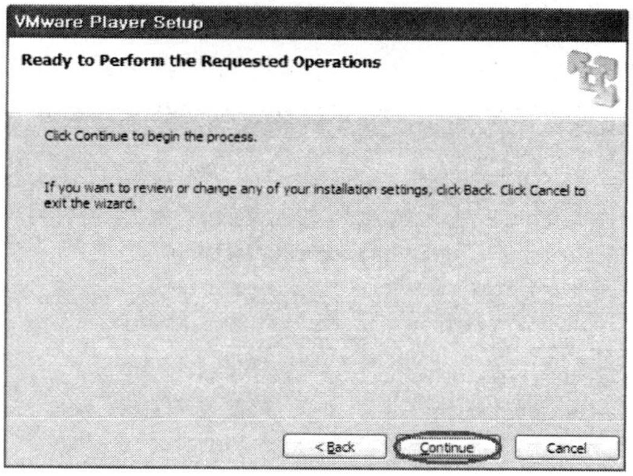

(6) 설치를 완료한다.

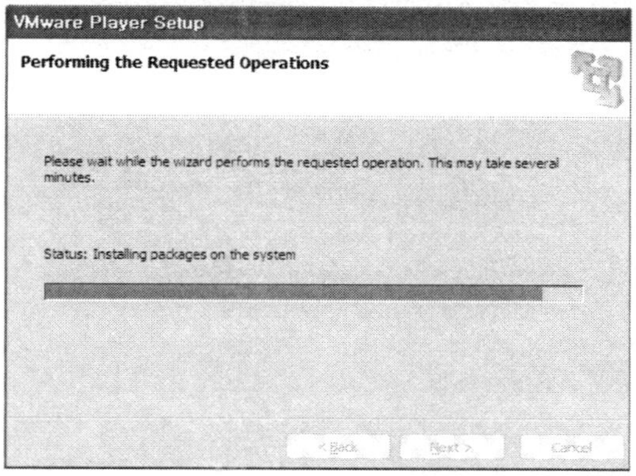

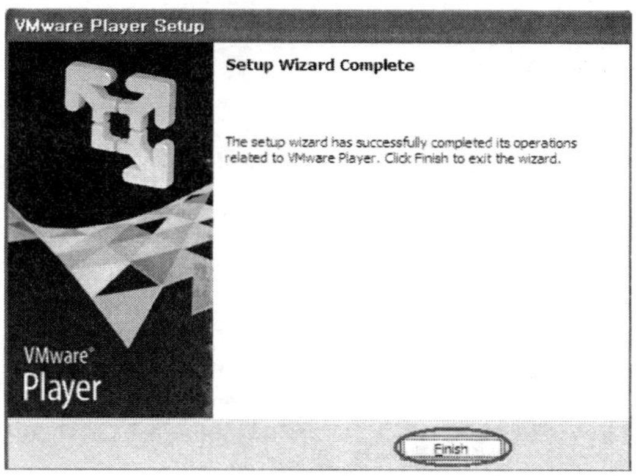

(7) 설치가 완료되면 바탕화면에 단축 아이콘이 생성되어 있는데, 이를 통해

VMWare player를 실행시킨다. 라이센스에 동의하면 player가 실행되고 VMWare workstation에 대한 안내가 나오는데 이를 무시한다.

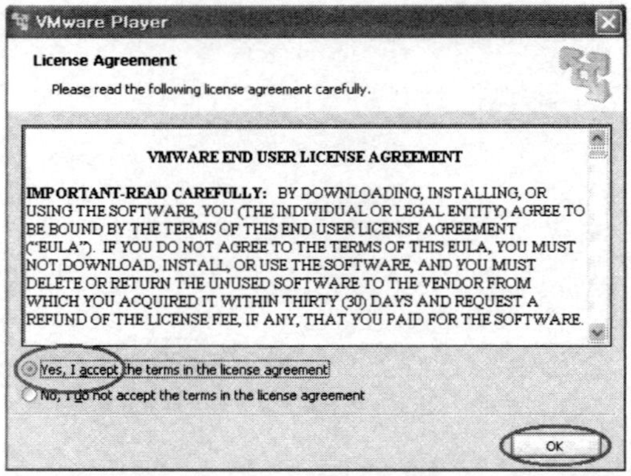

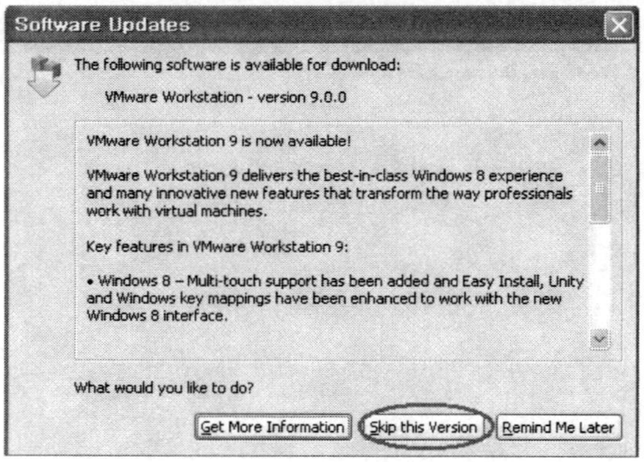

A.2.2 리눅스 시스템 설치

VMWare player 설치가 완료되면 리눅스를 다운로드 받아서 설치한다. 리눅스는 여러 배포판이 있지만 여기서는 데스크탑용 ubuntu 리눅스를 사용한다.

(1) www.ununtu.com 에서 ununtu 배포판을 제공하고 있지만 다운로드 속도가 느리므로 국내의 다음이나 네이버 등의 포털 사이트에서 다운로드 받는다. 설치할 때에 필요하므로 다운로드 받아서 저장할 디렉토리를 알아두어야 한다. 여기서는 C:\VM_Linux 폴더를 미리 만들어 두고 그 아래로

받아 둔다.

(2) VMWare player를 시행시킨 다음에 "Create a New Virtual Machine"를 선택하여 VMWare에 리눅스 설치를 시작한다.

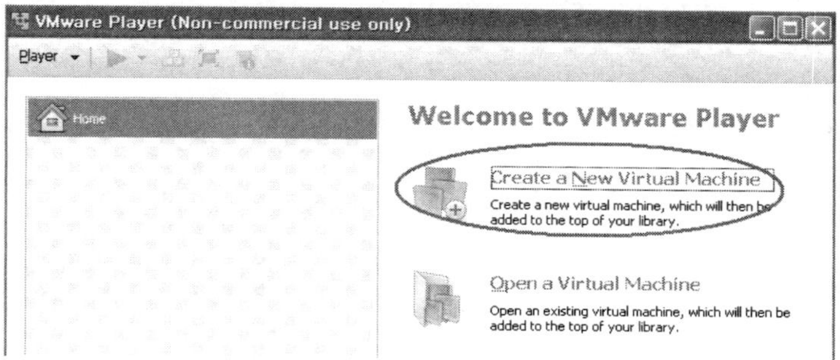

(3) 리눅스 설치 이미지의 경로를 묻는 창에서는 Browse 버튼을 이용해 앞 단계에서 다운로드 받은 ubuntu 리눅스 이미지 파일을 선택한다.

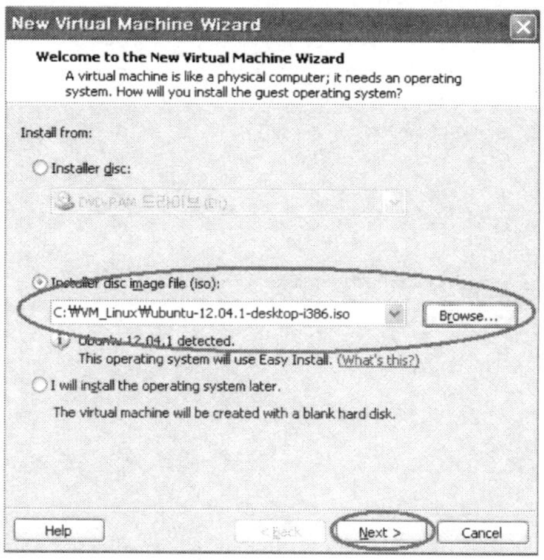

(4) 리눅스에 로그인할 때에 사용할 계정 이름과 암호를 입력하고 진행한다. 다음 단계에서 설치 디렉토리를 변경하거나 디폴트 디렉토리를 사용하도록 한다.

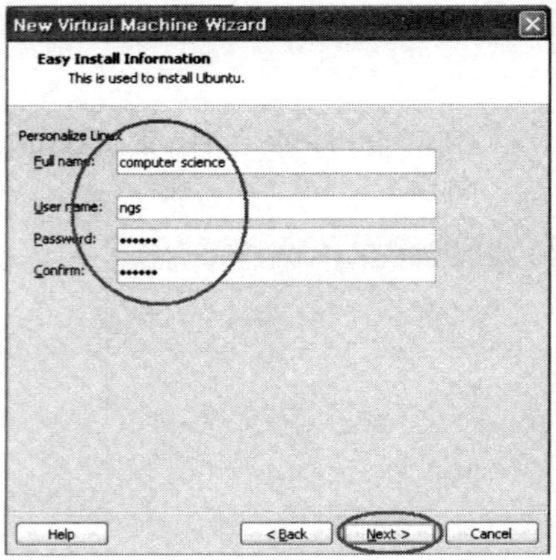

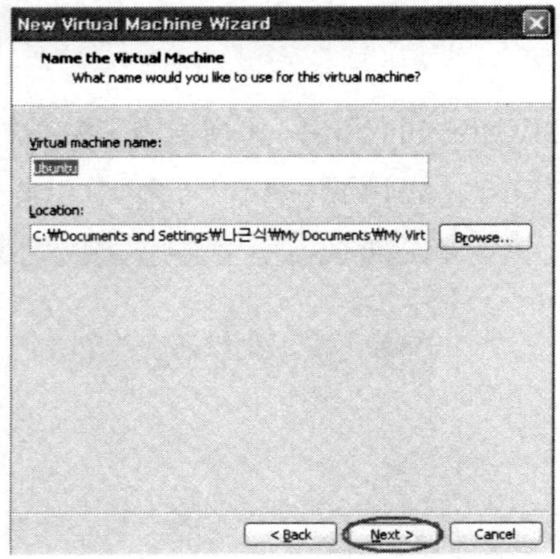

(5) 리눅스가 사용할 하드 디스크의 크기는 20GB 이면 충분하므로 디폴트 값으로 한다. 이 값은 필요하면 다음에 변경할 수도 있다.

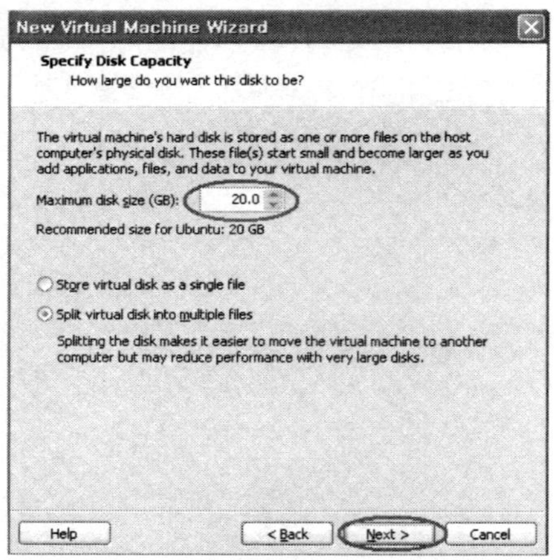

(6) “Customize Hardware...” 버튼을 이용하여 CPU 수와 메인 메모리 크기를 설정한다. 이 값들은 MS 윈도우즈의 내 컴퓨터에서 마우스 오른쪽 버튼을 클릭하여 나타나는 메뉴의 속성 정보를 통해서 확인할 수 있다. Finish 버튼을 클릭해서 진행시키면 오른쪽과 같은 “Software updates” 창이 나타나는데, 업데이트를 진행시킨다.

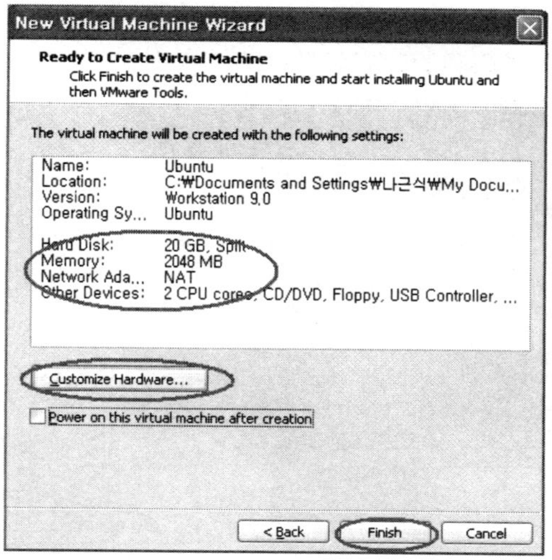

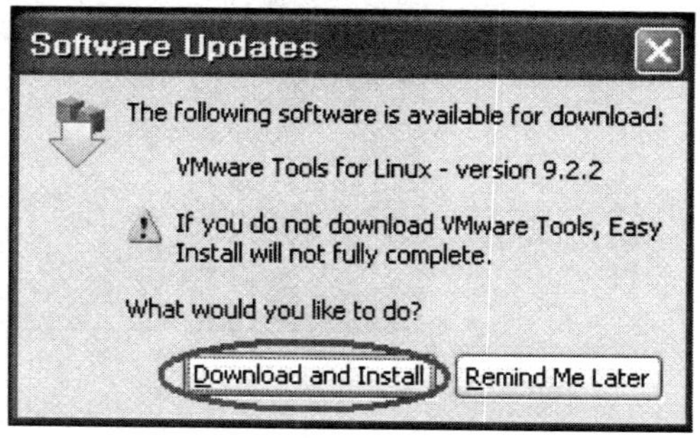

(7) 설정이 완료되면 VMWare에 ubuntu가 설치된 것을 확인할 수 있다. 오른쪽 아래의 "play virtual machine"을 클릭하거나 왼쪽 위에 있는 ubuntu를 더블 클릭하여 리눅스를 실행한다. 리눅스는 vmware에 설정만 되었고 아직 설치되지 않았으므로 이제부터 리눅스가 설치되기 시작할 것이다.

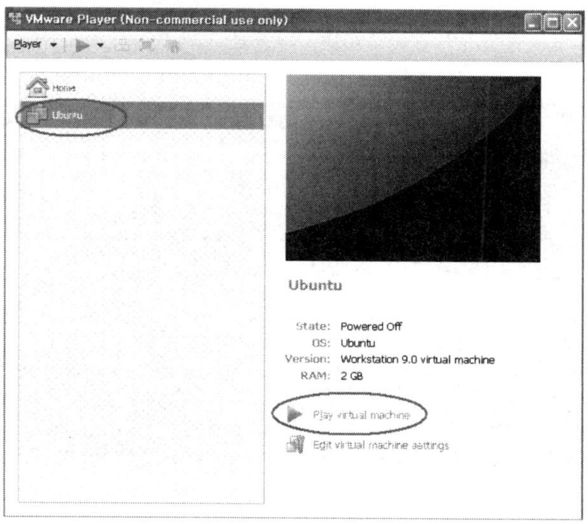

(8) 설치 과정은 수 십 분이 걸릴 수 있다. 설치가 완료되면 아래와 같은 로그인 화면이 나타나는데, 이때 설치 과정에서 설정한 암호를 입력하면 설

치 과정에서 설정한 사용자 계정으로 로그인 된다.

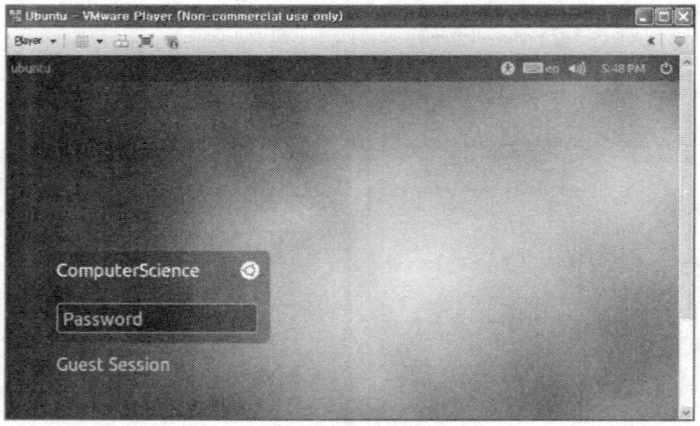

A.3 쉘 명령어 사용

리눅스는 GUI 상태에서 사용하기도 하지만 프로그램 개발을 목적으로 사용할 때에는 터미널 창에서 쉘을 주로 사용한다. 쉘을 사용하기 위해서는 먼저 터미널 창을 실행해야 한다. 터미널 창을 찾으려면 화면의 왼쪽 위에 있는 dash board에서 "Terminal"을 입력하면 된다.

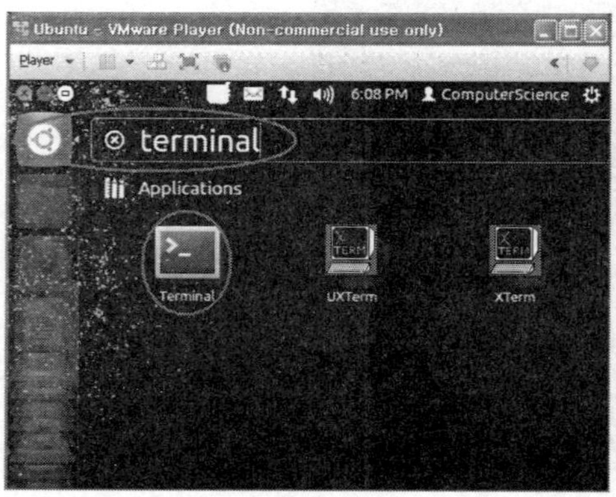

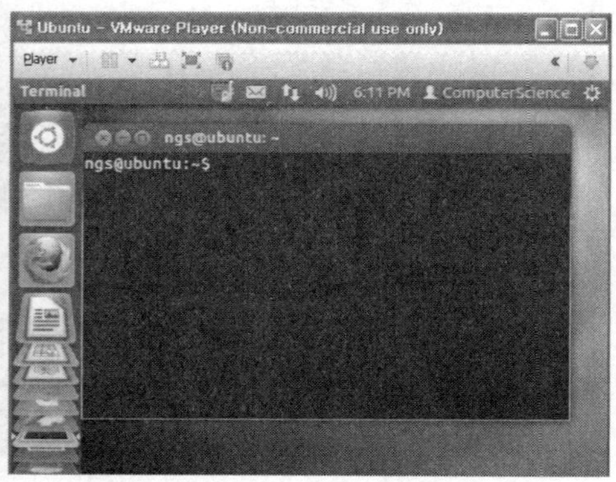

터미널 창에서는 쉘(shell)이 실행되고 있는데, 쉘은 키보드의 명령어를 입력받아 실행시켜 준다. 쉘이 실행되면 쉘이 명령 수행이 가능하다는 것을 사용자에게 알리기 위해 보여 주는 표시인 프롬프트(prompt)가 나타난다. 프롬프트는 보통 %, $, # 등이 많이 사용되는데, 필요한 경우에는 다른 표시로 바꿀 수도 있다. 쉘 명령어는 일반적으로 다음과 같은 형식을 가진다.

$ 명령어 -옵션 인수

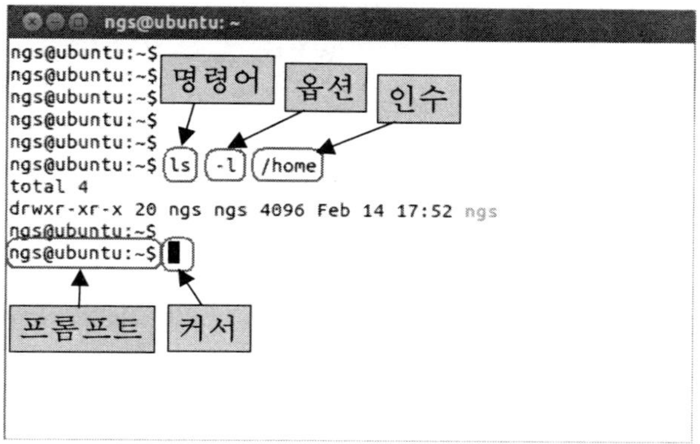

명령어(command)는 실행하고자 하는 명령을 나타내는 것으로 보통 명령어 실행 파일의 이름이다. 명령어 실행 파일들은 주로 /bin, /sbin, /usr/bin, /usr/sbin 과 같은 디렉토리 아래에 있다. 리눅스에는 실행파일 형태로 된 명령어 외에도 실행파일 없이 쉘이 직접 처리하는 내장명령도 있다.

옵션(option)은 명령 수행에 대한 부가적인 요구사항으로 필요한 경우에만 사용한다. 옵션은 하나의 문자로 되어 있는데 옵션 문자 앞에는 "-"를 붙여 주어야 한다. 인수(argument)는 명령 수행에 필요한 부가적인 정보로 필요한 경우에만 사용한다.

리눅스에서는 대문자와 소문자를 구분하기 때문에 명령을 사용할 때 주의해야 한다. 잘못된 명령을 입력하면 "Command not found" 라는 오류 메시지가 나온다.

리눅스는 온라인 매뉴얼인 man 명령을 제공하여 명령어, 라이브러리 함수, 시스템 콜, 파일 형식 등에 대한 다양한 정보를 활용할 수 있도록 하고 있다.

```
$ man pwd
PWD(1)                    User Commands                    PWD(1)

NAME
pwd - print name of current/working directory

SYNOPSIS
pwd [OPTION]

DESCRIPTION
Print the full filename of the current working directory.

--help display this help and exit

--version
output version information and exit

:
NOTE: your shell may have its own version of pwd, which usu-
ally supersedes the version described here.  Please refer to
your  shell?셲 documentation for details about the options it
supports.

AUTHOR
Written by Jim Meyering.

REPORTING BUGS
Report bugs to <bug-coreutils@gnu.org>.

COPYRIGHT
Copyright 짤 2006 Free Software Foundation, Inc.
This is free software.  You may redistribute  copies  of  it
under   the   terms   of  the  GNU  General  Public  License
<http://www.gnu.org/licenses/gpl.html>.  There  is  NO  WAR-
:
RANTY, to the extent permitted by law.

SEE ALSO
```

```
The full documentation for pwd is maintained as a Texinfo
manual. If the info and pwd programs are properly installed
at your site, the command

info pwd

should give you access to the complete manual.

pwd 5.97                 February 2007                PWD(1)
(END)
```

이 명령은 한 화면 분량씩 내용을 보여 주는데 다음 키들을 사용하여 화면을 이동하거나 프로그램을 종료할 수 있다.

- 엔터 키 : 화면을 한 라인 스크롤 한다.
- 스페이스 바 : 화면을 한 화면만큼 스크롤 한다.
- q : 프로그램을 종료한다.

매뉴얼은 다음과 같이 전체 8개의 절으로 구성된다.

(1) 명령어
(2) 시스템 호출
(3) 라이브러리 함수
(4) 특수 파일
(5) 파일 형식
(6) 게임
(7) 기타정보
(8) 유지보수 명령어

명령어나 라이브러리 함수, 시스템 콜 등에는 같은 이름이 있을 수 있다. 예를 들면 read라는 이름은 시스템 콜에도 있고 명령어에도 있다. man 명령을 디폴트로 사용하면 1절의 명령어에 있는 read의 설명을 보여준다. 만약 시스템 콜 read에 대한 정보를 보려면 다음과 같이 절 번호 2를 인수로 주어야 한다.

```
$man 2 read
```

A.4 root 계정 사용

리눅스 시스템에서 일반적인 작업은 일반 사용자 계정으로 로그인해서도 수행이 가능하지만 시스템의 동작에 영향을 미치는 작업은 관리자 권한으로 작업을 해야 하기 때문에 관리자로 로그인해야 할 필요가 있다. 관리자 계정으로 로그인 하지 않고도 다음과 같은 sudo 명령을 이용하면 하나의 명령어를 관리자 권한으로 실행할 수도 있다.

```
$sudo ls /home
```

위에서 sudo는 다음에 이어지는 ls /home 명령을 관리자 권한으로 실행하라는 것이다. 그러나 연속되는 여러 명령어를 이렇게 실행하는 것은 번거로운 작업이므로 이런 경우에는 관리자 계정으로 로그인해야 할 필요가 있다.

리눅스 시스템의 관리자 계정명은 root 인데, 우분투 리눅스는 처음 설치했을 때 관리자로 로그인하는 것이 금지되어 있다. root로 로그인할 수 있게 하려면 먼저 root의 암호를 만들어 주어야 하고, 그 다음에 /etc/lightdm/lightdm.conf 파일을 수정해 주어야 한다. 이 작업은 다음과 같이 진행한다.

(1) 먼저 관리자 권한으로 passwd 명령을 실행하여 root의 암호를 만들어 준다.

```
$sudo passwd root
[sudo] password for ngs:      # 현재 사용자의 암호 입력
Enter new UNIX password:      # root를 위한 암호 입력
Retype new UNIX password:     # root를 위한 암호 다시 입력
```

(2) gedit 편집기를 이용해서 lightdm.conf 파일을 관리자 권한으로 연다.
$sudo gedit /etc/lightdm/lightdm.conf

(3) ligntdm.conf 파일에 다음 라인을 추가한다. lightdm 은 우분투에서 사용하는 Display Manager이다.

```
[SeatDefaults]
autologin-guest=false
greeter-show-manual-login=true
```

(4) 저장한 다음에 gedit를 종료하고 리눅스를 재부팅한다.
(5) 재부팅하면 로그인 화면이 다음과 같이 나타나는데, 이 때 root로 로그인하면 된다.

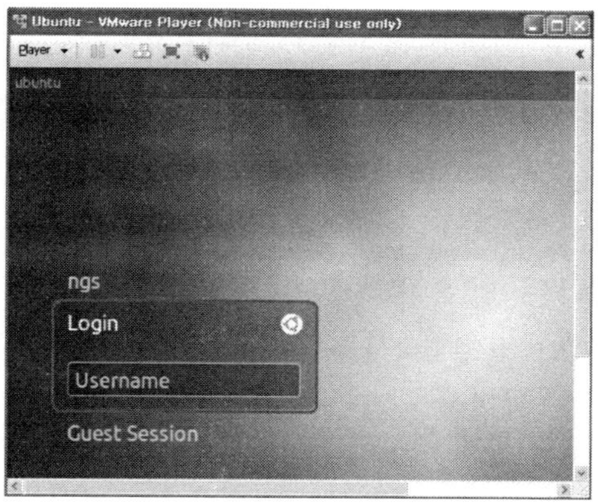

A.5 사용자 등록

여러 사용자가 사용하는 시스템에서는 각 사용자별 계정을 만들어서 사용해야 한다. 사용자 등록은 화면 왼쪽의 System Setting 메뉴를 선택한 다음에 나타나는 아이콘들 중에서 가장 아래쪽에 있는 System -> User Accounts 아이콘을 클릭해서 실행시켜 만들 수 있다.

User Accounts 창에서 왼쪽 하단의 + 버튼을 클릭하면 사용자 등록 화면이 나타나는데 여기에 등록할 사용자의 계정 정보를 입력하고 Create 버튼을 클릭하여 등록하면 된다.

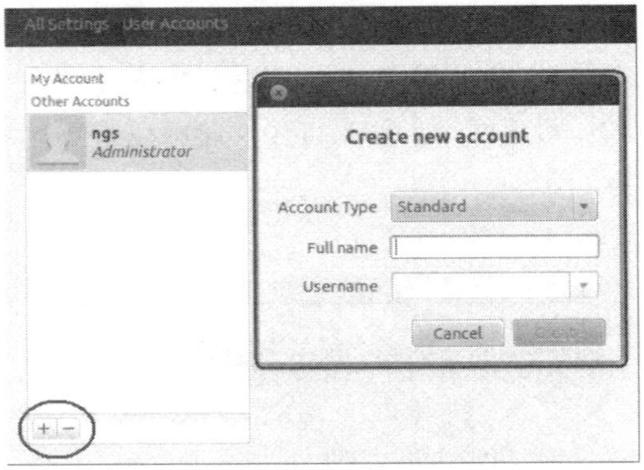

새로 등록된 사용자는 암호가 만들어져 있지 않기 때문에 바로 사용할 수는 없다. 따라서 passwd 명령을 사용해서 새로 등록된 사용자의 암호를 만들어 주어야 그 사용자의 계정으로 로그인 할 수 있다.

A.6 하드 디스크 추가

리눅스를 하드 디스크에 직접 설치한 경우에는 새로운 물리적 하드 디스크를 추가하면 리눅스에서 직접 접근할 수 있다. VMWare를 통해서 리눅스를 설치한 경우에는 VMWare 상에 가상의 하드 디스크를 만들어 두고 리눅스에서 마운트하여 사용할 수 있다. VMWare에서 가상 디스크를 만드는 방법은 다음과 같다.

(1) VMWare에서 Ubuntu 리눅스를 선택하고 “Edit Virtual Machine Setting”을 클릭한다.

(2) 가상기계 설정 화면에서 새로운 하드웨어를 추가할 수 있는 Add 버튼을 클릭한다.

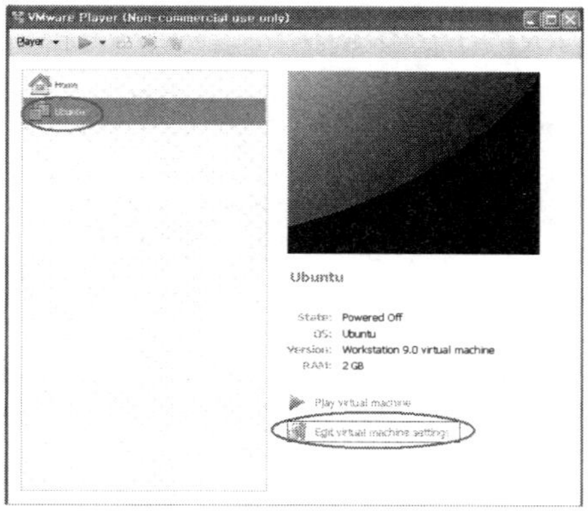

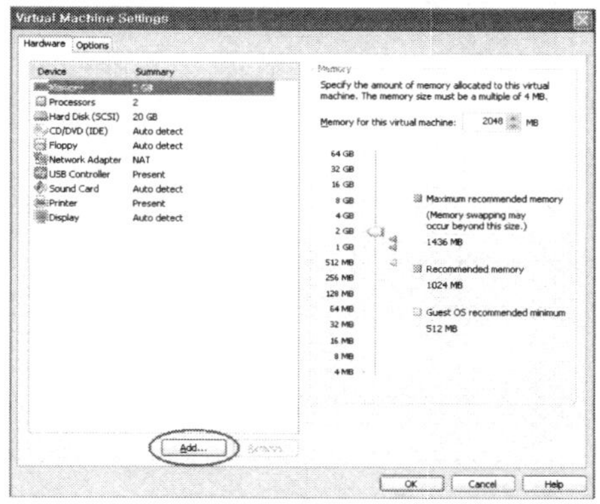

(3) 하드웨어 추가 마법사 화면에서 첫 번째에 있는 “Hard Disk”를 선택하고 Next 버튼을 클릭하여 다음으로 진행한다.

(4) 하드디스크 선택 화면에서 “Create a new virtual disk”를 선택하고 Next 버튼을 클릭하여 다음으로 진행한다.

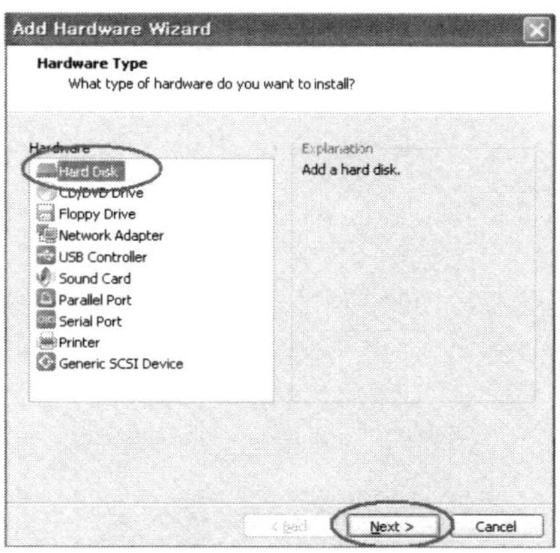

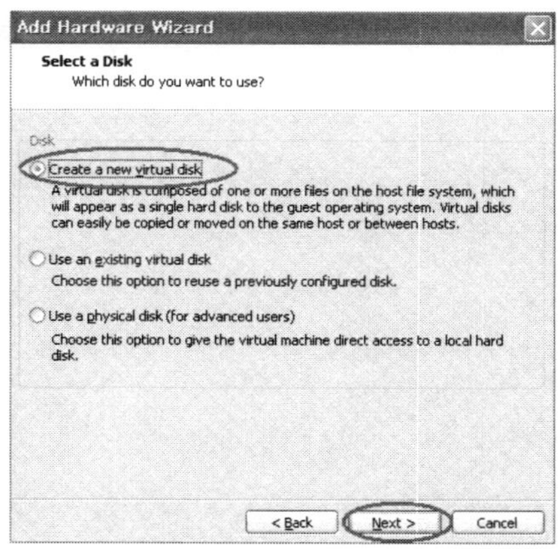

(5) 하드 디스크 타입 선택 화면에서 SCSI 타입으로 선택한다.

(6) 추가할 가상 하드 디스크의 크기는 디폴트인 20G 바이트로 선택한다. 최대 20G 바이트로 설정했지만 실재로는 필요한 만큼만 공간을 차지한다.

이 가상 하드 디스크를 MS 윈도우즈에서 하나의 파일에 저장하도록 “Store virtual disk as a single file” 을 선택한 다음에 Next 버튼을 클릭하여 다음으로 진행한다.

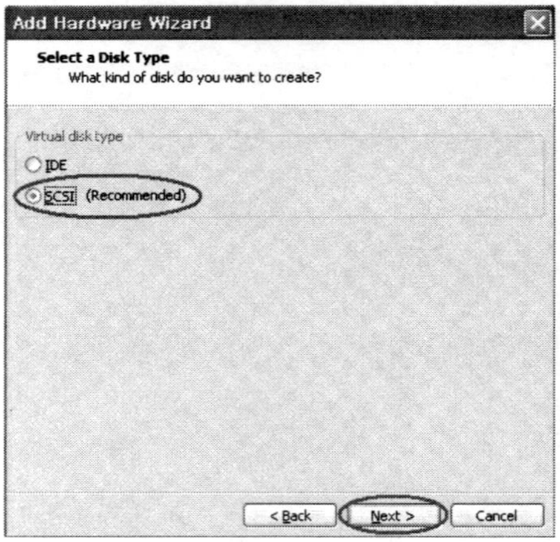

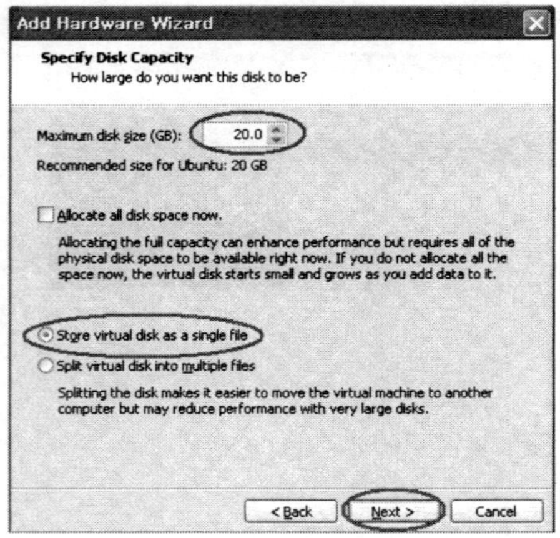

(7) 가상 디스크의 데이터를 저장할 MS 윈도우 상의 파일 이름은 디폴트로 두고 Finish 버튼을 클릭하여, 가상 디스크 생성을 완료한다.

(8) 가상기계 설정 화면에서 보면 20GB의 새로운 하드 디스크가 생성된 것을 볼 수 있다. 리눅스를 실행하면 이 디스크를 마운트해서 사용할 수 있다.

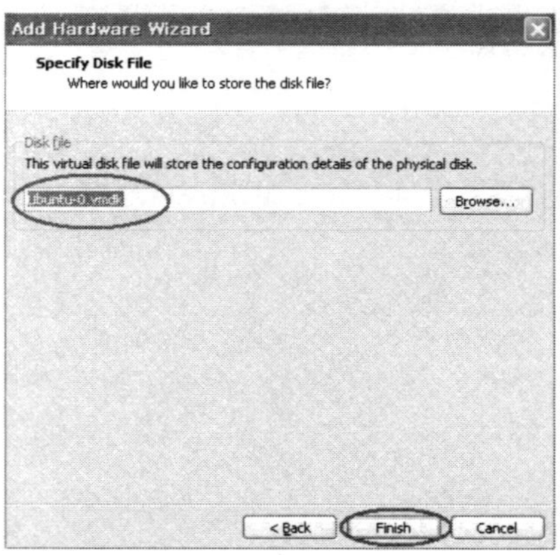

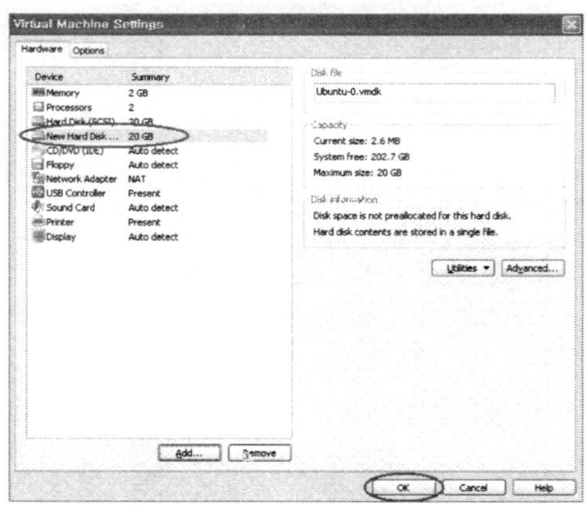

찾아보기

【저자】
나근식 한신대학교 컴퓨터공학부 교수

리눅스 시스템프로그래밍

인 쇄 :	2016년 1월 15일
발 행 :	2016년 1월 20일
저 자 :	나 근 식
발 행 처 :	도서출판 한산 서울시 서대문구 수색로 6길 43번지 105동 602호 TEL : 02) 304-3504 FAX : 02) 304-3505
발 행 인 :	김 기 영
등 록 번 호 :	제 10-1745 호
I S B N :	978-89-89215-80-6(93560)

가 격 : 25,000 원 잘못된 책은 교환해 드립니다.